ROTBUCH RATIONEN
Herausgegeben von Martin Bauer
und Otto Kallscheuer

Benjamin Barber
STARKE DEMOKRATIE

Über die Teilhabe am Politischen

Aus dem Amerikanischen von
Christiane Goldmann und
Christel Erbacher-von Grumbkow

Mit einem Vorwort des Autors zur
deutschen Ausgabe und einem
Nachwort von Hubertus Buchstein
und Rainer Schmalz-Bruns

Rotbuch Verlag

Die Deutsche Bibliothek – CIP-Einheitsaufnahme

Barber, Benjamin:
Starke Demokratie : Über die Teilhabe am Politischen /
Benjamin Barber. Aus dem Amerikan. von Christiane
Goldmann und Christel Erbacher-von Grumbkow. Mit einem
Vorw. des Autors zur dt. Ausg. und einem Nachw. von
Hubertus Buchstein und Rainer Schmalz-Bruns. – Hamburg :
Rotbuch-Verl., 1994
  (Rotbuch-Rationen)
  Einheitssacht.: Strong democracy ⟨dt.⟩
  ISBN 3-88022-804-3

© 1994 Rotbuch Verlag, Hamburg
Originaltitel: Strong Democracy.
Participatory Politics for a New Age
© 1984 University of California Press, Berkeley
Umschlaggestaltung von Michaela Booth
Gesamtherstellung von der Druckerei Wagner
Alle Rechte vorbehalten. Printed in Germany
ISBN 3 88022 804 3

INHALT

Vorwort zur ersten amerikanischen Ausgabe 9

Vorwort zur deutschen Ausgabe 18

TEIL I

MAGERE DEMOKRATIE

DIE KRITIK AM LIBERALISMUS

1. Kapitel

Magere Demokratie

Politik als Raubtierhaltung 31

2. Kapitel

Magere Demokratie im 20. Jahrhundert

Das pathologische Potential 64

TEIL II

STARKE DEMOKRATIE

FÜR EIN LEBEN ALS BÜRGER

3. Kapitel

Starke Demokratie

Politik als Lebensform 99

4. Kapitel

Partizipatorische Politik

Ein Begriffsrahmen 130

5. Kapitel

Bürgerschaft und Partizipation

Politik als Erkenntnistheorie 154

6. Kapitel

Bürgerschaft und Gemeinschaft

Politik als gesellschaftliches Sein 205

7. *Kapitel*
Die reale Gegenwart:
Starke Demokratie in der modernen Welt
institutionalisieren   233

Nachwort
Republikanische Demokratie
von Hubertus Buchstein und
Rainer Schmalz-Bruns   297

*Für Jeremy und Rebekka
für alle – bald erwachsenen – Kinder, denen
die Demokratie eine letzte, beste Hoffnung ist.*

Vorwort zur ersten amerikanischen Ausgabe

Angesichts der vielfältigen Krisen unserer Epoche leiden wir nicht unter zu viel, sondern unter zu wenig Demokratie. Diese Überzeugung in der Nachfolge Jeffersons bildet den Kern des hier entfalteten Arguments. Seit Tocqueville hat man behauptet, ein Auswuchs an Demokratie könne die liberalen Institutionen zerstören. Ich möchte zeigen, daß umgekehrt ein Auswuchs an Liberalismus demokratische Institutionen vernichtet hat: das wenige an Demokratie, dessen wir uns in der westlichen Welt erfreuen, ist wiederholt von jenen liberalen Institutionen kompromiert worden, die ihr eine Stütze sein sollten, und nicht minder von der liberalen, Theorie und Praxis der Demokratie anleitenden Philosophie.

Wenn ich den Liberalismus für die Unzulänglichkeiten der Demokratie mitverantwortlich mache, beabsichtige ich nicht, den Liberalismus anzugreifen. Liberale Institutionen leiden unter wenig Übeln, die nicht durch eine starke Dosis politischer Partizipation und Reaktivierung der Bürger heilbar wären. Indem ich die liberale Philosophie als eine Quelle der demokratischen Schwäche namhaft mache, will ich nicht die Philosophie angreifen. Lediglich möchte ich damit Saul Bellows Bemerkung beipflichten, daß »Geschichte und Politik keineswegs den Vorstellungen gleichen, die kluge und unterrichtete Leute sich davon machten«.[1] Die liberale Philosophie hat es verstanden sehr viele kluge und unterrichtete Leute in ihren Bann zu ziehen, und deren Schriften haben zu machtvollen Begriffen von Recht, Freiheit und Gerechtigkeit geführt – zu Begriffen, die so kohärent und philosophisch so wohlbegründet waren, daß sie von der politischen Welt, in der zu leben wir verdammt sind, unbeeinträchtigt blieben.[2]

---

[1] Saul Bellow: *To Jerusalem and Back* (New York 1976), S. 8.
[2] Wie jeder Autor in unseren Tagen fühle ich mich zwischen stilistischen Forderungen und Forderungen eines geschlechtsblinden Sprachgebrauchs hin-

Vorwort

Anders als viele Bücher aus den Federn dieser klugen Metaphysiker des Politischen beschäftigt sich diese Studie nicht mit Problemen der Wahrheit, der Gerechtigkeit oder der politischen Prämissen in Natur oder Wissenschaft. Vielmehr gehe ich von Graham Greenes Überzeugung aus, daß im Bereich der menschlichen Beziehungen »Wahrheit zu keiner Zeit ein wirklicher Wert für die Menschen war – sie ist ein Symbol, mit dem sich Mathematiker und Philosophen auseinandersetzen müssen.«[3] Demokratische Politik ist eine Form menschlicher Beziehungen und unterliegt nicht den Wahrheitsbedingungen. Ich habe meine Aufgabe in diesem Buch darin gesehen, eine Betrachtungsweise von Demokratie aufzudecken, die sich eher für humane Verhältnisse eignet als für Wahrheit. Die Tradition des amerikanischen Pragmatismus war mir dabei eine große Hilfe. Es ist eine Merkwürdigkeit des politischen Denkens in Amerika, daß es sich englischen oder kontinentaleuropäischen Denkweisen zugewandt hat, um eine politische Erfahrung zu begründen, deren Ruhm gerade darin liegt, mit der englischen oder kontinentaleuropäischen Art, Politik zu betreiben, gebrochen zu haben; gleichzeitig hat es einheimische Quellen mit ihrer natürlichen Affinität zur amerikanischen Art, Politik zu machen, vernachlässigt. Jeder, der Peirce, James oder Dewey liest, wird dies unschwer erkennen.

Die von der englischen Tradition flektierte Sprache des Liberalismus hat die Rhetorik der Demokratie farblos und leidenschaftslos gemacht. Ich hoffe, weniger die Rhetorik, aber um so mehr die Praxis der Demokratie wiederherstellen und mit neuem Leben füllen zu können – bis zu einem gewissen Grad ist

und hergerissen, insbesondere auf einem Gebiet, auf dem die männlichen Formen vorherrschen. Ich habe versucht, wo möglich immer von Männern und Frauen zu reden oder neutrale Ausdrücke wie »Menschheit« oder »Personen« zu benutzen. Ich hoffe der Leser, wird auch hinter den männlichen Formen die intendierte, allgemeine Bedeutung erkennen und bemerken, daß die politische Gleichheit von Frauen und Männern implizit im ganzen Buch vorausgesetzt ist.

[3] Graham Greene, *The Heart of the Matter* (London 1948), S. 58.

Vorwort

dies aber, wie sich zeigen wird, eine Frage der Sprache und der Rhetorik. Die Krise der liberalen Demokratie hat, wie wir sehen werden, auch die Sprache und die Theorie befallen.

Daß es eine Krise gibt, muß wohl nicht eigens bewiesen werden. Das Beschwören der Krise ist zu einem ermüdenden Ritual geworden, mit dem wir unsere schwerbedrängte Moderne zur Schau stellen. Seit überhaupt von der Moderne die Rede ist, haben wir in grellen Farben Krisen an die Wand gemalt: die Krise des modernen Staates, die Krise der liberalen Institutionen, die Führungskrise, die Krise der Parteienregierung und die Krise der Demokratie. Diese Phrasen erscheinen nur deshalb so banal, weil uns die von ihnen bezeichneten Gegebenheiten so vertraut sind.

Die Krise in der liberalen Demokratie kommt am schlagendsten in der Behauptung zum Ausdruck, die Welt sei »unregierbar« geworden, keine Führung, keine Partei, kein konstitutionelles System könne mit dem Chaos der Probleme fertigwerden, von denen die großen Industriegesellschaften heimgesucht sind. Wie Mary Shelleys freundlicher Dr. Frankenstein hat der moderne Mensch eine künstliche Welt geschaffen, die ihm aus den Händen geglitten ist. Die Ungeheuer von heute sind Maschinen, Computer, Bürokratien, Konzerne und Verfassungen. Ihre Monstrosität liegt weniger in ihrer Eigensinnigkeit, als vielmehr darin, daß sie sich vom Willen und von Zwecksetzungen überhaupt losgelöst haben. Wenn die Welt unregierbar geworden ist, wie können Menschen dann erwarten, sich selbst zu regieren? Der Slogan der »Unregierbarkeit« ist eine Entschuldigung für Präsidenten, die nicht regieren können, und eine Rechtfertigung für solche, die es nicht wollen.

Sind die Staatsoberhäupter regierungsunfähig, dann weigert sich das Volk zunehmend, sich regieren zu lassen. Entfremdung ist zum hauptsächlichen Anzeichen für die politische Krise der Moderne geworden, ob sie nun in sinkender Wahlbeteiligung zum Ausdruck kommt, in dem verbreiteten Mißtrauen gegenüber Politikern oder in einer allgegenwärtigen Teilnahmslosigkeit gegenüber politischen wie öffentlichen Fragen. Die durchschnittliche Wahlbeteiligung in Amerika beträgt seit dem 2. Weltkrieg bei Präsidentschaftswahlen etwa 50% – und ist damit niedriger als in allen anderen westlichen Demokratien, die keinen Wahlzwang kennen. In einem Land, wo Wählen der primäre Ausdruck der Bürgerschaft ist, signalisiert die Weigerung, zu den Urnen zu gehen, den Bankrott der Demokratie.

Politikwissenschaftler hoffen immer noch, die Krise der Bürgerbeteiligung habe mit einer Neuorientierung der Parteien zu tun, wie sie sich in den meisten demokratischen Gesellschaften alle fünfundzwanzig bis dreißig Jahre vollzieht. Es gibt freilich Belege dafür, daß das Parteiensystem selbst zusammenbricht oder gesprengt wird, und die repräsentative Parteiendemokratie durch gefährliche, neue Spielarten einer Neodemokratie abgelöst wird – durch Lobbyistenpolitik, die Politik eines neopopulistischen Faschismus, die Politik der Bilder (vermittelt über Fernsehen und Werbung) oder die Politik der Massengesellschaft.[4]

In dem Maße wie immer weniger Amerikaner sich an den öffentlichen Angelegenheiten beteiligen, werden immer mehr öffentliche Angelegenheiten in den Privatsektor abgeschoben. Läßt sich Politik als das öffentliche Bekanntmachen privater Interessen neu definieren, so lassen sich öffentliche Güter nun als private Vermögenswerte definieren. Soldaten werden auf dem privaten Markt »angeworben«, öffentliches Land in private Hände gelegt und dadurch unterhalten, daß die Öffentlichkeit für Güter und Dienstleistungen aufkommen muß, die früher als ihr Besitz galten. Ein System privater »Anreize« wird eingesetzt, um private Firmen zur Übernahme öffentlicher Verantwortungen zu bewegen. Diese umfassende Privatisierung der *res publica* hat tiefgreifende Wurzeln im liberalen Denken, ob-

---

[4] Politologen wie Walter Dean Burnham, die früher Vertreter der Theorie einer Neuorientierung gewesen sein mögen, entwerfen nun ein sehr viel düsteres Bild. Vgl. Burnham, *The Current Crisis in American Politics* (New York 1983). Andere äußern sich skeptisch über die Unabhängigkeit der Bundesbürokratie von jeder Form echter demokratischer Kontrolle. Vgl. Eric A. Nordlinger, *On the Autonomy of the Democratic State* (Cambridge 1983).

wohl sie letzten Endes auch die meisten liberalen und indirekten Formen der Demokratie zerstört. In der Tat ist es ein Hauptthema dieses Buches, daß die zynische Einstellung zu Wahlen, die politische Entfremdung, die Vorliebe für alles Private und die wachsende Lähmung öffentlicher Einrichtungen nicht bloß Folge der Moderne sind. Sie sind Symptome eines Unbehagens, daß sich von der liberalen Weise, über Politik nachzudenken und sie zu betreiben, nicht trennen läßt. Sie bilden die düstere Kehrseite der Stärken des Liberalismus. Jene Mittel, deren sich die liberale Theorie hauptsächlich in ihrem Bestreben bedient, Freiheit zu garantieren, indem sie Demokratie sichert – Repräsentation, Privatsphäre, Individualismus und Rechte, vor allem aber Repräsentation – entpuppen sich als solche, die weder Demokratie sichern, noch Freiheit garantieren. Repräsentation zerstört Partizipation und Bürgerschaft, auch wenn sie Rechenschaftspflicht und private Rechte fördert. Repräsentative Demokratie ist ein von unserer politischen Sprache erzeugtes paradoxes Oxymoron, das seinesgleichen sucht. Ihre verworrene und erfolglose Praxis macht dies um so offensichtlicher.

Meine These lautet, der Liberalismus hat der Demokratie, wenn überhaupt, dann einen schlechten Dienst erwiesen. Deshalb hängt das Überleben der Demokratie davon ab, daß wir andere institutionelle Formen für sie entdecken, damit sich ihre Bindung an die liberale Theorie lockert. Kurzum, ich behaupte, eine starke Demokratie sei die einzig lebensfähige Form moderner demokratischer Politik, und allein die Übernahme einer partizipatorischen Form könne verhindern, daß Demokratie gemeinsam mit den sie ermöglichenden liberalen Werten von der politischen Bühne abtritt.

Die liberale Demokratie war zweifellos der Versuch, reine Demokratie den Notwendigkeiten des Regierens in einem großen Nationalstaat anzupassen. Reine Demokratie verweist auf eine Form der Regierung, in der das ganze Volk jederzeit und in allen öffentlichen Fragen selbst regiert. Es ist kaum zu erwarten, daß sich eine solche Form erfolgreich in einer Nation bewährt, die fast einen Kontinent umspannt und Millionen von

Bürgern hat. Repräsentative Demokratie löste das reine Prinzip durch eine Definition von Demokratie ab, in der einige, von allen gewählte Bürger jederzeit über die öffentlichen Belange befinden. Dieser Ansatz vermochte Effizienz zu verbuchen, ohne Rechenschaftspflicht zu opfern. Freilich mußte er dafür mit einem enormen Verlust an Partizipation und staatsbürgerlicher Gesinnung bezahlen. Starke Demokratie strebt eine Wiederbelebung der Bürgerschaft an, ohne dabei die Probleme einer effizienten Regierung aus dem Blick zu verlieren. Aus diesem Grund definiert sie Demokratie so, daß das ganze Volk sich selbst zumindest in einigen öffentlichen Belangen und wenigstens über einen gewissen Zeitraum regiert.

Wenigstens zu gewissen Zeiten Gesetze zu verabschieden und durchzuführen, heißt, die Bedeutung und Funktion der Bürgerschaft in uns allen jederzeit lebendig zu erhalten. Hingegen bedeutet die Delegation der Regierungsmacht, auch wenn sie nur auf gewählte und so mit uns verbundene Repräsentanten übertragen wird, daß wir zwar nicht auf Macht, wohl aber auf unsere Betätigung als Bürger, nicht auf Rechenschaftspflicht, wohl aber auf unsere staatsbürgerliche Verantwortung verzichten, daß wir nicht unsere sekundären Rechte gegen die Regierung, sondern unser primäres Recht zu regieren, niederlegen. Beinhaltet Demokratie das Recht, sich selbst zu regieren statt sich von anderen in Übereinstimmung mit den eigenen Interessen regieren zu lassen, dann sind die liberaldemokratischen Institutionen alles andere als demokratisch.

Durch die Lektüre von Hobbes, Locke und den Gründungsvätern Amerikas so wie unseren Versuch, als Bürger im Rahmen jener Institutionen zu leben, die nach ihren Vorstellungen errichtet wurden, haben wir uns davon überzeugt, daß Demokratie ein entscheidendes Mittel für andere, ältere menschliche Ziele ist, daß Freiheit, Gleichheit, Gerechtigkeit und Menschenrechte eine natürliche Existenzberechtigung haben, und unsere Regierungseinrichtungen nur insofern legitim sind, als sie diese Werte durchsetzen. Allerdings ist Demokratie, verstanden als Selbstregierung innerhalb einer Gesellschaft, keine Be-

Vorwort

zeichnung für persönliche Rechte und Werte. Sie ist deren Ausgangspunkt. Selbstbestimmung ist keine Bedingung für Demokratie, vielmehr ist das Umgekehrte der Fall. Solange Frauen und Männer nicht an einem gemeinsamen, sie bestimmenden Leben und an den ihre Lebenswelt formenden Entscheidungen teilhaben, können sie keine Individuen werden. Freiheit, Gerechtigkeit, Gleichheit und Selbstbestimmung sind allesamt Produkte des gemeinsamen Überlegens und Zusammenlebens, Geschöpfe der Demokratie. Jefferson bemerkte, der natürliche Ursprung des Eigentums sei eine »fiktive Frage«, da ein »sicheres Eigentumsrecht das Geschenk des sozialen Rechts ist und erst in einem späten Stadium des gesellschaftlichen Fortschritts gewährt worden ist«.[5]

Die überwiegende Mehrheit der von uns am höchsten geschätzten Werte sind Geschenke des Rechts und seiner Voraussetzung, der Politik. Wir werden in Ketten geboren – als Sklaven der Abhängigkeit und des Mangels – und erwerben Selbstbestimmung erst, indem wir die schwierige Kunst der Selbstregierung erlernen. Wir werden, gemessen an unserer natürlichen Begabung oder unserem ererbten Stand, als Knechte oder Herren geboren und stellen Gleichheit nur im Rahmen gesellschaftlich sanktionierter, politischer Einrichtungen her, die über die von Natur aus ungleichen Wesen den staatsbürgerlichen Mantel künstlicher Gleichheit breiten. Die Rechte, die wir häufig so unverschämt der Regierung ins Gesicht zu schleudern belieben, sind Rechte, die wir nur durch die Regierung genießen. Die Privatsphäre, die wir so eifrig vor den Übergriffen des öffentlichen Sektors schützen, existiert nur kraft des Rechts, der bedeutsamsten Schöpfung der Öffentlichkeit.

Die von uns beanspruchten Rechte, die Werte, die unser Leben anleiten, sind daher nur in dem Maße legitim, wie es die Politik ist, aus der sie hervorgegangen sind. Ich behaupte hier, daß starke Demokratie die einzig durch und durch legitime

---

[5] Thomas Jefferson, *Writings*, zitiert in: R. Schlatter, *Private Property* (New Brunswick 1951), S. 198.

Vorwort

Form der Politik ist. Als solche wird starke Demokratie zur Überlebensbedingung all dessen, was uns in der liberalen Tradition des Westens so sehr am Herzen liegt. Freiheit erlangen wir nur durch Selbstregierung, Rechte nur als Bürger. Letztendlich können nur Bürger frei sein. Das Plädoyer für starke Demokratie wird daher, auch wenn es den Liberalismus mitunter heftig kritisiert, im Namen der Freiheit gehalten.

Das Problem menschlicher Freiheit ist keineswegs nur in Amerika virulent. Amerika hat jedoch immer eine besondere Verantwortung für die westliche Freiheit gehabt – es war immer die letzte und größte Hoffnung der demokratischen Bestrebungen unserer Zivilisation. Daher wird man es mir vielleicht nachsehen, wenn ich vor allem das amerikanische Regierungssystem betrachte und dessen demokratische Politik als Urtyp der Vor- und Nachteile liberaler Tradition vorstelle. In Amerika wieder Demokratie herzustellen – oder sie dort zu schaffen, wo es sie niemals gegeben hat – ist ein weltbürgerliches Projekt, gleichgültig ob es sich in den Grenzen des amerikanischen Provinzialismus abspielt. Als Langston Hughes in seinem leidenschaftlichen Gedicht »Let America Be America Again« für die Freiheit eintrat, tat er dies im Namen der ganzen Menschheit:

Ich bin der arme Weiße, betrogen und ausgestoßen,
Ich bin der Neger, der die Narben der Sklaverei trägt.
Ich bin der rote, von seinem Land verjagte Mann.
Ich bin der Einwanderer, der sich an die ersehnte Hoffnung klammert
und nur das dumme Alte vorfindet,
wo Hunde Hunde fressen, wo Mächtige die Schwachen brechen.
Oh, laßt Amerika wieder Amerika sein –
das Land, das es noch nie gab –
und das es doch geben muß – das Land, wo jeder frei ist.
Das Land, das meins ist, – des Armen, des Indianers, des Negers, MEINS –

Vorwort

Es gibt einen Weg zur Freiheit: er führte durch die Demokratie. Die letzte große Hoffnung ist nun, wie vor 200 Jahren, daß Amerika Amerika sein darf: sich wahrhaft selbstregierend und demokratisch, und somit wirklich frei.

Stockbridge, Massachusetts August 1983

Vorwort zur deutschen Ausgabe

Starke Demokratie präsentiert eigentlich zwei Bücher in einem. Das erste Buch handelt von der staatsbürgerlichen Kultur Amerikas, und legt ein vor allem in der amerikanischen Tradition beheimatetes Argument für mehr partizipatorische Demokratie vor, wie sie eher dem Geiste Jeffersons entspricht als dem repräsentativen (partizipationsfeindlichen) System, das Madison und andere in ihrem Mißtrauen gegenüber einer Volksregierung errichteten. Das andere Buch beschäftigt sich mit allgemeinen Demokratiemodellen, die theoretisch in jeder Nation und jeder Kultur auf der Welt durchsetzbar sind. Meiner Ansicht nach läßt sich eine starke Demokratie ganz allgemein begründen. Eine solche Begründung kann jedoch in Deutschland, Frankreich, Japan oder Rußland nur dann entwicklungsfähig sein, wenn sie aus den besonderen kulturellen Bedingungen Amerikas herausgelöst und in eine allgemeine Sprache übersetzt wird, die – als abstrakte zwar auf alle Nationen und folglich auf keine konkrete Nation zutrifft – aber eben darum auch wieder in die eigene Sprache der staatsbürgerlichen Kultur Deutschlands, Frankreichs, Japans oder Rußlands rückübersetzt werden muß.

Betrachten wir Demokratie als etwas abstrakt Allgemeines, dann sprechen wir von Demokratie als einer *Regierungsform*, in der die Volkssouveränität in der Rechenschaftspflicht, der Repräsentation, der Partizipation und einem bestimmten Maß an kollektiver Selbstgesetzgebung zum Ausdruck kommt. Als Regierungsform ist Demokratie problemlos durch allgemeine politische Institutionen definierbar, beispielsweise durch eine liberale Verfassung (die Gewalten beschränkt und teilt), ein Mehrparteiensystem, ein Parlament, freie Wahlen, eine unabhängige Richterschaft, Grundrechte und eine freie Presse. Viele Nationen, die im Begriff stehen sich zu »demokratisieren«, haben auf die fortschreitende Entwicklung solcher Institutionen

Vorwort

hingewiesen, um ihren Anspruch zu rechtfertigen, künftig zur demokratischen Welt zu zählen. »Wir haben freie Wahlen mit konkurrierenden politischen Parteien abgehalten, über die eine unabhängige Presse berichtete. Sind wir damit nicht eine Demokratie?«, fragen die neuen demokratischen Abgeordneten in Budapest, Buenos Aires oder Karatschi. Freilich mögen sie dabei nicht in der Lage sein, auf Gewerkschaften, Schulen oder andere Freiräume zu verweisen, in denen Privatpersonen lernen, freie Bürger zu werden.

Die zuletztgenannten Institutionen lassen vermuten, daß Demokratie sich nicht darin erschöpft, Politik auf eine bestimmte Weise zu betreiben, sondern auch einer Form staatsbürgerlicher Kultur bedarf, die folgendes umfaßt:

– Haltungen (Verantwortlichkeit, Verpflichtung, Toleranz, gegenseitiger Respekt, Kooperationswille, Einbildungskraft), die früher als »bürgerliche Tugenden« galten.
– Ein Verhalten (Tatkraft, Engagement, Partizipation, Kooperation), das Staatsbürgerschaft definiert.
– Nicht-politische Institutionen (freiwillige Vereinigungen, Stiftungen, Kirchen, Schulen, Gewerkschaften, Vereine), die mit der Zivilgesellschaft verbunden sind.

Während Demokratie, rein politisch betrachtet, allgemeine Eigenschaften aufweist und auf politische Institutionen beschränkt bleibt, zeichnet sich die demokratische staatsbürgerliche Kultur durch spezifische Eigenschaften aus, die von Land zu Land ganz unterschiedlich sein mögen. Von Edmund Burke bis Michael Oakeshott haben englische Konservative die Demokratie Großbritanniens als eine Art Männervereinigung dargestellt, die sich allein vor dem Hintergrund der englischen Kaffeehaus- und Klubtradition verstehen läßt. Zuvorkommenheit, vielleicht die erste politische Tugend des Engländers, ist ein Abkömmling der höflichen Umgangsformen in den Klubs und besitzt deren Vorzüge wie Grenzen: gegenseitige Achtung und gemeinsame Billigung eines bestimmten Umgangstons für Mitglieder, allerdings um den Preis der Exklusivität, der Stimm- und damit Machtlosigkeit für Nichtmitglieder. Die staatsbürgerliche Kultur Amerikas hat sich im Umkreis jener von Tocqueville gerühmten, freiwilligen Vereinigungen (Farmervereinigungen, kirchlichen Wohltätigkeitsbasare, Schulausschüsse, philantropische Stiftungen) entwickelt, die auch heute noch als wichtigste Bausteine einer demokratischen politischen Verfassung gelten. Auch wenn sie ihrer politischen Demokratie gegenüber eine zynische Haltung einnehmen, haben Amerikaner nie aufgehört, glühende Anhänger ihrer demokratisch-staatsbürgerlichen Kultur zu sein. Wie viele Europäer verachten sie jene Klassen, für die Politik ein Beruf ist, und mißtrauen Politikern, haben jedoch mehr Zutrauen zu ihren Mitbürgern, sobald sie auf Gemeindeebene unmittelbar mit ihnen zu tun haben. Amerikaner erwärmen sich eher für einen praktischen als einen theoretischen Standpunkt, daher überrascht es wenig, daß die führende philosophische Tradition Amerikas eher pragmatisch als metaphysisch gewesen ist.

Frankreich bietet zwei einander widerstreitende bürgerliche Kulturformen an, die zu konkurrierenden Theorien demokratischer Herrschaft führen: einerseits den zentralistischen, bürokratischen und rationalen Staat, wie ihn die Tradition der späten Bourbonenmonarchie und der Jakobiner, wie ihn Napoleon bis hin zu De Gaulle verkörperte, mit einer Politik, deren Fäden allesamt in Paris als der Hauptstadt Frankreichs zusammenliefen; und andererseits die bürgerliche Kultur des *La France profonde*, der alten Provinzen und ihrer Parlamente, von denen Tocqueville einst zeigen wollte, daß in ihnen die wirklichen Freiheiten Frankreichs zu finden seien. Die französische Demokratie führt uns daher zwei Versionen, eine zentralistische und eine dezentralistische, vor Augen, die je eines dieser gegensätzlichen Modelle staatsbürgerlicher Kultur hochhalten – das erste ist kosmopolitisch, universal, offen für Einwanderung und Eingliederung, das zweite provinziell und ausschließend.

Die demokratischen politischen Institutionen der Bundesrepublik nach dem Zweiten Weltkrieg haben sich zwar als außerordentlich erfolgreich erwiesen, doch war die staatsbürgerliche Kultur, auf der solche Institutionen letztlich beruhen müssen,

Vorwort

weniger gefestigt. Heute, wo sich die deutschen Bürger gegenüber ihren politischen Parteien und ihrer Verfassungsordnung zunehmend zynischer verhalten, werden sie sich wahrscheinlich wieder auf ihre grundlegende bürgerliche Kultur besinnen wollen. Aber, so werden sie sich fragen, wie sieht die deutsche staatsbürgerliche Kultur aus? Gleicht sie einer Form des substantiellen Rationalismus, der von Kant bis Habermas als erkenntnistheoretische Grundlage einer Demokratie dargestellt wurde, die in gemeinsamen Urteilen und gemeinsamem Gespräch wurzelt? Liegt sie in den kulturellen Traditionen Deutschlands – im allemanischen Stammesverband oder einer gereinigten Version deutschen Volkstums? Wird sie von den freien Städten oder Fürstentümern mit ihrem Stolz auf lokale Selbstregierung verkörpert? Oder von den Grünen, soweit sie außerhalb des politischen Systems arbeiten?

Die Antwort auf diese Fragen (die ich, ohne anmaßend zu sein, meinen deutschen Freunden nicht geben kann) wird Einfluß darauf haben, wie sich eine auf amerikanische Verhältnisse bezogene Idee starker Demokratie in einen deutschen staatsbürgerlichen Diskurs übersetzen läßt. Denn starke Demokratie ist gleichermaßen eine Frage der bürgerlichen Infrastruktur und Haltung wie eine der politischen Institutionen. Die im 7. Kapitel vorgeschlagenen politischen Reformen mögen in der Bundesrepublik auf Resonanz stoßen oder auch nicht. Das Konzept der »strong democracy« gewinnt durch die Übersetzung ein anderes Aussehen: In Deutschland, wo der Staat traditionell zu stark war, mag »starke Demokratie« etwas Bedrohliches an sich haben. In der antiföderalistischen Tradition Amerikas mit ihrem Mißtrauen gegenüber einer Zentralregierung wurde Demokratie stärker, wenn sie dezentralisiert, gemeindenah war. Wird dasselbe für den ganz anderen föderalistischen Kontext gelten, der den Deutschen vertraut ist? Wünscht die Bundesrepublik sich wirklich eine »starke« Demokratie bzw. überhaupt *irgendetwas Starkes* oder steht sie in einer Tradition, die sich eher dem liberalen Mißtrauen gegenüber unkontrollierten Mehrheiten und volkdemagogischen Neigungen einfügt?

Vorwort

Die Frage wird zudem noch dadurch verwickelter, daß die heutige Bundesrepublik nicht nur eine, sondern mindestens zwei staatsbürgerliche Kulturen hat – West und Ost. Ironischerweise ist die staatsbürgerliche Kultur des Ostens, die sich in einer zerbrechlichen und neuen, aber vielversprechenden Form während der Übergangsperiode herausbildete (etwa das *Neue Forum*), weitgehend von der staatsbürgerlichen Kultur des Westens absorbiert – einige würden sagen – zerstört worden, von einer Kultur, die materialistisch und ökonomisch ist, robust, aber mit staatsbürgerlicher Tugend nur spärlich versehen und an lokaler Partizipation anscheinend desinteressiert. Würde eine starke Demokratie in Deutschland der vom *Neuen Forum* vorgeschlagenen staatsbürgerlichen Kultur gleichen und sie wiederzubeleben helfen? Lädt sie zu der Art unkonventioneller Politik ein, die von den Grünen oder andern Umweltbewegungen betrieben wird? Unterstützt oder unterminiert sie die traditionellen politischen Parteien, die (wie ihre amerikanischen Gegenstücke) auf eine repräsentative Demokratie setzen?

Weil eine dauernde Bürgerbeteiligung anscheinend die (mitunter) oligarchische Macht der traditionellen Institutionen eines Repräsentationssystems gefährdet, haben politische Parteien, politische Führer und die politische Presse der starken Demokratie verhältnismäßig wenig Sympathie entgegengebracht, ganz im Gegensatz zu lokalen Bewegungen, Bürgerinitiativen und gewöhnlichen Bürgern. Andererseits haben selbst Politiker der alten Schule erkannt, daß eine schwache Bürgerschaft letztlich auch repräsentative Institutionen gefährdet. Während der Politikwissenschaftler Samuel Hintington in den siebziger Jahren mit scharfen Worten die »demokratische Überbelastung« angriff und offensichtlich meinte, eine Demokratie sei um so stabiler, je weniger sich die Öffentlichkeit politisch engagiere, begrüßen wenige Intellektuelle und Politiker den politischen Zynismus, der heutzutage gang und gäbe ist. Nur etwa die Hälfte aller Amerikaner beteiligen sich an den Präsidentschafts- und noch weniger an lokalen Wahlen. Außerdem steigen die Zahlen in einem alarmierende Maße innerhalb bestimmter Bevölkerungsgruppen: jüngere, ärmere und farbige Bürger, die es am nötigsten hätten, gehen kaum zu den Wahlurnen. Darüberhinaus hat die Entwicklung potentiell demagogischer Mittel der Bürgerbeteiligung wie die Stadtversammlung per Fernsehen (auf die kürzlich Ross Perot und Präsident Clinton zurückgriffen) auch die skeptischsten Beobachter zu der Einsicht kommen lassen, daß wir mehr soziale Verantwortung und eine bessere staatsbürgerliche Erziehung brauchen.

Nun, da die Deutschen mit den Herausforderungen ringen, die auf ihre Demokratie zukommen, mögen stärker partizipatorische Institutionen eine größere Legitimation erlangen. Denn auch in der Bundesrepublik macht sich ein gefährlicher Zynismus gegenüber der Politik breit und wächst das Bewußtsein, daß auch ihr Land »unregierbar« wird – jedenfalls durch die überkommenen repräsentativen Institutionen. Stärkere Partizipation, die mehr kulturelle Identität und mehr Verantwortung mit sich bringt, könnte helfen, ausländische Arbeitnehmer, politische und wirtschaftliche Asylanten und die wachsenden Reste der Unruhen in Osteuropa in die deutsche Gesellschaft zu integrieren. Die Forderung Bürgermeister Rommels, den im Lande lebenden ausländischen Arbeitnehmern bestimmte Bürgerrechte einzuräumen, zeugt von dieser neuen Haltung. Ebenso könnte man dem Rückfall in den Nationalismus, dem wiederauflebenden Antisemitismus und dem Stumpfsinn der Skinheads durch neue Formen staatsbürgerlicher Erziehung und verstärkter politischer Partizipation entgegentreten (Entfremdung und politische Unverantwortlichkeit gehen Hand in Hand).

Wie kann starke Demokratie angesichts solcher praktischen Herausforderungen die deutsche bürgerliche Kultur diskursiver Rationalität aufgreifen, die seit den Tagen Kants (und seiner Verehrung Rousseaus) die Demokratie metaphysisch begründet und ihrer Rechtfertigung jenen metaphysischen Ton verliehen hat, der ihre Stärke aber auch ihre Schwäche ausmacht? Vergleicht man etwa Tom Paine, Thomas Jefferson, Abraham Lincoln und John Dewey mit Immanuel Kant, Max Weber oder

Vorwort

Jürgen Habermas wird sogleich der Unterschied zwischen einer bürgerlichen Kultur sichtbar, die aus einem pragmatischen und praktischen Denken erwächst – in der Staatsmänner ebenso zu Hause sind wie Polemiker und Philosophen –, und einer bürgerlichen Kultur, die fest in der Metaphysik wurzelt. Deutschland war, was die Theorie betrifft, ein Vorbild für Amerika: die amerikanische Forschungsuniversität hat eine deutsche Ahnentafel, die amerikanische Sozialwissenschaft spricht immer noch mit einem deutschen Akzent, der nicht nur von der mit der *New School for Social Research* in New York gegründeten Exiluniversität ausging, sondern von vielen sozialwissenschaftlichen und philosophischen Instituten des Landes, in denen der Einfluß von Karl Deutsch, Hannah Arendt, Carl J. Friedrich, Ludwig Wittgenstein, Sir Karl Popper und einem Dutzend anderer den Anglo-Amerikanern halfen die neue Gesellschaftswissenschaft zu definieren, welche die amerikanischen Gründungsväter und Tocqueville verheißen hatten. Diese Exilanten, die meisten von ihnen wurden zu Amerikanern par excellence, versuchten unsere beiden Traditionen miteinander zu verschmelzen. Hannah Arendt versuchte Europas Beschäftigung mit Rationalität und bürgerlichen Republikanismus (»die Herrschaft des antiken Griechenlands über den deutschen Geist«!) mit Amerikas pragmatischer Auffassung der bürgerlichen Kultur zu vereinigen. Immer wenn ein deutsch-amerikanischer Sozialwissenschaftler die Bühne betritt, lauert Weber in den Kulissen. Allerdings sind Mischformen nicht einfach zu erreichen: die pragmatische Demokratie Amerikas und die Vernunftphilosophie Deutschlands gehen nicht ohne weiteres eine Verbindung ein. Wenn die deutsche Theorie dem weichen Fleisch des amerikanischen Pragmatismus ein philosophisches Rückgrat gab (Josiah Royce ist vielleicht das leuchtendste Beispiel für einen Hegelianer in Amerika), so ist weniger deutlich, daß der amerikanische Pragmatismus oftmals dazu beitrug, das steife Rückgrat der deutschen Metaphysik geschmeidiger zu machen (obgleich Habermas dies zweifellos ebenfalls versuchte). Für einen amerikanischen Beobachter scheint Deutschland sich der Philosophie der

Vorwort

Demokratie als Ausdruck übereinstimmender Rationalität ein wenig zu stark verpflichtet zu fühlen und dabei die Vorstellung zu vernachlässigen, daß das tägliche Leben demokratisch sein solle. Der Dichter Walt Whitman, Streiter für Lincoln und den demokratischen Geist, schrieb im 19. Jahrhundert:

»Glauben Sie, Demokratie sei nur etwas für Wahlen, Politik und den Namen einer Partei? Ich behaupte, Demokratie ist dort nur dann von Nutzen, wenn sie sich ausbreitet und in den Sitten Blüten und Früchte trägt, in den höchsten Formen der Beziehungen zwischen den Menschen und ihren Überzeugungen – in Religion, Literatur, Universitäten und Schulen, – Demokratie muß in allen Bereichen des öffentlichen und privaten Lebens herrschen, in Armee und Marine.« (*Democratic Vistas*).

Für John Dewey war Demokratie nicht bloß eine Regierungs-, sondern eine Lebensform. Hat das deutsche Wirtschaftswunder, das in der letzten Zeit weniger wundertätig war, einen Platz für Demokratie als eine Lebensform? Gibt es eine stärkere Form der Demokratie, welche die leidenschaftlichen Gefühle der zornigen Flüchtlinge aus dem Osten (bis hin zur Türkei) besänftigen und mehr staatsbürgerliche Gastfreundschaft unter ihren aufgebrachten deutschen Gastgebern schaffen kann? Stehen den Technokraten in Straßburg und Brüssel die Bedürfnisse einer Demokratie vor Augen oder glauben sie, Europa lasse sich bloß durch einen gemeinsamen Markt und eine Währungsunion vereinigen, ohne die Notwendigkeit einer regionalen Beteiligung an europäischen Entscheidungen und das Verlangen nach demokratischen Institutionen berücksichtigen zu müssen, die den Bürgern erlauben, sich nicht bloß als Zuschauer zu fühlen, wenn sie ihrem angeblich glücklichen europäischen Geschick entgegengehen?

Amerikaner sonnen sich gern in der Auffassung, solche Fragen gehörten ihnen allein. Sie glauben, wie Abraham Lincoln einst sagte, daß Amerika die »letzte und größte Hoffnung« der Menschheit auf Freiheit und Demokratie ist. Dies ist jedoch eine amerikanische Form des Provinzialismus, denn in Wahrheit liegt Demokratie heute in der Verantwortung vieler Nationen, vor allem jener, die über den wirtschaftlichen und politischen Einfluß verfügen, um die Welt nach dem Kalten Krieg zu beherrschen. Die Demokratie ist kein Automat, keine Form der zivilen Gesellschaft, die ohne Anstrengung weiterlebt. Im Gegenteil: die unausgereifte Zivilgesellschaft ist autoritär, hierarchisch und despotisch. Demokratie kann nur durch fortwährende menschliche Anstrengung funktionieren und aufrechterhalten werden. Was die neue Bundesrepublik mit ihren zwei angeblich deutschen Teilen, welche sich offenbar äußerst unwohl miteinander fühlen, aus ihrer Demokratie in einem Europa und in einer Welt macht, die dringend *funktionierende* Demokratiemodelle braucht, ist keineswegs nur von akademischem Interesse. Gibt es eine Version der starken Demokratie, die in der staatsbürgerlichen Kultur Deutschlands einen Widerhall findet? Läßt sich die staatsbürgerliche Kultur in Deutschland mit Hilfe eines stark-demokratischen Paradigmas weiter demokratisieren? Vermag starke Demokratie der langen philosophischen Tradition demokratischer Rationalität, Deutschlands entscheidendem Beitrag zur demokratischen Theorie, eine staatlich institutionalisierte Substanz zu verleihen? Kann eine Version partizipatorischer Demokratie, die durch die eigentümlich staatsbürgerliche Kultur Amerikas bedingt ist, in einer Bundesrepublik von Nutzen sein, deren Laster und Tugenden ganz anders beschaffen sind?

Ich hoffe zumindest, daß diese Übersetzung von *Strong Democracy* eine nachhaltige Diskussion solcher Fragen auslöst und möglicherweise auch zu einer kritischen Untersuchung der amerikanischen Autoren führt, auf die sich meine Analyse beruft – Autoren wie Tom Paine, Sam Adams und Thomas Jefferson, aber auch Emerson, Thoreau und Walt Whitman; Peirce, James und Dewey; Richard Rorty, Michael Walzer und Charles Taylor. Sie alle haben aus der amerikanischen Erfahrung eine Auffassung von Demokratie gewonnen, die beträchtlich engagierter ist als jene, zu der wir aus der Lektüre der liberalen Gründungsväter oder der modernen Sozialwissenschaftler gelangen können. Zwar ist Rezipieren, Diskutieren und kritisches

Vorwort

Forschen noch weit entfernt von demokratischer Beratung und erst recht von demokratischem Handeln, dennoch sind sie das *sine qua non* des demokratischen Lebens. Eine deutsche Demokratie, die in diesem Sinne stark ist, ob sie nun eine »Starke Demokratie« ist oder nicht, wird überall eine Stütze der Freiheit sein.

TEIL I

MAGERE DEMOKRATIE
DIE KRITIK AM LIBERALISMUS

1. Kapitel

MAGERE DEMOKRATIE
POLITIK ALS RAUBTIERHALTUNG

> (Man sollte) Menschen nicht für solche Narren halten, daß sie sich zwar bemühen, den Schaden zu verhüten, der ihnen durch Marder oder Füchse entstehen kann, aber glücklich sind, ja, es für Sicherheit halten, von Löwen verschlungen zu werden.
>
> *John Locke*

> ... Demokratie läßt sich überzeugender rechtfertigen und bedarf einer realistischeren Verteidigung, als ihr die liberale Kultur, mit der sie in der neuzeitlichen Geschichte assoziiert wurde, zu geben vermochte.
>
> *Reinhold Niebuhr*

Die liberale Demokratie gehört zu den robustesten politischen Systemen in der neuzeitlichen Geschichte des Abendlandes. Als die überwiegende, moderne Form der Demokratie hat sie die erfolgreichsten und dauerhaftesten Regierungen der Welt beeinflußt und angeleitet, nicht zuletzt die Regierung der Vereinigten Staaten.

Tatsächlich ist die liberale Demokratie ein so kraftvolles Modell geworden, daß zumindest in der westlichen Welt die Zukunft der Demokratie ganz und gar von deren Geschicken und damit vom amerikanischen Regierungssystem und seiner Partnerin, der liberalen Kultur, abzuhängen scheint. Was wir in dieser Monopolstellung wahrnehmen, schränkt nicht nur die offenbaren Alternativen für jene ein, die nach anderen legitimen Formen der Politik suchen, es nimmt auch den Amerikanern jeglichen Maßstab und jegliches Ideal, anhand dessen sie ihre eigene liberale Politik messen oder, wenn sie wollen, verändern könnten.

Zudem vermochte die liberale Demokratie, allen Erfolgen zum Trotz, ihren großen Gegenspielern im 20. Jahrhundert nicht immer erfolgreich Widerstand zu leisten: der illegitimen Politik des Faschismus und Stalinismus, der Militärdiktaturen und des Totalitarismus. Ebensowenig war sie fähig, ihre eigenen inneren Schwächen und Widersprüche wirksam zu bewältigen, und viele von ihnen sind mit wachsendem Alter des amerikanischen Systems und der Verschärfung seiner inneren Widersprüche zunehmend unkontrollierbarer geworden. (Dieser Prozeß wird im 2. Kapitel erörtert.)

Das zentrale Argument im ersten Teil dieses Buches lautet, daß viele dieser Probleme der politischen Theorie liberaler Demokratie selbst entspringen. Die liberale Demokratie geht von Prämissen über die menschliche Natur, das Wissen und die Politik aus, die zwar aufrichtig liberal, ihrem Wesen nach aber nicht demokratisch sind. Ihre Auffassung vom Individuum und seinen privaten Interessen untergräbt jene demokratische Verfahren, von denen sowohl die Individuen als auch ihre Interessen abhängen.

Die liberale Demokratie darf somit als eine »magere« Theorie der Demokratie gelten. Ihre demokratischen Werte beruhen auf Klugheitserwägungen und sind also vorläufige, von Entscheidungsmöglichkeiten und Umständen abhängige Mittel für ausschließlich persönliche und private Zwecke. Wir können nicht erwarten, daß sich auf einem solchen Fundament eine haltbare Theorie der Bürgerschaft, der Partizipation, des Gemeinwohls oder der staatsbürgerlichen Tugend errichten läßt. Liberale Demokratie wird sich so gesehen nie sehr weit von Ambrose Bierces zynischer Definition entfernen können, Politik sei »die Wahrnehmung öffentlicher Angelegenheiten zum persönlichen Nutzen«. Sie vermag nie weit über die vorausschauende und persönliche Zweckmäßigkeitserwägung hinausgehen, die Locke zu der Erklärung veranlaßte, Menschen würden allein um des »gegenseitigen Schutzes ihres Lebens, ihrer Freiheiten und Besitztümer« dem Leben unter einer Regierung zustimmen. Und niemals wird sie Winston Churchills ironischer Charakterisierung der Demokratie entrinnen, der sie für »die schlechteste Regierungsform in der Welt, abgesehen von allen anderen Formen« hielt. Einer Demokratie, die sich nur durch beißenden Skeptizismus verteidigen läßt, wird es wahrscheinlich schwer fallen, den Fanatismus ihrer Gegner zu bekämpfen.

Tatsächlich legt Churchills Bemerkung den Schluß nahe, die liberale Demokratie sei gar keine Theorie politischer Gemeinschaft. Sie liefere keine Rechtfertigung der Politik, sondern biete stattdessen eine Politik an, die individuelle Rechte rechtfertigt. Man könnte meinen, es ginge ihr eher darum, individuelle Freiheit zu fördern als öffentliche Gerechtigkeit zu sichern, Interessen zu unterstützen als moralische Werte zu entdecken, Menschen auf sicheren Abstand zu halten als zu fruchtbarer Zusammenarbeit zu bewegen. Infolgedessen gelingt es der liberalen Demokratie sich allen Angriffen auf das Individuum – seine Privatsphäre, sein Eigentum, seine Interessen und Rechte – heftigst zu widersetzen, sie erweist sich aber als weitaus wirkungsloser, wenn es gilt, Angriffe auf die Gemeinschaft, Gerechtigkeit, Bürgerschaft oder Bürgerbeteiligung abzuwehren. Letztlich unterminiert diese Schwäche ihr Eintreten für das Individuum, denn individuelle Freiheit ist keine Voraussetzung des politischen Handelns, sondern dessen Folge.

Das bedeutet nicht, liberaler Demokratie hafte etwas Simples an. Vielmehr ist sie eine außergewöhnliche, komplexe und oftmals paradoxe Form der Politik. Sie enthält mindestens drei vorherrschende *Dispositionen*, von denen eine jede ganz bestimmte Haltungen, Neigungen und politische Werte nach sich zieht. Wir können diese drei Dispositionen der Einfachheit halber *anarchistisch, realistisch* und *minimalistisch* nennen. Obwohl bestehende demokratische Regimes gewöhnlich Züge aller drei Dispositionen miteinander verbinden, treten die einzelnen Dispositionen in bestimmten Theorien liberaler Demokratie klar und deutlich hervor. Robert Nozick versucht z. B. in *Anarchie, Staat, Utopia* von anarchistischen zu minimalistischen Argumenten überzugehen, ohne gegen die Annahme individueller Rechte zu verstoßen, die beiden Dispositionen zugrundeliegt. Ein vielschichtigerer demokratischer Liberaler, nämlich Bertrand Russell, brachte es im Laufe seiner langen Karriere fertig, alle drei Dispositionen duchzuspielen. Seine frühen Schriften hatten einen anarchistischen Anstrich, seine reiferen schlugen realistische Töne an, und seine späten wiesen minimalistische Züge auf. Da Russel als Befürworter des klassischen Liberalismus und der Vertragstheorie auftrat, konnte er ohne große Umwege von einer anarchistischen Verteidigung unantastbarer, individueller Rechte zur realistischen Schlußfolgerung übergehen, nur ein Souverän könne diese Rechte schützen, um dann einen minimalistischen Schlenker zu machen und auf der Machtbeschränkung des Souveräns zu bestehen.

Das politische System Amerikas ist ein bemerkenswertes Beispiel für die – manchmal harmonische, häufiger aber unbehagliche – Koexistenz aller drei Dispositionen. Man könnte meinen, Amerikaner seien – was ihre Werte betrifft – Anarchisten (Privatsphäre, Freiheit, Individualismus, Eigentum und Rechte); in der Wahl ihrer Mittel Realisten (Macht, Recht, Zwangsschlichtung und unabhängige Rechtsurteile); und ihrem politischen Temperament nach Minimalisten (Toleranz, Vorsicht gegenüber der Regierung, Pluralismus, institutionalisierte Puffer wie Gewaltenteilung und rechtliche Prüfverfahren).

Sowohl die anarchistische, als auch die realistische und minimalistische Disposition lassen sich als politische Antwort auf *Uneinigkeit*, die grundlegende Bedingung aller liberal demokratischen Politik, verstehen. Autonome Personen, die private und getrennte Räume einnehmen, sind die Teilnehmer am Spiel der liberalen Politik, und Uneinigkeit ist ihr charakteristischer Interaktionsmodus. Der liberale Demokrat stellt Uneinigkeit in den Mittelpunkt zwischenmenschlichen Handelns und erklärt sie zur Hauptsorge der Politik, gleichgültig, ob er nun Uneinigkeit (wie Hobbes und Marx) als Folge knapper Ressourcen auffaßt, oder sie (wie Russell und Freud) auf die Unersättlichkeit der Begierden bzw. (wie Machiavelli) auf ein natürliches Streben nach Macht und Ruhm zurückführt.

Zwar mögen alle drei Dispositionen auf der Überzeugung

Politik als Raubtierhaltung

beruhen, Uneinigkeit sei das ausschlaggebende Faktum; die von ihnen verordneten Heilmittel sind jedoch sehr unterschiedlich. Äußerst verkürzt könnte man sagen: der Anarchismus leugnet Uneinigkeit, der Realismus unterdrückt und der Minimalismus toleriert sie. Der erste Ansatz versucht, Uneinigkeit hinwegzuwünschen, der zweite sie auszulöschen, und der dritte mit ihr zu leben. Liberale Demokratie in ihrer gemischten und in Amerika verwirklichten Form leugnet Uneinigkeit aufgrund ihrer marktwirtschaftlichen Annahmen über die angebliche Anpassungsfähigkeit und vermeintliche Gleichheit des Privatsektors; durch ihren klugen Einsatz politischer Macht als Schlichtungsinstanz zwischen Individuen und Gruppen unterdrückt, aber reguliert sie auch Uneinigkeit; und schließlich toleriert ihr charakteristisches liberal-skeptisches Temperament die Uneinigkeit.

Betrachten wir also diese drei Dispositionen jede für sich, dann sollten wir nicht vergessen, daß es sich tatsächlich um widersprüchliche Impulse handelt, die innerhalb einer einzigen politischen Tradition zum Tragen kommen, und nicht um eigenständige Philosophien, die sich unterschiedlichen politischen Systemen zuordnen lassen.

Die anarchistische Disposition in der liberalen Demokratie

Der Anarchismus als eine Disposition läßt sich als die unpolitische oder politikfeindliche Dimension liberaler Demokratie begreifen. Er hält Frauen und Männern ein Bild ihrer selbst vor, in dem sie als allgemein autonome Wesen mit Bedürfnissen und Wünschen erscheinen, die sich (zumindest in der Theorie) außerhalb zwanganwendender, staatlicher Gemeinschaften befriedigen lassen. So gesehen ist Uneinigkeit das Ergebnis politischer Interaktion, nicht die Voraussetzung, die zur Politik führt. Da die anarchistische Disposition eng mit der Auffassung verknüpft ist, individuelle Rechte seien absolut, ist sie ein unversöhnlicher Gegner politischer Macht – insbesondere demokratischer politischer Macht, die, da sie »legitimer« ist, weniger Widerstand hervorruft.

Die anarchistische Disposition tritt am deutlichsten in der liberal demokratischen Betrachtung politischer Zwecke hervor. Sie werden stets von den Individuen und ihrer Selbstbestimmung begrenzt. Freiheit ist demnach das Fehlen äußerer (also politischer) Schranken für individuelles Handeln. Im Naturzustand ist das Individuum unabhängig und einsam; Menschen sind der Definition nach autonome, von einander isolierte und freie, handelnde Personen. Die Klassiker der amerikanischen Tradition sind reich an diesen quasi-anarchistischen und individualistischen Vorstellungen. Thomas Hobbes mag zum Philosophen unteilbarer, souveräner Gewalt geworden sein, dennoch war er davon überzeugt, daß »die Menschen, die von Natur aus die Freiheit lieben, (wenn sie Staaten beitreten) dies letztlich allein mit dem Ziel und der Absicht tun, für ihre Selbsterhaltung zu sorgen«.[1] John Locke argumentierte mit gleicher Eindringlichkeit, daß »das große und hauptsächliche Ziel, weshalb Menschen sich zu einem Staatswesen zusammenschließen und sich unter eine Regierung stellen ... der gegenseitige Schutz ihres Lebens, ihrer Freiheiten und ihres Vermögens (ist), was ich unter der allgemeinen Bezeichnung *Eigentum* zusammenfasse.«[2] Die revolutionären Sezessionisten, die Gründer der amerikanischen Republik, hielten es für »unbezweifelbar«, daß »alle Menschen gleich geschaffen, und deshalb von ihrem Schöpfer mit gewissen unveräußerlichen Rechten versehen wurden, darunter das Recht auf Leben, Freiheit und Streben nach Glück.« Erst nachdem diese radikal individualistischen Prämissen, ein Echo des Mißtrauens, das die amerikanischen Kolonien gegenüber jeglicher Regierung hegten, zu Papier gebracht und ge-

---

[1] Thomas Hobbes, *Leviathan*, Teil 2, Kap. 17. (übersetzt v. W. Euchner, Darmstadt/Neuwied 1966, S. 131).
[2] John Locke, *The Second Treatise of Civil Government*, Kap. 9, §§ 123 f. (dt. *Zwei Abhandlungen über die Regierung*, hg. v. W. Euchner, Frankfurt 1977, S. 278).

Politik als Raubtierhaltung

rechtfertigt worden waren, ließ sich das auf Klugheitsgründen beruhende Staatsgebäude errichten, das allein »zum Schutze dieser Rechte« eingesetzt wurde.

Thomas Carlyle brachte die anarchistische Disposition liberaler Demokratie auf den Punkt, als er den utilitaristischen Liberalismus als »Anarchie mit Wachtmeister« verwarf. Der liberale Demokrat mag die Gegebenheit und selbst die mögliche Nützlichkeit von Macht anerkennen, er wird deshalb nicht aufhören, ihr hartnäckig zu mißtrauen. John Stuart Mills Warnung, daß alle Zwänge als solche von Übel seien, zieht sich wie ein roter Faden durch die politische Theorie des Liberalismus und macht Politik weniger zur Kunst des Machtgebrauchs als vielmehr zu einer Kunst, die Macht zu kontrollieren und zu zügeln. Robert Dahl kann daher von der Theorie der Demokratie sagen, sie »befasse sich mindestens ... mit Verfahren, mittels derer gewöhnliche Bürger einen relativ hohen Grad an Kontrolle über ihre Führung ausüben können«.[3] Und David Easton definiert die Demokratie selbst als »ein politisches System, in dem Macht so verteilt ist, daß die Kontrolle über die rechtsverbindliche Zuteilung von Werten in den Händen des Volkes liegt.«[4]

Es überrascht nicht, daß Liberale, die das politische Gemeinwesen eher für ein Werkzeug denn für einen Wert an sich halten, den Gedanken der Bürgerbeteiligung geringschätzig behandeln. Das Ziel ist nicht, sich die Macht zu teilen, oder einer Gemeinschaft anzugehören, sondern Macht und Gemeinschaft einzudämmen und danach zu beurteilen, inwiefern sie Freiheit und private Interessen beeinträchtigen. Es trifft, wie Carole Pateman bemerkt hat, in der Tat zu, daß »nicht allein (Bürgerbeteiligung) eine sehr kleine Rolle spielt, sondern jüngere Demokratietheorien sich vor allem durch die Betonung der Gefahren auszeichnen, die jeder weitreichenden politischen Beteiligung der Bürger innewohnen.«[5]

---

[3] Robert Dahl, *A Preface to Democratic Theory* (Chicago 1956), S. 3.
[4] David Easton, *The Political System* (New York 1953), S. 222.
[5] Carole Pateman, *Participation and Democratic Theory* (Cambridge 1970), S. 1. Ein Beispiel für dieses Mißtrauen gegenüber Bürgerbeteiligung ist die

Magere Demokratie

Tatsächlich vergrößert Bürgerbeteiligung die Macht der Gemeinschaften und verleiht ihnen eine moralische Kraft, die andere nicht partizipatorische Herrschaftsformen selten erreichen. Außerdem erweitert Bürgerbeteiligung, weil sie mehr Macht in die Hände der Gemeinschaft legt, deren Handlungsspielraum. Eine umfangreiche und vergleichsweise ältere Literatur beschäftigt sich damit, Politik vor zuviel Demokratie und Demokratie vor zuviel Bürgerbeteiligung zu bewahren. Jede Kritik am Mehrheitsprinzip, jede Kritik an der öffentlichen Meinung und jede Kritik an einer Politik der Massen verbirgt ein tiefes Mißtrauen gegenüber der Teilhabe des Volkes. Mill, Tocqueville, Ortega y Gassett und Walter Lippmann sind Liberale, die sich durch ihr Engagement für Freiheit zur Demokratie gedrängt sahen, aber wegen ihres Mißtrauen gegenüber der Bürgerbeteiligung dennoch Regierungen mit eingeschränkten Machtbefugnissen bevorzugten. Ihre Furcht vor Mehrheitsentscheidungen läßt sich ohne weiteres mit Proudhons Klage vergleichen, das allgemeine Wahlrecht sei konterrevolutionär oder mit Godwins (in *Political Justice* ausgesprochener) Warnung, daß »die Stimme des Volkes nicht ... die Stimme der Wahrheit und Gottes ist« und »Einstimmigkeit nicht Unrecht in Recht

---

von B. R. Berelson, P. F. Lazarsfeld und W. N. McPhee in ihrer klassischen Studie, *Voting* (Chicago 1954), aufgeworfene Frage: »Wie könnte eine Massendemokratie funktionieren, wenn das ganze Volk in die Politik verstrickt wäre?« (S. 312). Vgl. auch das in jüngerer Zeit von Thomas R. Dye und L. Harmon Ziegler gezeichnete Bild der Demokratie (*The Irony of Democracy* [North Scituate, Mass. 1975]):

Demokratie ist die Herrschaft des Volkes, doch die Verantwortlichkeit für das Überleben der Demokratie liegt auf den Schultern der Eliten ... Würde das Überleben des amerikanischen Systems von einer aktiven, unterrichteten und aufgeklärten Bürgerschaft abhängen, wäre die amerikanische Demokratie schon längst zugrundegegangen, denn die Masse der Amerikaner ist an politischen und öffentlichen Maßnahmen nicht nur desinteressiert, sie ist auch schlecht unterrichtet und ihr Bekenntnis zu demokratischen Werten überraschend lau ... diese Werte und die amerikanische Demokratie können sich glücklich schätzen, daß die amerikanischen Massen nicht vorangehen, sondern nachfolgen. (S. 18)

verwandeln kann«.⁶ Aus demselben Grund haben liberale Demokraten wenig Sympathie für jenes staatsbürgerliche Ideal, das Menschen ihrer Natur nach für politische Wesen hält. Bürger eines Staates zu sein, ist für sie eine künstliche Rolle, in die der natürliche Mensch aus Klugheit schlüpft, um sein einsames Menschsein zu schützen. Das aber heißt, wir sind politisch, um uns als Menschen zu schützen, niemals jedoch Menschen, weil wir politisch sind (wie Aristoteles und die Griechen gesagt hätten).

Es erstaunt daher nicht, daß liberale Demokratie eine magere Demokratie ist. Individualisten mögen in Mills gerühmter, vorsorglicher Belehrung Trost finden, »daß der einzige Grund, aus dem die Menschheit, einzeln oder vereint, sich in die Handlungsfreiheit eines ihrer Mitglieder einzumengen befugt ist, der ist: sich selbst zu schützen.«⁷ Aber Mahnungen, die Zurückhaltung empfehlen, führen nicht zu einer Bejahung öffentlicher Werte, öffentlichen Denkens oder öffentlichen Handelns, und so erscheinen die demokratischen Formen des öffentlichen Lebens als vorläufig und entbehrlich. Als bloße Werkzeuge des Individualismus lassen sich demokratische Formen ebensogut durch mit ihnen konkurrierende Herrschaftsformen wie einen wohlwollenden Despotismus oder eine rationale Aristokratie ersetzen oder auch, was das betrifft, durch den anarchischen Naturzustand, dessen Gesetze und Rechte allen Legitimationsansprüchen der liberalen Demokratie zugrundeliegen und auf die sämtliche Verfechter der Vertragstheorien als Heilmittel gegen Illegitimität zurückgreifen.

Der in Europa praktizierte Anarchismus und die anarchistische Disposition Amerikas unterscheiden sich in bedeutenden Hinsichten. In Europa waren es häufig radikale und revolutionäre Außenseiter des politischen Systems, die dem Anarchismus anhingen, Außenseiter, die entschlossen auf den Sturz

---

⁶ William Godwin, *An Enquiry Concerning Political Justice* (Philadelphia 1796), Bd. 2, Buch 8, Kap. 6.
⁷ John Stuart Mill, *On Liberty* (London 1910), S. 73. (Dt. *Über die Freiheit*, Stuttgart 1974, S. 16).

bestimmter Regierungen hinwirkten oder die Idee von Herrschaft überhaupt angriffen. Der Anarchismus war eine ideologische Zufluchtsstätte für Rebellen und Entfremdete, für Besessene und Verzweifelte.

Demgegenüber war der Anarchismus in Amerika eine Disposition des Systems selbst, eine Neigung, die einen starken Reiz auf Staatsmänner wie Bürger ausübte und weniger Nonkonformisten und Revolutionäre motivierte. Der Anarchismus wurde der allgemeinen politischen Praxis einverleibt und zu einem wesentlichen Charakteristikum des politischen Erbes. Wo immer für die Privatsphäre und die absoluten Rechte des Individuums eine Lanze gebrochen wird, ist die anarchistische Disposition am Werk. Wo immer freie Märkte als Förderung von Gleichheit betrachtet und staatliche Eingriffe als Zwangsmaßnahmen und illegitim verdammt werden, spüren wir die anarchistische Disposition. Libertäre Konservative, die übermächtige Regierungen brandmarken, und rechte Liberale, die die »demokratische Krankheit« anschwärzen, teilen die anarchistische Abneigung gegen die Ansprüche einer demokratischen Gemeinschaft.

Aus solchen quasi-anarchistischen Idealen wie Freiheit, Unabhängigkeit, individueller Selbstgenügsamkeit, Marktwirtschaft und Privatsphäre entspringt eine politische Philosophie, deren Wahlspruch lautet: »Die beste Regierung, ist diejenige, die am wenigsten regiert«. Am wenigsten regiert natürlich die Regierung, die gar nicht regiert, der einzig gute Staat, ist der »absterbende« Staat (auch der liberale Marx war nicht frei von anarchistischen Neigungen). Läßt sich die schmerzhafte Notwendigkeit *irgendeiner Art* von Regierung nicht leugnen, dann tritt die Lehre des »je weniger, desto besser« in Verfassungsmaßnahmen und Barrieren zutage, die sowohl die Macht der Regierenden als auch den Einflußbereich der Regierung einschränken. Im Einklang mit Hobbes' Grundsatz, die größte Freiheit herrsche dort, »wo die Gesetze schweigen«, binden die meisten liberalen Verfassungen die Regierung letztlich an bestimmte ihr übertragene Gewalten, während alle anderen Gewalten (wie im 10. Zusatz der amerikanischen Verfassung

Politik als Raubtierhaltung

formuliert ist) den Bundesstaaten und dem Volk vorbehalten bleiben. Daß es Sache des Nationalstaates ist, einen Beweis für die rechtmäßige Ausübung bestimmter Gewalten zu erbringen, ist ein entscheidendes Indiz dafür, daß liberale Demokratie in individualistischen und anarchistischen Denkmustern wurzelt.

Die anarchistische Disposition des Liberalismus versucht endlos das klassische, (von Rousseau exemplarisch formulierte) Problem zu lösen: Wie finden wir »eine Gesellschaftsform, die mit der ganzen gemeinsamen Kraft die Person und das Vermögen jedes Gesellschaftsgliedes verteidigt und schützt, und kraft derer jeder einzelne, obgleich er sich mit allen vereint, gleichwohl nur sich selbst gehorcht und so frei bleibt wie zuvor?«[8] Für Liberale dieser Couleur liegt die entscheidende Forderung darin, daß die Menschen »so frei wie zuvor bleiben«, denn in ihren Augen vermag allein die Wahrung ihrer ursprünglichen Freiheit das politische Gemeinwesen zu legitimieren. Rousseau selbst war (obwohl er im Ruf steht, Romantiker zu sein) kein Anarchist. Er wollte die Spannung zwischen den Ansprüchen der Freiheit und den Ansprüchen der Gemeinschaft dadurch auflösen, daß er natürliche Freiheit in staatsbürgerliche und moralische Freiheit umdefinierte und im Gehorsam gegen sich selbst den Schlüssel für des Rätsels Lösung sah.[9] Liberale Demokraten fühlen sich demgegenüber der natürlichen oder negativen Freiheit verpflichtet. Sie können sich nur zwei Lösungen vorstellen, entweder muß die Regierung beschränkt oder ganz abgeschafft werden. Da sich ihrer Meinung nach Freiheit und staatliche Gewalt wechselseitig ausschließen, kann es keine andere Lösung des Problems geben.

[8] Jean-Jacques Rousseau, *Der Gesellschaftsvertrag* (Stuttgart 1975), Buch 1, Kap. 6, S. 17.
[9] So schreibt Rousseau: »Der Verlust, den der Mensch durch den Gesellschaftsvertrag erleidet, besteht in der Aufgabe seiner natürlichen Freiheit ... Sein Gewinn äußert sich in der bürgerlichen Freiheit ... die durch den allgemeinen Willen beschränkt wird.« (Buch 1, Kap. 8, S. 23 f.) Diese Formulierung verstößt in der Tat gegen die Konstruktion des Problems, da die Menschen nicht »so frei bleiben wie vorher«, sondern eine Art der Freiheit gegen eine andere austauschen.

Magere Demokratie

Diese Einstellung erklärt, warum liberale Demokraten häufig gegenüber Macht und Uneinigkeit auf dem »natürlichen Markt« so blind sind. Da sie *per definitionem* festgelegt haben, daß »Natur« »Freiheit«, »Gemeinwesen« hingegen »Zwang« bedeutet, können sie schwerlich die Möglichkeit in Betracht ziehen, daß ein Gemeinwesen bestimmte Arten von Freiheit fördern oder die Natur einige Formen von Zwang und Uneinigkeit nähren kann, die tückischer sind als jene, denen wir in der demokratischen Politik begegnen. Der moderne Liberale, der starke Regierungen verteufelt, während er gleichzeitig den privaten Sektor als Modell gleichberechtigten Wettbewerbs und persönlicher Freiheit rühmt, tut nichts anderes als die Illusionen der frühen Vertragstheorien auf den neuesten Stand zu bringen.

Daher geht es vor allem zu Lasten der anarchistischen Disposition, daß die liberale Demokratie derartig unvollständig und polarisiert ist, und als politische Theorie ebenso mager wie als politische Praxis verwundbar bleibt. Selbstverständlich versuchen Realismus und Minimalismus, die wir nun erörtern werden, diesen Tendenzen entgegenzuwirken. Allerdings haben sie die Auffassung des Liberalismus von Macht in der Privatsphäre nicht sehr verfeinert, noch für das schöpferische Potential demokratischer Politik aufnahmebereiter, für die sozialen Triebe der menschlichen Natur empfänglicher, oder für die Fähigkeit der bürgerlichen Gemeinschaft zur Transformation, Emanzipation und Gerechtigkeit bewußter gemacht. Die anarchistische Disposition war der Hüter gegen öffentliche Formen der Tyrannei und dafür schulden wir ihr Dank. Sie bildete jedoch auch ein hartnäckiges Hindernis für öffentliche Formen von Gemeinschaft und Gerechtigkeit, und diese Halsstarrigkeit sollten wir stets bedauern.

Die realistische Disposition in der liberalen Demokratie

Jene Disposition, welche die liberale Demokratie individualistischen Zielen und dem Ideal der Freiheit geneigt machte, hat durchaus Rivalen. Niemand wird den Amerikanern vorwerfen können, sie verstünden nicht, wie wichtig der Einsatz politischer Macht in der politischen Arena ist. Schließlich ist es die Anwendung von Gewalt bei der Verfolgung privater Interessen, die in den Augen des Liberalen den einzigen Rechtfertigungsgrund für das Regiertwerden darstellt. In Amerika zog der Realismus eine Beschäftigung mit dem Problem der Macht nach sich, aber auch eine Auseinandersetzung mit der Frage des Rechts (Legalismus) und der Souveränität, verstanden als Wille (Positivismus).

Hinsichtlich seiner Genese ist der Realismus kaum mehr als die Ausweitung anarchistischer Prämissen auf den Bereich des Politischen: Politik schützt Privatinteressen und bietet öffentliche Garantien privaten Wohlstands an. Er führt freilich auch zu einer Reihe von Haltungen, die der anarchistischen Disposition ganz und gar fremd sind. Der Realist sieht in der Politik die Kunst des Machtgebrauchs – ungeachtet der Zwecke, die damit verfolgt werden. Im Gefolge der Macht treten Furcht, Manipulation, Zwang, Abschreckung, Anreize, Sanktionen und all jene künstlichen Mechanismen auf, die das Zwangsmoment in den menschlichen Beziehungen stärker betonen.

Fraglos gibt es ein traditionell liberales Argument, das Anarchismus und Liberalismus miteinander verknüpft. Wie Hobbes uns vor Augen führt, ist die natürliche Welt freier und gleicher, ihre naturgegebenen Interessen verfolgender Individuen zum Scheitern verurteilt, da kein Individuum unter den Bedingungen der Konkurrenz Befriedigung finden kann. Die Freiheit des einen, ist die Versklavung des anderen. Das natürliche Recht des Menschen auf Gewalt führt, wenn er davon Gebrauch macht, zur Knechtung anderer. Auch werden Absprachen, sich wechselseitig zu respektieren, kaum zweckdienlich sein, noch Verträge, in denen Selbstbeschränkung versprochen, oder Bündnisse, in denen Unterwerfung unter die Klugheitsregeln des aufgeklärten Selbstinteresses (Hobbes' »Gesetzen der Natur«) gelobt werden. Ohne kollektive Gewalt und deren Durchsetzung seitens des Souveräns – ohne das »Schwert« – bleiben Bündnisse bloße Worte, die keinerlei Sicherheit garantieren. So sehen sich die Menschen ironischerweise durch ihre Liebe zur natürlichen Freiheit gezwungen, diese aufzugeben und unter dem Gesetz zu leben, nicht um des Gesetzes, sondern um der Auswirkungen willen, die es auf andere hat. Was Vernunft und Vertrauen, Nächstenliebe und Altruismus nicht erreichen, können Furcht und die Leidenschaften, die sie in ihre Dienste nimmt, ohne weiteres sichern.

Machiavelli wird manchmal wegen seiner treulosen Moral verachtet, doch formuliert seine Überlegung, daß »es besser ist, gefürchtet als geliebt zu werden ... denn Liebe wird bloß durch das Band des Anstandes gehalten, welches die Menschen, da sie schlecht sind, jedesmal zerreißen, wenn sie ihren Vorteil anderwärts finden, Furcht aber gründet sich auf die Vorstellung eines zu erwartenden Übels und diese hört niemals auf«, eine vollkommen richtige, protoliberale Logik.[10] Menschen mögen sich aus aufgeklärtem Eigeninteresse einer Regierung unterwerfen, (damit andere gezügelt werden), sich selbst werden ihr freilich einzig und allein aus Furcht (aus Angst vor Strafe) gehorchen.

Der Realist macht mit Machiavelli die Entdeckung, daß Furcht die geheime Dienerin des Eigeninteresses ist. Nur sie vermag Hedonisten dazu veranlassen, die Bedürfnisse und Rechte anderen zu achten. Edmund Burke sollte später behaupten, Terror sei das letzte Bollwerk des radikalen Liberalismus – jene Galgen, die auf uns warten, wenn wir die Haine der Aufklärungsphilosophie durchschritten haben – doch es war Hobbes höchstpersönlich, der als erster den Gedanken der Furcht einführte: »Denn die natürlichen Gesetze wie Gerechtigkeit,

---

[10] Machiavelli, *Der Fürst*, in: *Politische Schriften*, hg. v. H. Münkler (Frankfurt 1990) Kap. 17, S. 95.

Billigkeit, Bescheidenheit, Mitleid ... sind an sich, ohne die Furcht vor einer Macht, die ihre Befolgung veranlaßt, unseren natürlichen Leidenschaften entgegengesetzt, die uns zu Parteilichkeit, Hochmut, Rachsucht und Ähnlichem verleiten«.[11]

Während sich dieser logische Übergang von Freiheit zum Gehorsam vollzieht, findet eine noch beunruhigendere psychologische Veränderung statt. An die Stelle der einfältigen Impulsivität natürlicher Bedürftigkeit tritt eine komplexere, künstliche Berechnung, die versucht, die Welt der Notwendigkeit durch Erkenntnis und anschließende Ausnutzung ihrer Gesetze zu beherrschen. Bacons Ideal von Wissen als Macht drang in die liberale Vorstellung vom natürlichen Menschen ein und schuf eine neue Spezies von Menschen wie auch eine neue Form des Verhaltens. Es gebar den erfinderischen Menschen, der die Bedingungen zur Befriedigung seiner materiellen Bedürfnisse erzeugen konnte, den manipulierenden Menschen, der sich der Furcht bediente, um die Freiheit zu wahren, und den sozialwissenschaftlichen Menschen, der die äußere Welt sozialer Anreize ausnutzte, um die innere Welt der menschlichen Reaktionen besser beherrschbar zu machen. Der Hedonimus ist durch politischen Zwang und rechtliche Sanktionen zu einem gesellschaftlich akzeptablen Verhalten geworden. Der Naturzustand weicht dem Schwert des Souveräns, das Schwert des Souveräns macht sich als Gesetz und rechtliche Sanktion geltend, und schließlich wird die Logik der Freiheit durch das Glückskalkül ersetzt, das zwar manipulierten Bedürfnissen dient, aber eine Freiheit ignoriert, die als nicht mehr gegeben betrachtet wird. Der Weg vom Anarchismus zum Realismus führt, obgleich alle seine Biegungen sanft verlaufen, auf diese Weise gleichwohl von einer extremen Vorstellung abstrakter Freiheit zu einer extremen Idee abstrakter Macht.

Die westliche liberale Demokratie verfolgt heutzutage eine stark realistische Politik. Gesetzgebungen und Gerichte entwikkeln strafrechtliche Sanktionen und rechtliche Anreize, um

---

[11] Hobbes, *Leviathan*, Buch 2, Kap. 17, S. 131.

Magere Demokratie

Verhalten zu kontrollieren; sie tun dies, indem sie das hedonistische Eigeninteresse manipulieren, ohne es jedoch zu ändern oder zu verwandeln. Menschen sehen sich nicht genötigt, ihre privaten Interessen öffentlich zu überprüfen und zu reformulieren, stattdessen werden sie ermutigt, öffentliche Güter in private Interessen umzumünzen. Ein Präsident, der die Öffentlichkeit zum Energiesparen bewegen will, schlägt daher eine Reihe strafender und belohnender Sanktionen, »Zuckerbrot und Peitsche« – Anreize vor. Derartige Maßnahmen tragen in keiner Weise dazu bei, ein echtes öffentliches Bewußtsein zu schaffen oder im Namen gemeinsamer Ziele positive Gemeinschaftsaktionen hervorzubringen. Sie bekräftigen im Gegenteil den Vorrang privater Kalküle, indem sie Gerechtigkeit zu einer Sache des persönlichen Gewinns machen. Barry Commoner hat diese Umkehrung der Werte in seinem Buch *The Politics of Energy* mit vernichtender Klarsicht beschrieben.[12]

Obwohl Klugheit die Macht als Verteidigerin privater Freiheit empfiehlt, entfernt die Politik und Psychologie der Macht sie immer weiter von der Freiheit, deren Wahrung Macht doch rechtfertigen soll. Daher schlägt Hobbes' Auffassung, Macht sei etwas Bedingtes, nämlich ein von der Klugheit diktiertes »gegenwärtiges Mittel für zukünftige Zwecke«, sehr schnell in die sehr viel düstere Auffassung um, Macht sei etwas für sich Bestehendes, ein Zweck an sich, der Menschen in einem rastlosen Verlangen, »das erst mit dem Tode endet« dazu treibt, »nach immer neuer Macht« zu dürsten. So wich auch die Duldung, mit der Amerikas Gründungsväter Macht als Werkzeug nationaler Regierungen begrüßten, schon bald der tiefen Sorge, daß Macht ihrem Wesen nach eng mit den niedrigsten Instinkten des Menschen verbunden sei. »Macht«, warnte John Adams, »wächst von Natur aus (...), da die menschlichen Leidenschaften unersättlich sind.«[13] Solche Ängste sollten noch durch die

---

[12] Siehe auch Barry Commoner, *The Poverty of Power: Energy and the Economic Crisis* (New York 1976).
[13] John Adams, zitiert in: Richard Hofstadter, *The American Political Tradition* (1948, wiederaufgelegt 1973), S. 3.

Politik als Raubtierhaltung

Schriften Darwins und Freuds sowie die Ideologien des Nationalismus und »Totalitarismus« im 20. Jahrhundert verstärkt werden. Wenngleich liberale Demokraten diese Ideologien ablehnten, schienen sie dennoch Indizien für die Gefahren des Realismus als einer Disposition liberaler Demokratie zu sein. Für Bertrand Russell etwa, »lassen sich die Gesetze der gesellschaftlichen Triebkräfte nur mit Blick auf die verschiedenen Erscheinungsformen von Macht formulieren.«[14] Moderne Sozialwissenschaftler glauben daher oft, das Studium der Politik sei identisch mit dem Studium der Macht.

Der liberale Demokrat will als Realist natürlich nicht die Macht feiern, er beabsichtigt vielmehr, sie den Zwecken und Rechten der Individuen dienstbar zu machen, so daß er sie in dieser Funktion etablieren und rechtfertigen kann. Die Marder und Füchse, die sich in der unbarmherzigen Natur das Leben mit ihren konkurrierenden Lüsten gegenseitig schwermachen, müssen in Gesetze eingepfercht, durch Strafen angetrieben, durch Drohungen abgeschreckt, durch Regeln beherrschbar und durch Belohnungen gefügig gemacht werden. Der Handelsverkehr zwischen ihnen muß geregelt, Übereinkünfte und Verträge ausgelegt und durchgesetzt, Freiheiten gegen einander abgewogen und im Gleichgewicht gehalten, die Privatsphäre abgegrenzt und geschützt werden. Bis zu einem gewissen Grad bewahren die Individuen ihre Freiheit, wo sie jedoch endet, beginnt eine Art Terror, da sich der liberal demokratische Realist ein Mittelding zwischen absoluter Herrschaft und absoluter Freiheit, vollständigem Zwang und völliger Zügellosigkeit, dem Terror einer auf Furcht gegründeten Herrschaft und der Anarchie der Herrschaftslosigkeit nur schwer vorzustellen vermag.

Infolgedessen ist die liberale Demokratie in gewisser Hinsicht grundlegend schizophren. Da sie keine Mittelwege zu erkennen vermag, geht sie mit Gegensätzen, Polaritäten, radikalen Dichotomien und strikten Dualismen hausieren: Terror oder Anarchie, Gewalt oder Freiheit, Furcht oder Liebe. Inner-

---

[14] Bertrand Russell, *On Power: A New Social Analysis* (London 1938), S. 13.

lich zerrissen und mit sich selbst uneins, macht liberale Demokratie ihre Mittel für ihre Zwecke untauglich. Aus ihren Werkzeugen zur Befreiung werden Instrumente der Unterwerfung, während ihre individualistischen Ziele zu Ursachen gesellschaftlicher Unordnung und Anomie werden.

Seit ihren frühesten Tagen in Amerika war das Hauptdilemma liberaler Demokratie dieser Streit zwischen Freiheit und Macht. Da ein jedes durch das Fehlen des andern definiert ist, lassen sie sich nicht entflechten; da das eine das jeweils andere gefährdet, können sie nicht nebeneinander bestehen. Wie aber läßt sich eine Form der Macht entdecken, die der Freiheit dient, wenn Macht selbst das größte Verhängnis für die Freiheit ist? Amerika überdauerte und gedieh, weil Macht das Land vor der Anarchie rettete, die in der Freiheit lauert, und Freiheit hat es ihrerseits vor der im Innern der Macht hausenden Tyrannei bewahrt. Seit der Abfassung der Bundesartikel beobachten wir in jeder Epoche, bei jeder Verabschiedung eines Gesetzes, bei jedem politischen Programm, wie zunächst gegen Macht und für Freiheit gekämpft wird, um dann zu erleben, daß um jener gemeinsamen Ziele und öffentlichen Güter willen, die allein durch Macht erreichbar sind, Freiheit, privater Eigennutz und radikaler Atomismus bekämpft werden.

John Locke brachte das Dilemma in einer brillanten und treffenden Tiermetapher auf den Punkt, als er Filmer und Hobbes angriff, weil sie meinten, die Menschen seien so närrisch, daß »sie sich zwar bemühen, den Schaden zu verhüten, der ihnen durch Marder oder Füchse entstehen kann, aber glücklich sind, ja, es für Sicherheit halten, von Löwen verschlungen zu werden«.[15] Der Liberale preßt einen souveränen Löwen in seine Dienste und glaubt, sich so vor seinen räuberischen Mitgeschöpfen schützen zu können, nur um zu entdecken, daß der Löwe noch unersättlichere Begierden hat. Der hilfsbereite Leviathan, der den wilden Naturmenschen zähmen soll, ist ein feiges Ungeheuer, das fähig ist, seine Schutzbefohlenen mit

---

[15] Locke, *Zwei Abhandlungen über die Regierung*, Kap. 7, § 93, S. 258.

eben den Gewalten zu vernichten, die ihm um ihres Schutzes willen verliehen wurden. Da der Realist sich weigert, den süßen, unschuldigen Traum des Anarchisten von einem konfliktfreien Naturzustand zu teilen, schafft er eine künstliche Welt der Macht, die Uneinigkeit so wirkungsvoll unterdrückt, daß sie droht, die Individuen mitsamt ihren Konflikten und die Freiheiten mitsamt ihrer zügellosen Mißbräuche zu vernichten.

Die minimalistische Disposition in der liberalen Demokratie

Diese Zwickmühle rechtfertigt die dritte Disposition liberaler Demokratie: den Minimalismus. Der Minimalismus fragt sich, wie die souveräne Macht des Realisten und die vorgegebene grenzenlose Gier des Menschen nach Herrschaft so in den Griff zu bekommen ist, daß die Anarchie nicht als einziger Zufluchtsort erscheint. D. h. er grübelt darüber nach, wie man die Wärter einsperrt, oder, in der Lieblingsformulierung früher Liberaler, *quis custodiet custodes* – wer bewacht die Wächter? Da der Minimalismus auf prekäre Weise sowohl der Toleranz als auch dem Skeptizismus und der Vorsicht huldigt und gleichermaßen von der Notwendigkeit überzeugt ist, Macht einzusetzen, wie strikt zu begrenzen, neigt er dazu, Politik weder als die Beziehungen des freien Marktes noch als Machtbeziehungen zu verstehen. Stattdessen könnte man sagen, er betrachtet Politik nach dem Modell der Außenpolitik: d. h. als Beziehungen zwischen Wesen, die zu abhängig und von Natur aus zu sehr auf Wettbewerb ausgerichtet sind, als daß sie in friedlicher Einsamkeit leben könnten, und wiederum auch zu mißtrauisch, um reibungsfrei miteinander zu leben.

Daher tritt der Minimalismus für eine Politik der Toleranz ein, die bei allen Interaktionen auf Mäßigung drängt, jeden Verzicht auf persönliche Freiheit vorbehaltlich formuliert, jede Übertragung von Autorität durch garantierte Rechte beschränkt und jedes Beschneiden der Privatsphäre durch Grenzen schützt.[16] Da sich Konflikte weder, wie anarchistische Utopien glauben wollen, in Wohlgefallen auflösen, noch gefahrlos durch eine von den Realisten befürwortete Zwangsherrschaft beseitigen lassen, bleibt nichts anderes übrig, als sie zu tolerieren. Ziel der Politik muß es sein, Institutionen, Sitten und Einstellungen so zu ersinnen oder neuzugestalten, daß wir mit Uneinigkeit und Meinungsverschiedenheiten leben können.

Da der Minimalist den Individuen (Anarchie) nicht weniger mißtraut als dem Staat (Macht), findet er sich selbst zwischen Baum und Borke. Er pflichtet Lockes instrumentalistischem Argument bei, daß »Macht keinen andern Zweck hat, als die Erhaltung (von Leben, Freiheit und Vermögen)« und ist folglich davon überzeugt, daß jede staatliche Zwangsmaßnahme gerechtfertigt werden muß. Er erkennt aber auch, daß Freiheit selbst-widersprüchlich ist: Sie dringt in den Raum des einen Menschen ein, wenn sie den Raum des anderen erweitert.

Der Minimalist entgegnet daher der Macht mit den Worten der Toleranz: »Wenn alle Menschen außer einem derselben Meinung wären«, verkündet er mit John Stuart Mill, »und nur dieser einzige eine entgegengesetzte hätte, dann wäre die ganze Menschheit nicht mehr berechtigt diesen einen mundtot zu machen, als er, die Menschheit zum Schweigen zu bringen, wenn er die Macht hätte.«[17] Läßt sich Freiheit nur schützen, indem Macht geteilt, gezügelt und beschränkt wird, dann ist die gefährlichste Macht jene, die mit der größten Autorität auftritt – d. h. die souveräne Macht der Mehrheit.

Das eigentümliche Mißtrauen der liberalen Demokratie gegen Mehrheitsentscheidungen, ihre Feindseligkeit dem Volk

---

[16] Raoul Berger formuliert in seinem jüngsten Buch den orthodoxen Grundsatz des Minimalismus mit der für ihn typischen Schärfe: »Achtung vor den Grenzen der Macht ist das Wesen der demokratischen Gesellschaft, fehlt sie, wird das ganze demokratische Gebäude unterminiert und der Weg von Weimar zu Hitler gepflastert«. *Government by Judiciary*, (Cambridge, Mass. 1977), S. 410.

[17] John Stuart Mill, *On Liberty*, S. 79. (Dt. S. 25).

Politik als Raubtierhaltung

und seiner »triebhaften« legislativen Tyrannei gegenüber entstammt dem Minimalismus. Tocqueville sorgte sich darüber, daß »die Mehrheit in den Vereinigten Staaten ... eine gewaltige tatsächliche Macht und eine fast ebenso große Macht als öffentliche Meinung (hat), und steht sie einmal in einer Frage fest, so gibt es sozusagen keine Hindernisse, die sie, ich sage nicht aufhalten, aber noch nicht einmal in ihrem Vordringen verzögern könnten, und die ihr die Zeit ließen, die Klagen derer anzuhören, die sie auf ihrem Wege erdrückt.«[18] An wen, fragt John Stuart Mill, kann sich jemand in einem System, wo Macht im Namen der Mehrheit ausgeübt wird, wenden, um einen erlittenen Schaden einzuklagen?

Ohne Zweifel ist das Mehrheitssystem in der politischen Ordnung Amerikas auf vielfältige Weise beschnitten worden, und vermutlich dürfen wir mit Louis Hartz sagen, das »eine der wohl zahmsten, sanftesten und phantasielosesten Mehrheiten in der neuzeitlichen politischen Geschichte in eine Reihe von Fesseln geschlagen wurde, die fanatischen Schrecken verraten.«[19] Jene, die das amerikanische Volk verachteten und fürchteten, rüsteten sich mit allen in die Verfassung eingegangenen Finessen und einer entsprechenden Rhetorik, um Macht zu beschränken. Gouverneur Morris sprach im Namen vieler Gründungsväter Amerikas, als er die verfassungsgebende Versammlung warnte: »Der Pöbel fängt an zu denken und zu debattieren. Armselige Schlangen! ... Sie baden in der Sonne und bevor es Mittag ist, werden sie beißen, verlaßt euch darauf.«[20]

Daher ist die Vorstellung, Macht sei ein notwendiges, aber abstoßendes und gefährliches Instrument und umso nachteiliger je mehr öffentliche Befürworter es findet, keine von außen kommende Kritik des amerikanischen Realismus. Vielmehr ent-

---

[18] Alexis de Tocqueville, *Die Demokratie in Amerika* (München 1976), S. 286.
[19] Louis Hartz, *The Liberal Tradition in America* (New York 1955), S. 129. Hartz kommt zu dem Schluß: »Die amerikanische Mehrheit war ein liebenswerter Schäferhund, der ständig an eine Löwenleine gelegt wurde«.
[20] Zitiert nach Hofstadter, *American Political Tradition*, S. 6.

spricht sie einer inneren Disposition der liberalen Demokratie Amerika selbst. Es ist in der Tat diese Disposition, die zu vielen wertvollen und erfolgreichen Eigenschaften der amerikanischen Politik beiträgt: ihre Bescheidenheit, ihr Pluralismus, ihre Vielfältigkeit und Überlegtheit, ihre Toleranz für Rückschläge, Verschiedenheit und Nonkonformismus, ihre Selbstbeschränkung und ihre Fairness – sie alle sind Ausfluß der minimalistischen Disposition. Der Minimalismus war stets bemüht, die Reibung zwischen den Berührungsflächen individueller Freiheit und staatlicher Macht, zwischen der anarchistischen und realistischen Dispositionen, zu mildern. Er beschwört eine Konzeption von bürgerlicher Gesellschaft als einer Assoziationsform herauf, welche die Individuen ohne Zwangsmittel miteinander verbindet und die schroffen Machtbeziehungen zwischen atomisierten Individuen und einer monolithischen Regierung vermittelt. Der Minimalismus betrachtet die Aktivitäten pluralistischer Vereinigungen und Gruppen wie auch die zwangsfreie Erziehung von Männern und Frauen zu Staatsbürgern als Alternativen zu reinen Macht- und Marktbeziehungen. So weist der Minimalismus in gewissem Maße über die liberale Demokratie hinaus und liefert einen Ausgangspunkt für jene alternative Vision starker Demokratie, die im zweiten Teil dieses Buches vorgestellt wird.

Gleichwohl bleiben solche Tugenden im Minimalismus größtenteils instrumentell: sie werden weniger um ihrer selbst als um der individuellen Zwecke willen geschätzt, denen sie treulich dienen. Das Individuum mag sich in einer pluralistischen, aus Gruppen bestehenden Gesellschaft eher zu Hause fühlen als auf dem natürlichen Markt oder in der Arena der Machtpolitik, doch die Tugenden der pluralistischen Gesellschaft werden letztlich auch nur daran gemessen, inwieweit sie dem aufgeklärten Eigeninteresse förderlich sind: daran, wie frei das Individuum ist und wie gut seine Interessen gewahrt und begünstigt werden. Die liberale Toleranz fordert in keiner Hinsicht ein hohes Maß an Tugend, wechselseitige Achtung beruht nicht auf altruistischen Haltungen, Selbstbeschränkung nicht auf Unei-

Politik als Raubtierhaltung

gennützigkeit, und Pluralismus nicht auf gemeinschaftlichen Werten. Sie sind lediglich Mittel, die dem Einzelnen die Gewähr bieten, daß andere gezügelt werden. Daher liefert John Rawls, wenn er die Goldene Regel so unformuliert, daß sie seines Erachtens nach einen faireren Gerechtigkeitsgrundsatz ausdrückt, auch kein anderes Motiv für gerechtes Handeln als rationales Eigeninteresse: Ungleichheiten müssen so verteilt werden, daß sie den am wenigsten Begünstigten in einer Gesellschaft zugute kommen, denn schließlich, so Rawls, könnten wir uns selbst in dieser Position wiederfinden. Toleriere andere, weil du toleriert werden willst und hindere die Mehrheiten, zu denen du heute gehörst, daran, übereilt zu handeln, denn morgen könntest du dich in der Minderheit befinden.[21]

Dieser der Klugheit gehorchende und vorsorgliche Aspekt des Minimalismus wirft schwerwiegende Probleme für die Demokratie auf. Ein Beispiel dafür ist der Rassismus in Amerika. Er war deshalb ein besonders hartnäckiges Problem, weil Eigeninteresse das Maß der Toleranz bestimmte. Da sich die Weißen entschieden in der Mehrheit befanden, und eine diesbezügliche Veränderung nicht abzusehen war, hatten sie keinerlei Grund, sich von dem Gedanken, sie könnten eines Tages in der Minderheit sein, zur Befreiung der nicht-weißen Minderheit bewegen zu lassen. Weil sie sich nicht in einem stärkeren Sinne zur Brüderlichkeit, Gemeinschaft oder Gegenseitigkeit aufgerufen fühlten, hatten die Weißen keinen »guten« (das heißt, keinen auf Klugheit oder Eigeninteresse gestützten) Grund, um die Rechte der Nicht-Weißen zu respektieren. Die Grenzen der liberalen Demokratie sind die Grenzen einer nur mit der eigenen Person beschäftigten Vorstellungskraft.

Dennoch verleiht die minimalistische Disposition der liberal-

---

[21] John Rawls, *A Theory of Justice* (Cambridge, Mass. 1971), S. 11 (Dt. Eine Theorie der Gerechtigkeit, Frankfurt 1975, S. 28): »Die Gerechtigkeitsgrundsätze sind) die Grundsätze, die freie und vernünftige Menschen *in ihrem eigenen Interesse* in einer anfänglichen Situation der Gleichheit zur Bestimmung der Grundverhältnisse ihrer Verbindung annehmen würden.« (Hervorhebung von mir, B. B.).

demokratischen Politik fraglos ein weniger aggressives und auf Verbesserung gerichtetes Gebaren als der Realismus, ohne jener naiven Einstellung zur natürlichen Macht anheimzufallen, welche die anarchistische Disposition ad absurdum führt. Dieser sanftere Einfluß ist in Lockes Unterscheidung zwischen bürgerlicher Gesellschaft und Regierung sichtbar, in Karl Poppers Begriff einer stückweise ansetzenden Sozialtechnologie, in Michael Oakeshotts Mißtrauen gegenüber jeglichem radikalen Rationalismus und jeder auf dem Reißbrett entstandenen Fortschrittsgläubigkeit, in Robert Nozicks Kritik abstrakt ergebnisorientierter Begründungen und in J. S. Mills vorsichtiger Grenzziehung zwischen eigennützigen und uneigennützigen Handlungen.[22] Im besten Falle mißtraut die minimalistische Disposition der Macht, ohne sie zu verdammen, achtet sie die Freiheit, ohne deren Bedingungen zu idealisieren, und erkennt, daß es keine unsichtbare Hand gibt, die die natürlichen Konflikte zu harmonisieren vermag, auch wenn sie hinnimmt, daß die sichtbaren Hände des politischen, nach Macht strebenden Menschen immer schmutzig sein werden. Obgleich sie sich von den realistisch-anarchistischen Definitionen nicht loslösen kann, die Freiheit und öffentliche Macht zu Gegensätzen erklären, deuten ihre Konstruktionen der bürgerlichen Gesellschaft und verschiedenster Vereinigungen darauf hin, daß sie intuitiv die Notwendigkeit erkennt, zwischen den beiden Gegensätzen zu vermitteln. Daher ist die minimalistische Disposition, verglichen mit Anarchismus oder Realismus, angesichts möglicher Zweideutigkeit sehr viel unbekümmerter und bereiter, ohne Gewißheit zu leben – die Gewißheit vollkommener Freiheit oder die Gewißheit vollkommener Sicherheit.

[22] Regierung und bürgerliche Gesellschaft wurden zum ersten Mal klar von John Locke unterschieden. Karl Popper erörtert »stückweise Sozialtechnologien« in seinem Buch *The Poverty of Historicism* (London 1957), Kap. 3 (Dt. *Das Elend des Historismus*, Tübingen 1975). Michael Oakeshott legt seine Position äußerst prägnant in seinen Essays in *Rationalism in Politics* (New York 1962) dar. Robert Nozick greift ergebnisorientiertes politisches Denken in *Anarchy, State and Utopia* an. Die Unterscheidung zwischen eigennützig und uneigennützig ist für Mills Schrift *On Liberty* grundlegend.

Politik als Raubtierhaltung

Indem sie akzeptiert, daß sich Individuen irren und Bedürfnisse geteilt werden können, daß Freiheit den Einzelnen genausowenig der Sorge für andere enthebt wie Macht den kollektiven Anderen davon entlastet, für die einzelnen zu sorgen, offenbart die minimalistische Disposition ihre potentielle Fähigkeit, über die liberale Demokratie hinauszuwachsen. Allerdings weist sie in eine Richtung, die sie nicht selbst einschlägt. Denn auch der Minimalismus bleibt jenem radikalen Individualismus verpflichtet, der für alle Dispositionen der liberalen Demokratie charakteristisch ist. Er verbietet, aber gebietet selten Handlungen, er tendiert eher zu negativen als zu positiven Aussagen, die Grenzen der Macht geben ihm nicht den Blick frei auf kreativere Formen von Politik, sondern lassen ihn bloß die Grenzen der Politik *tout court* entdecken. Der Minimalismus erlaubt uns, Konflikte zu tolerieren, nicht aber sie in Kooperation zu verwandeln. Auch zeigt er uns nicht, wie sich der Kampf zwischen privaten Interessen durch die Schaffung öffentlicher Interessen beilegen oder sich in der Gesellschaftlichkeit der Menschen jenes Potential für eine staatsbürgerliche und moralische Freiheit erkennen ließe, welche die natürliche und negative Freiheit einsamer Tiere zu übersteigen vermag.

Weil die minimalistische Disposition im wesentlichen einer vorsichtigen und kritischen Betrachtung von Macht und Politik entspringt, ist sie John Deweys treffender Kritik an der liberalen Vorstellungskraft ausgesetzt: »Die analytischen, kritischen und zersetzenden Werkzeuge, die (der Liberalismus) eingesetzt hat, waren für die Aufgabe der Entfesselung geeignet. Als es freilich darum ging, die neuen Kräfte und die Individuen, deren Lebensweise tiefgreifend durch sie verändert wurde, in eine zusammenhängende Gesellschaftsorganisation einzubinden, die in geistiger wie moralischer Hinsicht richtungsweisende Kraft besaß, erwies sich der Liberalismus als nahezu ohnmächtig.«[23] Der Minimalismus dringt bis an die Grenzen des Liberalismus vor, ohne sie zu überschreiten. Für eine solche Grenzüber-

---

[23] John Dewey, *Liberalism and Social Action* (New York 1963), S. 53.

schreitung bräuchte man eine ganze Reihe neuer Koordinaten, die von keiner Landkarte im Atlas der liberalen Politik bereitgestellt werden.

Politik als Raubtierhaltung

Obschon die drei Dispositionen liberaler Demokratie je andere Akzente setzen und unterschiedliche Neigungen haben, bewegen sie sich doch in ein und demselben Argumentationskreis. Dessen Anfangs- und Endpunkt ist die natürliche und negative Freiheit von Männern und Frauen, die von ihren eigennützigen Interessen atomisiert werden und weder soziale Beziehungen eingehen, noch in die Welt der Anderen eindringen dürfen, ohne dafür eine Entschuldigung, eine Legitimation und Rechtfertigung anbieten zu müssen. Für alle drei Dispositionen ist Politik Klugheit im Dienste des *homo oeconomicus* – des einsamen Suchers nach materiellem Glück und körperlicher Sicherheit. Der Titel von Harold Laswells frühem Klassiker *Politics: Who Gets What, When, How?* könnte sehr wohl als Motto für alle drei Dispositionen gelten. Für diese schmucklosen Worte ist Demokratie nichts anderes als eine Vorrichtung, die genutzt, reguliert, angepaßt oder fallengelassen wird, je nach dem ob sie den liberalen Zwecken, denen sie als Mittel dient, entgegenkommt oder nicht.

Das uninspirierte und uninspirierende, aber »realistische« Bild des Menschen als eines bedürftigen Geschöpfes, das von Natur aus die Einsamkeit liebt, durch sein aufgeklärtes Eigeninteresse jedoch dazu verdammt ist, in Gesellschaft von seinesgleichen zu leben, verquickt sich mit dem zynischen Bild der Regierung als eines vorläufigen Machtinstruments im Dienste dieser Geschöpfe und erzeugt so die allgemeine Auffassung von Politik als Raubtierhaltung. Es scheint als habe sich die liberal demokratische Vorstellung in einer Menagerie ausgebildet. Es wimmelt in ihr von Tieren und Kreaturen jeglicher Beschreibung: königliche Löwen, fürstliche Löwen und Füchse, blökende Schafe und armselige Schlangen, ruchlose Schweine und herrschende Wale, gerissene Marder, schlaue Koyoten und grimmige Wölfe (häufig im Schafspelz). Schließlich wird in Alexander Hamiltons grandiosem Bild die ganze Menschheit zu einer einzigen großen Bestie.

Vom Standpunkt dieser politischen Zoologie ist die bürgerliche Gesellschaft eine Alternative zum »Dschungel« – zum Krieg aller gegen alle, der im Naturzustand herrscht. In diesem elenden und brutalen Krieg heulen die Tiere mit Stimmen, die durch Vernunft vernehmbar werden, nach Zoos, Käfigen und Abrichtern, nach Regeln und Bestimmungen, nach regelmäßigen Fütterungszeiten und klugen Wärtern. So wie gefangene Leoparden müssen wir die Menschen einfach wegen ihrer stolzen Individualität und ihrer ungebundenen Freiheit bewundern, weil sie aber nicht vertrauenswürdig und hartnäckig unsozial sind, bleibt uns nichts anderes übrig, als sie einzusperren. Ist der einzelne schon gefährlich, so ist die Gattung todbringend. Die stärksten Käfige der liberalen Demokratie sind für das Volk reserviert. Churchill, ein weltkluger Wärter, wenn es je einen gab, warnte: »Die Demokratie ist rachsüchtiger als Kabinette, die Kriege der Völker werden schrecklicher sein als jene der Könige.«

Auch wenn sie nicht dasselbe Bild von der menschlichen Natur zeichnen, teilen alle drei Dispositionen die Überzeugung, daß das Menschentier durch und durch unfähig sei, in naher Nachbarschaft zu Mitgliedern seiner eigenen Gattung zu leben. Daher sind sie bestrebt, die Beziehungen zwischen den Menschen so zu strukturieren, daß sie voneinander getrennt, und nicht zusammengeführt werden. Wegen ihrer gegenseitigen Unvereinbarkeit werden Menschen zu Bürgern wider Willen, und wegen ihrer aggressiven Einsamkeit, zu wachsamen Nachbarn.

Die hinter den drei Dispositionen stehende Logik tendiert dazu, uns in einem ironischen, zur verheerenden Magerkeit liberaler Demokratie beitragenden Zirkel von einer Disposition zur anderen zu führen. Die Logik schreitet vorwärts, indem sie zurückschreitet: jedes Problem wird nur dadurch ge-

Magere Demokratie

löst, daß eine noch vertracktere Schwierigkeit erzeugt wird. Der Anarchismus stellt sich die Menschen im Zustand ihrer natürlichen Freiheit vor, die eine unbegrenzte Befriedigung unvernünftiger (unvermittelter) Begierden erlaubt. Eine solche Freiheit, vervielfältigt durch die Zahl derer, die sie besitzen, gräbt sich jedoch das eigene Grab. Wie Richard Tuck (der Gegenspieler des Lockeschen Liberalismus im 18. Jahrhundert) meinte: »Individuen wurden mit Rechten ausgestattet, damit sie diese uneingeschränkt auf den Souverän übertragen können«.[24] Nach Tucks Auffassung ist es die Freiheit, das Wesensmerkmal des Individuums, selbst, welche rechtfertigt, daß Macht an ihre Stelle tritt.

Die liberale Demokratie sieht sich daher in einem für sie bezeichnenden Dilemma: im Naturzustand ist die potentielle Freiheit des einzelnen gefährdet, während im Staat dessen wirkliche Freiheit bedroht ist. Ohne politische Macht vermag Freiheit sich nicht zu behaupten, jene aber zerstört diese. Die Macht des Souveräns mag ein geeigneter Hüter unserer Freiheiten sein, doch *quis custodiet custodes*?

Dieses Dilemma verleiht der liberalen Demokratie ihre charakteristische Ambivalenz. Es macht aus Hobbes *sowohl* einen Liberalen, der die natürliche Freiheit der Menschen und die ihnen naturrechtlich zukommende Privilegien verteidigt, *als auch* einen autoritäten Denker, der glaubt, Freiheit könne nur durch unteilbare, souveräne Herrschaft gewahrt werden. Dieses Dilemma führt liberale Philosophen wie Bertrand Russell auf

---

[24] Zitiert bei J. G. A. Pocock in: »Virtues, Rights and Manners: A Model for Political Theory«, *Political Theory* 9, 3 (August 1981), S. 361. Pocock führt dies näher aus: »Die Geschichte, die davon berichtet, wie Rechte zur Voraussetzung, zum Anlaß und zur tatsächlichen Ursache souveräner Herrschaft wurden, so daß souveräne Herrschaft als ein Geschöpf der Rechte erschien, zu deren Schutz sie existierte« ist im Grunde genommen die »Geschichte des Liberalismus ... denn sie definiert das Individuum als Träger von Rechten und als Eigentümer, sie definierte es nicht als eine Persönlichkeit, die sich selbst zu regieren vermag.« Wahrscheinlich werden wir kaum auf eine andere Zusammenfassung stoßen, die so prägnant den Fehlschlag des Liberalismus formuliert.

ihrer vergeblichen Suche nach jenem Bereich zwischen Freiheit und Macht, der doch im Gesichtskreis liberaler Vorstellungskraft kaum zu existieren scheint, zunächst vom Anarchismus zum Machtrealismus und dann zum Minimalismus. Schließlich und endlich verleiht dieses Dilemma dem liberalen Porträt der menschlichen Natur einen verderbten und schizophrenen Zug. Der Mensch erscheint zugleich als schäbig und klug, infam und vernünftig, triebhaft und überlegt. Der Mensch, das unsoziale Tier, ist eine Art Rechenmaschine, gleichzeitig zu sehr von Begierden getrieben und zu vernünftig. Obwohl Geschöpf der Notwendigkeit ist der Mensch mit der Gabe hellsichtiger Entscheidung gesegnet; es ist ihm nicht möglich, aus einem einzigen Guten Grund mit seinen Mitmenschen kooperativ zu leben, aber er kann aus einem Dutzend schlechter Gründe gezwungenermaßen mit ihnen koexistieren.

Der moderne Konsument ist die jüngste Verkörperung dieses niedrigen Menschen, die letzte in einer langen Reihe von Modellen, die den Menschen als einen habgierigen, eigennützigen und gewinnsüchtigen Überlebenskünstler darstellen, der dennoch in äußerster Selbstverleugnung einem gegenwärtigen Genuß um einer späteren materiellen Befriedigung willen entsagen kann. Der Konsument ist ein Geschöpf mit großem Verstand, den er für niedrige Zwecke einsetzt. Seine geliebte Freiheit ist an die banalsten Bedürfnisse gekettet. Er verwendet die Gabe der Entscheidung dazu, seine Wahlmöglichkeiten zu erweitern und die materiellen Bedingungen der Welt zu verändern, niemals jedoch um sich zu ändern oder für sich und seine Mitmenschen eine Welt der Gegenseitigkeit zu schaffen.

In der Welt des Konsumenten herrschen Zuckerbrot und Peitsche. Aber wird die menschliche Gesellschaft tatsächlich nur durch Hobbes' seltsame Mischung aus kaltblütiger Klugheit und heißblütigem Schrecken zusammengehalten? Edmund Burke, der die Ausschreitungen der Französischen Revolution den geistigen Exzessen der französischen Philosophen anlastete, bemerkte bitter, daß ihre »barbarische Philosophie«

Magere Demokratie

der Sproß eines kalten Herzens und eines trüben Verstandes ist... Die Gesetze sollen nur aufgrund des Schreckens, den sie einflößen, eingehalten werden, nur sofern sie für die persönlichen Spekulationen der einzelnen von Bedeutung sind, oder weil sie ein wenig von ihren privaten Belangen erübrigen können. In den Hainen *ihrer* Akademie erblickt man am Ende jedes Ausblicks nichts als Galgen.[25]

Burkes Rhetorik ist nicht weniger zügellos als die Revolution, die er so lauthals verdammt. Dennoch bleibt wahr, daß die liberale Demokratie seit ihrer Entstehung aus den frühen Vertragstheorien den Menschen und das Recht als Abstraktionen behandelt hat. Sie porträtiert den Menschen als ein Bündel naturgegebener Notwendigkeit, das mit einer durch das Recht geschaffenen, künstlichen Notwendigkeit in Wechselwirkung steht: natürliche Begierde und geschaffene Furcht begegnen sich auf einem Schauplatz, der vom Reiz-Reaktions-Schema beherrscht wird, um so ein künstliches Gemeinwesen und eine erzwungene Ruhe zu erzeugen. Das utilitaristische Kalkül, ob es nun von Jeremy Bentham oder B. F. Skinner aufgestellt wird, muß in der Tat hinter jedem Gesetz einen Galgen errichten. Künstliche Anreize – Sanktionen, Strafen, wohlüberlegte Belohnungen – bilden die funktionelle Moral der Gesetzgebung: für soziales Verhalten wird ein angemessener Anreiz geschaffen, für asoziales Verhalten eine angemessene Abschreckung. Der Galgen wird so zu einer Metapher für den Zwang, der letztendlich den Myriaden von Anreizen und Strafen zugrunde liegt, kraft derer eine liberale Demokratie angeblich Männer und Frauen allein bewegen kann, die Gesetze zu befolgen oder das öffentliche Wohl zu berücksichtigen. Wie der souveräne Gründer eines erpresserischen Schutzdienstes manipuliert der liberale Staat die Menschen, indem er sie zunächst mit Angst und Schrecken erfüllt und sie dann, als Gegenleistung für ihr sozial akzeptables Verhalten, vor Erpressung schützt.[26]

---

[25] Edmund Burke, *Reflections on the Revolution in France* (London: Dent n. d.) S. 308 (Dt. *Betrachtungen über die Französische Revolution*, Frankfurt/M. 1967).

[26] Daß Verteidiger des Minimalismus und Anarchismus wie Robert Paul Wolff

Politik als Raubtierhaltung

Burke fürchtete nicht allein das Regiment des Schreckens und die Herrschaft kühl berechnender Überlegung, sondern auch die zersetzende Wirkung, die der Einsatz eigennütziger Vernunft und kluger Furcht auf die natürlichen, geselligen Bande der Menschen ausüben könnte. Erzwingt Furcht allein Willfährigkeit (wie Hobbes' Schwert), hängt Gemeinschaft von privaten Interessen ab und ist Anstand eine Frage persönlicher Strafen und persönlicher Belohnungen, dann »bleibt nichts, was Empfindungen für das Gemeinwohl in uns erweckt ... Dennoch sind es diese sozialen Empfindungen, die zusammen mit den Sitten, manchmal als Ergänzung, manchmal als Verbesserung, immer aber als Bundesgenossen des Rechts erforderlich sind.«[27] Im *Kommunistischen Manifest* kritisiert Karl Marx denselben Sachverhalt. Er beschreibt, wie die Bourgeoisie die natürlichen Bande der feudalen Welt »zerrissen« und »kein anderes Band zwischen Mensch und Mensch übriggelassen (hat) als das nackte Interesse, als die gefühllose ›bare Zahlung‹«.

Definieren wir den liberalen Menschen allein als von Notdurft beherrscht, stellen wir ihn als niedriges, sich nicht veränderndes, unflexibles und vor allem phantasieloses Wesen dar – als habgierigen kleinen Schmarotzer, der seiner logischen Voraussicht zum Trotz nicht über den Tellerrand seiner Begierden hinauszusehen vermag. Als begehrliches Geschöpf, dessen Vernunft nur der Begierde verpflichtet ist, erscheint uns der liberale Mensch unfähig, das Gewicht seiner Ideale zu tragen. Freiheit wird ununterscheidbar von Eigennutz und von innen heraus durch Teilnahmslosigkeit, Entfremdung und Anomie zerstört. Gleichheit wird auf die Tauschbeziehungen des Marktes reduziert und von ihren unverzichtbaren familiären und sozialen Kontexten abgetrennt; Glück bemißt sich zum Schaden des Geistes an der materiellen Befriedigung. Vielleicht hat das Wunder der amerikanischen Demokratie aus diesem Grund Verlierer

---

und Robert Nozick auf Erpressung beruhende Staaten für illegitim halten, ist durchaus nachvollziehbar. Die anarchistische Kritik der Regierung setzt in der Tat voraus, die politische Gesellschaft beruhe auf Zwang.

[27] Burke, *Reflections*, S. 318.

und Nutznießer hervorgebracht, Unzufriedene und Erfolgreiche, verlorene Seelen und Millionäre, Terrorismus und Überfluß, soziale Uneinigkeit und Sicherheit, und Ungerechtigkeit ebenso wie Formen zivilisierten Verhaltens.

Weil die liberale Rechtfertigung der Demokratie so mager und vorläufig ist, sind diese Schwächen unvermeidlich. Denn Rechtfertigung fällt eher negativ als positiv aus, so daß keine Form der Bürgerschaft vorstellbar ist, die mehr einschließt als Absprachen zur Förderung egoistischer Interessen. Es genügt einfach nicht, nur um unserer Freiheit willen Demokraten zu sein. Auch der Despotismus mag eine gewisse Freiheit gewähren, wie Voltaire und Friedrich der Große zu beweisen suchten. Es reicht nicht hin, allein wegen der Sicherung unserer gegenwärtigen Interessen Demokraten zu sein. Morgen mag unseren Interessen besser damit gedient sein, daß wir unter einer Oligarchie, Despotie, Aristokratie oder gar keiner Regierung leben. Es genügt nicht, wenn wir dieses Jahr Demokraten sind, weil unsere Überzeugungen heute noch nicht stark genug sind, um sie anderen aufdrängen zu können. Nächstes Jahr stoßen wir vielleicht auf Fundamente für solche Überzeugungen, und dann ist es aus mit unserer freiwilligen Zurückhaltung. Jedes Klugheitsargument für Demokratie ist ein Argument für ihre Magerkeit. Jede Verteidigung der Demokratie mangels einer besseren Alternative fordert uns auf, nach dieser fehlenden Alternative zu suchen. Jeder Versuch, den Menschen auf das Niveau hedonistischer und wirtschaftlicher Forderungen hinunterzudrücken, macht ihn zu schwach für eine bürgerliche Vereinigung und zu niedrig gesinnt für gemeinschaftliche Teilhabe.

Was wir »magere Demokratie« genannt haben, verschafft uns weder die angenehmen Seiten der Partizipation, noch die Einbindung in eine Gemeinschaft von Bürgern, weder die Autonomie und Selbstbestimmung einer dauerhaften politischen Tätigkeit, noch die bereichernde Gegenseitigkeit geteilter öffentlicher Güter – der gemeinsamen Beratung, Entscheidung und Arbeit. Ihre Blindheit gegenüber der wechselseitigen, jedem politischen Leben zugrundeliegenden Abhängigkeit der Men-

Politik als Raubtierhaltung

schen macht aus der mageren demokratischen Politik bestenfalls eine Politik der statischen Interessen, nie eine Politik der Veränderung. Magere Demokratie mag für eine Politik des Aushandelns und Tauschens taugen, nicht jedoch für eine erfinderische oder schöpferische Politik; für eine Politik, die von Frauen und Männern das Schlimmste annimmt (um sie vor sich selbst zu schützen), nicht aber für eine Politik, die deren hoffnungsvollstes Potential berücksichtigt, (um ihnen zu helfen, besser zu werden). Führen wir uns all das klar vor Augen, dann sollten wir wie Reinhold Niebuhr weiterhin meinen, daß »Demokratie sich überzeugender rechtfertigen läßt und einer realistischeren Verteidigung bedarf, als ihr die liberale Kultur, mit der sie in der neuzeitlichen Geschichte assoziiert wurde, zu geben vermochte.[28]

Es ist das Ziel dieses Buches, eine alternative Rechtfertigung zu entwickeln und Demokratie mit einer bürgerlichen Kultur zu verquicken, die der Bürgerbeteiligung, der Rolle der Bürgerschaft und der politischen Betätigung, also den zentralen Tugenden der Demokratie, einen hohen Stellenwert einräumt. Dies müssen wir leisten ohne der Sehnsucht nach antiken, kleinen Republiken zum Opfer zu fallen – wodurch so viele kommunitaristische Theorien für das moderne Leben ganz irrelevant erscheinen – oder Geschmack an einem monolithischen Kollektiv zu finden, das die direkte Demokratie großer Staatengebilde in plebiszitäre Tyrannei verwandeln kann.

Jener Form von Demokratie, die sich aus der nachfolgenden Analyse ergeben wird, – ich werde sie »starke Demokratie« nennen, um sie von ihrem mageren, repräsentativen Vetter zu unterscheiden – gelingt es, einige Stärken der liberalen Demokratie zu ergänzen und zugleich eine Reihe ihrer Schwächen zu beheben. Doch bevor wir diese Alternative in Augenschein nehmen, müssen wir noch ein wenig mehr über die liberale Demokratie wissen.

---

[28] Reinhold Niebuhr, *The Children of Light and the Children of Darkness* (New York 1944), S. XII.

2. Kapitel
MAGERE DEMOKRATIE IM 20. JAHRHUNDERT; DAS PATHOLOGISCHE POTENTIAL

> Freiheit ist eine leicht genießbare, aber schwer verdauliche Speise.
>
> *Jean-Jacques Rousseau*

> Die Bourgeoisie ... hat die buntscheckigen Feudalbande, die den Menschen seine natürlichen Vorgesetzten knüpften, unbarmherzig zerrissen und kein anderes Band zwischen Mensch und Mensch übriggelassen als das nackte Interesse, als die gefühllose »bare Zahlung«.
>
> *Karl Marx*

> Meine Schlußfolgerung wiederspricht unmittelbar der ursprünglichen Idee, von der ich ausging. Ich begann mit schrankenloser Freiheit und endete mit schrankenlosen Despotismus.
>
> *Schigaleff, in: Dostojewski, Die Dämonen*

Nach der traditionellen Weisheit der liberalen Demokratievorstellung im Westen – dessen, was wir die »magere« Demokratietheorie genannt haben – liegt die Ursache für viele der abstoßenden pathologischen Erscheinungen unseres grimmigen Zeitalters in demokratischen Auswüchsen: im Aufstand der Massen (Ortega y Gassett), im Despotismus der Mehrheit (Walter Lippmann), in der Herrschaft der Mittelmäßigkeit, der Gleichmacherei des Egalitarismus (Mill, Nietzsche und de Tocqueville), der Versklavung der Plangesellschaft (Friedrich Hayek), im Despotismus einer sich im allgemeinen Willen verkörpernden Idee (J. L. Talmon und B. Henri-Levy) oder dem

Das pathologische Potential

Schreckgespenst der übermächtigen Regierung (Milton Friedman). Stets wird der Vorwurf erhoben, eine vom Liberalismus ungebändigte Demokratie arte in demokratischen Wildwuchs aus und eine Volksregierung trage die Saat des totalitären Despotismus in sich, deren Aufgehen nur durch den vernünftigen Einsatz eines verfassungsimmanenten Herbizids verhindert werden kann, das zu gleichen Teilen aus persönlicher Freiheit, Naturrechten, Privateigentum und kapitalistischer Marktwirtschaft besteht.

Aus der Sicht des Liberalismus war der demokratische Wildwuchs tatsächlich ein bedeutender Entstehungsfaktor solcher Mutationen des 20. Jahrhunderts wie es der Stalinismus, Nationalsozialismus und die Massengesellschaft sind. Er sah in ihnen keine Anomalien, sondern hielt sie für das zwangsläufige Ergebnis demokratischer Krankheiten. Derartige Erkrankungen, so die Folgerung, zeigen sich heute in der Abneigung, mit der Planungen, Wohlfahrtssysteme, Regulierungen, Zwangsmaßnahmen zur Förderung sozialer Gerechtigkeit und ganz allgemein übermächtige Regierungen (big government) den Individuen und ihren Rechten begegnen.

Das Mißtrauen gegenüber der Demokratie ist genauso alt wie das politische Denken selbst. Die Volksherrschaft war nach Ansicht der Philosophen immer schon etwas höchst Verdächtiges, daher zogen sie es vor, Gerechtigkeit ganz abstrakt mit Vernunft und Harmonie zu verknüpfen. Die Griechen machten der Demokratie kein Kompliment, als sie sie mit dem Aufruhr des Pöbels verbanden (Ochlokratie). Platon, Aristoteles, Polybios, später Cicero und Machiavelli wiesen dem *demos* bestenfalls in einer gemischten Verfassung einen Platz in der Regierung zu, schlimmstenfalls betrachteten sie ihn als Auslöser von Spaltungen und Anarchie, der um jeden Preis kontrolliert und unterdrückt werden mußte.

Diese Voreingenommenheit hat bis in die politische Ära der Neuzeit überdauert. Sie ging mit dem Entstehen wirklicher demokratischer Regimes in die Lehre ein, die Gewalten müßten geteilt, die Regierungsgewalt beschränkt, und eine Reihe von

Magere Demokratie

Kontroll- und Gleichgewichtsmechanismen geschaffen werden. Die Nummer 51 von Madisons *The Federalist* ließ dieses Mißtrauen ungeschmälert in das amerikanische Verfassungskonzept einfließen.[1] Seitdem hat es sich regelmäßig Gehör verschafft, erst jüngst in den Reihen neokonservativer Liberaler, die ihre Theorien auf Lippmann, Ortega, de Tocqueville und Mill[2] zurückführen, aber auch bei »social-choice« Liberalen wie William H. Riker, der in *Liberalism against Populism* (1982) behauptete, »Populisten können eine Despotie moralisch rechtfertigen, indem sie sie, etwa im Falle sozialistischer Diktatoren, als angebliche Verkörperung des Volkswillens begreifen.«[3]

[1] Ein richtiges Fundament für jene von einander unabhängige und getrennte Ausübung der verschiedenen Regierungsgewalten, die in gewissem Maße von allen als wesentlich für die Wahrung der Freiheit angesehen wird, läßt sich offensichtlich nur dann legen, wenn jede Gewalt eine selbständige Entscheidungsbefugnis hat... Das Vorgehen, durch entgegengesetzte und konkurrierende Interessen das Fehlen besserer Beweggründe auszugleichen, läßt sich durch das ganze Geflecht menschlicher Angelegenheiten, der privaten so gut wie der öffentlichen, verfolgen. Wir sehen es insbesondere bei allen Machtverteilungen auf untergeordneten Ebenen am Werk, wo stets dasselbe Ziel verfolgt wird, nämlich die verschiedenen Ämter so zu teilen und anzuordnen, daß jedes das andere kontrollieren kann – daß das persönliche Interesse jedes einzelnen über die öffentlichen Rechte wacht.« (James Madison et al., *The Federalist Papers* Nr. 52, New York 1937), S. 336 f. (Dt. *The Federalist Papers*, hg. und übersetzt von Barbara Zehnpfennig, Darmstadt 1993).

[2] Ein typisches Beispiel für die neokonservative Kritik ist Samuel Huntingtons Angriff auf das, was er für Auswüchse der Demokratie im Stile der 60er Jahre hält. In seinem Beitrag zu einer Ausgabe von *The Public Interest*, die anläßlich der 200. Jahrfeier der Unabhängigkeitserklärung erschien, schrieb Huntington: »Derzeitig entspringen alle Probleme des Regierens in den Vereinigten Staaten einem ›Auswuchs an Demokratie‹ ... Ein demokratisch politisches System kann normalerweise nur dann erfolgreich sein, wenn es ein gewisses Maß an Apathie und Nichteinmischung seitens einiger Individuen und Gruppen gibt« (»The Democratic Destemper«, in: *The Public Interest 41*, [Herbst 1975], S. 36 f.).

[3] William H. Riker, *Liberalism against Populism* (San Francisco 1982), S. xii (aus »Analytical Table of Contents«). Riker zitiert Marcus Raskins *Notes on the Old System: To Transform American Politics* (New York 1974) als wichtigstes Beispiel für eine populistische Politik. Obwohl Riker eigenartigerweise ein eher untheoretisches Traktat aus den 60er Jahren als Zielscheibe (oder

Das pathologische Potential

Natürlich muß eine so altehrwürdige Ansicht, deren Verfechter aus den unterschiedlichsten Lagern stammten und beträchtliches Ansehen genossen, nicht bar jeder ernstzunehmenden Einsicht sein. Tatsächlich hat sie die westliche Demokratie vor allerlei Mißbräuchen bewahrt und der politischen Tradition Amerikas ihr eigentümliches Gleichgewicht von Fülle und Beschränkung, Volksregierung und Herrschaft der Eliten, von Wagemut und Bescheidenheit verliehen. Dennoch lassen sich gute historische und theoretische Gründe für die Meinung anführen, die liberale Kritik sei fehlerhaft. Drei dieser Gründe sind besonders erwähnenswert.

Zunächst gibt es das, was wir vorsichtig als die Neigung beinahe jeder »großen politischen Theorie« zu elitärem Denken erkennen müssen. Die demokratischsten Denker haben sich von ihrem eigenen aristokratischen Genius verraten gefühlt, gerade dann, wenn sie ihr Bekenntnis zur Demokratie auszuweisen suchten.[4] Der Rest hat sich damit begnügt, jenen Genius in Theorien über den natürlichen Adel und die Herrschaft von Wahrheit und Weisheit zu übersetzen. Dies gilt ebenso für die modernen Sozialwissenschaftler, die sich selbst Rechtsphilosophen (oder Theoretiker rationaler Gerechtigkeit) nennen, wie für die alten Gesellschaftstheoretiker, denen die modernen,

---

seinen Popanz?) ausgewählt, versteht er unter dem Ausdruck *populistische Demokratie* offensichtlich eine Rousseausche Auffassung vom allgemeinen Willen, die er jedoch zu Unrecht so darstellt, als sei sie eng mit einem inhaltlichen moralischen Ergebnis verbunden. Wie für viele andere Kritiker der Demokratie war auch für Riker Sir Isaiah Berlins *Two Concepts of Liberty* (Oxford 1958) das ausdrückliche Vorbild seiner Argumentation.

[4] Wieder denkt man unweigerlich an Jean-Jacques Rousseau, der sich zwischen dem Bewußtsein seiner eigenen inneren Großartigkeit (die in seinen autobiographischen Schriften *Die Träumereien des einsamen Spaziergängers* und in den *Bekenntnissen* selbst zum Ausdruck kommt) und seinem Eintreten für Gleichheit und Demokratie hin und her gerissen fühlte. Dieser Zwiespalt erklärt auch, warum die Interpreten darüber streiten, ob Rousseau nun ein egalitärer Kollektivist oder ein romantischer Individualist ist. Einige Rousseau-Gelehrte gingen so gar so weit, die demokratische Interpretation ganz und gar abzulehnen. Vgl. etwa Terence Marshall, »Rousseau and Enlightenment«, in: *Political Theory* 6, 4 (November 1978), S. 421-56.

Magere Demokratie

wenn auch in ihrer eigenen rechtswissenschaftlichen und akademischen Manier, immer noch nachzueifern trachten.[5] In Wahrheit hat das Volk nicht weniger Grund, seinen philosophischen Ratgebern zu mißtrauen, wie umgekehrt solche Ratgeber dem Volk. Die Geschichte des Sokrates hat noch eine andere Seite – über die wenig geschrieben worden ist, waren die Autoren doch allesamt Philosophen, die seine Verurteilung eine Spur verdienter, wenn auch nicht weniger schrecklich erscheinen läßt.[6] In der Demokratie lauern Gefahren, ebenso wie in einer Tradition des Philosophierens, die sich immer schon bemüht hat, jene aufrührerischen Massen zu verdammen, die gewissermaßen seit Jahrhunderten darauf warten, von denen aufgeklärt zu werden, die sie in Wirklichkeit nur verteufelt und verraten haben. Diese der Philosophie gleichsam angeborene Gefahr kann hier nicht unser Thema sein. Wir sollten sie freilich stets vor Augen haben, wenn wir die liberale Kritik der Demokratie untersuchen.

Ein zweiter wichtiger Einwand gegen die liberale Kritik ist, daß sie den Charakter und die Verschiedenartigkeit direkter oder partizipatorischer Demokratie verkennt. Der Liberalismus konstruiert Typologien, die im allgemeinen nur von einem Ide-

---

[5] John Rawls und Robert Nozick suchen beide nach Regeln oder Gerechtigkeitsgrundsätzen, die an die Stelle öffentlicher Beratung und Entscheidung treten sollen. Ein vernünftiger Staat, der auf Nozicks Anspruchstheorie oder den beiden Gerechtigkeitsgrundsätzen von Rawls gegründet ist, hätte nur einen geringen Bedarf an Politik, und Demokratie wäre nicht Bedingung von, sondern bestenfalls Ausdruck für zuvor festgelegte Gleichheit oder zuvor bestimmte Rechte.

[6] Ich bin mir durchaus bewußt, wie provokativ dieser Vorwurf ist. Doch gerade seine Radikalität weist darauf hin, wie uneingeschränkt wir die philosophischen Darstellungen vom Prozeß und Tod des Sokrates' akzeptiert haben. Wie jedoch M. I. Finley in seinem hervorragenden kleinen Buch *Democracy, Ancient and Modern* (Princeton 1973) zeigte, hatte Sokrates Verbindungen zu den Dreißig Tyrannen. Zudem wurde er nach dem Gesetz des Diopeithes wegen Gottlosigkeit verurteilt, und dieses Gesetz hatte nicht nur eine Entsprechung in Platons *Gesetzen* (in denen auf Gottlosigkeit die Todesstrafe stand), sondern richtete sich vornehmlich gegen die Sophisten und andere Gegner athenischer Demokratie und Bürgerbeteiligung. Zu einer verwandten Erörterung vgl. Sheldon Wolin, *Politics* and Vision (Boston 1960), Kap. 2.

altypus reiner Demokratie ausgehen, unter den dann so unterschiedliche Varianten wie partizipatorische Demokratie, Tyrannei der Mehrheit, Konsensualismus, Totalitarismus, Kommunitarismus und verschiedenste Konzeptionen des allgemeinen Willens subsumiert werden.[7] Diesem negativen Stereotyp werden alle vermeintlichen Gebrechen des demokratischen Wildwuchses zugeordnet, und somit zugleich alle denkbaren Alternativen zur mageren repräsentativen Demokratie abgeurteilt. Sämtliche Strategien direkter Demokratie werden nach dem Prinzip der Sippenhaft schuldig gesprochen und als unklug, freiheitsgefährdend oder gar schlimmer abgewiesen.

Aus dieser Reihenfolge ergibt sich die Notwendigkeit, jene Klassifikationsmuster genauer zu betrachten, mit deren Hilfe verschiedene Formen von Demokratie aussortiert werden, um dann in einem zweiten Schritt zu untersuchen, ob sich die schädlichen Formen (ich bezeichne sie als »einheitsdemokratisch«) von den gesunden (von mir »starkdemokratisch« genannten) absondern lassen. Der zweite Teil dieses Buches kommt zu dem Schluß, solche Unterscheidungen seien nicht nur haltbar, sondern für die Theorie und Praxis moderner Demokratie unverzichtbar.

Der dritte – und für unsere gegenwärtigen Zwecke zentrale – Einwand gegen die liberale Auffassung vom demokratischen Auswuchs lautet, die magere Demokratie habe unwissentlich selbst einige jener Krankheiten genährt, die sie der direkten Demokratie anlastete, und starke Demokratie könne ein Heilmittel für eben die Krankheiten liefern, die sie angeblich verursacht hat. Im Rest dieses Kapitels werde ich diese These zu begründen suchen.

---

[7] Selbst eine Sympathisantin der Partizipation wie Jane J. Mansbridge führt in ihrer Typologie von Herrschaftssystemen nur eine »auf Konkurrenz beruhende« Demokratie und die »Einheitsdemokratie« an. Dieses Vorurteil zwingt sie, die Einheitsdemokratie als monolithisch und zwangsausübend zu verwerfen, und das, obwohl sie eine auf Konkurrenz beruhende Demokratie verabscheut und über sie »hinaus gelangen« will. Vgl. Jane J. Mansbridge, *Beyond Adversary Democracy* (New York 1980).

Magere Demokratie

Die Geschichte liefert uns eine Reihe von Belegen für die Behauptung, die politischen Pathologien der Neuzeit resultierten wenigstens teilweise aus der liberal-demokratischen Erfahrung und der mageren Theorie, auf der sie gründet. Selbstverständlich waren auch Tausende von Zufallsfaktoren am Werk – zeit- wie ortsgebundene Kontingenzen, von kulturellen Einstellungen erzeugte Kräfte und Ereignisse, die mit der liberalen Ideologie wenig zu tun hatten. Aber der Totalitarismus scheint ebensosehr eine Reaktion auf die Mängel des Liberalismus zu sein wie ein Tribut an dessen erfolgreiche Konkurrenten.

Gegen Ende des letzten Jahrhunderts schrieb Emile Durkheim, »es ist für unsere Entwicklung charakteristisch, daß sie nach und nach alle überkommenen gesellschaftlichen Zusammenhänge zerstört hat. Einer nach dem andern mußte entweder der Zeit die schuldigen Zinsen entrichten oder wurde durch gewaltsame Revolution aufgelöst, doch so, daß nichts entwickelt wurde, was sie hätte ersetzen können.«[8] Lange vor Durkheim hatte Marx in einem seiner berühmtesten Verdikte geschrieben: »Die Bourgeoisie, wo sie zur Herrschaft gekommen, hat alle feudalen, patriarchalischen, idyllischen Verhältnisse zerstört. Sie hat die buntscheckigen Feudalbande, die den Menschen an seinen natürlichen Vorgesetzten knüpften, unbarmherzig zerrissen und kein anderes Band zwischen Mensch und Mensch übriggelassen als das nackte Interesse, als die gefühllose ›bare Zahlung‹.«[9]

Die liberale Demokratie konnte in der Geschichte ungeheuere Erfolge verbuchen, aber sie hat auch zur Entstehung des Massenmenschen beigetragen: zur Entstehung von Individuen, die durch ihre Privatsphäre und ihren Besitz definiert, aber unfähig zur Selbstbestimmung sind, deren Emanzipation Rechten und Freiheiten geschuldet ist, und die dennoch nicht als moralisch autonome Personen handeln können, die von Ehrgeiz und

---

[8] Emile Durkheim, *Suicide* (Paris 1897), S. 446 (dt. *Der Selbstmord*, Frankfurt/Main 1983).
[9] Karl Marx und Friedrich Engels, *Das kommunistische Manifest*, MEW 4, S. 464.

Das pathologische Potential

Gier getrieben sind, aber von jenen Kräften, am Glück gehindert werden, die seine Verwirklichung ermöglichen sollten. Der liberal-demokratische Mensch ist unter dem Schutz seiner Rechte und der Herrschaft unparteilicher Gesetze wie rechenschaftspflichtiger Repräsentanten offensichtlich kein Massenmensch und bestimmt keine totalitäre Persönlichkeit. Idealtypisch betrachtet, ist er das genaue Gegenteil von Massenmensch und totalitärer Persönlichkeit. Er ist allerdings mit einer Psychologie belastet, die ihn für jene pathologischen Erscheinungen anfällig macht, welche er am heftigsten fürchtet. Als philosophische Abstraktion darf sich der liberal-demokratische Mensch vollkommen in Sicherheit wiegen, insofern er jedoch eine wirkliche Geschichte hat, tanzt er auf einem Seil und schwebt wegen der Abstraktheit seines Sicherheitsnetzes beständig in Gefahr. Die dem liberal-demokratischen Menschen theoretisch zugesprochene vollkommene Freiheit kann in der Praxis Anomie bedeuten, die vollkommene Unabhängigkeit, daß er gegen wirkliche Knechtschaft wehrlos ist; seine vollkommene Individualität mag tatsächliche Entwurzelung erzeugen, vollkommene Privatsphäre kann ihn zur Gemeinschaft unfähig machen und vollkommene Repräsentation zur Lähmung der Tatkraft und zur Erstarrung des politischen Willens führen. Das Modell ist perfekt, doch kann Perfektion in der wirklichen, historischen Welt ein Mangel sein. »Die Geschichte«, schrieb Franklin Roosevelt, »beweist, daß Diktaturen nicht aus starken und erfolgreichen Regierungen hervorgehen, sondern aus schwachen und hilflosen«. Wenn dem so ist, sollten wir unsere Einwände gegen die liberale Demokratie im einzelnen benennen können, indem wir ihre verschiedenen charakteristischen Dispositionen betrachten.

Magere Demokratie

Die anarchistische Disposition und die Pathologien der Freiheit

Weil Freiheit, wie Rousseau schrieb, »eine leicht genießbare, aber schwer verdauliche Speise ist«, ist es sehr wahrscheinlich, daß die wenigen Völker, die ihrer habhaft werden, sie auch wieder verlieren.[10] Die Erfahrung abstrakter Individualität, mit der die westliche Vorstellung von Freiheit sehr häufig in Verbindung gebracht wurde, scheint ein kräftigeres Lebenselexier für Pioniere und philosophische Helden gewesen zu sein als für normale Bürger. »Der Despotismus kann sich seines Fortbestands nie sicherer sein«, schrieb der vorsichtige Tocqueville, »als wenn es ihm gelingt, die Menschen voneinander abzusondern«.[11] Die individualistische Auffassung von Freiheit schützt diese nur, indem sie die Menschen voneinander trennt, und bereitet sie so, weil sie auf die anomischeren Formen der Unabhängigkeit beschränkt bleiben, ironischerweise auf die despotischeren Formen von Gemeinschaft vor.

Robert Nisbet mag sich in seiner soziologischen Kritik des liberalen Atomismus als Konservativer geäußert haben, dennoch scheint seine Analyse zutreffend zu sein. Er schreibt: »Wir können den Totalitarismus als einen Prozeß der Zerstörung von Individualität betrachten, blicken wir jedoch tiefer, dann sehen wir, daß er zuerst die gesellschaftlichen Beziehungen zerstört, in denen sich Individualität entwickelt.«[12] Tatsächlich hat kein

---

[10] Jean-Jacques Rousseau, *Bemerkungen über die Regierung Polens* (1772) oder wie Tocqueville schreibt, »nichts ist schwieriger als die Lehrzeit der Freiheit ... (sie) wird gewöhnlich inmitten von Stürmen geboren, sie setzt sich mühsam inmitten des Bürgerhaders fest«. (Alexis de Tocqueville, *Über die Demokratie in Amerika*, München 1976 S. 276).

[11] De Tocqueville, *Über die Demokratie ...*, S. 314. De Tocqueville warnt vor einem Despotismus, für den »eine Menge einander ähnlicher und gleichgestellter Menschen« empfänglich sein könnten, »die sich rastlos im Kreise drehen, um sich kleine und gewöhnliche Vergnügungen zu verschaffen, die ihr Gemüt ausfüllen«.

[12] Robert A. Nisbet, *The Quest for Community* (New York 1953 und 1969), S. 201. Ich ziehe den Ausdruck »Totalismus« dem Ausdruck »Totalitaris-

Das pathologische Potential

geringerer Liberaler als Arthur Schlesinger Jr. bemerkt: »... der Glaube an moralische Maßstäbe ist für die Aufrechterhaltung der Zivilisation von äußerster Bedeutung«. Schlesinger ist so weit gegangen zu behaupten, verläßliche moralische Maßstäbe müßten auf einem »leidenschaftlichen Glauben an eine übernatürliche Ordnung« beruhen.[13]

Die umfangreiche psychologische wie soziologische Literatur, in der nach dem 2. Weltkrieg Erklärungsversuche (für den »autoritären Charakter«) entwickelt wurden, zeichnete ein eindringliches Bild der Beziehung, die jene Schattenseiten von Freiheit und Mobilität in einer Massengesellschaft – Entwurzelung und Anomie nämlich – zu den Pathologien unterhalten, die in diesem Krieg bekämpft worden waren.[14] Die Bewohner moderner Großstädte, die ihr Leben anonym in der aufreibenden Jagd nach Arbeitsstellen, Lebensstilen, materiellen Gütern, Sexualpartnern und dem Zeitgeist entsprechenden Grundsätzen verbringen, sind der klassischen Hobbes'schen Definition zufolge so frei, wie die Untertanen eines souveränen Herrschers nur sein können. Daß solche Persönlichkeiten gerade aufgrund ihrer »Freiheit« vielen modernen Spielarten der Psychopathologie entsprechen – daß sie sehr wohl irrationale Fundamentalisten, politische Extremisten, Fanatiker oder auch Terroristen

mus« aus Gründen, die ich in meinem Aufsatz in C. J. Friedrich, M. Curtis und B. R. Barber, *Totalitarianism in Perspective: Three Views* (New York 1969) entwickelt habe, vor. Dennoch ist der Ausdruck »totalitär« weiterhin gebräuchlich – begünstigt durch die neokonservative Unterscheidung zwischen einer freundlich autoritären Herrschaft und einem unfreundlichen Totalitarismus. Dies ist jedoch nicht der Ort, meine Einwände zu wiederholen.

[13] Arthur Schlesinger Jr. zitiert in *The New Republic* vom 25. Juli 1981. Schlesinger führt seinerseits Chesterton an: »Wenn die Menschen aufhören an Gott zu glauben, so ist das Beunruhigende nicht, daß sie dann an nichts mehr glauben, sondern daß sie an alles mögliche glauben.«

[14] Die klassische Studie stammt von Th. W. Adorno u. a., *The Authoritarian Personality*, 2. Bd. (New York 1950) (Dt. Gesamtausgabe) Eine zeitgenössische Studie, die Einsichten von Durkheim für das gegenwärtige politische Zeitalter fruchtbar machen wollte, ist Sebastian de Grazias wichtiges Buch *The Political Community; A Study in Anomie* (Chicago 1948).

werden können – läßt darauf schließen, daß die Auffassung, Freiheit sei das »Fehlen äußerer Bewegungseinschränkungen«, mangelhaft ist.[15]

Ähnlich hat die Vorstellung natürlicher Rechte eine vitale politische Aufgabe erfüllt, indem sie den Individuen eine allerdings abstrakte Garantie gegen illegitime Übergriffe durch den Staat oder die Mitbürger geliefert hat. Bestenfalls handelt es sich dabei jedoch um eine Fiktion (die Fiktion der »Person«), die ihre Glaubwürdigkeit und Nützlichkeit weitgehend einbüßt, sobald sie als wirkliche und hinreichende, psycho-soziale Grundlage dienen soll, auf der reale Frauen und Männer ein sinnvolles und freies Leben innerhalb einer Gemeinschaft aufbauen können. Nicht nur wird die Fähigkeit, in einer Demokratie zu leben, beschnitten, auch die Möglichkeit einer konkret befriedigenden Freiheit ist gefährdet.

Fraglos liegt die Schwierigkeit darin, daß der liberale Begriff von Freiheit, entworfen zur Beantwortung einer Reihe philosophischer Fragen, dann als Ausgangspunkt für die Lösung praktischer, politischer Fragen herhalten mußte. Was in einer formalen Argumentation eine nützliche Fiktion sein mag, wird in der realen Welt, so die Regeln formaler Argumentation an der Sache vorbeigehen, zu einer gefährlichen Täuschung. Wir müssen nicht mit Erich Fromm der Meinung sein, Freiheit sei Selbstverwirklichung, um einzusehen, daß sie ein gesellschaftliches, auf einer seltenen und empfindlichen Form menschlichen Miteinanders beruhendes Konstrukt ist, welches Individuen Raum gewährt, wo sie anderfalls überhaupt keinen hätten.

---

[15] Diese Bestimmung findet sich bei Hobbes. Die verschiedenen psychopathologischen Elemente, die in der Psyche des liberalen Menschen nisten, sind unter anderem von Erich Fromm, *Die Furcht vor der Freiheit* (New York 1941), Christian Bay, *The Structure of Freedom* (Stanford 1958), Victor Frankl, *The Will to Meaning: Foundations and Applications of Logotherapy* (New York 1969) und Hannah Arendt, *Elemente und Ursprünge totalitärer Herrschaft*, (München 1955) erforscht worden. Es scheint mir erwähnenswert, daß solche Untersuchungen nahezu ausschließlich von psychologisch ausgerichteten Sozialwissenschaftlern mit europäischem Hintergrund durchgeführt wurden.

Das pathologische Potential

Auch brauchen wir keine Kantianer zu sein, um zu verstehen, daß der äußerlich ungehinderte Wille in keinem erkennbar menschlichen Sinne frei ist, solange er von Zweck, Bedeutung, Kontext und Geschichte unbeeinflußt ist. Einsamkeit, sofern sie nicht einfach eine Täuschung ist, hat nichts mit Freiheit, aber um so mehr mit Misanthropie zu tun. Selbstbestimmung führt nur dann zur Freiheit, wenn das Selbst sich von bloßen Trieben und Begierden emanzipiert, Absichten und Ziele verfolgt, die ihrer Natur nach nur innerhalb einer Gesellschaft und Kultur entstehen können, welche die dafür nötigen Richtlinien liefern. Schrankenlose und unendliche Mobilität ist nicht Freiheit, sondern Entwurzelung, es sei denn, wir meinen mit *frei* lediglich »heimatlos«.

Die anarchistische Disposition hat zwar ein ausgeprägtes Gespür für öffentliche Zwangsgewalten (für den Staat, die Mehrheit, ja selbst für die gebieterische Erhabenheit des Rechts), bleibt aber gegenüber privaten Zwangsgewalten blind, gleichgültig ob sie Aktiengesellschaften oder dem anarchischen Geist entspringen. Sie hütet sich sorgsam vor jener »gewaltigen und bevormundenden Macht« der Mehrheit, von der Tocqueville befürchtete, sie könne aus einem Volk eine »Herde ängstlicher und arbeitsamer Tiere« machen.[16] Der Meinungstyrannei, die Tocqueville mit nicht weniger Grund verurteilte, schenkt die anarchistische Disposition nur spärliche Beachtung.

Eine Ironie der Geschichte hat hier ihre Spur hinterlassen: das Individuum ist gegen die alten Despotien von Hierarchie, Tradition, Rang, Aberglauben und absoluter politischer Macht mit Hilfe einer Theorie des vollständig isolierten Individuums verteidigt worden, das durch abstrakte Rechte und Freiheiten definiert ist. Doch als diese Theorie in der Welt wirklicher sozialer Beziehungen praktisch umgesetzt wurde, hat sie sowohl die fruchtbaren wie die tyrannischen Bindungen aufgelöst und die Individuen nicht nur gegen Machtmißbrauch gefeit, sondern

---

[16] De Tocqueville, *Über die Demokratie ...*, S. 814 f.

auch von einander abgeschnitten.[17] Und weil jegliche Bindung zwischen ihnen fehlte, sind die Individuen bequeme Zielscheiben für einen autoritären Kollektivismus geworden. Jene Theorie, die Männer und Frauen gegen Gewalt verteidigen sollte, hat sie in Wahrheit der sozialen Rüstung beraubt, die ihnen den besten Schutz geboten hätte.

Robert Nisbet beschreibt diese Ironie so: »Das Genie totalitärer Führerschaft liegt in der scharfsinnigen Erkenntnis, daß die menschliche Persönlichkeit moralische Isolation nicht zu ertragen vermag. Und es liegt weiterhin in ihrem Wissen begründet, daß absolute und gnadenlose Macht nur dann akzeptabel wird, wenn sie als die einzig mögliche Form von Gemeinschaft und Mitgliedschaft erscheint.«[18] Fiktive Rechtspersonen wohnen, obwohl sie unter dem Schutz ihrer Rechte stehen, in keinem bestimmten Viertel, sie gehören keinem bestimmten Klub an, identifizieren sich nicht mit einer bestimmten Sippe, einem Stamm oder einer bestimmten Nation, und gehören nicht einem bestimmten Gemeinwesen an. Das jedoch macht ihr Dasein als Personen aus. Allerdings sind sie dadurch auch verwundbar. Die Allgemeinheit ist eine Abstraktion, die für konkrete Menschen wenig Wert hat. Wenn abstrakte Freiheit ihr den Zugang zur legitimen Gemeinschaft verschließt, dann mag die allgemeine Person nur allzu bereit sein, um der Vorteile eines illegitimen Gemeinwesens willen auf ihre wirkliche Freiheit zu verzichten. Es gibt, um mit Nisbets scharfen Worten zu reden, »eine fatale Verwandschaft von Macht und persönlicher Einsamkeit«. Der Anarchist von heute wird so zum Autoritätsverfechter von morgen, und die Furcht vor seiner eigenen Freiheit

---

[17] Wieder einmal ist es Reinhold Niebuhr, der auf die Schizophrenie der liberalen Ausrichtung hinweist. »Eine ausschließliche Beschäftigung mit den Gefahren kollektiver Formen von Ehrgeiz führt zu Gesellschaftstheorien, die Freiheit zum Nachteil der Ordnung betonen und schließlich in der Philosophie des Anarchismus enden. Eine ausschließliche Beschäftigung mit den Gefahren der Zügellosigkeit läßt die Furcht vor der Anarchie zur Duldung der Tyrannei werden.« (*The Children of Light and the Children of Darkness* (New York 1944), S. 47).

[18] Nisbet, *Quest*, S. 204.

treibt ihn in die Arme gastfreundlicher Tyrannen.[19] Auf diese Weise werden die Pathologien des Anarchismus in die Pathologien des Realismus umgewandelt.

Die realistische Disposition und die Pathologien der Macht

Was Schigaleff mit der überzeugenden Logik des Irrsinns in Dostojewskis *Dämonen* verkündet, liest sich wie eine Karikatur magerer Demokratie und ihrer Fixierung auf die Pole absolute Freiheit und absolute Macht. »Ich begann mit schrankenloser Freiheit«, erzählt Schigaleff, »und endete mit schrankenlosem Despotismus«. Dennoch setzt er hinzu, »es gibt keine andere Lösung.«

Unteilbare souveräne Macht ist unter Umständen die einzige Möglichkeit, unveräußerliche individuelle Freiheit zu garantieren: so lautet die Lektion des liberalen Gedankenguts von Hobbes bis Lenin (der in seiner Schrift *Staat und Revolution* die »zentralistische Macht« zum einzig zuverlässigen Diener der Freiheit erklärt).[20] Bertrand Russell sah sich, wie viele Liberale, zwischen den absoluten Forderungen reiner Freiheit und der Notwendigkeit, eine Zentralgewalt als Garant der Freiheit einzusetzen, hin und her gerissen. Die unvereinbaren Ansprüche der beiden trieben ihn mal in diese, mal in jene Richtung. In *The Practice and Theory of Bolshevism* tendiert er zum Anarchis-

---

[19] Der autoritäre Zug in den Morallehren der Anarchisten ist unübersehbar, wenn Emma Goldman darauf beharrt, der Anarchist müsse »ein glühender *Lehrer* neuer Werte sein«. Netschajews *Revolutionärer Katechismus* ist nicht nur von Gewalt und Wut erfüllt, sondern auch von kathartischer Rechtschaffenheit.

[20] W. I. Lenin, *Staat und Revolution*, 1917 »Wo ein Staat existiert«, schreibt Lenin, ganz im Stil der Anarchisten, »gibt es keine Freiheit. Wo es Freiheit gibt, kann es keinen Staat geben.« Natürlich verfängt Lenin sich in demselben liberalen Dilemma, das den Anschein erweckt, totale Freiheit könne nur durch totale Macht erreicht werden – in diesem Fall durch die Diktatur des Proletariats.

mus: »Regierung und Recht schränken ihrer Natur nach Freiheit ein, und Freiheit ist das größte aller politischen Ziele.«[21] In seinem Buch *Power* entscheidet er sich für den Realismus – nicht um den Anarchismus zu widerlegen, sondern um auf eine paradoxe Folge hinzuweisen. Er schreibt: »Es muß Macht geben, entweder die Macht der Regierung oder die Macht anarchistischer Abenteurer. Es muß sogar nackte Gewalt geben, solange es Rebellen gegen die Regierung oder auch nur gewöhnliche Verbrecher gibt.«[22] Für einen liberalen Demokraten gibt es immer Freiheit: sie ist Zweck, Ziel und Gegenstand der Politik, und Politik ihr einziges Werkzeug. Dennoch muß es auch Macht geben, denn sie ist das Wesen des politischen Werkzeugs und somit notwendige Voraussetzung für die Wahrung der Freiheit. Dieses Zusammentreffen ist das Hauptdilemma des polarisierten Liberalismus. Wie können wir Freiheit wahren, ohne in Anarchismus zu verfallen? Wie können wir Macht ausüben, ohne in Tyrannei zu verfallen?

Russell erkennt, daß »jedes Gemeinwesen« von »zwei Gefahren« bedroht ist, »Anarchie und Despotismus«, die »beide gleich verhängnisvoll« sind.[23] Wenn Freiheit Tyrannei leugnet, erzeugt sie Anarchie; wenn Macht Anarchie vereitelt, erzeugt sie Tyrannei. Diese Polarisierung ist in die Prämissen liberaler Vertragstheorien eingebaut und verleiht der mageren Demokratie ihre charakteristische Ambivalenz gegenüber Freiheit (einer gefährlichen Tugend) und Macht (einer Gefahr, die der Tugend dienen kann).

In der realistischen Disposition lauert eine weitere Gefahr für das politische Leben. Liberale haben Macht in erster Linie als Werkzeug betrachtet – als ein kluges Mittel, um natürliche Frei-

---

[21] Bertrand Russell, *The Practice and Theory of Bolshevism* (London 1962), S. 82. Bezüglich einer ausführlichen Erörterung Russells als Liberaler und Minimalist, vgl. meinen Artikel »Solipsistic Politics: Russell's Empiricist Liberalism«, in George Roberts (Hg.), *Bertrand Russell: The Memorial Volume* (London 1978).
[22] Bertrand Russell, *Power: A New Social Analysis* (London 1938), S. 106.
[23] Ebd. S. 211.

heit auf politischem Wege zu sichern. Hobbes beginnt daher seine Analyse der Macht im 10. Kapitel des *Leviathan* damit, daß er sie als strikt instrumentell bezeichnet, als »gegenwärtiges Mittel zur Erlangung eines zukünftigen Gutes«. Dieses vorsichtige instrumentelle Verständnis wird aber schon bald von der bemerkenswerten Behauptung abgelöst, das Leben der Menschen sei nichts als »ein rastloses Verlangen nach immer neuer Macht, das erst mit dem Tode endet«. Macht hört auf ein Werkzeug zu sein, sie wird zu einem tiefen menschlichen Bedürfnis. Macht und damit verbunden Ehre werden zu Zwecken an sich, zum Teil einer grundlegenderen Bestimmung der menschlichen Natur, die Individualität mit Angriffslust und Erwerb assoziiert, und die abstrakte, für sich lebende Person in ein gieriges, räuberisches Wesen verwandelt.

Bertrand Russels Ansicht über die menschliche Natur, die in seinen frühen Jahren vom Glauben des Rationalisten an Aufklärung und Fortschritt erfüllt war, wandelte sich im Laufe seines Lebens zu einer pessimistischen Einstellung, die von Freuds und Conrads Irrationalismus stark beeinflußt war. Der Mensch verkommt zum Tier mit tierische Begierden, die »ihrem Wesen nach grenzenlos sind und nie ganz befriedigt werden können«.[24] Die Größe des Menschen wird eins mit seiner Niedertracht. Oder, wie Russell sagt, die »titanenhafte Verbindung von edler Würde und Ruchlosigkeit« treibt den Menschen dazu, »Gott zu sein«. Der Mensch ist ein Paradox, ein furchteinflößendes Tier, das uns auch dann noch Anerkennung abnötigt, wenn es uns Angst einflößt: wir müssen seine »niedrigen Gelüste und seinen Egoismus« hemmen, aber seine erlösende Individualität achten und schützen. Daher wurde es zur Aufgabe der modernen liberalen Demokratietheorie, das Individuum vor dem Tier und Freiheit vor sich selbst zu schützen, die fiktive Rechtsperson im rabiaten Misanthropen zu entdecken und zu fördern, und das Es zu unterwerfen, ohne seine lebenswichtige Kraft zu zerstören.

[24] Bertrand Russel, *Roads to Freedom* (London 1966), S. 73.

Dem Liberalismus fehlt genau das, was das Wunder bewirken könnte – eine Theorie der Bürgerschaft. Ihm fehlt die Politik, die einzig legitime Form, die unsere natürliche Abhängigkeit annehmen kann. In der Praxis kann natürlich auch ein Liberaler nicht auf Politik verzichten, in der Theorie scheint sie jedoch zu schmutzig, zu beschwerlich und zu anfällig für Leidenschaft und Meinung zu sein, als daß wir ihr die Rechte und Freiheiten der Individuen anvertrauen könnten. Da verläßt man sich doch besser auf wohlwollende Gesetzgeber, gute Gesetze und richtige Grundsätze. Partizipatorische Politik gilt als besonders schädlich, da eine Herde insgesamt mehr Schaden anrichtet als die Summe aller einzelnen. »Die Bewegung des Volkes«, warnte Montesquieu, Inbegriff des frühen Liberalismus, »ist stets entweder zu träge oder zu gewalttätig. Manchmal stürzt es mit hunderttausend Armen alles um, was ihm im Wege ist, manchmal kriecht es mit seinen hunderttausend Füßen langsam wie ein Insekt.«[25] Wie oft ist nicht das Bild des Hirten und Schäfers verwandt worden, um die wohlwollenden Herren über die Freiheiten einer Nation darzustellen? Wieviel häufiger ist das gemeine Volk als Schaf- oder rasende Rinderherde bezeichnet worden, wenn es sich weniger fügsam zeigte?

Der liberalen Theorie fällt es deshalb so schwer, diese Dilemmata zu lösen, weil sie sich kaum Mittelwege zwischen Freiheit (Anarchie) und Macht (Despotismus) vorstellen kann, keinen Ort für die Bürgerschaft – und das ist die einzige Gestalt gemeinsamen Lebens, die das Individuum vom Tier in ihm trennt, indem sie es in der Rolle des Staatsbürgers mit allen anderen Individuen verbindet.

Eine Gesellschaft, die Macht im Namen der Freiheit, aber auf Kosten der Selbstregierung zentralisiert und gleichzeitig in der Rhetorik eines reinen Individualismus und absoluter Freiheit schwelgt, ohne für eine politisch freie Bürgerschaft zu sorgen, ist reif für Anarchie und Despotie – oder für die schnelle Folge des einen auf das andere, wie sie in den letzten hundert Jahren

---

[25] Montesquieu, *De l'Esprit des lois*, Paris 1979, Buch II, 2.

einige der verhängnisvollsten Experimente in magerer Demokratie charakterisiert hat.

Die minimalistische Disposition und die Pathologien der Untätigkeit

Oberflächlich betrachtet, scheint der Minimalismus gegen die Pathologien absoluter Freiheit und absoluter Macht sehr viel eher gefeit zu sein als die anarchistische und realistische Disposition liberaler Demokratie. Die Dogmen des Idealismus und Empirismus vermeidend, ermöglicht er, wie Russel sagt, »eine diffuse liberale Einstellung, mit einer Spur Skeptizismus«, in der »gesellschaftliche Kooperation sehr viel weniger schwierig und Freiheit dementsprechend eher möglich (ist)«.[26] Agnostizismus ist allerdings kein besonders sinnvoller Schutz gegen Fanatismus, und tolerante Skeptiker, die meinen, nichts könne wirklich gewußt werden, taugen bekanntlich wenig als Verbündete der Zivilisation, wenn Eiferer, die glauben, alles zu wissen, auf dem Vormarsch sind. Die minimalistische Disposition kann uns gegen Anarchie und Despotie immunisieren und ist insofern ein wichtiges Präventivmittel, aber sie rüstet Demokraten oder Liberale für ihren Kampf gegen extremistische Bewegungen nur ungenügend aus. Toleranz ist zwar eine wohlmeinende und bewunderswerte Haltung, doch sie allein kann nichts und niemanden aufhalten. Sie richtet zwar keinen Schaden an, mag aber zulassen, daß Schaden entsteht.

Sir Karl Popper und andere haben das Prinzip der Widerlegung für eine wichtige Bastion der demokratischen Theorie gehalten: wenn Falsifikation und nicht positive Beweise eine wirkliche Überprüfung wissenschaftlicher Erkenntnis darstellt, dann werden politisch Aufgeklärte es kaum wagen, eine stärkere Grundlage für ihre Meinungen zu beanspruchen als Vorurteil oder Interesse. Dennoch versucht der Fallibilismus mit

[26] Bertrand Russel, *Power*, S. 308.

seinem zweckdienlichen Negativismus praktische Lektionen aus dem Versagen der Erkenntnistheorie zu ziehen, und begeht dabei zwei Irrtümer. Der erste besteht darin zu meinen, Politik müsse der Epistemologie entsprechen, statt sie zu ersetzen (vgl. Kapitel 5). Der zweite in dem Versuch, eine Praxis, die energisch und beweglich sein sollte, auf eine metaphysische Haltung zu gründen, die, weil sie im Skeptizismus wurzelt, selbstzweiflerisch und kleinmütig ist. Hume war sich sehr wohl bewußt, daß sein Skeptizismus für die Spekulation, indes nicht für das Leben taugte. Aber Minimalisten wollen offensichtlich den Skeptizismus (ausgerechnet) in der politischen Arena ausleben.

Die minimalistische Strategie will persönlicher Freiheit ein Asyl bieten: wenn Wahrheit und Prinzipien auf immer und ewig ungewiß bleiben, dann können sie gerechtfertigterweise nicht gegen die Überzeugungen von Individuen angeführt werden. Wirkliche Freiheit kann an diesem Zufluchtsort allerdings mindestens so viel Schaden nehmen wie Nutzen davontragen. Wer für die Freiheit kämpft, braucht einen kraftvollen Glauben, den, wie häufig gesagt wurde, nur junge und vitale Völker besitzen. Fraglos ist eine aus metaphysischem Zweifel geborene Geisteshaltung ausgelaugter Ambivalenz keine große Hilfe in praktischen Kämpfen.

Vielleicht läßt sich das Dilemma mit Blick auf die Bürgerschaft beschreiben: das freie Individuum mag es für wünschenswert halten, wenn seine Mitbürger ihm ihre Meinungen nicht im Namen irgendeiner »objektiven« Wahrheit aufdrängen, aber derart friedliche Bürger, die vor den Folgen dessen zurückschrecken, was sie als Sache der öffentlichen Gerechtigkeit und des Gemeinwohls betrachten, verdienen wohl kaum, Bürger genannt zu werden. Daß sie Freiheit in irgendeiner Form verteidigen können, ist sehr unwahrscheinlich. Es kann durchaus sein, daß Freiheit vor der Despotie angeblich unwandelbarer »Wahrheit« geschützt werden muß, gleichwohl ist sie auch auf eine beherzte Verteidigung vorläufiger sozialer Wahrheiten angewiesen. Ein skeptischer Minimalismus bietet einen gewissen

Das pathologische Potential

Schutz, aber nur um den Preis einer Schwächung der Tatkraft. Eine Bürgerschaft kann nicht gedeihen, wo Bürger keine Überzeugungen haben; und ohne Bürger bleibt Freiheit praktisch gefährdet – selbst wenn es so aussieht, als sei sie vor den Übergriffen unsicherer Mehrheiten oder selbsternannter Technokraten geschützt.

Ebensowenig wie der Minimalismus den Bedingungen für Bürgerschaft Beachtung schenkt, zieht er die politische Lähmung in Betracht, die einen Skeptiker befällt, der die Möglichkeit öffentlicher Interessen und gemeinsamen Handelns nicht anerkennt. Die Magerkeit liberaler Demokratie beruht auf dieser Art von Vorsicht. Da der Liberale sich fürchtet, die von der Klugheit diktierten Grenzen zu überschreiten, ist er politisch handlungsunfähig. Weil er sich seiner Überzeugungen nicht sicher ist, zögert er zu handeln. In einer Welt, wo wir nicht umhin können zu handeln und Folgen sich unweigerlich einstellen werden (vgl. Kapitel 3), kann das mangelnde Selbstvertrauen des Liberalen nicht bedeuten, daß nichts geschieht, sondern nur, daß *er* nichts in Gang setzt. Er mag es ob seiner Bescheidenheit unterlassen, im Namen eines Gemeinwohls zu handeln, von dem er annimmt, es sei nicht zu rechtfertigen. Seine Zurückhaltung bedeutet jedoch nur, daß private und klarerweise illegitime Kräfte sein Geschick beherrschen werden, ohne daß sie auf Widerstand stoßen. Indem der Liberale sich weigert, anderen seine Meinung oder einen öffentlichen Willen aufzudrängen, gestattet er den weder öffentlichen noch gerechten Kräften des Marktes, sich wohl oder übel über seine Mitbürger hinwegzusetzen. Folglich kann ein aufrichtig und konsistent vertretener Skeptizismus Philosophien der Macht Tür und Tor öffnen – der Phrase und dem Dogma, da der Skeptiker der öffentlichen Vernunft den Rücken gekehrt hat; der Meinung und dem Vorurteil, die der Skeptiker nicht vom Rechten unterscheiden kann; der privaten Macht und dem illegitimen Zwang, weil der Geist des Thrasymachos, dessen Schatten auf jedem Skeptiker ruht, keine echte »öffentliche« Macht kennt und Legitimation selbst für eine heuchlerische List hält. Man glaube, daß es keine ge-

Magere Demokratie

rechtfertigten Prinzipien gibt, leugne die Möglichkeit gemeinsamer Erkenntnis oder öffentlicher Güter, was bleibt dann noch, außer Heuchelei und brutaler Gewalt?

Wie oft haben sich nachdenkliche Liberale aufgrund ihrer wohlmeinenden philosophischen Überzeugungen und ihrer Bedenken, handeln zu dürfen, wenn sie unfähig sind, Wissen zu beanspruchen, von einer nützlichen politischen Mäßigung zu einem schädlichen politischen Nihilismus verleiten lassen – zu einer Haltung, die besser unter der Bezeichnung »philosophischer Anarchismus« bekannt ist? So wurde Robert Paul Wolff in seiner früheren anarchistischen Phase kraft der immanenten Logik seiner Fragestellungen zu einem skeptischen Extrem gedrängt, für das er wenig Verwendung hatte. »Es gibt keinen Staat und kann auch keinen Staat geben«, so scheint er zugeben zu müssen, »der ein Recht hat, zu befehlen und dessen Untertanen eine bindende Gehorsamspflicht haben.«[27] Sobald politische Rationalität – d. h. die Möglichkeit öffentlicher Urteile – geleugnet wird, werden selbst die offensichtlichsten Unterscheidungen unhaltbar. Daher ließ sich ein so vernünftiger Denker wie Herbert Read von seinem Skeptizismus zu der unsinnigen Behauptung hinreißen, zwischen Churchill und Hitler gebe es »nichts zu wählen«.[28]

Enthaltsamkeit in der Politik mag den Skeptiker vor jeder ungehörigen Neigung bewahren, seine eigenen Meinungen als Wahrheiten zu betrachten, aber sie wird wenig dazu beitragen, die Öffentlichkeit im Ganzen vor der Tyrannei der Meinung zu schützen. Im Gegenteil. Sollte die Gemeinschaft nicht für sich handeln, wir der Markt es für sie tun. Und es ist der Markt,

---

[27] Robert Paul Wolff, »On Violence«, in: *Journal of Philosophy* 66, 19 (1969), S. 607. Wolff beschäftigt sich hier mit der illegitimen Gewalt, die der Staat in den 1960er Jahren anwandte. An anderer Stelle hat er sein Interesse für Gemeinschaft zum Ausdruck gebracht: vgl. *The Poverty of Liberalism*, Boston 1968. (Dt. *Das Elend des Liberalismus*, Frankfurt 1969).

[28] In seinem Buch *To Hell with Culture* (New York 1964) schreibt Read: »Ich will zeigen, daß es von einer gewissen Warte aus keine Wahl zwischen Faschismus und Demokratie gibt« (S. 49).

Das pathologische Potential

nicht irgendeine Vernachlässigung des Grundsatzes, nicht zu handeln, dem sich der Minimalismus ruhig fügt, weigert er sich, am politischen Urteilsprozeß teilzunehmen. Bestimmte Vertreter des Minimalismus geben offen zu, daß sie sich dem Markt beugen, der – ihrer Ansicht nach – fairer und egalitärer ist, als es ein Urteil der Gemeinschaft je sein könnte.[29] Diese Sorte Skeptiker meint, wenn Konfliktlösungen dem privaten Bereich anheimgestellt sind, spielen sie sich im Bereich natürlicher Gleichheit und wechselseitigen Tauschens ab, wo Individuen, die nur sich repräsentieren, ihre Streitigkeiten freundschaftlich und freiwillig beilegen.[30]

In Wirklichkeit überläßt dieses Verfahren sämtliche Konfliktlösungen einem Bereich, in dem willkürliche Macht herrscht und der Wille einiger schwerer wiegt als der Wille anderer. Im Austausch gegen das manchmal fragwürdige Urteil des Volkes erhält der Liberale das stets anrüchige Urteil des Kapitals, anstelle des rechenschaftspflichtigen Willens der manchmal extravaganten Mehrheit erhält er den nicht rechenschaftspflichtigen Eigenwillen der stets ihre Interessen verfolgenden Lobby, anstelle der beeinflußbaren Vernunft der hin und wieder schlecht unterrichteten Bürgerschaft das nicht zu beeinflußende Vorurteil der manipulierenden Medien. Er entzieht sich nicht dem Urteil, der Einmischung oder dem Vorurteil, das sich hinter der Maske der Wahrheit verbirgt, sondern gibt lediglich die Rechenschaftspflicht und die Öffentlichkeit preis, die solche Übel mildern könnten.

---

[29] Milton Friedman schreibt beispielsweise, »ein Haupteinwand gegen die freie Marktwirtschaft lautet gerade, sie gebe den Menschen das von ihnen gewünschte, statt das, was eine bestimmte Gruppe für das hält, was sie wollen sollten. Den meisten Argumenten gegen den freien Markt liegt ein mangelnder Glaube an die Freiheit selbst zugrunde«. In: *Capitalism and Freedom* (Chicago 1962), S. 15.

[30] Diese Position vertritt Robert Nozick in seinem bereits zitierten Buch *Anarchy, State, and Utopia*, New York 1974. (Dt. *Anarchie, Staat, Utopia*, München o.J.) Sie setzt entweder voraus, daß die Teilnehmer auf dem Markt gleich viel Macht haben, oder sie ist der Frage gegenüber gleichgültig, ob das Ergebnis eigentlich gerecht sei.

Andere, noch naivere Vertreter des Minimalismus scheinen zu glauben, wenn sie nicht handelten und die Öffentlichkeit dahin gelangte, ihre erkenntnistheoretischen Grenzen anzuerkennen, würde es überhaupt kein Handeln mehr geben. Sie tendieren zu einem vollblütigen Anarchismus und halten die Öffentlichkeit nicht nur für eine Quelle von Arroganz und Zwang, sondern auch für die Ursache von Uneinigkeit. Toleranz ist in ihren Augen allein deshalb ein Problem, weil der Staat intolerant ist: ließe man die Individuen in Ruhe, würden sie einander in Ruhe lassen, während der Staat mit seinem fragwürdigen Anspruch das öffentliche Recht zu vertreten und allgemeine Verantwortung zu tragen, ständig versucht, etwas »für« die Individuen zu tun, was nichts anderes heißt, als ihnen etwas »an«zutun. Diese Spielart des Minimalismus fordert Toleranz, weil die Abschaffung des Staates historisch unmöglich zu sein scheint. Falls die politische Gemeinschaft nicht ganz und gar aufgehoben werden kann, dann sollte sie wenigstens dazu gebracht werden, so wenig wie möglich zu tun und persönliche Überzeugungen und Handlungen zu »tolerieren«, es sei denn, sie kann »nachweisen«, daß diese eine offenbare Gefahr darstellen (was angesichts der skeptischen Zweifel an der Möglichkeit von Beweisen überhaupt ein recht schwieriges Geschäft ist).

Auch die Theorie der starken Demokratie bestreitet, daß ein unbedingtes Prinzip (oder ein unabhängiger Grund) Fundament des politischen Urteils sein kann, und insofern der Minimalismus nicht mehr als das behauptet, ist er dem idealistischen Anarchismus und dem empirischen Realismus vorzuziehen. Ein Befürworter starker Demokratie würde jedoch argumentieren, die richtige Reaktion auf Ungewißheit und metaphysischen Irrtum könne nicht Passivität oder Tolerierung aller privaten Urteile, sondern müsse vielmehr die Suche nach Formen des politischen Urteils sein, die ohne Metaphysik, Erkenntnistheorie oder unabhängige Gründe auskommen. Ist der metaphysische Glaube verlorengegangen, dann ist Politik das einzige Heilmittel, dann sollten wir die Urteilsfähigkeit der Gemeinschaft kultivieren und uns nicht in Skeptizismus, Anarchismus

Das pathologische Potential

oder jene Willfährigkeit der Bescheidenen flüchten, die »Toleranz« genannt wird. Wenn wir nicht mehr über eine unabhängige Begründung verfügen, wird zufälliger Zwang und beliebige Gewalt sich unseres gemeinsamen Geschicks bemächtigen. Allein eine aktive Politik und eine demokratische Bürgerschaft können verhindern, daß aus Relativismus Nihilismus oder aus philosophischem Skeptizismus politische Machtlosigkeit wird. (Das Beispiel Weimarer Republik drängt sich hier auf.)

Die skeptischen und Toleranz fordernden Varianten des Minimalismus verfallen daher nicht in die Extreme des Realismus und Anarchismus. Letztlich liefern sie aber auch keine Basis für eine positive Politik, die sich jenen Despotien zu widersetzen weiß, die früher als Glaube, Tradition, Sippe und als wohlmeinender Autoritarismus metaphysischer Politik aufgetreten und dann der Moderne gewichen sind. Zu zeigen, wie eine solche Politik aussehen könnte – ich werde sie *starke Demokratie* nennen –, ist Aufgabe des zweiten Teils dieser Untersuchung.

Liberalismus und die totalitäre Versuchung

Die drei Dispositionen des Liberalismus existieren nicht unabhängig von einander. Daher ist es eigentlich nicht sehr fair, jede für sich anzuklagen. In der Praxis ergänzen und kontrollieren sie einander, wobei jede die anderen in gewisser Weise gegen jene Pathologien immunisiert, für die sie ansonsten anfällig sind. Der Minimalismus und sein Mißtrauen gegen kollektive Macht widersetzt sich der Tendenz des Realismus, individuelle Rechte im Namen der Macht des Volkes (Hobbes »eingesetzter Souverän«) zu verletzen. Der Realismus und seine Einschätzung, daß der Anarchismus gegen private Zwangsgewalten und die Ungleichheit des Marktes machtlos ist, unterstützt den Gedanken einer legitimen Staatsgewalt. Die anarchistische Disposition betont den Vorrang des Individuums in allen gesellschaftlichen Beziehungen und warnt davor, das Repräsentationssystem, das symbolische Kollektiv, oder die Idee der

Gemeinschaft mit einem inneren Wert auszustatten, der nur Individuen zukommt. Es ist der zwitterhafte Charakter des demokratischen Liberalismus Amerikas, der ihn auf so hervorragende Weise anpassungsfähig und gegen Verfall resistent macht. Es dürfte nicht leicht sein, ein anderes System anzuführen, das Freiheit derart großzügig achtet und dennoch so wirkungsvoll Macht konzentriert. Gewiß, nach Maßgabe der Weltgeschichte sind die liberalen Demokratien Amerikas, Englands und von Teilen des europäischen Kontinents außergewöhnliche Ausnahmen von den tyrannischen Neigungen der menschlichen Gattung.

Doch selbst in der zwitterhaften Form ist der Liberalismus gewissen Korruptionen erlegen, die Ausfluß seines Wesens zu sein scheinen. Liberale Regierungssysteme zeigten sich den Herausforderungen durch Diktaturen nicht gewachsen, die – wie in Deutschland, Spanien, Italien, Frankreich (zwischen den Republiken) und andernorts – von innen heraus entstanden, während sie in Amerika und England nur mit steigenden Kosten und zunehmenden Schwierigkeiten aufrechterhalten wurden.

Weil die liberale Demokratie den radikalen Individualismus zur Ideologie erhoben hat, ist sie in starkem Maße von der Idee des persönlichen wie auch körperschaftlichen Privateigentums abhängig. Einige können ein Privatleben führen, aber ein von allen geteiltes, öffentliches Leben wird undenkbar. Da sich der Liberalismus an Gesellschaftsstrukturen kettet, deren Wesen Ungleichheit ist, muß er eine konsistente Theorie sozialer Gerechtigkeit vermeiden. Gilt Demokratie erst einmal als »Garant individueller Freiheit« (Milton Friedman), dann »kann eine sozialistische Gesellschaft nicht zugleich demokratisch sein«.[31] Das aber heißt, Demokratie bleibt nur Mittel zur Wahrung individueller Rechte (Eigentumsrechte eingeschlossen) und kann daher weder Planung, noch öffentlichen Besitz, oder gar Gleichheit dulden.[32]

---

[31] Friedman, *Capitalism*, S. 8.
[32] Friedrich Hayek bietet die polemische Begründung dieses Arguments in *The Road to Serfdom* (Chicago 1944) und die philosophische in *Law, Legislation and Liberty*, Bd. 2 von *The Mirage of Social Justice* (Chicago 1976) an.

Das pathologische Potential

Es wäre absurd, sämtliche pathologischen Züge moderner liberaler Regierungssysteme den inneren philosophischen Unzulänglichkeiten des Liberalismus anzulasten. Hohe Kriminalitätsraten, offizielles Verschleiern der Wahrheit, privater und öffentlicher Betrug, systemimmanente Ungleichheit, Wirtschaftschaos, Ausbeutung, Immoralität, Kommerzialität, privater Eigennutz, hartnäckiger Rassismus und der Verfall des öffentlichen Lebens sowohl in den Gemeinden wie in den höchsten Regierungsinstanzen sind Myriaden von Ursachen geschuldet, deren unübersehbare Vielzahl uns vielleicht geneigt machen könnte, die Moderne selbst anzuklagen.[33] Der liberale Geist ist allerdings Teil der modernen Gesinnung und muß daher neben der Ehre, den materiellen Fortschritt und die wirtschaftliche Emanzipation vorangetrieben zu haben, auch eine gewisse Schuld auf sich nehmen. Wenn sich Individuen wie »Trittbrettfahrer« verhalten, sich weigern, für Dienstleistungen zu bezahlen (oder auch nur Verantwortung zu tragen), die eine abstrakte Öffentlichkeit bereitstellt, der sie sich in keiner Weise verpflichtet fühlen;[34] wenn die Mittelklasse der Probleme von Minderheiten und anderen unterdrückten Gruppen überdrüssig geworden ist und anfängt, den Opfern struktureller Ungleichheit Eigenverantwortung zu predigen;[35] wenn zuständige Regierungsvertreter betonen, daß man nichts tun könne (die Carter Administration) oder daß private Interessen sämtliche öffentli-

---

[33] Zu Erörterungen der Moderne und ihrer Rolle bei der Korruption des Menschen vgl. Alasdair MacIntyre, *Der Verlust der Tugend*, Frankfurt 1992; Richard Sennett, *Verfall und Ende des öffentlichen Lebens*, 4. Aufl., Frankfurt 1991; Marshall Berman, *All That Is Solid Melts Into Air: The Experience of Modernity* (New York 1982). Der locus classicus all dieser Schriften ist Rousseaus 1751 verfaßter zweiter Diskurs *Über die Künste und Wissenschaften*.

[34] Das Problem der »Trittbrettfahrer« wird im 5. Kapitel erörtert.

[35] Das Verfahren, die Probleme der Armen oder der Frauen auf ihren eigenen, angeborenen Charakter zurückzuführen statt auf systemimmanente Behinderungen oder gesellschaftliche Diskriminierung, hat sich ausgeweitet. Vgl. zum Beispiel George Gilder, *Wealth and Poverty* (New York 1980) und Colette Dowling, *Der Cinderella-Complex*, 16. Aufl., Frankfurt 1991.

Magere Demokratie

chen Rechte und Güter besser fördern und nutzen können (die Reagan Administration);[36] wenn Sozialwissenschaftler behaupten, das Wohlergehen der Demokratie stehe und falle mit der Passivität ihrer Bürger, und den Schrei unterdrückter Gruppen nach Gerechtigkeit für einen demokratischen Auswuchs halten[37] – dann, so scheint es, dürfen wir die liberal-demokratische Einstellung wenigstens in einigen Hinsichten für die Verschärfung unserer Krise verantwortlich machen.

Wenn in der westlichen Welt Verzweiflung der Weggenosse der Hoffnung ist, wenn Freiheit nicht ohne Sinn-, Zweck- und Gesetzlosigkeit existiert, wenn übereifrige Bürokratien die Bürger lethargisch machen und übereifrige Gerichte sich die Funktionen ängstlicher Gesetzgeber anmaßen, die ihrerseits ihren eigenen Wählern mißtrauen, dann mag es scheinen, als habe dem Liberalismus die Stunde der Wahrheit geschlagen. Vielleicht muß er nun erkennen, welche Unzulänglichkeiten in seiner Stärke liegen, wieviel Egoismus in seiner Privatheit, wieviel Passivität in seiner Toleranz, wieviel anarchische Neigungen in seiner Freiheit, wieviel bürokratischer Geist in seinem Realismus und wieviel Gleichgültigkeit gegenüber der Bürgerschaft in seiner entkräftenden und antipolitischen instrumentellen Haltung steckt.

Stärker noch als die Natur kennt die Politik den *horror vacui*. Wo Bürger nicht handeln wollen, eilen Richter, Bürokraten und schließlich Halsabschneider herbei. Bernhard Henri-Lévy, die Geissel des Linksextremismus, schreibt, der »Totalitarismus bringt nicht die Polizei, sondern die Gelehrten an die Macht«.[38] Wer aber sollte, werden die Bürger ihrer Macht beraubt oder

---

[36] Der Plan von James Watt, dem früheren Innenminister unter Reagan, rund fünf Prozent des öffentlichen Grundbesitzes dem Privatsektor »wieder zuzuführen« ist ein Tribut an die Macht dieser Denkweise. Eine theoretische Rechtfertigung liefert Charles L. Schultz, *The Public Use of Private Interest* (Washington 1977), obwohl Schultz – wie man von Präsident Carters früherem Finanzminister erwarten könnte – in Erwägung zieht, private Macht durch systematische Anreize öffentlich nutzen.

[37] Zu Beispielen für dieses Argument siehe Kapitel 1, Fußnote 5.

[38] Bernard Henri-Lévy, *La Barbarie à visage humain* (Paris 1977), S. 170.

Das pathologische Potential

verzichten sie freiwillig auf Machtausübung, denn regieren, wenn nicht Gelehrte und Halsabschneider? Wer sollte sich darüber wundern, wenn die Gelehrten nach kurzer Zeit wie Halsabschneider handeln oder Halsabschneider sich für Weise ausgeben. Henri-Lévy meinte, »Totalitarismus sei nicht die von der Kette gelassene Gewalt, sondern die in Ketten gelegte Wahrheit«.[39] Man könnte besser sagen, ein von der Kette gelassener Skeptizismus wird das politische Urteil gefangen setzen und das politische Handeln lähmen. Henri-Lévy hat auch erklärt: »Wer von totaler Macht spricht, meint in Wirklichkeit totales Wissen«.[40] Dennoch sollte man, ohne Bacons Gleichsetzung von Wahrheit und Herrschaft zu leugnen, besser sagen, totaler Agnostizismus ist für eine Welt, in der Macht regiert und Entscheidungen getroffen werden müssen, nicht weniger gefährlich als totale Wahrheit. Tatsächlich ist die abstrakte Gegenüberstellung von Wahrheit und Skeptizismus, zu der Liberale so oft greifen, selbst Teil des Problems. Auf diese Weise werden dem politischen Leben philosophische Kategorien übergestülpt, was dazu führt, daß in der Praxis der Mittelweg des Diskurses, gemeinsame Arbeit und die Schaffung von Gemeinschaft, ausgeschlossen werden – Tätigkeiten mithin, die in der realen Welt der Politik die Funktion solcher Konstrukte wie Wahrheit und objektives Wissen übernehmen.

Die totalitäre Versuchung gedeiht nicht nur in dem vom Skeptizismus hinterlassenen politischen, sondern auch in dem vom radikalen Individualismus erzeugten geistigen Vakuum. Der Individualismus und sein Mythos vom einsamen Glück (der Gottgleichheit) hat immer das Bedürfnis der Menschen nach Vereinigung, Gemeinschaft und Gattungsidentifikation unterschätzt. Da er keine gesunden Formen sozialer Interaktionen zu schaffen vermochte, hat er unwillentlich ungesunde gefördert. Nicht nur Künstler, Romantiker und Poeten (in unserem Beispiel D. H. Lawrence) haben erkannt:

[39] Ebd.
[40] Ebd.

Ich bin ein Teil der Sonne, wie mein Auge ein Teil von mir ist. Daß
Ich Teil der Erde bin, wissen meine Füße genau,
Und mein Blut ist Teil des Meeres. Meine Seele weiß, daß
Ich ein Teil der Menschheit bin, meine Seele ist ein Organismus,
Teil der großen Menschenseele ...
Nichts in mir ist allein und ungebunden
außer meinem Geist ... er ist nur die Oberfläche der Wasser.[41]

Der Liberale liest »Blut« und schon tauchen blutige Despotien des Geistes vor seinem inneren Auge auf – er sieht Robespierre, der sich Rousseaus romantischen Mantel umwirft, oder Goebbels, der das Schicksal des deutschen *Volkes* (Dt. i. Original) mit Blut schreibt. Und dies mit gutem Grund: das Unbewußte ist voller Gefahren und Blutsbrüderschaft ein gefährlicher Mythos. Allerdings ist es auch gefährlich, die Ansprüche auf Gemeinschaftlichkeit (claims of commonality) zu ignorieren. Möglicherweise ist der totalitäre Mensch nicht das Produkt des befriedigten sondern eines vereitelten Unbewußten, nicht der zum Totem gewordenen, sondern der verschmähten Gemeinschaft.

Wir können das menschliche Verlangen nach Vereinigung und Teilhabe nicht einfach durch »Entmythologisierung« aus der Welt schaffen. Es handelt sich um ein wirkliches Bedürfnis. Wir müssen in verantwortlicher Weise darauf reagieren, indem wir unvergiftete Formen demokratischer Gemeinschaft fördern. Andernfalls würde eine Verkrüppelung des menschlichen Geistes die Folge sein. Als Mitglieder der menschlichen Gattung sind wir aufeinander verwiesen und wenn wir nicht freien Vereinigungen angehören können, dann eben totalitären Kollektiven.

Unterbewertet der Liberalismus das Bedürfnis nach einem Sippenverband, so ist er auch blind gegenüber dem, was Richard M. Titmuss in seiner Studie über englische und amerikanische Blutspender »das Bedürnis nach Schenkbeziehungen«

---

[41] D. H. Lawrence in: *Kangaroo*. Dies erinnert an einen Aphorismus der nordamerikanischen Indianer: »Der weiße Mann sagt, das Land gehört uns; wir aber sagen, wir gehören dem Land.«

Das pathologische Potential

nannte.[42] Titmuss vertritt die These, daß »moderne Gesellschaften heute eher mehr als weniger Wahlfreiheit brauchen, um altruistische Gefühle im täglichen Leben aller sozialen Gruppen auszudrücken«.[43] In Wirklichkeit aber ist es so, daß Vertrags- und Tauschbeziehungen nahezu alle Überreste von Altruismus ausgetrieben haben. Neuere Sozialphilosophen hatten in der Tat alle Mühe, um den Altruismus und andere »supererogatorische« Theorien des Guten aus ihren Überlegungen zu Moral und Gerechtigkeit auszuschließen, und zwar aus Gründen, die philosophisch vernünftig sein mögen, jedoch die politische Rolle des Ausgeschlossenen verkennen.[44] Ob nun die Philosophie hier der Praxis oder die Praxis der Philosophie folgt, jedenfalls liegen Beziehungen, die von anderen Motiven als denen des eng definierten Eigeninteressen getragen werden, außerhalb der Reichweite liberaler politischer Theorie – wiederum mit der Folge, daß solche Motive denen überlassen bleiben, die sehr wahrscheinlich weder auf überlegte, noch auf gerechtfertigte Weise mit ihnen umgehen.

Vereiteln die herkömmlichen Institutionen das Bedürfnis zu schenken, kann es in das Verlangen umschlagen, sich aufzuopfern oder den Märtyrer zu spielen. (Die Ereignisse in Jonestown sind ein beunruhigendes Beispiel dafür). Werden Schenkbeziehungen von den normalen gesellschaftlichen Regeln ausgeschlossen, können sie unterwürfige oder fanatische Züge annehmen, womit sich Liebe in Besitzgier und Mitgliedschaft in den Verlust persönlicher Identität verkehrt. Geben kann sich wie der Wunsch nach Zugehörigkeit entweder in gesunden oder krankhaften Formen äußern. Eine Gesellschaft, die das Bedürfnis in der einen oder anderen Form ignoriert, wird wahrscheinlich das Schrecklichste von beiden Welten ernten: sie wird die Armseligkeit von Marktbeziehungen aufnehmen, in denen Privatinteresse der einzige Maßstab für menschlichen Wert ist, und

---

[42] Richard M. Titmuss, *The Gift Relationship* (New York 1971), S. 170.
[43] Ebd.
[44] Diese Strategie schlägt etwa John Rawls' *A Theory of Justice* (Cambridge, Mass. 1971) ein (Dt. *Eine Theorie der Gerechtigkeit*, Frankfurt 1976).

den Fanatismus opferwütiger Beziehungen, in denen Altruismus – weil er sich in der herrschenden Kultur nicht auf gesunde Weise äußern darf – in der heimtückischen Form subkulturellen Eifertums wieder auftaucht. Das Problem der totalitäter Versuchung ist das Problem der Leere. Und ist Leere der eigentümliche Zustand der Moderne, dann ist der Liberalismus die eigentümlich politische Form der Leere.

Dennoch bleibt die Frage: Existiert eine lebensfähige und ungefährliche Alternative? Der Liberale mag einigen vorgetragenen Kritikpunkten beipflichten und trotzdem skeptisch sein. Da der Liberalismus mehr als jede andere Regierungsform dafür getan hat, Freiheit zu schützen und die materielle Befreiung von Männern und Frauen in der westlichen Welt durchzusetzen, haben Liberale das Recht erworben, folgende Fragen und Forderungen vorzubringen, die den Rahmen festlegen, in dem sich der zweite Teil dieses Buch bewegen muß:

Wie soll Freiheit gesichert werden, wenn nicht durch Liberalismus? Läßt sich eine Form demokratischer Politik beschreiben, die Gemeinschaft fördert, ohne Autonomie zu zerstören? Zeigen Sie mir eine Form, die stark genug ist, das, was Sie die Passivität und Leere des Liberalismus nennen, zu überwinden, und gleichwohl ungefährlich genug, um Individuen gegen wildgewordene Meinungen oder nach Blut schreiende Mehrheiten zu verteidigen oder gegen den Volkswillen, der versucht, sich an die Stelle des Rechtsstaats zu setzen. Entwickeln Sie eine Form des politischen Diskurses, die öffentliche Entscheidungsfindung und öffentliches Handeln von Wahrheitsansprüchen und dem Verlangen nach Gewißheit löst, ohne in Relativismus, Beliebigkeit oder subjektive Vorurteile zu verfallen. Da Sie die Vertragstheorie ablehnen, müßten Sie mir eine Gemeinschaft zeigen, in der Bürger an einem Tisch versammelt werden, ohne ihre Unterschiede zu zerstören, in der gemeinsame Zwecke verwirklicht werden können, ohne die Autonomie des Willens zu verzerren, und in der das, was Sie die wechselseitige Abhängigkeit der Menschen nannten, existiert, ohne daß dabei persönliche Identität und die von ihr garantierte Freiheit geopfert

Das pathologische Potential

würden. Kurz gesagt, zeigen Sie mir, wie ein tatkräftiges, und dennoch undogmatisches Handeln möglich ist, wie es einen nicht willkürlichen Relativismus und eine Bürgerschaft geben kann, die nicht ihren Launen folgt, nicht zu Irrtum und Arroganz neigt. Zeigen Sie mir eine Gemeinschaft, die Individuen nicht unterdrückt, einen Konsens, der abweichende Meinungen respektiert, eine Politik, die Uneinigkeit anerkennt, ohne zu dauerhaften Parteiungen zu führen und eine Demokratie, die stark, aber nicht zentralistisch, reich, aber nicht fragmentiert, einmütig, aber nicht monolithisch ist. Solange Sie mir dies nicht gezeigt haben, werde ich zwar all Ihren kritischen Einwänden zustimmen, aber dennoch davon überzeugt bleiben, daß die liberale Demokratie das beste Arrangement darstellt, zu dem freie Männer und Frauen gelangen können.

Auf den verbleibenden Seiten dieses Buches hoffe ich, eine Politik zu begründen, die auf Bürgerbeteiligung setzt – eine Form »starker« Demokratie, die nicht nur diese klugen Einwände beantwortet, sondern zu echten Hoffnungen auf eine demokratische Praxis für die Zukunft einlädt.

TEIL II

STARKE DEMOKRATIE FÜR EIN LEBEN ALS BÜRGER

3. Kapitel
STARKE DEMOKRATIE
POLITIK ALS LEBENSFORM

> Demokratie ist keine Alternative zu anderen
> Prinzipien gemeinschaftlichen Lebens. Sie ist
> die Idee des Gemeinschaftslebens selbst. ...
> (Demokratie) ist der Name für ein Leben in
> freier und bereichernder Vereinigung.
> *John Dewey*

> Wir denken dabei aber an Menschen, deren
> Vortrefflichkeit nicht die des gemeinen Volkes
> übersteigt ... die keine ideale und vollkom-
> mene Verfassung suchen, sondern zuerst eine
> Lebensform.
> *Aristoteles*

Starke Demokratie ist eine entschieden moderne Form partizipatorischer Demokratie. Sie beruht auf dem Gedanken einer
sich selbst regierenden Gemeinschaft von Bürgern, die weniger
durch einheitliche Interessen vereinigt sind als durch staatsbürgerliche Erziehung, und die eher aufgrund ihrer staatsbürgerlichen Einstellungen und partizipatorischen Institutionen als
durch ihren Altruismus oder ihre Gutmütigkeit die Fähigkeit
erworben haben, einen gemeinsamen Zweck zu verfolgen und
nach dem Gegenseitigkeitsprinzip zu handeln. Starke Demokratie ist mit einer Politik vereinbar, in der Uneinigkeit ausge-
tragen wird – ja, sie hängt von einer solchen Politik ab –, und
ebenso mit der Soziologie des Pluralismus und der Trennung
zwischen privaten und öffentlichen Handlungsräumen. Sie ist
ihrem Wesen nach keine Feindin großer oder moderner technologischer Gesellschaften, daher weder mit einer überalterten
Form des Republikanismus noch mit Provinzialismus verbunden. Für eine Politik, die nur Eliten und Massen kennt und die
sich im Westen als Demokratie ausgibt, stellt sie allerdings eine

Herausforderung dar. Infolgedessen bietet die starke Demokratie eine wichtige Alternative zu dem, was wir magere Demokratie nannten, – d. h. zu allen drei Dispositionen einer instrumentellen, repräsentativen und liberalen Demokratie.

Starke Demokratie hat viel mit der klassischen Demokratietheorie antiker Stadtstaaten in Griechenland gemein, ist jedoch keineswegs mit jener Theorie identisch. Sie teilt manches mit ihrer Schwester, der liberalen Demokratie, und in der Praxis tritt sie mitunter eher als Ergänzung denn als radikale Alternative zum liberalen Standpunkt auf. Dennoch ist sie in einer Reihe bedeutender Hinsichten von der demokratischen Praxis Amerikas unterschieden, folglich eine hervorragende Kontrastfolie für deren Betrachtung.

Die starke Demokratie ist eine sehr viel weniger umfassende und auf Einheit drängende Theorie des öffentlichen Lebens als die Befürworter des alten Republikanismus sich wünschen würden, indes ist sie vollständiger und positiver als der zeitgenössische Liberalismus. Sie baut Madisons besorgte Beurteilung der wirklichen menschlichen Natur in Jeffersons hoffnungsvollere Vision der menschlichen Möglichkeiten ein. So wie starke Demokratie hier vorgestellt wird, handelt es sich um eine neue Theorie, die sich auf eine Vielzahl tradierter Verfahren stützt und durch klassische Theorien von Gemeinschaft, staatsbürgerlicher Erziehung und Bürgerbeteiligung gefördert wird.

Die Theorie starker Demokratie sieht nicht auf genau dieselbe Weise wie die Antike in der Politik eine »Lebensform«, und lehnt ganz ausdrücklich die noch extremere These ab, Politik sei *die* Lebensform schlechthin. Sie teilt die republikanischen Nostalgien von Autoren wie Hannah Arendt oder Leo Strauss nicht. Männer und Frauen von heute sind nur allzu vertraut mit den Gefahren einer die Einheit beschwörenden Politik, die Anspruch auf die ganze Seele des Menschen erhebt und vorgibt, dessen »höhere Natur« auszudrücken. »So vieles, was des Menschen Herz erduldet / Gesetz oder König selten heilt oder verschuldet«, schrieb Samuel Johnson, und die sollte das Motto sein, wenn man mehr Demokratie verlangt.

Politik als Lebensform

Haben wir die Gefahren des Totalitarismus einmal erkannt, brauchen wir das farblose Privatisieren des liberal demokratischen Pluralismus nicht zu akzeptieren, der die Politik nur als Dienstmagd privater Interessen darstellt. Die Geschichte des 20. Jahrhunderts hätte uns lehren sollen, daß repressivere politische Ideologien auftreten werden, wenn Demokratie auf das Bedürfnis nach Gemeinschaft nicht anders reagiert als mit einem ängstlichen Rückzug ins Private. Davon war ja im vorangegangenen Kapitel ausführlich die Rede.

Die Theorie starker Demokratie bietet eine andere und aktivere Antwort an: sie stellt die Politik nicht als eine erstarkte Daseinsweise, sondern als eine bestimmte Art dar, sein Leben zu führen – nämlich jene, die menschliche Wesen mit unterschiedlichen, wiewohl formbaren Charakteren und mit konkurrierenden, aber sich berührenden Interessen gemeinschaftlich entwickeln können, nicht nur um ihres gegenseitigen Nutzens willen, sondern auch zum Nutzen ihres gemeinschaftlichen Miteinanders.

Da demokratische Politik Zusammenarbeit und größtmögliche Eintracht dort erlaubt, wo sie von Natur aus eigentlich nicht existieren, ist sie potentiell ein Feld einzigartiger Offenheit, Beweglichkeit und Hoffnung. Sie ist in der Tat der Bereich des Wandels par excellence, der, obwohl er der Uneinigkeit und dem Ungenügen der höheren Natur des Menschen geschuldet ist, zum Anlaß für ein Miteinander und die Überwindung seiner niederen Natur wird. Vielleicht nannte John Dewey Demokratie aus diesem Grund nicht eine Form des gemeinschaftlichen Lebens, sondern »die Idee des Gemeinschaftslebens selbst«.[1]

Deweys nahezu perikleische Auffassung des politischen Lebens enthält Hybris, aber auch Mäßigung. Weder der einsame, fast gottgleiche Philosoph noch der einsame, raubgierige Mensch bei Hobbes sind vollständige Verkörperungen jenes merkwürdigen Geschöpfes, des *homo politicus*, der sowohl die antike als auch die moderne demokratische Welt bewohnt: er ist

---

[1] John Dewey, *The Public and Its Problems* (New York 1927), S. 148.

abhängig, doch unter demokratischen Verhältnissen im Besitz der Selbstbestimmung; unzulänglich und unwissend, doch unter demokratischen Verhältnissen belehrbar; egoistisch, doch unter demokratischen Verhältnissen kooperativ; eigensinnig und solipsistisch, unter demokratischen Verhältnissen jedoch schöpferisch und zu echter Selbstveränderung fähig.

Die Betonung der Transformation ist das Herzstück des Politikverständnisses starker Demokratie. Jede Politik ist mit konkurrierenden Privatinteressen und der daraus resultierenden Uneinigkeit konfrontiert. Doch wo die liberale Demokratie in der Politik ein Mittel zur Abschaffung (die anarchistische Disposition), zur Unterdrückung (die realistische Disposition) oder zur Tolerierung (die minimalistische Disposition) von Uneinigkeit sieht, ist starke Demokratie bestrebt, Uneinigkeit mit Hilfe einer äußerst erfinderischen und entdeckungsfreudigen Politik zu transformieren. Starke Demokratie versucht, eine öffentliche Sprache zu schaffen, die private Interessen so umzuformulieren imstande ist, daß sie für eine öffentliche Aufnahme (vgl. Kapitel 5) empfänglich werden. Sie will Individuen nicht als abstrakte Personen, sondern als Bürger verstehen, damit Gemeinschaftlichkeit und Gleichheit anstelle von Isolation zu den bestimmenden Zügen menschlicher Gesellschaft werden (vgl. Kapitel 6).

Offen für Wandel und der Idee individueller wie gesellschaftlicher Transformation gegenüber aufgeschlossen, vermag starke Demokratie jenen Pessimismus und Zynismus, jene Negativität und Passivität zu überwinden, die den Liberalismus zwar gegen naive Utopien und die Tyrannei des Idealismus immunisieren, zugleich jedoch seine vorsichtigen Hoffnungen untergraben, seine Theorie mager und fadenscheinig machen und seine Praxis der Korrosion durch Skeptizismus und Dogmatismus aussetzen. Im Rahmen einer starken Demokratie erhält Politik jene Kraft, die dem Glauben an das Potential der Menschen entspringt. Zum ersten Mal wird die Möglichkeit, private Angelegenheiten in öffentliche, Abhängigkeit in Interdependenz, Uneinigkeit in Kooperation, Willkür in Selbst-Gesetzgebung,

Politik als Lebensform

Bedürftigkeit in Liebe und Knechtschaft in Bürgerschaft zu transformieren mit dem Gedanken der Bürgerbeteiligung verbunden. So ist sie vor der Manipulation durch jene falschen Kommunitaristen sicher, die nur deshalb an das menschliche Bedürfnis nach Vereinigung und nach einem höheren – private und materielle Interessen übersteigenden – Zweck appellieren, weil sie die Menschheit versklaven wollen.

Starke Demokratie ist letztendlich gar nicht so verschieden von jenem politischen Zustand, den Michael Oakeshott skizzierte, als er von Matrosen auf »einem grenzenlosen Meer« sprach, »(wo) weder ein Hafen, noch eine Zuflucht oder ein Ankerplatz, weder ein Heimatort, noch ein Bestimmungsort existiert, (und wo) es allein gilt, ruhig durch das Wasser zu gleiten.«[2] Dieses Bild wirkt nicht bloß auf Konservative attraktiv, denn es entwirft eine Politik, die frei von einem krass instrumentellen Denken ist, eine Politik, die in gewisser Weise Zweck an sich wäre, statt nur Zwecke zu haben. Wo die Demokratie sowohl Zweck als auch Mittel ist, wird Politik zu einer Reise, bei der es ebenso wichtig ist, unterwegs zu sein wie an einem Ort anzukommen, und wo die Beziehungen zwischen den Reisenden dieselbe vitale Bedeutung haben wie die Bestimmungsorte, die sie anzustreben meinen.

Natürlich kann man die starke Demokratie volltönend anpreisen, doch liefert Rhetorik allein keine hinreichende Fundierung. Nachdem ich das Konzept der starken Demokratie zunächst sehr allgemein eingeführt habe, muß ich nun versuchen, es systematischer darzustellen. Meine These war, starke Demokratie sei die einzige Form von Demokratie, die auf die Dilemmata neuzeitlicher Politik angemessen reagiert.

Ich möchte nun weitergehend behaupten, daß die starke Demokratie unter allen demokratischen Regierungsformen die einzige ist, die das, was wir die grundlegenden Ausgangsbedingungen der Politik nennen können, erklärt und auf sie als diejenigen Umstände reagiert, die in erster Linie zum Entstehen

---

[2] Michael Oakeshott, *Rationalism in Politics* (New York 1962) S. 127.

von Politik führen. Die Argumentation muß zunächst die Grundgegebenheiten der Politik festhalten. Erst dann lassen sich starke Demokratie (und einige andere konkurrierende Formen) hinsichtlich solcher Bedingungen formal definieren.

Was ist politisch?

Das Feld des Politischen ist durch Bedingungen umschrieben, die *öffentliches Handeln und infolgedessen vernünftige, öffentliche Entscheidungen notwendig machen, wenn Uneinigkeit vorliegt und persönliche oder unabhängige Urteilsgründe fehlen.*

Eine politische Frage nimmt daher die Form an: »Was sollen wir tun, wenn etwas uns alle Betreffendes geschehen muß, wir vernünftig handeln wollen, doch weder hinsichtlich der Mittel, noch der Zwecke übereinstimmen und keine unabhängigen Gründe für unsere Entscheidung haben?« Diese Formulierung verdeutlicht, daß das Grundproblem der Politik das Handeln, nicht etwa Wahrheit oder Gerechtigkeit im Allgemeinen ist. Der entscheidende Vorteil dieses Standpunktes, dessen Wert Machiavelli erkannte und den Burke rühmte, liegt darin, daß er jede Metaphysik meidet und philosophische Fragen nach letztgültigen Wahrheiten und absoluten moralischen Regeln umschifft. Von dieser Warte aus wird eine unmittelbare Lösung für wirkliche Probleme gefordert, die unabhängig davon, ob wir über einen letzten Beurteilungsmaßstab verfügen oder nicht, Bestand hat. Das Handicap, das solche Vollblutphilosophen wie Kant und Rawls für kaum zu überwinden hielten, ist, daß *irgendeine* vernünftige Antwort gefunden werden muß, auch wenn sich keine Antwort philosophisch rechtfertigen läßt. Können wir die Augen nicht davor verschließen, daß Folgen zwangsläufig auftreten, (siehe unten »Notwendigkeit«), dann ist selbst jede nicht gefällte Entscheidung auch eine Entscheidung. Das aber heißt, ein politisch handelnder Mensch kann sich im Gegensatz zum spekulativen Philosophen weder den

Politik als Lebensform

Luxus des Agnostizismus, noch die olympische Gelassenheit des Skeptizismus leisten. Politisch sein, bedeutet, entscheiden zu *müssen* – und schlimmer noch – auch unter den denkbar schlechtesten Umständen Entscheidungen fällen zu müssen, dann nämlich, wenn wir über keine apriorischen Entscheidungsgründe, göttliche Machtsprüche oder reines Wissen (*epistemē*) verfügen. Politisch sein, bedeutet daher, auf schwindelerregende Weise frei zu sein – frei zu sein in jenem wenig erfreulichen Sinne, daß wir keine Leitlinien oder vorgegebene Normen haben, dennoch aber unter dem Druck stehen, handeln zu müssen, und zwar überlegt und verantwortlich.

Dies ist das wahre Dilemma von Platons Höhle, das Philosophen als das Problem der »richtigen Meinung« bezeichnet haben: Wir wollen so handeln, daß wir das Richtige tun, ohne uns dabei auf letztgültige Wahrheiten oder absolutes Wissen stützen zu können. Wir hoffen zwar, daß unsere Entscheidung nicht nur willkürlich, impulsiv oder bloß eigennützig ist, aber wir können uns nicht von einer unparteilichen Wahrheit führen lassen. Unter diesen Umständen kann die Höhle kaum ein aufgeräumter Ort sein.[3] Kein Wunder, daß Philosophen ihr so verächtlich begegnen. Sie ist voll vom Schmutz des stümperhaften Tuns widerwillig Handelnder, die nichtsdestoweniger ihr Bestes geben müssen. Sie ist dunkel, unübersichtlich und turbulent, denn sie wird von Geschöpfen bevölkert, die durch das bestimmt sind, was sie tun und nicht durch die Art, wie sie denken. Sie streben nach unmittelbarem Nutzen, nicht nach unwandelbarer Gewißheit, sie haben das Bedürfnis, ein vernünftiges Fundament für ihre Gemeinschaftlichkeit zu entdek-

---

[3] Montaigne begreift den ungeordneten und praktischen Geist der Politik vollkommen, wenn er schreibt: »Die zu den Welthändeln bestimmte Tugend ist eine Tugend, die viele Falten, Einschläge und Nähte hat, damit sie sich nach der menschlichen Schwachheit bequemen und schicken kann. Sie ist gemischt und gekünstelt; nicht ächt, rein, beständig, und vollkommen unschuldig ... Wer in dem Gedränge geht, muß ausweichen, die Arme an sich ziehen, hinter und vor sich gehen, ja den geraden Weg verlassen, wie es trifft.« (Von der Eitelkeit, in: *Essais*, ins Deutsche übersetzt von Johann Daniel Tietz, Zürich 1992, III, S. 192 f.)

ken statt einer unanfechtbaren Begründung ihrer Individualität. Eine in Doppeldeutigkeit eingesponnene Welt ist gezwungen, Ideologien reinen Interesses im Geiste des Thrasymachos zu verwerfen, ohne zu sokratischen Philosophien des rein Richtigen gelangen zu können.

Diese Sachverhalte treten möglicherweise schärfer hervor, wenn wir die verschiedenen Schlüsselelemente unserer Definition der politischen Ausgangsbedingung voneinander trennen und jede für sich untersuchen. Die Definition läßt sich so umformulieren, daß die entscheidenden Bestandteile (kursiv gedruckt) herausgestellt werden: das Bedürfnis nach Politik entsteht, wenn *öffentlich* bedeutsames *Handeln notwendig* wird und Menschen eine *öffentliche Entscheidung* fällen müssen, die trotz gegebener *Uneinigkeit vernünftig* ist, obwohl *eine unabhängige Begründung* für das Urteil *fehlt*. Die Schlüsselbegriffe, die es auszuführen gilt, sind also: *Handeln, Öffentlichkeit, Notwendigkeit, Entscheidung, Vernünftigkeit, Uneinigkeit* und das *Fehlen einer unabhängigen Begründung*.

Handeln. Der Bereich des Politischen ist zunächst und vor allem der Bereich menschlichen Handelns. In einem gewissen Sinne läßt sich jeder menschliche Gedanke, jedes Ereignis und jede Äußerung (einige Philosophen reden von »Sprechakten«) als eine Handlung verstehen. Unsere Definition hat demgegenüber eine engere und gebräuchlichere Verwendungsweise im Blick. Handeln meint in diesem Zusammenhang, ein Krankenhaus zu bauen oder zu schließen, einen Krieg zu beginnen oder zu beenden, eine Körperschaft zu besteuern oder sie von Steuern zu befreien, ein Wohlfahrtsprogramm zu initiieren oder hinauszuzögern. Mit anderen Worten bedeutet es, etwas in der physikalischen Welt zu tun (oder nicht zu tun), zu machen (oder nicht zu machen), was menschliches Verhalten einschränkt, die Umgebung verändert oder die Welt in sonstiger materieller Hinsicht beeinflußt. Wo nicht gehandelt wird (oder Nicht-Handeln folgenlos bleibt), gibt es auch keine Politik.

Dieser enge Zusammenhang zwischen Politik und Handlung mag uns recht augenfällig erscheinen, dennoch hat es zumindest

Politik als Lebensform

in der liberaldemokratischen Tradition die Tendenz gegeben, Politik als Ding, Ort oder Institutionengefüge zu betrachten – als etwas, das bestenfalls von anderen getan wird (von Politikern, Bürokraten, Parteimitgliedern, Wählern). Diese Auffassung unterschätzt, in welchem Ausmaß Handeln Tätigkeit, Tatkraft, Arbeit und Teilnahme beinhaltet. Als Hannah Arendt in ihrem Buch *Vita activa* Politik als das tätige Leben (vita activa) definierte, war daher nicht diese Definition verwunderlich, wohl aber wieviele ihrer Kollegen das Buch für eine durch und durch antiquierte Kritik moderner liberaler Demokratie hielten, so als hätte Handeln nichts mit moderner Politik zu tun. Liberale Demokraten haben allzu oft hingenommen, daß ihre Beschäftigung mit Rechenschaftspflicht, Repräsentation, passiv gewahrten individuellen Rechten und abstrakter Autonomie ein starres Element in ihren Begriff des Politischen einbrachte. Nichtsdestoweniger bleibt Politik etwas, das wir tun, nicht etwas, das wir (wie beispielsweise Macht) besitzen, verwenden, beobachten oder worüber wir nachdenken. Politik ist Handlung und dreht sich um das Handeln. In Staaten, deren Funktion sich im Überwachen erschöpft und in denen Handeln keine definitive Rolle spielt, mag es den Bürgern, wie Zuschauern allerorts passieren, daß sie einschlafen.

Öffentlichsein. Politik bezeichnet einen Bereich des Handelns, aber nicht jedes Handeln ist politisch. Es ist daher zutreffender, Politik auf *öffentliches* Handeln einzuschränken, d. h. auf ein Handeln, das sowohl von einer Öffentlichkeit ausgeht als auch öffentliche Folgen haben soll. Politik bezeichnet den Bereich des *wir*. Die Frage, ob Gold einen guten Füllstoff für kariöse Zähne abgibt, ist eine private Entscheidung (Handlung), die von einer bestimmten Gruppe von Fachleuten getroffen wird und nur einzelne Patienten berührt. Die Frage, ob Gold ein nützliches allgemeines Zahlungsmittel ist, stellt eine öffentliche Entscheidung (Handlung) mit klar ersichtlichen öffentlichen Folgen dar und muß daher von rechtmäßig eingesetzten Autoritäten gefällt werden. Geschmacksfragen mögen, um ein anderes Beispiel zu geben, sowohl umstritten als auch fol-

Starke Demokratie

genreich sein. Dennoch handelt es sich dabei strenggenommen nicht um politische Fragen, jedenfalls dann nicht, wenn sie keine öffentlichen Folgen zeitigen (wie etwa ein Wandgemälde an öffentlichen Gebäuden oder eine Nationalhymne).[4]

Bei einigen scheinbar privaten Handlungen und Entscheidungen, wie etwa dem Rauchen, zeigt sich, daß sie öffentliche Folgen nach sich ziehen, weil die Luft für alle rauchgeschwängert ist. Andere Handlungen sind nur solange privat, wie sie einzeln betrachtet werden, zusammengenommen aber haben sie öffentliche Folgen: beispielsweise, wenn Privathäuser an sehr einsamen Orten mit einem großartigem Ausblick gebaut werden, um den Preis, daß alle anderen weder die Einsamkeit, noch den Ausblick länger genießen können.[5]

Philosophen wie Robert Nozick gelangten vor allem deshalb nicht zu einem überzeugenden Begriff des Politischen, weil sie nicht zwischen privaten und öffentlichen Handlungen unterschieden. Selbstverständlich bleibt oftmals unklar und umstritten, wo der schmale Grat zwischen dem Öffentlichen und dem Privaten verläuft. In der Tat gehört es zu den wichtigsten Aufgaben politischer Tätigkeit, ein dauerhaftes Forum für die Erörterung und Definition dieser Begriffe bereitzustellen. Bedingungen ändern sich, und damit auch der Begriff des Öffentlichen. Eine flexible Politik fordert, daß wir derartige Veränderungen aufmerksam beobachten und stets bereit sind, neu zu formulieren, was öffentlich ist und was nicht. Die Frage »Was ist politisch?« hört nie auf, eine grundlegende Frage der Politik zu sein.

Wenn alles, was die Öffentlichkeit betrifft, politisch ist, dann

---

[4] Die jüngsten zaghaften, aber ernstgemeinten Vorschläge, Lieder von John Lennon und Bruce Springsteen als amerikanische Nationalhymne bzw. als offizielle Hymne des Staates New Jersey zu übernehmen, veranschaulichen, wie Fragen privater Ästhetik zu öffentlichen Fragen werden können.
[5] Fred Hirsch spricht in diesem Zusammenhang vom Problem der Positionsgüter«. Vgl. *Die sozialen Grenzen des Wachstums* (Frankfurt/M. 1980). Dieses Thema ist das Herzstück seines kraftvollen Plädoyers für eine *öffentliche* Interpretation der Wachstumsprobleme.

Politik als Lebensform

Kosten abzuwägen. »Es ist schrecklich zu töten«, bekennt ein sich schaudernd abwendender Protagonist in Brechts Stück *Mann ist Mann*, »aber es ist uns nicht gegeben, nicht zu töten«.[7]

Liberale Verfechter der Marktwirtschaft haben in jüngster Zeit betont, nichts zu tun (laisser faire) hieße, sowohl eine Handlung wie ihre Kosten zu vermeiden. Tatsächlich aber ziehen die Kräfte des Marktes allerlei Ergebnisse nach sich, darunter viele, die weder fair noch beabsichtigt sind, oder solche, die spezifizierbare historische Kräfte widerspiegeln, deren Wirken zu unausgewogenen, darwinistischen oder sonstwie unbilligen Folgen führt.[8] Liberale übersehen daher häufig Erscheinungen, die Staatsmännern nicht entgehen können. Ein Land, das Opfer eines kriegerischen Einfalls wird, mag sich entscheiden, Widerstand zu leisten oder nicht, aber es kann sich nicht jeglicher Entscheidung enthalten, denn das würde auf die Entscheidung hinauslaufen, sich nicht zu widersetzen. Eine Regierung kann angesichts einer galoppierenden Inflation Lohn-Preis-Kontrollen durchsetzen oder auch nicht, aber sie kann sich nicht dem Marktgeschehen beugen und vorgeben, sie habe überhaupt

---

[7] Wie Machiavelli folgt Brecht hier dem Konsequentialismus, der meint, Menschen könnten nur zwischen tatsächlichen Übeln wählen, die bloß graduell unterschieden sind, und nicht zwischen einem absoluten Guten und einem absoluten Bösen.

[8] Über Märkte kann man allerhand sagen, bloß nicht, daß sie frei sind. Die soziologische Kritik an der liberalen Vorstellung vom freien Markt ist so geläufig, daß wir sie hier nicht wiederholen müssen. Der folgende Abschnitt von John Ruskin orchestriert gewissermaßen den Ton aller späteren Kritiken:
»In einem Gemeinwesen, das allein vom Gesetz des Angebots und der Nachfrage beherrscht wird, aber vor offener Gewalt geschützt ist, gelten die Reichen, allgemein gesagt, als fleißig, entschlossen, stolz, habsüchtig, flink, methodisch, klug, phantasielos, dickhäutig und unwissend. Arm bleibt nur der vollkommen Törichte, der vollkommen Weise, der Faule, der Leichtsinnige, der Demütige, der Nachdenkliche, der Träge, der Phantasievolle, der Empfindsame, der Gutunterrichtete, der Sorglose, der außergewöhnliche und triebhafte Böse, der ungeschickte Schuft, der unverhohlene Dieb und der durch und durch Barmherzige, Gerechte und Gottesfürchtige.« (*Unto This Last*, hg. v. L. J. Hubenka (Lincoln 1967), S. 74 f.).

nichts getan, denn sich einem Markt zu überantworten, der selbst Ursache der Inflation ist, läuft klarerweise auf die Entscheidung hinaus, die Inflation zu billigen oder sogar zu verstärken. Politische Entscheidungsträger sind sich dessen durchaus bewußt. Häufig entscheiden sie sich für Nichthandeln als Teil einer bewußten politischen Strategie mit der Absicht, die bereits angestoßenen Trägheitskräfte auslaufen zu lassen. Beispielsweise mögen sie die Preise in der Hoffnung nach oben »floaten« lassen, dadurch die Nachfrage kontrollieren zu können, oder die Profite steigen lassen, um so die Basis der wirtschaftlichen Produktivität zu erweitern und den nationalen wie persönlichen Wohlstand zu erhöhen (das ist die Kemp-Roth'sche Angebots-Strategie, der zufolge alle Boote in Flutzeiten steigen).

Die Logik der Folgen ist daher immer eine öffentliche Logik und stets ein Bestandteil jener Bedingungen, welche der Politik zugrundeliegen. Das Trägheitsmoment der Geschichte macht politische Entscheidungen unerläßlich.

Entscheidung. Wenn wir in der politischen Arena davon reden, daß etwas getan werden müsse, dann sprechen wir von Entscheidungen – davon, daß wir über etwas beratschlagen, bestimmen und entscheiden müssen. Impulsives, willkürliches oder unüberlegtes Handeln ist noch kein politisches Handeln. So wie wir einen Schlafwandler nicht für einen Menschen halten würden, der etwas bewirkt, oder einen Hysteriker für eine handelnde Person, so wenig bildet der Pöbel eine Wähler- und der Mob eine Bürgerschaft. Soll Handeln politisch sein, dann muß es voraussehend und überlegt sein, Folge einer freien und bewußten Entscheidung. Wir alle können Akteure sein, aber nur ein Bürger kann ein *politischer* Akteur sein.

Die politische Ausgangsbedingung fordert daher, daß wir einen brauchbaren Begriff von Bürgerschaft haben, der sowohl Autonomie als auch Willensentscheidung beinhaltet. Sprechen wir von jenen, die überlegt entscheiden und verantwortlich handeln, dann heißt dies im Bereich des Politischen, daß wir von Bürgern sprechen. In einer Monarchie kann, wie Hegel richtig

Politik als Lebensform

bemerkt, nur ein Despot oder König Bürger sein (d. h. ein verantwortlicher, politischer Akteur), hingegen kann in einer Demokratie die ganze erwachsene Bevölkerung diese Rolle übernehmen. In beiden Fällen zählen freilich nur jene als politische Akteure, die freie Entscheidungen fällen. Die »Massen« scheinen nach diesen Maßstäben nicht unter den Begriff zu fallen – nicht einmal wenn sie »wählen«. Freiheit ist ein unabdingbarer Bestandteil der Politik. Ohne den lebendigen Begriff eines freien, Entscheidungen fällenden Willens gibt es keine Politik. Deshalb ist es wohl kein Zufall, wenn die positivistische Sozialwissenschaft, die sich von dem verworrenen Gedanken der Freiheit losgesagt hat, die Politik nicht begreifen kann.

Das heißt freilich nicht, alle Akteure in einer politischen Gemeinschaft seien frei (also auch Bürger) oder es gebe keine wirkliche Politik, solange öffentlich bedeutsame Entscheidungen nur von wenigen Bürgern oder von einem einzelnen Regenten getroffen werden. Die Frage lautet nicht, *wer* entscheidet (denn diese Frage betrifft eine Eigenschaft des politischen Regierungssystems, nicht aber die politische Ausgangsbedingung, auf die Regierungssysteme reagieren). Zur Debatte steht vielmehr, ob jene, die entscheiden, dies frei tun. Politische Akteure sind immer und unter allen Umständen Bürger, obgleich diese Tatsache jedes wirkliche Gemeinwesen nötigt, sich mit der entscheidenden Frage auseinanderzusetzen, wer eigentlich zur Klasse der Bürger gehört (der Klasse frei Entscheidender – siehe Kapitel 6).

Vernünftigkeit. Dies Kriterium ist gewissermaßen bereits in der Vorstellung enthalten, daß die Entscheidung überlegt sein müsse. Bürger, die als frei Entscheidende gelten, sind per definitionem vernünftig – leidenschaftslos, bedacht und fair. Vernünftigkeit zeichnet jedoch nicht nur Personen aus, die überlegt entscheiden und handeln, sondern auch politische Entscheidungen und Handlungen. Beides muß unabhängig von einander dargelegt werden.

Die Aussage, Politik sei die Suche nach vernünftigen Entscheidungen, die angesichts von Uneinigkeit und mangels unabhängiger Urteilsgründe gefällt werden müssen, besagt, daß die Politik nach Entscheidungen sucht, die nicht völlig beliebig sind, obwohl sie auch nicht vollkommen richtig, wahr oder wissenschaftlich sein können. Nicht abstrakte Rationalität steht auf dem Spiel, denn dieser Begriff unterstellt irgendeinen vorpolitischen Wahrheitsmaßstab, irgendeine, zumindest formale Übereinkunft über Normen von der Art wie Rawls sie vorschlägt oder sie Habermas vorzuschweben scheint. In der Wirklichkeit führt gerade das Fehlen solcher Normen zur Politik. Vernünftigkeit in unserem Kontext bezeichnet eher einen Begriff des gesunden Menschenverstandes, dessen Bedeutung eher praktisch und weniger metaphysisch ist. Eine vernünftige Entscheidung oder ein vernünftiges Übereinkommen ist nicht notwendigerweise rational, aber es wird als überlegt, nicht beliebig, zwangsfrei und in einem praktischen Sinne als fair betrachtet werden.

Das Wort *vernünftig* verweist auf die praktische Seite. Es bedeutet, daß uneinige Personen übereingekommen sind, ihre Streitigkeiten ohne die Hilfe vermittelnder gemeinsamer Maßstäbe zu lösen, und ihre Probleme so umzuformulieren, daß ihre (nun neu und weitergefaßten) Interessen darin enthalten sind, auch wenn die Gemeinschaft als Ganze auf eine neue Weise repräsentiert wird. »Nun, ich glaube, das ist vernünftig«, wird ein Gegner einräumen, der sich zwar nicht hat durchsetzen können, aber zu der von ihm gebilligten Übereinkunft weder gezwungen, noch überredet wurde. Er ist weder Sieger, noch Verlierer. Er hat seine Auffassung von dem, was in seinem Interesse liegt, vielmehr neu formuliert und kann nun die Dinge in einem anderen Lichte »sehen«.

Vernünftige Entscheidungen sind generell öffentliche Entscheidungen. Das heißt, es handelt sich um Entscheidungen, die dadurch zustande kamen, daß im Rahmen potentiell öffentlicher Ziele die jeweils privaten Interessen in einer umfassenderen Perspektive beurteilt und reformuliert wurden. Vernünftig sein, bedeutet also nicht, sein Selbst zu verleugnen, sondern es in ein Verhältnis zu Anderen zu setzen und ein Bewußtsein der eige-

Politik als Lebensform

nen Abhängigkeit vom bürgerlichen Gemeinwesen zu gewinnen.

Uneinigkeit. Für liberale Demokraten ist es nichts Neues, daß Politik aus Uneinigkeit entsteht und in einem Bereich stattfindet, der (unter anderem) durch Macht und Interesse bestimmt wird. Die gesamte Tradition des liberalen Denkens von Hobbes bis Laswell bejaht die Vorstellung, daß Politik die Auflösung von Uneinigkeit ist. Dennoch bleibt der paradoxe Charakter des Konsenses bestehen: Wird behauptet, jener Zustand der Einhelligkeit und Übereinkunft, den Politik dank menschlicher Erfindungsgabe erreichen will, existiere bereits von Natur aus, verliert Politik ihren Zweck. Sie wird überflüssig.

Rousseau weist mit seiner gewohnten Klarsicht auf diesen Sachverhalt hin. Im *Gesellschaftsvertrag* verspottet er alle Schwärmer, die meinen, der allgemeine Wille begründe nicht nur eine künstlich geschaffene Gemeinschaft, sondern entspringe auch einem natürlichen Konsens und spiegele ihn wieder. Er schreibt: »Gäbe es keine verschiedenen Interessen, so würde man das Gemeinschaftliche, das nie Hindernisse fände, kaum wahrnehmen. Alles würde ganz von selbst gehen und die Politik aufhören, eine Kunst zu sein.«[9] Wo von Natur aus Übereinkunft herrscht, kann es weder Uneinigkeit, noch Macht oder gar ein Bedürfnis nach Vernünftigkeit geben. Engel brauchen nicht vernünftig zu sein (sie sind engelhaft), Gemeindemitglieder müssen nicht lernen gemeinschaftlich zu denken (sie sind durch ihre Gemeinschaftlichkeit definiert). Der Garten, in dem keine Zwietracht herrscht, macht Politik unnötig; wie der Dschungel, in dem es keine Vernünftigkeit gibt, Politik verunmöglicht.

Das Ausmaß der Uneinigkeit muß natürlich in jedem politischen Rahmen begrenzt sein, denn der Krieg aller gegen alle

---

[9] Jean-Jacques Rousseau, *Der Gesellschaftsvertrag*, 2. Buch, Fußnote zum 3. Kapitel. Das hier bemerkte Paradox (das im nächsten Kapitel näher erklärt wird) wird beispielsweise augenfällig in Jane J. Mansbridges ansonsten ausgezeichneter Studie über Partizipation in einer Stadt in Vermont und einem städtischen Krisenzentrum. *Beyond Adversary Democracy* (New York 1980).

würde überhaupt das Zustandekommen einer Gesellschaft verhindern. Theoretiker haben traditionell zwischen substantiellen alltäglichen Konflikten (dem Daseinsgrund der Politik) und einem verfahrensmäßigen, langfristigen Konsens (dem *sine qua non* der Politik) unterschieden. Der Konsens macht, schlägt er sich in Grundrechten, einer Verfassung oder im Gesellschaftsvertrag selbst nieder, die Uneinigkeit erträglich.

Der formale Konsens wird manchmal als »Übereinstimmung, daß man nicht übereinstimmt« bezeichnet; eine genauere Beschreibung wäre jedoch, »Übereinstimmung, *wie* man nicht übereinstimmt«: ob Uneinigkeit unterdrückt, gemildert, toleriert oder transformiert werden soll. Die verschiedenen, im nächsten Kapitel dargelegten Versionen von Demokratie kreisen um diese politischen Modalitäten und den mit ihnen verbundenen Institutionen.

Fehlen eines unabhängigen Grundes. Unter den hier vorgeschlagenen Bestandteilen der politischen Ausgangsbedingung ist das Fehlen eines unabhängigen Urteilsgrundes vermutlich der neuartigste und zentralste. Fraglos gibt uns diese Bestimmung ein entscheidendes Kriterium an die Hand, um starke Demokratie von ihren konkurrierenden Regierungsformen zu unterscheiden. In früheren Diskussionen der Demokratietheorie ist dieser Bestandteil jedenfalls wenig beachtet worden.

Wir sahen bereits, daß politisch entscheidet und handelt, wer verantwortlich, vernünftig und öffentlich zu entscheiden und zu handeln hat, ohne sich von unabhängigen, allgemein akzeptierten Normen leiten lassen zu können. Gäbe es gesichertes Wissen, wahre Wissenschaft und absolut Richtiges, existierte keine Uneinigkeit, die sich nicht durch die Bezugnahme auf die Einheit der Wahrheit auflösen ließe. Folglich bestünde auch keine Notwendigkeit für Politik.[10]

---

[10] Ein Geisteskranker mag felsenfest davon überzeugt sein, daß der Blitz eine Manifestation von Zeus' Boshaftigkeit ist und aus Rache eine Kanone auf die Wolken abfeuern. Doch die *politische* Frage hier betrifft nicht die physikalische Natur des Blitzes, sondern lediglich das exzentrische Verhalten des Geisteskranken, insofern ein derartiges Verhalten öffentliche Folgen hat.

Politik als Lebensform

Die Politik beschäftigt sich allein mit solchen Bereichen, in denen die Wahrheit nicht – oder *noch* nicht – bekannt ist. Wir stimmen nicht über den besten Polioimpfstoff ab oder führen Meinungsumfragen über die ideale Raumfähre durch, wie ja auch die Boolesche Algebra niemals Gegenstand einer Wahl war. Doch biologische Krebstherapien und Genmanipulationen, die zwar formal in die Domäne der Wissenschaften fallen, sind unter Wissenschaftlern derart heftig umstrittten, daß sie zu Recht in den Bereich der Politik überwiesen wurden. Wo der Konsens aufhört, beginnt die Politik.[11]

Liberale Politikwissenschaftler haben sich, sobald sie die Rolle unabhängiger »natürlicher« Normen in der Politik betrachten, immer wieder in ein Paradox verstrickt. Selbstverständlich erkannten sie, daß Ungewißheit und Uneinigkeit Politik veranlaßten, dennoch teilen sie das menschliche Verlangen nach Gewißheit, weshalb sie sich von vermeintlichen Absolutheiten der ein oder anderen Sorte angezogen fühlen, da solche Gewißheiten »wissenschaftliche«, »rationale« oder »natürliche« Lösungen für politische Fragen ermöglichen könnten.

---

[11] Natürlich gibt es eine lebhafte Debatte darüber, ob nicht auch wissenschaftliche Vereinigungen letztlich politisch sind. Thomas Kuhn hat das bekannte Argument vorgebracht, wissenschaftliche Debatten innerhalb solcher Gemeinschaften würden durch Macht entschieden (aufgrund der Stellung und des Ansehens wissenschaftlicher Eliten und des Beharrungsvermögens ihrer Theorien), statt durch wissenschaftliche Urteile. Vgl. Thomas S. Kuhn, *Die Struktur wissenschaftlicher Revolutionen* (Frankfurt/M. 1967).

Doch die Frage, ob wissenschaftliche Gemeinschaften politisch sind, hat für die hier dargelegte These, daß politische Gemeinschaften niemals wissenschaftlich sind (d. h. nicht in einem objektiven Konsens wurzeln), keinerlei Auswirkung. Ja, dieser Sachverhalt läßt sich vorzüglich dadurch veranschaulichen, daß das Unvermögen der Wissenschaftler, einen Konsens zu erreichen, dazu führt, daß eine Kontroverse aus der Domäne der Wissenschaft in die Domäne der Politik überstellt wird. Daher ist das Problem der Genmanipulation, deren mögliche Auswirkungen derzeitig Gegenstand einer grundlegenden und anscheinend unlösbaren wissenschaftlichen Debatte sind, zu Recht von öffentlichen Entscheidungsträgern aufgegriffen worden – und zwar nicht nur im Hinblick auf mögliche öffentliche Folgen, sondern auch was den Verlauf der Untersuchungen und Experimente betrifft.

Sie schauen hoffnungsvoll auf die theoretische Vernunft (zum Beispiel auf Kants kategorischen Imperativ oder Rawls' Gerechtigkeitsgrundsätze), auf das Naturrecht (z. B. John Locke und die amerikanische Tradition der verfassungsgerichtlichen Gesetzesüberprüfung, auf naturalistisch begründete Theorien absoluter Rechte (Hobbes oder Robert Nozick), auf einen Begriff kommunikativer Vernunft (Habermas) oder auf wahres Wissen (Platons *epistemē*). In jedem Fall verlangen sie von der Philosophie, daß sie Normen bereitstellt, die dem politischen Prozeß vorausliegen und mit deren Hilfe sich politische Probleme lösen lassen. Die Haltung zeitigt jedoch Folgen, die für den politischen Prozeß lähmend sind. Weil der Liberale Erkenntnistheorie und Handeln vermengt, vermag er die Bedürfnisse vernünftiger Akteure nicht mehr von denen spekulativer Metaphysiker zu unterscheiden. Die sich seit einiger Zeit im amerikanischen Rechtssystem abzeichnende Tendenz, formale Schlußfolgerungen und deren abstrakte Grundsätze an die Stelle politischer Prozesse treten zu lassen, veranschaulicht dies vollkommen.[12]

Setzen wir die verworrenen Mehrdeutigkeiten voraus, die für das tatsächliche Feld des Politischen so typisch sind, dann wird vollkommen verständlich, warum abstrakte Prinzipien angesichts der Ungewißheit so verlockend sind. Ist dem Philosophen die metaphysische Leiter abhanden gekommen, mit der er der Höhle zu entsteigen hoffte, dann ist er erst recht nicht bereit, mit Yeats zu sagen:

> Am Kassentisch. Meine Leiter, sie verkam,
> Nun muß ich da, woraus die Leitern stiegen,
> Im Lumpensammlerstank des Herzens liegen.[13]

Politik ist freilich der Lumpensammlerstank des Praktischen

---

[12] Für eine hervorragende, kritische Erörterung vgl. John Hart Ely, *Democracy and Distrust* (Cambridge, Mass. 1980).
[13] William Butler Yeats, »Die abtrünnigen Zirkustiere«, in: *Werke I*. Ausgewählte Gedichte, hrsg. von Werner Vordtriede, Neuwied und Berlin 1970, S. 277.

Politik als Lebensform

und Konkreten, des Alltäglichen und Mehrdeutigen, des Formbaren und Flüchtigen. Es gibt keine feste Stufenfolge, auf der wir zur Natur oder in irgendein höheres Reich gelangen können, um uns dort formgebende Normen und unverrückbare Maßstäbe zu borgen und so der rudimentären Erfahrung eine abstrakte Ordnung zu verleihen. Sollte es überhaupt politische Wahrheit geben, dann muß sie von der Art sein, die, wie William James sagt, »im Laufe der Erfahrung gemacht wird.«

So kommt Burke auch weniger durch seine konservative Einstellung als vielmehr durch seinen Sinn für das Konkrete der Politik zu der Überzeugung, »die Wissenschaft, wie man einen Staatsverband errichtet, erneuert oder reformiert, kann wie jede andere experimentelle Wissenschaft nicht a priori gelehrt werden«.[14] Mit dieser Auffassung wiederholt Burke die traditionelle, republikanische Vorsicht gegenüber universalen Prinzipien und abstrakter Schlußfolgerung. Er spricht im Namen Machiavellis, Montesquieus und selbst seines Todfeindes Rousseau, wenn er vor den »zahllosen Katastrophen« warnt, die ausgelöst wurden, weil »man gewisse allgemeine generelle Maximen betrachtete, ohne die näheren Umstände, die Zeit, die Orte, die Mutmaßungen und die Akteure zu berücksichtigen«. Denn, so schließt er, »wenn wir nicht gewissenhaft auf all dies achten, wird die Medizin von heute zum Gift von morgen.«[15]

Die politische Ausgangsbedingung wird durch Geschichte, Umstände und Zusammenhänge erzeugt. Reale politische Akteure sind mit Streitfragen und Dilemmata konfrontiert, die aus fundamentalen Interessens- und Wertkonflikten in einer sich wandelnden Gesellschaft hervorgehen, und sie müssen unter

---

[14] Edmund Burke, *Reflections on the Revolution in France* (London 1910), S. 58 Dt. *Betrachtungen über die Französische Revolution*, Frankfurt/M. 1967).

[15] Ebd. S. 277. Es ist eine Ironie, daß Burke Rousseau gemeinsam mit den anderen »Philosophes« wegen einer Vorliebe für die Metaphysik verdammt, obwohl Rousseau sie in Wirklichkeit selbst verabscheut. Im 3. und 4. Buch des *Gesellschaftsvertrages* legt Rousseau ebenso wie in seinen Essays über Polen und Korsika ein geradezu Burke'sches Interesse für Zeit, Ort und Situation an den Tag.

dieser Bedingung verantwortliche und vernünftige Entscheidungen treffen. Der Philosoph kommt wie die Eule der Minerva zu spät, um noch helfen zu können. Oder sollte er doch pünktlich eingetroffen sein, dann lösen sich die Dilemmata dank seiner Ankunft auf, womit das Bedürfnis nach Politik verschwindet. Der Bürger jedenfalls wünscht lediglich, richtig zu handeln, nicht Gewißheit zu erlangen; er will bloß vernünftig entscheiden, nicht wissenschaftlich schlußfolgern, er möchte Uneinigkeit überwinden und vorübergehend den Frieden sichern, nicht die Ewigkeit entdecken; er begehrt, mit anderen zu kooperieren, nicht in moralischer Hinsicht mit ihnen eins zu werden; er ist bestrebt, gemeinsame Anliegen zur Sprache zu bringen, nicht sämtliche Differenzen aufzuheben. Politik ist das, was Menschen treiben, wenn Metaphysik versagt, sie ist nicht Metaphysik, die sich als Verfassung vergegenständlicht.

Starke Demokratie als Antwort auf die Grundgegebenheiten der Politik

Alle politischen Regierungsformen, selbst jene, die letztlich die Politik verneinen, lassen sich als Antwort auf die sieben Elemente der oben erläuterten politischen Ausgangsbedingung charakterisieren. Im nächsten Kapitel werde ich eine Typologie demokratischer Regierungsformen vorlegen. In diesem Kapitel möchte ich zunächst die starke Demokratie einführen – eine Regierungsform, welche den besonderen Vorzug hat, unmittelbar auf die von der politischen Ausgangsbedingung dargelegten Dilemmata zu reagieren. Diese Ausgangsbedingung ist, wie wir uns erinnern werden, dann erfüllt, wenn *öffentliches Handeln und folglich eine vernünftige, öffentliche Entscheidung notwendig ist, obwohl es Uneinigkeit gibt und persönliche oder unabhängige Urteilsgründe fehlen.*

Die Antwort auf diese Bedingungen ist starke Demokratie. Sie läßt sich formal definieren als *partizipatorische Politik, wobei Uneinigkeit bei Fehlen eines unabhängigen Grundes durch Teil-*

Politik als Lebensform

habe an einem Prozeß fortlaufender, direkter Selbstgesetzgebung und durch die Schaffung einer politischen Gemeinschaft aufgelöst wird, die es vermag, abhängige, private Individuen in freie Bürger und partikulare wie private Interessen in öffentliche Güter zu verwandeln.

Wir werden im nächsten Kapitel sehen, wie diese Definition starke Demokratie von ihren konkurrierenden Formen unterscheidet, und in den darauffolgenden Kapiteln untersuchen, was aus starker Demokratie für gemeinsames Sprechen und Handeln folgt, für Bürgerschaft und Gemeinschaft sowie für die Institutionen, die dadurch erforderlich werden. Dieses Kapitel kann daher mit einigen kurzen Bemerkungen über die Zweckdienlichkeit starker Demokratie als Antwort auf die sieben Bedingungen der Politik abschließen.

Handeln. In der *Eudemischen Ethik* zeigte sich Aristoteles davon überzeugt, daß Handeln die entscheidende Bestimmung des Menschen ist. Voltaire und Rousseau waren selten einer Meinung, doch der folgende Gedanke (der tatsächlich von Voltaire stammt) hätte aus beider Feder stammen können: »So wie Funken nach oben fliegen müssen, ist der Mensch zum Handeln geboren. Untätig zu bleiben, bedeutet für den Menschen, nicht zu existieren.«[16] Oder auch dieser (von Rousseau): »Der Mensch ist zum Handeln und Denken geboren, nicht zum reflektieren.«[17] Dennoch ist in den letzten Jahrhunderten, wie C. B. Macpherson bemerkt hat, »die Vorstellung, Tätigkeit selbst sei angenehm und eine nützliche Sache, fast spurlos in der utilitaristischen Vorstellung vom Leben untergegangen.«[18] Hannah Arendt hat ein Großteil ihrer Schaffenszeit damit verbracht, das Verschwinden der *vita activa* als zentrales Element im politischen Leben zu beklagen. Ja, die magere Demokratieauffassung hängt in einem solchen Maße von der Passivität und

---

[16] Voltaire, *Philosophische Briefe*, Nr. 23, Frankfurt-Berlin 1985.
[17] Jean-Jacques Rousseau, »Vorwort zu Narcisse«, ins Englische übertragen von Benjamin Barber und Janis Forman, *Political Theory 6*, 4 (November 1978) S. 13.
[18] C. B. Macpherson, *The Real World of Democracy* (Oxford 1966), S. 38.

Sprachlosigkeit der Bürgerschaft ab, daß Bernard Berelson und seine Mitstreiter sich gefragt haben: »Wie könnte eine Massendemokratie funktionieren, wenn alle Leute sich intensiv mit Politik beschäftigen?«[19]

Das demokratische Denken zeichnet sich also nicht per se dadurch aus, daß Prozeß, Transformation und Schaffung einer Bürgerschaft als zentrale Elemente des Handelns begriffen werden, wie es die starke Demokratie tut. Für die starke Demokratie ist Politik etwas, was Bürger treiben, nichts, was ihnen widerfährt. Tätigwerden ist ihre Haupttugend und Beteiligung, Engagement, Verpflichtung und Dienst – gemeinsame Beratung, gemeinsame Entscheidung und gemeinsame Arbeit – sind ihre Gütezeichen.

Öffentlichsein. Die starke Demokratie schafft eine Öffentlichkeit, die fähig ist, vernünftige, öffentliche Beratungen abzuhalten und Entscheidungen zu fällen. Sie verwirft deshalb den herkömmlichen Reduktionismus mitsamt der Fiktion isolierter Individuen, die soziale Bande ex nihilo schaffen.[20] Starke Demokratie weist jedoch nicht weniger heftig den korporatistischen und kollektivistischen Mythos zurück, der an eine den Individuen vorausliegende, abstrakte Gemeinschaft glaubt, aus der Individuen ihren Wert und ihre Absichten herleiten. Starke Demokratie ist mithin ein entschiedener Gegner jener reduktionistischen, historischen Soziologie, welche die Klasse, Rasse oder soziale Bewegung zum einzigen Bestimmungsgrund für das Handeln der Individuen erhebt und dabei versucht, bewußte menschliche Wesen als reine Gattungswesen zu rekonstruieren. Weit davon entfernt, Gemeinschaft a priori zu postulieren, sieht die Theorie starker Demokratie in der Schaffung von Gemeinschaft die Hauptaufgabe jeder politischen Tätigkeit, die auf Bürgerbeteiligung setzt. Weit davon entfernt,

---

[19] B. R. Berelson, *Voting* (Chicago 1954), S. 318.
[20] Bruce Ackermann spielt auf diese Tradition an (und repräsentiert sie in gewisser Weise), wenn er auf die liberale Definition von Frauen und Männern als »asoziale Monaden« verweist. *Social Justice and the Liberal State* (New Haven 1980), S. 100.

Politik als Lebensform

historische Identität als Bedingung der Politik zu postulieren, geht sie davon aus, daß Politik gegebene historische Identitäten bearbeitet – und zwar als die Instrumente, kraft derer sich die Menschen von bindenden, geschichtlichen Mächten emanzipieren.

Mit John Dewey erkennt starke Demokratie an, daß »die Öffentlichkeit keine Hände außer denjenigen einzelner Menschen hat«, und sie erkennt auch, »daß das wesentliche Problem darin besteht, das Handeln solcher Hände so zu verändern, daß es durch Berücksichtigung gesellschaftlicher Ziele motiviert wird«. Sie konzentriert ihre Aufmerksamkeit daher auf die Frage: »Wie läßt sich eine Öffentlichkeit organisieren?«[21] Oder mit unseren Worten: Wie läßt sich eine Gemeinschaft von Bürgern schaffen? Die Schaffung von Gemeinschaft wird hier zum Begleitumstand der Schaffung öffentlicher Güter wie öffentlicher Zwecke. Umgekehrt bedarf die Erzeugung öffentlicher Zwecke der Schaffung einer Gemeinschaft von Bürgern, die sich als Mitstreiter betrachten und mit einem wachsenden Einfühlungsvermögen begabt sind. Gemeinschaft, öffentliche Güter und Bürgerschaft werden letztlich zu drei miteinander verwobenen Teilen eines einzigen demokratischen Kreises, dessen Umfang sich ausweitet, um eine echte Öffentlichkeit zu bezeichnen.[22]

Notwendigkeit. Weil die Wurzeln starker Demokratie im par-

---

[21] John Dewey, *The Public*, S. 82 und 14.
[22] Gandhi verwendet die Metapher des demokratischen Kreises auf eine poetisch eindrucksvolle, wenn auch ausgefallene Weise:
»Das Leben wird keine Pyramide sein, deren Spitze von der Basis getragen wird. Vielmehr wird es einem ozeanischen Kreis gleichen, dessen Mittelpunkt das Individuum bildet, das stets bereit ist, für das Dorf zu sterben, welches seinerseits bereit sein wird, für den Kreis von Dörfern unterzugehen, bis schließlich das Ganze zu einem Leben von Individuen wird, die nicht aus Arroganz aggressiv sind, sondern immer demütig sein werden und die Erhabenheit des ozeanischen Kreises, in den sie eingegangen sind, miteinander teilen«.
M. K. Gandhi, *Democracy: Real and Deceptive*, zusammengestellt von R. K. Prabhu (Ahmedabad 1942), S. 73 f.

tizipatorischen Handeln und einem geschärften Sinn für den öffentlichen Charakter der Politik liegen, hat sie ein klares Bewußtsein von der Notwendigkeit öffentlicher Entscheidung. Ihr konkretes Verständnis der Verkettung von Ereignissen und des Eingebundenseins der Bürger in ein veränderliches Gemeinwesen schützt starke Demokratie vor der gefährlichen Unschuld, mit der Liberale jegliche Verantwortung für historische Gesetze und Ereignisse ablehnen, die sie nicht selbst herbeigeführt haben. Wie der Realist hält der Befürworter von Bürgerbeteiligung Macht für etwas Unvermeidliches – für eine Gegebenheit, mit der jede Politik rechnen muß. Er weiß freilich auch, daß erst gerechtfertigte und ausgeübte Macht gesellschaftliche Freiheit und politische Gleichheit ermöglichen.

Summa summarum stellt starke Demokratie nicht nur Tätigwerden und Verantwortlichkeit in den Mittelpunkt politischer Aktivität, sie erkennt darin auch eine dringend notwendige Antwort auf das Bedürfnis des Menschen, angesichts von Uneinigkeit zu handeln – denn dies ist der Motor von Politik.

Entscheidung. Wie alle kohärenten Demokratietheorien setzt eine Politik, deren Lebensnerv Partizipation ist, selbstverständlich Bürger voraus, die in der Lage sind, sinnvolle und autonome Entscheidungen zu treffen. Zustimmung ohne Autonomie ist keine Zustimmung. Aber Partizipation fördert Willenserklärung dadurch, daß eine Entscheidung durch die unmittelbare Teilnahme des beratenden Verstandes und des Entscheidungstreffenden zustandekommt. Während Kunden, Wähler, Wählerschaften oder Massen sich so charakterisieren lassen, daß ihre freie Betätigung keine Rolle spielt, gilt dies nicht für Teilnehmer: individuelle Willenserklärung bildet das Herzstück der Idee einer Selbstgesetzgebung durch Partizipation. Dank dieser Akzentuierung, so könnte man sagen, geht starke Demokratie über den einfachen Gedanken freier Betätigung hinaus, den alle demokratischen Theorien teilen.[23]

[23] Da jede Demokratietheorie die Realität menschlichen Tuns behaupten muß – die sinnvolle Willensäußerung in einer Welt der Entscheidung, die (B. F. Skinner zum Trotz) nicht jenseits von Freiheit und Würde ist –, können

Vernünftigkeit. Ich sagte bereits, daß öffentliche Entscheidungen und Handlungen, die mehr als nur willkürlich oder eigennützig sein sollten, ohne nach den Maßstäben abstrakter Philosophie wissenschaftlich und zweifelsfrei entscheidbar sein zu können, zumindest »vernünftig« sein müßten. Die Art und Weise, in der partizipatorische Prozesse fortdauernder, direkter Selbstgesetzgebung dieses Kriterium erfüllen, trifft den Kern starker Demokratie. Das 5. Kapitel widmet sich ausführlich der näheren Bestimmung dessen, was vom Standpunkt des Sprechens und Handelns in einer starken Demokratie *vernünftig* bedeutet. Fürs erste sollten wir nur festhalten, daß Vernünftigkeit keine abstrakte Vorbedingung von Politik ist, sondern eine Haltung, die starke Demokratie selbst erzeugt.

Uneinigkeit. Die pluralistische Demokratie, in welcher Form auch immer, weiß, daß Uneinigkeit für Politik von zentraler Bedeutung ist. Aber Pluralisten haben mißbilligend behauptet, partizipatorische wie kommunitaristische Theorien begünstigen die Herbeiführung von Übereinkunft zu Lasten der Uneinigkeit. Eine auf Konsens ausgerichtete Demokratie löst Uneinigkeit auf, indem sie diese schon zu Beginn aus der politischen Vorstellung gleichsam hinausdefiniert. Starke Demokratie geht anders vor. Unter allen nicht-repräsentativen Regierungsformen steht sie insofern einzigartig dar, als sie die zentrale Bedeutung der Uneinigkeit im politischen Prozeß anerkennt (und sich sogar zunutze macht). Diese Anerkennung unterscheidet starke Demokratie radikal von »Einheitsdemokratien« und schützt sie vor mißbräuchlichen Formen des Kommunitarismus, in denen das Kollektiv und die Einheitlichkeit beschworen wird.

Gleichzeitig sträubt sich starke Demokratie gegen die liberale Vorstellung, Uneinigkeit sei nicht zu bändigen, man könne ihr

---

wir zu Recht nur über Grad und Charakter der Willensäußerung unter verschiedenen gesellschaftlichen Umständen debattieren. Siehe beispielsweise: Christian Bay, *The Structure of Freedom* (Stanford 1958). Letztlich aber hat, wie John Stuart Mill schon vor langer Zeit bemerkte, der philosophische Streit über die Willensfreiheit keinerlei Auswirkungen auf die politische Debatte über Entscheidungsfreiheit.

bestenfalls durch Rechtsentscheidungen oder Tolerierung beikommen. Stattdessen entwickelt sie eine Politik, die Uneinigkeit durch Bürgerbeteiligung, öffentliche Beratung und Erziehung zum Staatsbürger in Kooperation zu verwandeln vermag. Starke Demokratie beginnt mit Uneinigkeit, aber endet nicht dort: sie erkennt Uneinigkeit an, verändert sie aber letztlich, ohne die Konflikte dabei verschwinden zu lassen oder herunterzuspielen.

Fehlen eines unabhängigen Grundes. Vermutlich ist der Umstand, daß starke Demokratie zu einer wahrhaft autonomen Politik führt, ihr größter Vorzug und zweifellos jener, der sie einzigartig macht. Die Verfahren der Selbstgesetzgebung und Gemeinschaftsbildung, auf denen sie beruht, sind eigenständig, vermögen sich selbst zu korrigieren, und sind somit von äußeren Normen, vorpolitischen Wahrheiten oder Naturrechten wirklich unabhängig. Die Politik starker Demokratie – es wäre töricht, dies zu leugnen – wirkt in einer Welt, in der Werte und Wahrheitsansprüche auftreten. Wer immer am politischen Prozeß teilnimmt, hat selbstverständlich seine eigenen Vorstellungen über Recht, Interesse und Wahrheit. Diese Form der Politik ist alles andere als »wertfrei« in dem von Positivisten der Politik zugeschriebenen Sinn. Die Autonomie des demokratischen Prozesses im Rahmen starker Demokratie stellt jedoch alle Werte auf die gleiche Stufe. Alle Überzeugungen und Meinungen der Individuen erhalten den gleichen Startplatz, und Rechtfertigung ist an das gebunden, was den Überzeugungen und Meinungen im Verlauf der öffentlichen Rede und des öffentlichen Handelns widerfährt, nicht an ihren vorgängigen erkenntnistheoretischen Status. Ob ein Wert gerechtfertigt ist, hängt davon ab, inwieweit er Gegenstand einer öffentlichen Debatte war, ob er durch die Konfrontation mit der Öffentlichkeit und den durch ihre Politik bereits gerechtfertigten Normen verfeinert, verändert oder transformiert worden ist. Partizipatorische Politik wählt nicht zwischen Werten aus oder bestätigt allein Werte, deren Rechtfertigung bereits feststeht. Sie zwingt Vorlieben und Meinungen dazu, ihre Legitimation erst zu erwerben,

Politik als Lebensform

indem sie sie durch die öffentliche Beratung und das öffentliche Urteil Spießruten laufen läßt. Am Ende gehen Vorlieben und Meinungen aus solchen Prozessen nicht einfach als gerechtfertigte, sondern als verwandelte hervor.

Der grundlegende Unterschied zwischen einer Politik, in der Standpunkte gehandelt und getauscht werden, und einer Politik der Transformation läßt sich so formulieren: im ersten Fall ist Entscheidung eine Frage der Wahl zwischen verschiedenen Möglichkeiten, wobei dem Gewinner Rechtfertigung aufgrund von Zustimmung zufällt; im zweiten Fall wird die Wahl durch das Urteil ersetzt, wobei Männer und Frauen dazu gebracht werden, die Wahlmöglichkeiten zu modifizieren und zu erweitern, als Folge einer neuen, öffentlichen Sichtweise. Aus diesem Grund entspricht eine Entscheidung ohne gemeinsames Gespräch keinem vollgültigen Urteil und kann daher nicht Grundlage einer starken demokratischen Politik sein. Der Legitimationstest überprüft, ob ein persönlicher Wert sich in irgendeiner bedeutsamen Hinsicht so verändert hat, daß er umfassenderen – das heißt allgemeineren oder öffentlichen – Belangen entspricht. Geht ein Wert völlig unverändert aus dem politischen Prozeß hervor, dann bleibt er entweder ein persönlicher Wert, der sich lediglich als öffentliche Norm ausgibt, oder er verweist auf einen bereits bestehenden Konsens, der durch den politischen Prozeß aufgedeckt worden ist. In keinem dieser Fälle hat die partizipatorische Politik ihren Legitimationsauftrag erfüllt.

Eine starke demokratische Legitimation ist daher ohne anhaltende Gespräche undenkbar. Wählen ist ein statischer Akt, in dem sich die jeweiligen Vorlieben einer Person äußern, wohingegen Partizipation ein dynamischer Akt der Vorstellungskraft ist, der von den Teilnehmern eine Veränderung ihrer Weltsicht verlangt. Der Akt des Wählens läßt uns an eine Gruppe von Menschen in einem Selbstbedienungsrestaurant denken, die darüber verhandeln, was sie als Gruppe kaufen können, um ihre je persönlichen Geschmacksrichtungen zu treffen; in einer starken Demokratie würde dieselbe Gruppe neue Menüs ersinnen, neue Rezepte erfinden und mit neuen Erklärungsplänen experimentieren, und dies alles in dem Bemühen, einen öffentlichen Geschmack zu kreieren, den sie alle teilen können und der an die Stelle der widerstreitenden privaten Geschmacksrichtungen tritt, über die sie vorher zu verhandeln suchten. Im Verhandlungsmodell legt das Wählen häufig fest, zwischen welchen Möglichkeiten wir uns entscheiden können, wodurch Vorstellungskraft witzlos wird. Im Modell der starken Demokratie aktiviert das Urteilen die Einbildungskraft, da ja die Teilnehmer aufgefordert sind, ihre Werte und Interessen zu überprüfen, mit Rücksicht auf all die anderen, nicht zu ignorierenden Menschen – und das heißt die Öffentlichkeit.

Die Richtigkeit öffentlicher Handlungen hängt mithin weder von einem vorpolitischen Begriff des abstrakt Richtigen, noch von einer simplen Auffassung des allgemeinen Willens oder allgemeiner Übereinstimmung ab.[24] Denn entscheidend ist nicht die bloße und einfache Zustimmung, sondern die aktive Zustimmung teilnehmender Bürger, die kreativ ihre eigenen Werte als öffentliche Normen rekonstruiert haben, und zwar im Prozeß der Identifikation und der Empathie mit den Werten anderer. Aufgrund dieser Perspektive vermag die Theorie starker Demokratie die übliche Diskussion über Abstraktes Recht versus Allgemeiner Wille durch eine konkretere, institutionell verankerte Erörterung über das Wesen der Bürgerschaft und ihre Verwirklichung als politische Urteilsinstanz zu ersetzen. Wie eine solche Erörterung genau aussieht ist Gegenstand des 5. und 6. Kapitels.

---

[24] Für Michael Walzer, einen sensiblen und scharfsinnigen Radikaldemokraten, stellt sich das Problem als »Spannung zwischen Philosophie und Demokratie« dar, als Spannung zwischen dem rational Richtigen, das die Philosophie liefert, und dem legitimen Willen, der sich in Entscheidungen der Allgemeinheit zeigt. (»Philosophy and Democracy«, in: *Political Theory* 9, 3 (August 1981), S. 379-99). Die Schwierigkeit liegt jedoch nicht darin, daß sich Richtigkeit und Meinung gegenüberstehen. Die Frage ist vielmehr, wie wir zu richtiger Meinung gelangen. Was wir brauchen ist ein Wille, der sich selbst zu regulieren vermag, und keinen Willen, der abstrakter Vernunft unterworfen ist.

Politik als Lebensform

Dieser kurze Überblick sollte zeigen, daß es zumindest nach einer ersten Analyse so scheint, als erfülle starke Demokratie die Bedingungen der Politik auf eine besonders angemessene Weise (was jedoch nicht bedeutet, daß sie die einzig passende Antwort ist).[25] Um unser Verständnis der Theorie starker Demokratie zu erweitern und zu vertiefen, müssen wir sie nun mit anderen rivalisierenden Demokratieformen vergleichen – das heißt, wir müssen ihr einen Platz innerhalb einer formalen Typologie demokratischer Regierungsformen zuweisen, zu der neben der repräsentativen Demokratie und ihren Verfassungsvarianten auch die »Einheitsdemokratie« als eine konkurrierende Form partizipatorischer Politik gehören. Das nächste Kapitel wird daher die Bemühung abschließen, eine ideale, formale Definition starker Demokratie zu liefern. Die anschließenden Kapitel werden versuchen, dem Ideal Substanz zu verleihen.

---

[25] Wäre starke Demokratie die *einzig* mögliche Antwort auf die sieben, hier aufgezählten Bedingungen der Politik, läge der Einwand nahe, diese Bedingungen seien von starker Demokratie analytisch ununterscheidbar – und ich hätte die Definition von Politik so beladen, daß alle anderen Ergebnisse – außer dem gewünschten (starke Demokratie) – von vorneherein ausgeschlossen sind. Ein Problem dieser Art belastet das Verhältnis zwischen Rawls' beiden Gerechtigkeitsgrundsätzen und den Bedingungen des »Urzustands«, auf den sie eine Antwort darstellen sollen. Ich habe Rawls diesen Fehler in meinem Aufsatz »Justifying Justice: Problems of Psychology, Measurement, and Politics in Rawls«, in: *American Political Science Review* 79, (Juni 1975) vorgeworfen und bin daher natürlich eifrig bemüht, ihn nicht selbst zu begehen.

4. Kapitel

PARTIZIPATORISCHE POLITIK
EIN BEGRIFFSRAHMEN

> Leben verlangt nach einer organischeren und stärker auf Gegenseitigkeit beruhenden Form als die bürgerliche Demorkatie zu liefern vermag. Die soziale Substanz des Lebens ist allerdings reichhaltiger, vielfältiger und weist größere Tiefen und Spannungen auf, als es sich der marxistische Traum von gesellschaftlicher Harmonie vorstellt.
>
> *Reinhold Niebuhr*

> Der Grundgedanke der Demokratie als einer Lebensform läßt sich ... als die Notwendigkeit beschreiben, daß jeder mündige Mensch jene Werte mitprägen muß, die das Zusammenleben der Menschen bestimmen. Und dies ist sowohl für die allgemeine gesellschaftliche Wohlfahrt wie auch für die vollständige Entfaltung der Menschen als Individuen notwendig.
>
> *John Dewey*

Starke Demokratie ist eine von mehreren demokratischen Antworten auf die politische Ausgangsbedingung.[1] Die hier dargelegte Typologie (vgl. Abb. 1) unterscheidet starke Demokratie einerseits von den verschiedenen Arten magerer oder repräsen-

---

[1] Eine vollständige Typologie müßte demokratische nicht weniger als undemokratische Regierungsformen einschließen. Die undemokratische Antwort auf Uneinigkeit bei Fehlen unabhängiger Gründe ist jedoch hinsichtlich der in den vorangegangenen Kapiteln erörterten Bedingungen der Politik widersprüchlich: undemokratische Regime würden das politische Problem »lösen«, indem sie Politik ausschalten. Dadurch bewegen sich solche Regimes nicht mehr in den Kategorien, mit denen wir uns hier beschäftigen.

tativer Demokratie und andererseits von der Einheitsdemokratie, mit der sie häufig verwechselt wird. Die drei Spielarten repräsentativer Demokratie sind die autoritative, die juridische und die pluralistische. Sie stehen in Beziehung zu den in den ersten zwei Kapiteln untersuchten Dispositionen des Liberalismus, ohne jedoch mit ihnen identisch zu sein. Einheitsdemokratie und starke Demokratie sind die zwei Formen direkterer Demokratie. Auch wenn die erste Form dem Anschein nach eine Variante des Kommunitarismus ist, zeigt sich, daß sie bestimmte Eigenschaften mit den mageren Formen der Demokratie teilt. Alle fünf Formen sind in einem doppelten Sinn idealtypisch. Erstens unterscheiden sie sich durch abstrakte und ideale Merkmale. Kein wirklich bestehendes Regierungssystem entspricht ganz und gar den skizzierten Typen. Zweitens wird eine jede für sich dargestellt, während die meisten existierenden Regierungsformen gemischt sind und Eigenschaften aller Typen miteinander verbinden. Die drei mageren Formen sind tatsächlich Teil einer einzigen demokratischen Praxis, die für die amerikanische (und in geringerem Maße auch für die europäische) Politik typisch ist. Wenn wir Abbildung 1 als unseren Leitfaden verwenden, können wir die fünf alternativen, demokratischen Formen wie in Abbildung 1 dargestellt, beschreiben.

Die autoritative Demokratie. Das autoritative Modell der Demokratie ist dadurch definiert, daß eine zentralistische Exekutive Macht ausübt, und zwar im Namen von Sicherheit und Ordnung, die zu den wichtigsten, Legitimation verschaffenden Werten zählen. Eine unterwürfige Bürgerschaft und die hohe Leistungsfähigkeit der Regierungselite sind die Eckpfeiler der autoritativen Demokratie, die dennoch in dem Sinne repräsentativ ist, daß sie gegenüber dem Volk oder den »Massen«, von denen sie gewählt worden ist, rechenschaftspflichtig bleibt. Betrachten wir sie als Antwort auf die Dilemmata der im vorangegangenen Kapitel dargelegten politischen Ausgangsbedingung, dann läßt sich die autoritative Demokratie formal so definieren:

ABBILDUNG 1: DEMOKRATISCHE REGIME (IDEALTYPEN)

Regierungsform	Politische Funktionsweise	Wertorientierung	Institutionelle Ausrichtung	Stellung der Bürger	Stellung der Regierung	»Unabhängige Gründe« ausgegeben als:
Repräsentative Demokratie						
Autoritativ	Autorität (Macht/Klugheit)	Ordnung	exekutivisch	unterwürfig vereinheitlicht	zentralistisch aktiv	Noblesse oblige Klugheit
Juridisch	Schlichtung / Urteilsfindung	Recht	judiziell	unterwürfig fragmentiert	zentralistisch begrenzt	Naturrecht höheres Recht
Pluralistisch	Verhandlung / Austausch	Freiheit	legislativisch	aktiv fragmentiert	dezentral aktiv	unsichtbare Hand natürliche Gleichheit Spielregeln des Marktes
Direkte Demokratie						
Einheitsdemokratie	Konsens	Einheit	symbolisch	aktiv einheitlich	zentralistisch aktiv	das Kollektiv volonté generale
Starke Demokratie	Teilhabe	Aktiv sein	populistisch	aktiv zentralisierend	dezentralisierend aktiv	(keine unabhängigen Gründe)

Partizipatorische Politik

die autoritative Form der Demokratie löst Uneinigkeit bei Fehlen unabhängiger Gründe dadurch auf, daß sie sich einer repräsentativen Regierungselite unterwirft, die Autorität (Macht plus tiefere Einsicht) einsetzt, um die versammelten Interessen ihrer Wählerschaft zu verfolgen.

Burkes ideale englische Verfassung und Amerika, während es noch der englischen Krone unterstand, sind mögliche Beispiele für eine Demokratie, die vorherrschend autoritativ verfährt. Die Position der Regierung ist zentralistisch und aktiv, die Position der Bürger unterwürfig, aber vereinheitlich (da die Elite die Interessen ihrer Bürger interpretiert). Die Institutionen neigen zur Begünstigung der Exekutive, obwohl diese in autoritativen Systemen auch dahin tendiert, eine herausragende gesetzgeberische Rolle zu spielen (zum Beispiel in der Politik des *New Deal* oder der *Great Society*).

Einige jener Einwände, die im ersten Teil des Buches gegen die repräsentative Demokratie ganz allgemein erhoben wurden, können wir im Hinblick auf die vorgelegte Typologie zusammenfassen. Autoritative Demokratie ist mit Mängeln behaftet, weil sie zur Hegemonie neigt, Gleichheit nur unvollkommen verwirklicht und der Bürgerschaft eine schwache Funktion einräumt. (Von ihr wird nicht mehr erwartet, als die Eliten zu wählen).[2] Zudem ist sie wie alle anderen schwach demokratischen Formen mit zwei größeren Problemen belastet: sie hängt vom Repräsentationssystem ab und führt – unter dem Schleier der »tieferen Einsicht« – wieder unabhängige Gründe in den Bereich der Politik ein, die den Platz einer selbstbestimmten Politik okkupieren. Die Tugend der Politiker ersetzt so die politische Tätigkeit und die Vortrefflichkeit (*areté*) der Verfassung muß die Aufgaben einer engagierten Bürgerschaft erfüllen.

---

[2] Die von Joseph Schumpeter vorgelegte Definition der Demokratie veranschaulicht diese Schwächen: »Die demokratische Methode ist diejenige Ordnung der Institutionen zur Erreichung politischer Entscheidungen, bei welcher einzelne die Entscheidungsbefugnis vermittels eines Konkurrenzkampfes um die Stimmen des Volkes erwerben.« *Kapitalismus, Sozialismus und Demokratie* (München 1980), S. 428.

Juridische Demokratie. Das juridische Demokratiemodell ist dadurch definiert, daß eine repräsentative, aber unabhängige Richterschaft Abwägungen vornimmt, Rechte zuteilt und schützt (wodurch dieses Modell in der Hauptsache als gerechtfertigt erscheint). Die Rechtsorgane üben insofern indirekte Regierungsfunktionen aus, als sie den erklärten Regierungsorganen Schranken setzen.[3] Wie das autoritative Modell beruht auch das juridische auf einer unterwürfigen Bürgerschaft. Sie sieht in den Gerichten eine Institution, die zwischen jenen grundlegenden (d. h. nicht-politischen) Normen vermitteln und deren Durchsetzung betreiben kann, welche die Rechtfertigungsgründe für eine bürgerliche Gesellschaft liefert und Reichweite wie Ziele der Regierungstätigkeit begrenzt.

Betrachten wir die juridische Demokratie als Antwort auf die Dilemmata der politischen Ausgangsbedingung, dann läßt sie sich formal so definieren: *Die juridische Form der Demokratie löst Uneinigkeit bei Fehlen eines unabhängigen Grundes, indem sie sich einer repräsentativen Richterelite unterwirft, die nach Maßgabe konstitutioneller und vorkonstitutioneller Normen Streitigkeiten schlichtet sowie verfassungsmäßige Rechte und Pflichten durchsetzt.* Eine Philosophische Rechtswissenschaft von der Art, wie sie John Rawls, Ronald Dworkin und jüngst Bruce Ackerman so überzeugend praktizierten, ist ein Beispiel

---

[3] Franz Neumann verwandte als erster den Ausdruck »juristische Freiheit«, um eine politische Ordnung zu beschreiben, in der Rechtsmittel zum Schutz der abstrakten Freiheit der Individuen vor Eingriffen der Regierung eingesetzt werden. Vgl. »The Concept of Political Freedom«, in: *The Democratic and Authoritarian State* (Glencoe, Ill. 1957), S. 163 f. et passim. (*Demokratischer und autoritärer Staat*, Frankfurt 1967, S. 102).

In jüngerer Zeit hat Theodore J. Lowi »juridische Demokratie« als Alternative zum »Liberalismus der Interessengruppen« angeboten. Er behauptet, die juridische Demokratie – er nennt sie »den institutionell verankerten Rechtsstaat« – »ist die einzige zuverlässige Verteidigung der Machtlosen gegen die Mächtigen«. Siehe *The End of Liberalism*, 2. Aufl. (New York 1979), S. 289.

Meine Definition stützt sich auf den Legalismus dieser Begrifflichkeit, bezieht sich aber ansonsten nicht auf sie.

Partizipatorische Politik

für die Theorie juridischer Demokratie.⁴ Die Phase, in der der Oberste Gerichtshof der Vereinigten Staaten aktiv in die Gesetzgebung des Landes eingriff, ist, allerdings auf weniger ausgefallene Weise als der Legalismus der Han-Dynastie, Beispiel für eine potentiell juridische Praxis.

Die Position der Regierung ist hier zentralistisch, wenn auch eingeschränkter als in der autoritativen Form. Die Bürgerschaft ist unterwürfig, aber entsprechend dem atomistischen Charakter ihrer Rechte, eher zersplittert als vereinigt. Die Ausrichtung der Institutionen ist juridisch, auch wenn die Richterschaft sich häufig Funktionen anmaßt und ausübt, die eigentlich als gesetzgeberische Aufgaben gelten.

Die Mängel juridischer Demokratie liegen darin, daß sie den gesetzgeberischen Prozeß untergräbt, auf die Tätigkeit der Bürger zersetzend wirkt, und darüber hinaus von Prinzipien des Repräsentationssystems abhängt, mithin wieder unabhängige Gründe in den politischen Bereich einführt – dieses Mal im Gewande des Naturrechts, des höheren Rechts und der Verfassung.

Pluralistische Demokratie. Das pluralistische Modell der Demokratie ist so definiert, daß es Uneinigkeit durch Aushandeln und Tausch auf »freien Märkten« löst, und zwar unter Aufsicht eines »Gesellschaftsvertrages«, der für die Verbindlichkeit von Versprechen sorgt. Freiheit ist einerseits Funktionsprinzip des Marktes, andererseits dessen Hauptziel. Sie wird auf diese Weise zur wichtigsten Rechtfertigungsnorm einer dem Gesetz des Marktes folgenden Politik. Anders als die autoritative und

---

⁴ Siehe John Rawls, *Eine Theorie der Gerechtigkeit* (Frankfurt 1975). Ronald Dworkin, *Taking Rights Seriously* (Cambridge, Mass.) 1978 [*Bürgerrechte ernstgenommen* (Frankfurt 1984)]; und Bruce Ackerman, *Social Justice in the Liberal State* (New Haven 1980). Ein nützliches Gegengewicht zu dieser rechtswissenschaftlichen Perspektive findet sich bei John Hart Ely, *Democracy and Distrust* (Cambridge, Mass. 1980), Michael Walzer, *Radical Principles* (New York 1980) und auch in dessen Rezension des Buches von Ackerman in *The New Republic* vom 25. Oktober 1980.

juridische Demokratie stützt sich das pluralistische Modell auf eine engagierte und aktive Bürgerschaft, die in Individuen, Gruppen, (politische und andere) Parteien zerfällt und durch Einflußnahme auf die Legislative ihre privaten Interessen formuliert und rücksichtslos verfolgt.

Als Antwort auf die Dilemmata der politischen Ausgangsbedingung betrachtet, läßt sich pluralistische Demokratie formal so definieren: *pluralistische Demokratie löst öffentliche Uneinigkeit bei Fehlen eines unabhängigen Grundes durch Aushandeln und Tausch zwischen freien und gleichen Indiviuden oder Gruppen, die ihre privaten Interessen im Rahmen eines Marktes verfolgen, der vom Gesellschaftsvertrag bestimmt wird.*

Beispiele für die pluralistische Demokratietheorie sind jene ökonomischen und auf Interessengruppen abgestellten Demokratietheorien, die Anthony Downs oder Mancur Olson vertreten, sowie Robert Dahls »Polyarchie«-Modell und der überwiegend pluralistische Tenor amerikanischer Politikwissenschaft.[5] Als praktische Verwirklichungen dieser Theorie gelten gewöhnlich – vorausgesetzt es gab Derartiges jemals – die laissez-faire Politik in England im 19. Jahrhundert und der amerikanische

---

[5] Der moderne locus classicus des pluralistischen Modells ist David B. Truman, *The Government Process* (New York 1957). Jüngere Ausarbeitungen dieser Theorie bewegen sich im Rahmen ökonomischer Vorstellungen wie von Theorien der rationalen Wahl. Vgl. zum Beispiel Anthony Downs, *An Economic Theory of Democracy* (New York 1957) (Dt. *Eine ökonomische Theorie der Demokratie*, Tübingen 1970); Mancur Olson, Jr., *The Logic of Collective Action*, (Cambridge, Mass. 1965) (Dt. *Die Logik des kollektiven Handelns*, Tübingen 1985); und Kenneth J. Arrow, *Social Choice and Individual Values*, 2. Aufl. (New Haven 1963).

Zwei neuere Rechtfertigungen des traditionellen Pluralismus finden sich in William H. Rikers Buch *Liberalism against Populism* (San Francisco 1982), in dem heftige Angriffe gegen eine partizipatorische Demokratie vorgetragen werden, sowie in Robert A. Dahl, *Dilemmas of Pluralist Democracy: Autonomy versus Control* (New Haven 1982). Dahl hat jedoch später bezweifelt, ob der Pluralismus (den er *Polyarchie* nennt) überhaupt in der Lage ist, sich mit Fragen der Ökonomie und der sozialen Gerechtigkeit auseinanderzusetzen – daher das »Dilemma«, von dem in seiner früheren Schrift *A Preface to Democracy Theory* (Chicago 1956) keine Rede war.

Partizipatorische Politik

Pluralismus vor der Politik des New Deal. In dem Maße wie der Markt die an ihn geknüpften Hoffnungen tatsächlich erfüllt (was ja, wie wir sahen, durchaus umstritten ist), darf man das Modell des Marktes als das freieste der drei Varianten repräsentativer Demokratie betrachten: die Regierung ist dezentralistisch (oftmals föderalistisch), eingreifend, und dennoch respektvoll gegenüber der Bürgerschaft, die – wenn auch zersplittert – sehr viel aktiver ist als in den beiden Fällen. Die Institutionen neigen dazu, die Gesetzgebung zu betonen, obgleich diese eher aus dem herrschenden Verhandlungs- und Tauschsystem hervorgeht anstatt die Institutionen ihrerseits in bestimmte Bahnen zu lenken.

Die pluralistische Demokratie ist aus folgenden Gründen mit Mängeln behaftet: sie beruht auf den Fiktionen des freien Marktes und der angeblichen Freiheit und Gleichheit miteinander verhandelnder Personen; sie vermag keine öffentlichen Einstellungen oder öffentlichen Ziele irgendeiner Art zu erzeugen; sie ist, was die wirkliche Welt der Macht betrifft, recht naiv; sie ist (wie die ersten beiden Modelle) ein Repräsentationssystem und führt wieder einen verdeckten, unabhängigen Grund in die Politik ein – nämlich die Illusionen des freien Marktes und der unsichtbaren Hand, sowie einen simplifizierenden Utilitarismus (Mandeville, Smith und Bentham), der meint, die Verfolgung privater Interessen fördere auf wunderbare Weise das öffentliche Wohl.

Diese ersten drei demokratischen Formen sind augenscheinlich mit dem verwandt, was ich im 1. Kapitel die realistische, anarchistische und minimalistische Disposition liberaler Demokratie genannt habe, daher können wir es uns sparen, ihre Mängel im einzelnen zu rekapitulieren. Da sich die autoritative Form der Demokratie vor allem mit dem Problem der Macht und der Ordnung beschäftigt, entspricht sie in mehreren Hinsichten dem Realismus. Die juridische Form erinnert mit ihrer Betonung der Rechte und ihrem Bemühen, die Regierungsgewalt einzuschränken, an minimalistische und anarchistische Grundannahmen. Die Freiheit und Toleranz voraussetzende, pluralistische Theorie des Aushandelns und Tauschens teilt gewisse Vorurteile mit dem Minimalismus. Allerdings sind diese interessanten Übereinstimmungen nicht entscheidend, da ich mit meiner Typologie keineswegs beanspruche, die drei Dispositionen der liberalen Demokratie und ihre allgemeineren demokratischen Formen als deckungsgleich zu konstruieren.

Es läßt sich jedoch nicht leugnen, daß diese drei Formen der Demokratie – die autoritative, juridische und pluralistische – neben ihrer komplementären Akzentuierung von Ordnung, bzw. Recht und Freiheit, allesamt eine Rolle in der liberalen Demokratie gespielt haben, wie sie während der letzten zwei Jahrhunderte im Westen praktiziert wurde. Ihre jeweiligen Schwächen haben daher zur Schwäche liberaler Demokratie *überhaupt* beigetragen.

Bevor wir nun dazu übergehen, die auf direkter Demokratie beruhenden Alternativen zum Liberalismus zu untersuchen, mag es nützlich sein, kurz innezuhalten und zusammenfassend jene beiden Schwächen zu betrachten, von denen ich sagte, sie charakterisierten alle drei Erscheinungsformen liberaler Demokratie: nämlich das Prinzip der Repräsentation und die Wiedereinführung heimlicher, unabhängiger Gründe in eine angeblich autonome Politik.

Eine bekannte Redensart behauptet, in einer auf dem Prinzip der Repräsentation beruhenden Regierung sei der Wähler nur an einem Tag frei, am Tag der Wahl nämlich. Doch selbst dieser Akt mag zweifelhafte Wirkungen zeitigen, wenn Bürger von ihrem Wahlrecht allein Gebrauch machen, um eine Elite in die Exekutive, Judikative oder Legislative zu wählen, die in der Folge alle für den Staat wichtigen Pflichten ausübt. Die Wahrnehmung des Wahlrechtes läuft fatalerweise auf dessen Preisgabe hinaus. Durch das Prinzip der Repräsentation werden die Individuen letztlich der Verantwortung für ihre Werte, Überzeugungen und Handlungen beraubt. Und es ist derart wichtigen abendländischen Werten wie Freiheit, Gleichheit und sozialer Gerechtigkeit weitaus weniger gewogen als schwache Demokraten sich wünschten.

Partizipatorische Politik

Repräsentation ist mit Freiheit unvereinbar, da der politische Wille zum Schaden echter Selbstregierung und Selbstbestimmung delegiert, mithin veräußert wird. Bereits Rousseau warnte: »Sobald ein Volk Vertreter ernennt, ist es nicht mehr frei.«[6] Freiheit und Bürgerschaft können ohne einander nicht bestehen, sie hauchen sich wechselseitig Leben ein. Wenn Männer und Frauen nicht unmittelbar durch gemeinsame Beratung, Entscheidung und gemeinsames Handeln für die Politik verantwortlich sind, die ihr Leben bestimmt, können sie nicht wirklich frei genannt werden, gleichgültig wie sehr sie in den Genuß von Sicherheit, privaten Rechten und Schutz vor Eingriffen gelangen.

Das Prinzip der Repräsentation ist mit Gleichheit unvereinbar, denn – wie der französische Katholik Louis Veuillot so scharfsinnig formuliert hat, – »wenn ich wähle, werfe ich meine Gleichheit zusammen mit meinem Stimmzettel in die Wahlurne – beide verschwinden.«[7] Eine Gleichheit, die ausschließlich als abstraktes Personsein oder als rechtliche Gleichstellung bzw. allgemeines Wahlrecht gefaßt ist, verliert jene entscheidenden ökonomischen und gesellschaftlichen Bedingungen aus dem Blick, unter denen Gleichheit überhaupt konkret verwirklicht wird. Ohne Gemeinschaft ist Gleichheit bloß eine Fiktion, die ebenso leicht trennt wie vereinigt. Sie beschwört das Gespenst

---

[6] Jean-Jacques Rousseau, *Der Gesellschaftsvertrag*, Buch 3, Kap. 15 (S. 109). Ein späterer, in dieselbe Kerbe schlagender Philosoph betont »die logische Unmöglichkeit des ›Repräsentationssystems‹«, da »der Wille des Volkes, sowenig wie der Wille eines einzelnen übertragbar ist. Das erste Auftreten berufsmäßiger Führerschaft ist der Anfang vom Ende.« Robert Michels, *Zur Rolle des Parteiwesens in der modernen Demokratie*, engl. Ausg. Glencoe, Ill. 1915, Neudruck 1949, S. 33 f.

[7] Zitiert bei Michels, *Zur Rolle ...*, S. 39. Victor Considerant, ein Vorgänger Michels', bemerkte zum Grundprinzip der repräsentativen Regierung, der Delegation, »ein Volk, das seine Souveränität delegiert, legt sie ab. Ein solches Volk regiert sich nicht mehr selbst, sondern wird regiert ... Indem er Saturn auf den Kopf stellt, endet der Souveränitätsgrundsatz damit, daß er von seiner Tochter, dem Delegationsprinzip, verschlungen wird.« Considerant, *La Solution ou le gouvernement direct du peuple*, (Paris 1850), S. 13-15.

einer Massengesellschaft herauf, die sich aus ununterscheidbaren, geklonten Konsumenten zusammensetzt.

Schließlich und endlich ist das Prinzip der Repräsentation aus drei Gründen mit sozialer Gerechtigkeit unvereinbar: es schmälert die für jede politische Ordnung unerläßliche persönliche Autonomie und Selbstgenügsamkeit; schwächt die Fähigkeit der Gemeinschaft, regulierend im Namen der Gerechtigkeit einzugreifen; und verhindert die Entstehung einer engagierten Öffentlichkeit, in der Gerechtigkeitsvorstellungen Wurzeln schlagen könnten.[8]

Freiheit, Gleichheit und Gerechtigkeit sind in der Tat *politische* Werte, die nur unter der Bedingung einer sich selbst regulierenden Bürgerschaft theoretisch widerspruchsfrei und praktisch wirksam sind. Jenseits der Rechte und Pflichten von Bürgern können sie weder verstanden, noch praktiziert werden. Freiheit, Gleichheit und Gerechtigkeit fallen nicht mit der Ausgangsbedingung der Politik zusammen, sondern sind vielmehr Aspekte einer befriedigenden Antwort darauf. Sie lassen sich nicht außerhalb dieses Kontextes definieren und dann auf den politischen Gebrauch zuschneiden. Sie müssen stattdessen aus der Politik hervorgehen und durch sie geprägt werden.

Diese Beobachtung führt uns unmittelbar zum Problem des unabhängigen Grundes. Alle drei Versionen schwacher Demokratie haben den zuvor verworfenen, unabhängigen Grund (an dessen Stelle ein bestimmter Modus von Politik wirksam werden sollte) verdeckt wieder eingeführt, entweder unter dem Deckmäntelchen, daß Adel verpflichtet (eine autoritative Elite über tiefere Einsicht verfügt) oder daß der Markt frei ist (also die

---

[8] Gerichtlich angeordnete Schulbus-Benutzung, die unter sämtlichen rechtlichen Gesichtspunkten »richtig« ist, kann den Schaden öffentlicher Vorurteile nur dadurch begrenzen, daß sie die öffentliche Verantwortung und Betätigung in einem Bereich (dem Schulwesen) zerstört, der traditionell mit einer energischen Kommunalpolitik der Bürger verbunden ist. In diesem Punkt kollidiert das Rechtsprinzip mit dem Partizipationsprinzip, weshalb der Schaden, den dieses dabei erleidet, auf lange Sicht die Möglichkeit gefährdet, eben jenes durch demokratische Mittel zu kräftigen.

Individuen aufgrund der unwiderlegbaren Prämisse des pluralistischen Marktes und der Vertragsbeziehungen uneingeschränkt autonom sind). Die oben entwickelte Definition der politischen Ausgangsbedingung behauptete demgegenüber, daß solchen Begriffen wie »tiefere Einsicht«, »Rechte« und »Freiheit« erst im Rahmen demokratischer Politik Sinn und Bedeutung zu verschaffen ist. Diese und ähnliche Ausdrücke sind ja grundsätzlich umstritten. Ihre Bedeutung kann mithin nur auf einer grundlegenden Ebene diskutiert und nicht durch abstrakte Schlußfolgerungen oder durch Berufung auf äußere Autorität offengelegt werden.[9] Aufgrund dieser Tatsache drehen sich alle Diskurse in der demokratischen Politik um diese Begriffe: nicht sie definieren Politik sondern die Politik definiert sie.

Die repräsentative Demokratie krankt also einerseits daran, daß sie sich auf das Repräsentationsprinzip stützt, andererseits daran, daß sie der Versuchung eines unzulässigen Rationalismus nicht widerstehen kann – der Illusion, die Bedeutung strittiger, politischer Begriffe ließe sich auf metaphysischem Wege klären. Weil sie die Wiedereinführung unabhängiger Gründe gestatteten, ja sogar dazu ermuntern, unterminieren alle Formen repräsentativer Demokratie eben jenen politischen Prozeß, der das Fehlen solcher Gründe gerade anerkennen und überwinden sollte. Da die repräsentative Demokratie den Willen und die Urteilsbildung der Bürger abstrakten Normen unterordnet, über die es keinen wirklichen Konsens geben kann, wertet sie die Rolle der Bürgerschaft ab und hemmt dementsprechend die Fähigkeit des Volkes zur Selbstregierung. Indem sie zusieht, wie sich heteronome Begriffe des Richtigen in die Politik der Selbstgesetzgebung einschleichen, entzieht sie auf fatale Weise jener Autonomie, von der alle wirkliche politische Freiheit abhängt, den Boden. Bürger werden Gesetzen unterworfen, an deren Zustandekommen sie nicht wirklich beteiligt waren. Der Ak-

[9] William Connolly hat den Gedanken »der grundsätzlichen Hinterfragbarkeit«, der zunächst in einem philosophischen Rahmen von W. G. Gallie entwickelt wurde, auf eine erhellende Weise in einen politischen Kontext gestellt. Vgl. Connolly, *The Terms of Political Discourse* (Lexington, Mass. 1974).

tionsradius bleibt auf die Wahl von Repräsentanten beschränkt, die weit davon entfernt sind, Ziele und Interessen der Bürgerschaft wiederherzustellen, sich stattdessen deren Aufgaben anmaßen und deren staatsbürgerliche Energien aushöhlen.

Insofern diese Kritikpunkte zutreffen, ist magere Demokratie nicht sehr demokratisch, ja nicht einmal überzeugend politisch. Allen Geredes über Politik in westlichen demokratischen Regierungen zum Trotz fällt es schwer, im alltäglichen Geschäft der bürokratischen Verwaltung, der Gesetzgebung, der Exekutive und der Parteipolitik etwas zu entdecken, was einem Bürgerengagement bei der Herausbildung staatsbürgerlicher Gemeinschaften und der Gestaltung öffentlicher Zwecke gleich käme. Politik ist zu dem geworden, was Politiker machen, während sich die Tätigkeit der Bürger (falls sie überhaupt etwas tun) darin erschöpft, die Politiker zu wählen.

Zwei alternative Formen von Demokratie lassen auf eine gewisse Milderung dieser Probleme hoffen, da sie die Bürgerschaft und die Gemeinschaft zum Handeln auffordern. Die erste, ich werde sie *Einheitsdemokratie* nennen, folgt dem Bedürfnis, einen Konsens herzustellen, verrät den demokratischen Impuls aber letztlich – insbesondere wenn sie aus den überschaubaren Institutionen heraustritt, denen die Einheitsdemokratie ihre Entstehung verdankt. Die zweite Alternative, *starke Demokratie*, scheint viele Mängel der schwachen Demokratie beheben zu können, ohne den Auswüchsen der Einheitsdemokratie zu verfallen. Die These dieses Buches lautet, nur die starke Form der Demokratie sei wirklich und vollkommen demokratisch. Möglicherweise vermag es allein eine starke Demokratie, die politische Form menschlicher Freiheit in einer modernen, der herkömmlichen liberalen Demokratie zunehmend feindlich gesonnenen Welt zu wahren und zu fördern.

Einheitsdemokratie. Die auf Einheit ausgerichtete Form der Demokratie ist dadurch definiert, daß sie eine konsensbetonte Politik treibt und auf den ersten Blick jegliche Repräsentation (wenn nicht gar Politik) meidet, nur um ihrer wichtigsten

Norm, der Einheit, zu gehorchen. Sie verlangt bei allen kontroversen Streitfragen einstimmige Entscheidungen, vollzogen durch den organischen Willen einer homogenen oder auch monolithischen Gemeinschaft – die häufig symbolisch als Rasse, Nation, Volk oder als Gemeinschaftswille bestimmt ist. Die Position der Regierung ist zentralistisch und aktiv, während die Position der Bürger mehrdeutig ist, denn der einzelne Bürger gewinnt seine Identität als Bürger, indem er sein Selbst im Kollektiv aufgehen läßt, das aber heißt durch Selbstaufgabe. Obgleich diese Preisgabe des Selbst eine gewisse Gleichheit garantiert, ist sie für die Autonomie und damit letztlich für die Bürgerschaft als solche offensichtlich schädlich. (Gleichheit ist eine weitere Norm, die sowohl der starken als auch der Einheitsdemokratie zugrundeliegt).

Die Institutionen der Einheitsdemokratie sind symbolisch ausgerichtet, d. h. die Regierung wird mit dem symbolischen Wesen assoziiert, in dem sich der Gemeinschaftswille verkörpert. Weil Partizipation in größeren Verbänden der Identifikation mit eben diesem Verband, Autonomie und Selbstgesetzgebung der Einheit und Selbstverwirklichung der Gruppe untergeordnet wird, ist die Einheitsdemokratie konformistisch, kollektivistisch und häufig auch repressiv. In kleinen, überschaubaren Gemeinschaften besitzt sie eine Reihe von Vorzügen, und sie hat sowohl der Gleichheit als auch der Bürgerschaft geschichtlich recht gute Dienste an Orten geleistet, wo sie andernfalls nicht gediehen wären.[10] In kleinen Zusammenhängen beruht die Einheitsdemokratie auf der freiwilligen Selbstidentifikation mit der Gruppe, auf dem Druck der übrigen Mitglieder, auf gesellschaftlicher Konformität und der bereitwilligen Übernahme von Gruppennormen – auf Mechanismen also, die zweifellos Gefahren in sich bergen, aber weitestgehend gegen die modernen Spielarten des Totalitarismus gefreit sind.[11]

[10] Peter Laslett schreibt in seinem grundlegenden Werk *The World We Have Lost* (London 1965) eine Soziologie und Geschichte der »überschaubaren« Gesellschaft.
[11] Ich habe an anderer Stelle versucht, die Stärken und Gefahren unmittelbarer

Anders liegen die Dinge jedoch bei größeren Verbänden. Dort, wo die Gemeinschaft zu einer unpersönlichen Abstraktion wird und die Individuen anonyme und anomische Beziehungen zu einer fremden Masse haben, kann die Einheitsdemokratie bösartig werden, Freiheit wie Bürgerschaft bedrohen und Demokratie zerstören. Während ihrer Schlußphase scheint die Französische Revolution dem Ideal der Einheit in seiner abscheulichsten Form nachgestrebt zu haben. So verherrlichte Hippolyte Castille die Terrorherrschaft mit den alarmierenden Worten: »Wo die Tyrannei zur Sache der ganzen Gemeinschaft geworden ist, herrscht die vollkommenste Gemeinschaft. Das beweist von Grund auf, daß wir die vollkommenste Gesellschaft dort finden, wo am wenigsten Freiheit in der teuflischen (d. h. indidividualistischen) Bedeutung dieses Wortes existiert.«[12] Es ist diese auf Einheit dringende Abartigkeit »direkter« Demokratie, die viele Liberale veranlaßt hat, neben Partizipation und Gemeinschaft auch alle Argumente für »politische Freiheit« zu verdammen, mit denen ihre Befürworter diese Ideale rechtfertigen.

Um der Einheitsdemokratie einen Platz in unserer Typologie zuzuweisen, können wir sie als Antwort auf die Dilemmata der politischen Ausgangsbedingung wie folgt formal definieren: *auf Einheit dringende Demokratie löst Uneinigkeit bei Fehlen eines unabhängigen Grundes durch den Konsens der Gemeinschaft, der durch die Identifikation der Individuen und ihrer Interessen mit einem symbolischen Kollektiv und dessen Interessen definiert ist.*

Wie ich schon sagte, entscheidet der Umstand, ob die übereinstimmende Gemeinschaft groß und abstrakt ist (wie im Falle der reinen, nationalistischen Form des Faschismus) oder klein

---

Demokratie am Beispiel Schweizer Alpengemeinden darzulegen. Vgl. mein Buch *The Death of Communal Liberty* (Princeton 1974). Der Leser mag sich für eine ausführliche Erörterung an diese Arbeit wenden.

[12] Hippolyte Castille, *Geschichte der Zweiten Republik*, zitiert nach Eduard Bernstein, *Die Voraussetzungen des Sozialismus und die Aufgaben der Sozialdemokratie*, Stuttgart 1899-1902.

und unmittelbar (etwa in den kulturell und religiös homogenen Städten Neuenglands im 18. Jahrhundert oder in schweizerischen Landgemeinden) darüber, ob die Einheitsdemokratie bösartig oder bloß bedeutungslos wird.[13] In keinem Fall fördert die Einheitsdemokratie konsequent die Bürgerbeteiligung (da sie Selbstgesetzgebung verhindet), noch ist sie echt politisch (da sie Uneinigkeit durch den »einen Willen« hinwegschafft). Denn die Identifikation des Individuums mit dem Kollektiv – wodurch eine einheitsdemokratische Regierung die Möglichkeit erhält, nicht nur für, sondern *als* das Volk zu sprechen – verbirgt und verdunkelt die Tatsache, daß Bürger und Regierungsorgane in Wirklichkeit durch das Prinzip der Repräsentation miteinander verbunden sind. Außerdem zeigt sich gewöhnlich, daß jenes symbolische Kollektiv, das durch so abstrakte Ausdrücke wie die Nation, die arische Rasse oder der Gemeinschaftswille bezeichnet wird, lediglich eine Chiffre für irgendwelche verdeckten inhaltlichen Normen ist. Das symbolische Kollektiv ist mit anderen Worten häufig nur eine Tarnung für die Wiedereinführung unabhängiger Gründe, ein Trojanisches Pferd der Wahrheit inmitten der Politik, das Philosophen, Gesetzgeber und andere Verkünder absoluter Gewißheiten ins innerste Heiligtum der demokratischen Festung trägt. Und so hören wir an jenem Ort, wo wir endlich hofften, die Stimmen aktiver, über ihr gemeinsames Geschick beratender Bürger zu vernehmen, die verbannten Stimmen der Hybris, der Möchtegern-Wahrheit und des Könnte-sein-Richtigen, die auf sich allein gestellt kein Gehör gefunden hätten. Wäre es ihnen gelungen, bräuchten wir keine Politik, weder eine demokratische, noch eine andere.

Das Versprechen der Einheitsdemokratie verflüchtigt sich: ihrem Unvermögen, im Gegensatz zur schwachen Demokratie auf das Prinzip der Repräsentation und verdeckt unabhängige Gründe verzichten zu können, fügt sie noch die ernsthafteren

---

[13] Auch in solch günstigen Zusammenhängen wie den Städteparlamenten in Vermont oder städtischen Krisenzentren kann direkte Demokratie problematisch sein. Vgl. zum Beispiel Jane T. Mansbridges scharfsinnige soziologische Studie *Beyond Adversary Democracy* (New York 1980).

Gefahren der Moderne hinzu, die des Konformismus und der erzwungenen Zustimmung nämlich. Es nimmt daher nicht wunder, daß liberale Demokraten bei der Aussicht auf »wohlwollende«, direkt demokratische Alternativen zusammenzukken. Angesichts der Risiken einer Einheitsdemokratie fürchten sie zu Recht, die Medizin gegen die Übel des repräsentativen Prinzips sei schlimmer als dieses selbst.

Die Zukunft der Demokratie hängt daher vor allem von der Beantwortung folgender Frage ab: Gibt es eine Alternative zur liberalen Demokratie, die nicht zu den Täuschungen der Einheitsdemokratie Zuflucht nimmt? Solange wir keine gefahrlose Alternative aufzeigen können, ist es jedenfalls klüger, an den repräsentativen Formen der Demokratie festzuhalten, trotz all ihrer Unzulänglichkeiten.

Starke Demokratie:
eine Politik der Bürgerbeteiligung

Die Zukunft der Demokratie liegt in der starken Demokratie – in der Wiederbelebung einer Form von Gemeinschaft, die nicht kollektivistisch, einer Form des öffentlichen Argumentierens, die nicht konformistisch ist, und einer Reihe bürgerlicher Institutionen, die mit einer modernen Gesellschaft vereinbar sind. Starke Demokratie ist durch eine Politik der Bürgerbeteiligung definiert: sie ist buchstäblich die Selbstregierung der Bürger, keine stellvertretende Regierung, die im Namen der Bürger handelt. Tätige Bürger regieren sich unmittelbar selbst, nicht notwendigerweise auf jeder Ebene und jederzeit, aber ausreichend häufig und insbesondere dann, wenn über grundlegende Maßnahmen entschieden und bedeutende Macht entfaltet wird. Selbstregierung wird durch Institutionen betrieben, die eine dauerhafte Beteiligung der Bürger an der Festlegung der Tagesordnung, der Beratung, Gesetzgebung und Durchführung von Maßnahmen (in der Form »gemeinsamer Arbeit«) erleichtern. Die starke Demokratie setzt kein grenzenloses Vertrauen in die

Partizipatorische Politik

Fähigkeit der Individuen, sich selbst zu regieren, hält aber wie Machiavelli daran fest, daß die Menge im großen und ganzen ebenso einsichtig, wenn nicht gar einsichtiger als die Fürsten sein wird. Sie pflichtete Theodore Roosevelts Ansicht bei, daß »die Mehrheit des einfachen Volkes Tag ein Tag aus weniger Fehler machen wird, wenn sie sich selbst regiert, als jede kleinere Gruppe von Männern, die versucht das Volk zu regieren.«[14]

Als Antwort auf die Dilemmata der politischen Ausgangsbedingung betrachtet, läßt sich starke Demokratie formal so definieren: *Starke Demokratie als Bürgerbeteiligung löst Uneinigkeit bei Fehlen eines unabhängigen Grundes durch den partizipatorischen Prozeß fortwährender, direkter Selbstgesetzgebung sowie die Schaffung einer politischen Gemeinschaft, die abhängige, private Individuen in freie Bürger und partikularistische wie private Interessen in öffentliche Güter zu transformieren vermag.*

Die entscheidenden Begriffe in dieser starken Formulierung von Demokratie sind: *Tätigkeit, Prozeß, Selbstgesetzgebung, Schaffung einer Gemeinschaft* und *Transformation*. Während schwach-demokratische Formen Uneinigkeit entweder auflösen (die anarchistische Disposition) oder unterdrücken (die realistische Disposition) bzw. tolerieren (die minimalistische Disposition), *transformiert* starke Demokratie *Uneinigkeit*. Sie macht aus Meinungsverschiedenheit einen Anstoß zu Gegenseitigkeit und aus privaten Interessen ein erkenntnistheoretisches Werkzeug des öffentlichen Überlegens.

Eine Politik der Bürgerbeteiligung handhabt öffentliche Streitfragen und Interessenskonflikte so, daß sie einem endlosen Prozeß der Beratung, Entscheidung und des Handelns unterworfen werden. Jeder Schritt des Prozesses vollzieht sich auf eine flexible Weise im Rahmen anhaltender Verfahren, die in

---

[14] »Die Menge ist weiser und beständiger als die Fürsten« schreibt Machiavelli in seinen *Discorsi*, Buch 1, Kap. 58. Roosevelt wird von R. A. Allen, »The National Initiative Proposal: A Preliminary Analysis« in: *Nebraska Law Review* 58, 4 (1979), S. 1011, zitiert.

konkrete historische Bedingungen, soziale und wirtschaftliche Gegebenheiten eingebettet sind. Starke Demokratie sucht nicht nach einem vorpolitischen, unabhängigen Grund oder einem veränderlichen, rationalen Plan, vielmehr vertraut sie der Partizipation in einer Gemeinschaft, die sich weiter entwickelt, Probleme löst und öffentliche Zwecke schafft, wo es zuvor keine gab. All dies vermag die Gemeinschaft zu leisten, weil sie tätig ist und ihre eigene Existenz zum Brennpunkt des Verlangens nach wechselseitig anerkannten Lösungen wird. In Gemeinschaften dieser Art leiten sich öffentliche Zwecke weder aus etwas Absolutem her, noch werden sie in einem vorgängig existierenden, »verborgenen Konsens« entdeckt. Sie werden buchstäblich im Akt der öffentlichen Partizipation geformt und durch gemeinsame Beratung wie gemeinsames Handeln geschaffen, wobei eine besondere Rolle spielt, daß sich der Gehalt und die Richtung von Interessen ändert, sobald sie partizipatorischen Prozessen dieser Art ausgesetzt sind.

Starke Demokratie scheint demnach potentiell in der Lage zu sein, die Grenzen des Prinzips der Repräsentation und das Vertrauen auf vermeintlich unabhängige Gründe zu überschreiten, ohne so entscheidende demokratische Werte wie Freiheit, Gleichheit und soziale Gerechtigkeit aufzugeben. Tatsächlich gewinnen diese Werte eine reichere und gehaltvollere Bedeutung als ihnen jemals im instrumentellen Rahmen liberaler Demokratie zukommen könnte. Denn die starkdemokratische Lösung für die politische Ausgangsbedingung entsteht aus einer sich selbst zuarbeitenden Dialektik aktiver Bürgerbeteiligung und ununterbrochener Schaffung einer Gemeinschaft, in der Freiheit und Gleichheit gefördert und politisches Leben aufrechterhalten werden. Gemeinschaft erwächst aus Bürgerbeteiligung und ermöglicht zugleich Partizipation. Nehmen Individuen ihre Aufgaben als Bürger wahr, dann werden sie dazu erzogen, öffentlich als Bürger zu denken, so wie die Bürgerschaft die staatsbürgerliche Tätigkeit mit dem erforderlichen Sinn für Öffentlichkeit und Gerechtigkeit erfüllt. Politik wird zu ihrer eigenen Universität, Bürgerschaft zu ihrer eigenen Lehranstalt

Partizipatorische Politik

und Partizipation zu ihrem eigenen Lehrmeister. Freiheit ist das, was diesem Prozeß entspringt, nicht was in ihn eingeht. Liberale und repräsentative Formen der Demokratie machen die Politik zu einer Sache von Experten und Spezialisten, die auch keine speziellere Befähigung geltend machen können als eben die, daß sie mit Politik befaßt sind und einander in einem Rahmen begegnen, der sie zum Handeln und zur Suche nach gemeinsamen Lösungswegen auffordert. Starke Demokratie ist die Politik von Amateuren, die alle dazu aufgerufen sind, anderen Menschen ohne Vermittlung sachverständiger Gutachter gegenüberzutreten.

Daß Bürgerbeteiligung alle einbezieht – jeder Bürger ist sein eigener Politiker – ist von zentraler Bedeutung, denn der »Andere« ist nur ein Konstrukt, das für ein Individuum erst wirklich wird, wenn es ihm unmittelbar in der politischen Arena begegnet. Der andere mag als Hindernis erscheinen oder als möglicher Verbündeter, immer ist er jedoch eine unausweichliche Realität, wenn es gilt, zu einer gemeinsamen Entscheidung und einem gemeinsamen Handeln zu gelangen. Auch das *Wir* bleibt eine bloße Abstraktion, solange Individuen durch Politiker oder symbolische Verbände repräsentiert werden. Der Begriff erhält erst dann eine konkrete und reale Bedeutung, wenn Individuen sich als Bürger neu definieren und unmittelbar zusammenkommen, um Uneinigkeit zu beheben, einen Zweck zu verfolgen oder eine Entscheidung durchzusetzen. Starke Demokratie schafft die Art von Bürgern, derer sie bedarf, *weil* sie von ihr abhängt; weil sie nicht zuläßt, daß *ich* oder *wir* repräsentiert werden, sondern eine fortwährende Auseinandersetzung zwischen *mir* als Bürger und dem »Anderen« als Bürger verordnet. Auf diese Weise zwingt sie *uns*, gemeinsam nachzudenken und gemeinsam zu handeln. Der Bürger denkt seiner Bestimmung nach in der 1. Person Plural, und als *wir* zu denken, heißt immer, verändernd auf die Wahrnehmung und Definition von Interessen und Gütern einzuwirken.

Diese fortschreitende Entwicklung verweist darauf, wie innig die Bande zwischen Bürgerbeteiligung und Gemeinschaft sind.

Die Bürgerschaft ist keine Maske, die man nach Belieben aufsetzen oder abnehmen kann. Sie gehört nicht – wie Goffman vielleicht konstruieren würde – zu jenen »sozialen« Rollen einer modernen Gesellschaft, die man ganz bewußt wechseln kann. In der Politik starker Demokratie ist Bürgerbeteiligung eine Weise, das Selbst zu definieren, so wie Bürgerschaft eine Lebensform ist. Nach der überkommenen liberalen Vorstellung, die selbst Radikaldemokraten wie Thomas Paine teilten, ist die Gesellschaft »aus einzelnen, isolierten Individuen zusammengesetzt, (die) sich ständig begegnen, einander in die Quere kommen, sich verbünden, bekämpfen und auseinandergehen, wie Zufall, Interessen und Umstände es wollen.«[15] Eine solche Auffassung wiederholt Hobbes' alten Fehler, Partizipation und bürgerliche Tätigkeit von Gemeinschaft zu trennen. Doch eine Partizipation ohne Gemeinschaft, Partizipation unter der Bedingung von Entwurzelung, Partizipation von Unterdrückten oder Fronpflichtigen, Vasallen oder Untertanen, eine Partizipation, die keine sich entwickelnde Vorstellung des »Öffentlichen« kennt und sich nicht darum kümmert, Selbstverantwortung zu fördern, eine Partizipation, die fragmentarisch, zeitlich beschränkt, halbherzig oder hitzig ist – wäre lediglich Schein. Ihr Fehlschlagen beweist gar nichts.

Die scharfsinnigeren Verteidiger einer repräsentativen Demokratie sind schnell mit dem Argument zur Hand, eine ausgedehnte öffentliche Partizipation führe, was immer deren Befürworter und die Kommunitaristen auch sagen mögen, nicht zu großen Ergebnissen in der Politik. Hätten sie erst einmal die nötige Macht, würden die Massen kaum etwas anderes tun, als ihre privaten Interessen zu fördern, ihre eigennützigen Ambitionen zu verfolgen und persönliche Gewinne herauszuschlagen, behaupten die liberalen Kritiker. Solche Partizipation ist das Werk kluger Tiere und oftmals weniger effizient als die Amtstätigkeit von Repräsentanten, welche die Wünsche der Öf-

---

[15] Thomas Paine, »Dissertation on First Principles of Government«, in: *Writings*, hg. v. N. D. Conway (New York 1894-96), Bd. 3, S. 268.

Partizipatorische Politik

fentlichkeit besser verstünden als diese selbst. Aber ein derartiges Vorgehen überreicht dem Volk in Wahrheit bloß die Insignien der Bürgerschaft, enthält ihm aber all deren Werkzeuge vor, um es schließlich der Unfähigkeit zu bezichtigen.[16] Sozialwissenschaftler und politische Eliten haben allzu oft diese Form der Heuchelei gepflegt. Sie legen dem Volk Referenda vor, ohne dafür zu sorgen, daß es hinreichend informiert ist, eine ausführliche Debatte stattfindet bzw. der Einfluß des Geldes und Manipulation durch die Medien klug ausgeschaltet werden, und werfen ihm dann vor, keine Urteilskraft zu besitzen. Erst wird das Volk mit allen besonders hartnäckigen Problemen der Massengesellschaft konfrontiert – wie Inflation, Besteuerung, atomare Bedrohung, Vollbeschäftigung, Beseitigung von Industrieabfällen, Umweltschutz (also mit Problemen, vor deren Lösung die Regierungseliten selbst kapituliert haben) –, und dann wird die Unsicherheit, Unentschiedenheit oder Einfältigkeit bekrittelt, mit der es recht und schlecht zu einer Entscheidung kommt. Aber welcher General würde Zivilisten Gewehre in die Hand drücken, sie aufs Schlachtfeld jagen,

---

[16] Ironischerweise haben Linke genauso wie Konservative eine populistische Demokratie kritisiert. Vgl. etwa Peter Bachrach, »Testimony before the Subcommittee on the constitution«, in: *Committee on the Judiciary*, on S. J. Res. 67, 95th Congress, 1st Session 13.-14. Dezember 1977. Robert Michels hat diesen Antipopulismus der Linken schon früh erkannt:
»Wo es um innerparteiliche Angelegenheiten ging, haben Sozialisten meistens ... eine praktische Anwendung demokratischer Grundsätze verworfen und dafür konservative Gründe ins Feld geführt, die man normalerweise nur von Gegnern des Sozialismus hört. Sozialistische Führer haben ironischerweise in einer Reihe von Artikeln die Frage aufgeworfen, ob es vernünftig sei, nur aus Liebe zu einem abstrakten demokratischen Grundsatz die Führung der Partei in die Hände der unwissenden Massen zu legen.« (Michels, *Political Parties*, S. 336.).

Marxisten haben den Begriff des »falschen Bewußtseins« gehegt und gepflegt, worunter sie im allgemeinen die fehlende Bereitschaft des Volkes verstanden, das zu tun, was die wissenschaftlichen Gesetze der Geschichte vorschreiben. In der Theorie vertraut man zwar dem Volk, in der Praxis aber wird es zugunsten von Eliten und Avantgarden entmündigt, die besser begreifen, was die Geschichte gebietet.

Starke Demokratie

und dann Feiglinge schimpfen, wenn sie vom Feind überrannt werden?

Starke Demokratie heißt nicht einfach Regierung durch »das Volk« oder Regierung »durch die Massen«, denn weder bildet das Volk bereits eine Bürgerschaft, noch sind Massen, die sich nicht wirklich selbst regieren, in einem stärkeren als bloß nominellen Sinne frei. Auch dürfen wir unter Partizipation nicht das zufällige Tun herrenlosen Viehs verstehen, das von derselben Massenflucht mitgerissen wird, oder die Bewegung eines Schwarms geklonter Aale, die sich im Gleichschritt winden. Wie viele andere politische Begriffe hat auch die Idee der Bürgerbeteiligung eine wesentlich normative Dimension – eine Dimension, die von dem Begriff der Bürgerschaft umrissen wird. Massen machen Lärm, Bürger beratschlagen, Massen verhalten sich, Bürger handeln, Massen stoßen zusammen und überschneiden sich, Bürger engagieren sich, teilen etwas miteinander und leisten einen Beitrag. In dem Augenblick, wo »Massen« beginnen, sich zu beratschlagen, zu handeln und beizutragen, hören sie auf, Massen zu sein und werden zu Bürgern. Erst dann »nehmen sie teil«.

Wir können auch, aus der anderen Richtung kommend, sagen: Bürger zu sein *heißt*, auf eine bestimmte, bewußte Weise an etwas teilzunehmen, auf eine Weise, die voraussetzt, daß man andere wahrnimmt und gemeinsam mit ihnen handelt. Aufgrund dieses Bewußtseins verändern sich die Einstellungen und gewinnt Partizipation jenen Sinn von *wir*, den ich mit Gemeinschaft assoziiert habe. Teilzunehmen *heißt*, eine Gemeinschaft zu schaffen, die sich selbst regiert und eine sich selbst regierende Gemeinschaft zu schaffen, *heißt* teilzunehmen. Ja, vom Standpunkt starker Demokratie aus sind die zwei Begriffe, *Partizipation* und *Gemeinschaft*, Aspekte ein und derselben sozialen Daseinsweise: der Bürgerschaft. Eine Gemeinschaft ohne Partizipation gebiert zuerst unreflektierte Übereinstimmung und Gleichförmigkeit, dann fördert sie erzwungene Konformität und schließlich erzeugt sie einen einheitlichen Kollektivismus, der die Bürgerschaft und jede Autonomie, von der politische

Partizipatorische Politik

Tätigkeit abhängt, ersticken muß. Partizipation ohne Gemeinschaft ruft gedankenlose Geschäftigkeit und unbeherrschte, rivalisierende Lobbys hervor. Gemeinschaft ohne Partizipation rationalisiert lediglich den Kollektivismus, verleiht ihm die Aura der Legitimität. Partizipation ohne Gemeinschaft rationalisiert nur den Individualismus und verleiht ihm die Aura der Demokratie.

Das bedeutet nicht, es wäre ein Leichtes, die Dialektik von Partizipation und Gemeinschaft zu institutionalisieren. Die bürgerliche Tätigkeit der einzelnen (Partizipation) und die öffentliche Vereinigung, die durch bürgerliche Tätigkeit gebildet wird (die Gemeinschaft), beschwören zwei erstaunlich unterschiedliche Welten herauf. Erstere bildet die Welt der Autonomie, des Individualismus und der Tätigkeit, letztere die Welt der Geselligkeit, Gemeinschaft und der Interaktion. Die Weltanschauungen des Individualismus und Kommunalismus liegen weiterhin miteinander in Streit. Institutionen, welche die Suche nach gemeinsamen Zwecken erleichtern, ohne die Individualität der Suchenden zu zerstören, und in denen Pluralismus wie Uneinigkeit als Ausgangspunkte für den politischen Prozeß anerkannt werden können, ohne auf das Streben nach einer Welt gemeinsamer Zwecke zu verzichten, mögen sehr viel schwerer zu bekommen sein als ein hübscher Abschnitt über das dialektische Zusammenspiel zwischen individueller Partizipation und Gemeinschaft. Dennoch beansprucht starke Demokratie, dieses dialektische Gleichgewicht zu finden. Diesen Anspruch im Detail zu rechtfertigen, ist Aufgabe der noch verbleibenden Kapitel dieser Studie.

5. Kapitel

BÜRGERSCHAFT UND PARTIZIPATION
POLITIK ALS ERKENNTNISTHEORIE

> Was unsere Lebensführung anlangt, so sind wir oft genötigt, Beurteilungen zu folgen, die nur wahrscheinlich sind, denn die Gelegenheiten zum Handeln würden in den meisten Fällen verstreichen, bevor wir uns von unseren Zweifeln befreien könnten. Und wenn wir, was bei zwei Handlungsmöglichkeiten häufig geschieht, nicht die Wahrscheinlichkeit der einen stärker wahrnehmen als die der anderen, so müssen wir doch eine davon wählen.
> *Descartes*

> Schlußfolgern sollte nicht eine Kette bilden, die so stark ist wie ihr schwächstes Glied, sondern ein Tau, dessen einzelne Fasern sehr dünn sein können, vorausgesetzt sie sind in ausreichender Zahl vorhanden und eng miteinander verbunden.
> *Charles Sanders Peirce*

Es ist eine der Ironien der Philosophiegeschichte, daß der Skeptizismus als Werkzeug der Metaphysik mit einer bestimmten Form des Dogmatismus in engen Zusammenhang gebracht wurde und daß Philosophen wie Descartes und Hume, die sich der skeptischen Methode bedienten, nicht ein einziges Mal der Illusion verfielen, zu glauben, sie habe auch nur den geringsten Einfluß auf das Verhalten der Menschen. Unglücklicherweise waren andere sehr viel leichtgläubiger. Sowohl Liberale als auch Minimalisten waren davon überzeugt, daß Ungewißheit im Bereich der Metaphysik Untätigkeit im Bereich menschlichen

Handelns bedeuten müsse. Descartes war vorsichtiger. Als er im *Discours de la méthode* jenen spektakulären Weg des Zweifels einschlug, versäumte er nicht, sich mit einem vorläufigen »Moralkodex« auszurüsten, den er den Gesetzen, Sitten und der Religion Frankreichs entnommen hatte, in denen er seit seiner Kindheit »belehrt worden war.[1]« Es ist nicht möglich, sagte er seinen Lesern, das Haus, das wir bewohnen, abzureißen und neu aufzubauen, »man muß auch ein Haus haben, wo man so lange, wie hier gearbeitet wird, bequem wohnen kann«[2]. Schließlich darf man »in seinen Handlungen nicht unentschlossen werden«, man muß »weiterleben«.

David Hume macht in seinen *Dialogen über natürliche Religion* das gleiche kluge Zugeständnis. Cleanthes verspottet den Skeptiker Philo: »Ob Euer Skeptizismus so unbedingt und aufrichtig ist, wie Ihr vorgebt, werden wir nach und nach erfahren, wenn die Gesellschaft aufbricht: wir werden dann sehen, ob Ihr zur Tür oder zum Fenster hinausgeht, und ob Ihr in Wirklichkeit zweifelt, ob Euer Körper Schwere hat oder durch Fall Schaden nehmen kann, wie die gewöhnliche Meinung annimmt, die aus unseren täuschenden Sinnen und der noch mehr täuschenden Erfahrung abgeleitet ist.«[3] Hume errichtet seine eigenen politischen Maximen, trotz seines Skeptizismus', auf einem Fundament aus Geschichte, Sitte und Notwendigkeit, verstärkt mit einer dünnen Mörtelschicht Nutzen.

Politisch Konservative haben die Kluft zwischen der Philosophie und dem Bereich des Handelns schon immer gesehen. Michael Oakeshott etwa hält daran fest, daß Maximen der Lebensführung »Auszüge aus der Tradition«, nicht Abstraktionen der Metaphysik seien; und Burke bemerkt, daß »die Wissenschaft davon, wie man ein Gemeinwesen baut oder es erneuert

---

[1] René Descartes, *Discours de la méthode*, in: Ausgewählte Schriften, hg. v. Ivo Frenzel, Frankfurt 1986, S. 61.
[2] Ebd.
[3] David Hume, *Dialogues concerning Natural Religion* (1779), in: *Hume on Religion*, ed. Richard Wollheim (London, 1963), S. 104 (dt. *Dialoge über natürliche Religion*, Hamburg 1980, S. 7).

oder reformiert, wie jede experimentelle Wissenschaft nicht a priori gelehrt werden kann.⁴«

In der Tat sind Skepsis und Gewißheit zwei Seiten desselben Irrtums: des Gedankens, man könne das Wissen darüber, wie man sein Leben zu führen oder eine Gemeinschaft zu schaffen habe, aus abstrakten Schlußfolgerungen gewinnen und durch Berufung auf den erkenntnistheoretischen Status der Wahrheit rechtfertigen. Charles Peirce kam zu dem Schluß, der skeptische Zweifel sei immer Schwindel. »Wir können nicht mit vollständigem Zweifel beginnen«, wandte er ein. »Wir müssen anfangen mit all den Vorurteilen, die wir tatsächlich haben ... Skeptizismus wird reine Selbsttäuschung sein, kein echter Zweifel; und kein Anhänger der cartesianischen Methode wird je zufrieden sein, bevor er nicht förmlich wiedergewonnen hat, woran er glaubt und was er aufgegeben hat.«⁵

In dem Bemühen, brauchbares politisches und moralisches Wissen zu erlangen, welches ein annähernd gerechtes (öffentliches) menschliches Verhalten möglich macht, ist die eigentliche Herausforderung eine praktische. Es müssen Maximen entwickelt werden, die Handlungen zu motivieren und einen Konsens herzustellen vermögen und gleichzeitig über die Formbarkeit, Flexibilität und Vorläufigkeit historisch bedingter und daher sich ständig wandelnder Faustregeln verfügen. Solche Regeln mögen Auszüge aus der Tradition sein, aber sie werden zugleich auch Auszüge der Gemeinschaft sein, und zwar der Gemeinschaft, die aus der öffentlichen Beratung entsteht.

Für Peirce ist der dem Skeptizismus anhängende Denker wie ein Narr auf Reisen, der sich über den Nordpol nach Konstan-

---

⁴ Michael Oakeshott, *On Human Conduct* (New York, 1975), S. 66; und Edmund Burke, *Reflections on the Revolution in France* (London 1910), S. 58.

⁵ Charles Sanders Peirce, *Philosophical Writings of Peirce*, ed. Justus Buchler (New York 1975), S. 229. Peirce bemerkt abschließend: »Es ist höchst verderblich, den Einzelnen zum höchsten Richter über die Wahrheit zu machen. Das Ergebnis ist, daß die Metaphysik einen Grad an Gewißheit erreicht hat, der den der Naturwissenschaften weit übersteigt; – nur können sie sich auch über nichts anderes verständigen.«

tinopel begibt, um »regelrecht einem Längengrad nach Süden zu folgen«[6]. Solche Metaphysiker können keinen Schritt gehen, wenn sie nicht von absoluten Newtonschen Koordinaten geleitet werden. Eine Maxime aufzustellen heißt für sie, eine unerschütterliche Ontologie und die entsprechende Erkenntnistheorie zu entwickeln und daraus schließlich die Verhaltensgrundsätze abzuleiten. Der vollkommene Skeptiker findet den Nordpol überhaupt nicht und bestreitet daher, daß es möglich sei, nach Konstantinopel zu reisen. Kein Wunder, daß Burke den Philosophen »metaphysischen Wahnsinn« vorhält, wenn sie glauben, menschliches Verhalten regeln zu können mit »nicht viel mehr als der Metaphysik eines Studenten und der Mathematik und Arithmetik eines Steuereinnehmers«[7].

Die politische Reise, die vielleicht noch nicht einmal ihr Konstantinopel hat, beginnt in einer vorgegebenen Gegenwart und wird bedingt durch die Kontingenz der Geschichte und die Gestalt einer sich mühsam verändernden Geographie. Es gibt keine festen Koordinaten, möglicherweise müssen sogar Bestimmungsorte erfunden werden. Unter solchen Umständen kann sich der Bürger Meinungsenthaltungen nicht leisten. Vielmehr muß er versuchen, sie im Zusammenleben mit anderen, die zugleich potentielle Mitstreiter und potentielle Widersacher sind, zu rechtfertigen und umzuwandeln. Wie der Konservative, so anerkennt auch der demokratische Bürger die formende Kraft der Geschichte und die Ungewißheit der Politik. Anders als dieser weiß er jedoch, daß eine autonome Politik den Ausweg aus dem historischen Determinismus darstellt – daß es ihm durch sie möglich wird, einerseits mit historischer Kontingenz umzugehen, ohne dabei zum Historizisten zu werden, und andererseits zu akzeptieren, daß die menschlichen Dilemmata sich nicht durch metaphysische Logik lösen lassen und dabei nicht zum Relativisten zu werden. Autoren wie Hannah Arendt, die die Welt der *Polis* rühmten, bieten uns eine Vision vom Politi

---

[6] Ebd.
[7] Edmund Burke, *Speech on the Petition of the Unitarians*, in *Works of the Right Honourable Edmund Burke* (London 1877-1884), vol. 6, S. 21.

schen, das eingebettet in eine Kultur dennoch die Möglichkeiten menschlicher Freiheit erweitert. Diese Vorstellung ist zwar nicht konservativ, unterscheidet aber nicht weniger strikt zwischen politischem Wissen und Wahrheit als der Konservatismus. »Kultur und Politik«, schreibt Hannah Arendt, »gehören also zusammen, denn es geht nicht um Wissen oder Wahrheit, sondern Urteil und Entscheidung, den wohlüberlegten Austausch von Meinungen über den Bereich des Öffentlichen und der Lebenswelt sowie die Entscheidung, wie in ihr zu handeln ist, wie sie künftig aussehen und was in ihr zum Vorschein kommen soll.«[8]

Wenn die Metaphysik, sei es durch Bejahung oder Verneinung eines letzten Prinzips, nicht die Grundlage des politischen Urteils sein soll, und wenn wir zugleich nicht bereit sind, an die Stelle der Politik reine Geschichte und Notwendigkeit treten zu lassen, dann muß das politische Urteil selbst zur Grundlage von Prinzipien werden. Dieser Schluß legt nahe, daß es die Aufgabe der Demokratie sein muß, Verfahren, Institutionen und Formen der Bürgerschaft zu entwickeln, die das politische Urteilsvermögen stärken und gemeinsame Entscheidung wie gemeinsames Handeln bei fehlender Metaphysik unterstützen. In den beiden vorangegangenen Kapiteln wurden diese Forderungen in die grundlegende Definition starker Demokratie aufgenommen. Im vorliegenden Kapitel werden sie im einzelnen erläutert, und zu diesem Zwecke wird eine Erkenntnistheorie in politischen Begriffen entwickelt. Es wird in der Tat bedeuten, daß wir Politik als Erkenntnistheorie betrachten müssen, womit eine Umkehrung der klassisch liberalen Vorrangigkeit der Erkenntnistheorie vor der Politik vollzogen wird.

Starke Demokratie stellt Politik als Erkenntnistheorie ins Zentrum ihrer Praxis. Peirces treffende Metapher von der Wahrheit als einem Tau, das aus vielen dünnen Fasern zusammengewunden wird, ist ein ausgezeichnetes Bild starkdemokratischer

---

[8] Hannah Arendts Vorstellungen werden dargestellt und kritisiert von Hanna F. Pitkin, »Justice: On Relating Private and Public«, *Political Theory* 9, 3 (August 1981), S. 330-39.

Politik. Viele Bürger sind durch ihre gemeinsame Bürgerschaft einander eng verbunden und interagieren, geleitet von nicht sehr festen und eher vorläufigen Meinungen, die jedoch, verwoben zu einem Allgemeinwillen und einem öffentlichen Zweck, machtvolle Überzeugungen erwecken. Eine Bürgerschaft kann der Macht nicht die Wahrheit entgegenhalten, weil sie gar nicht zu wissen vorgibt, was Wahrheit ist. Statt dessen spricht sie einfach zur Macht mit der emotionalen Stimme der Gemeinschaftlichkeit, eine Stimme, deren Ton geprägt ist durch ihren Ursprung in autonomen Einzelwillen, die einen schöpferischen Ausdruck ihrer selbst suchen, und durch das Medium der Öffentlichkeit, in dem sie sich kundtut.

Im folgenden werden wir die verschiedenen Aspekte einer Politik genauer untersuchen, die beansprucht, ihre eigene Erkenntnistheorie zu liefern. Ich werde zuerst die grobe Skizze einer politischen Erkenntnistheorie entwerfen, wobei ich mit Hilfe der Ideen öffentlicher Wahrnehmung und politischer Urteilsbildung zu einem klaren Profil zu gelangen versuche. Danach werden wir die Details genauer betrachten: die neun Merkmale öffentlichen Sprechens und Hörens.

Öffentliches Wahrnehmen und politisches Urteil

Wenn die partizipatorische Form der Politik zur Quelle politischen Wissens wird – wenn solches Wissen von der Schulphilosophie abgelöst und zur eigenen Erkenntnistheorie wird – dann ist das Wissen selbst mit Blick auf die wichtigsten Tugenden demokratischer Politik neu zu definieren. Wo Politik einen eigenständigen Bereich bezeichnet, ist politisches Wissen autonom und unabhängig von abstrakten Gründen. Wo Politik einen Handlungsbereich beschreibt, ist politisches Wissen angewandt oder praktisch und kann als Praxis dargestellt werden. Wo Politik mit sich ausbildendem Bewußtsein und mit historisch sich wandelnden Umständen zu tun hat, ist politisches Wissen vorläufig und wandelbar. Wo Politik verstanden wird als

Produkt menschlicher Kunstfertigkeit und Findigkeit, ist politisches Wissen schöpferisch und gewollt – etwas, das geschaffen, nicht abgeleitet oder repräsentiert wird. Und schließlich, wo Politik die hervorragende Domäne der öffentlichen Angelegenheiten (res publica) darstellt, ist politisches Wissen eher gemeinschaftlich und konsensorientiert als subjektiv (das Produkt persönlicher Sinneswahrnehmung oder privater Gründe) oder objektiv (unabhängig von individuellen Willen existierend).

Die Unterscheidung zwischen politischer Erkenntnistheorie, verstanden als praktisches Urteil, und der traditionellen Erkenntnistheorie der reinen Vernunft wird in Abb. 2 zusammenfassend dargestellt. Sie ist als kurzgefaßte Einführung in die nachfolgende Diskussion zu verstehen.

ABBILDUNG 2: POLITISCHE ERKENNTNISTHEORIE

Die Philosophie sucht	*daher ist philosophisches Wissen*	*Die Politik ist jedoch*	*Daher kann politisches Wissen sein*
Wahrheit	abhängig, abgeleitet	eigenständig	autonom, unabhängig
Ruhe (Stasis)	spekulativ, reflexiv	Handlung, Erfahrung	angewandt, praktisch
Das Absolute, Ewige	unveränderlich	sich entwickelnd	provisorisch, flexibel
Realität als festgelegt, gegeben	abbildend	menschliche Erfindungsgabe	schöpferisch, gewollt
persönliche Gewißheit	subjektiv, objektiv	öffentliches Urteilen	auf Konsens gerichtet, gemeinschaftlich

Es ist der pragmatische und selbstregulative Charakter demokratischer Politik, der demokratisches politisches Wissen autonom macht. Während das Wissen in der Philosophie als abhängig und aus Beobachtung (Empirismus) oder von Ideen (Idealismus) abgeleitet gilt, ist die politische Welt – wie Kants moralische Welt – von uns geschaffen. Sie ist daher in erkenntnistheoretischer Hinsicht autonom. Der Prüfstein politischen

Wissens ist nicht die Frage »Entspricht es den Maßstäben einer unkorrigierbaren Metaphysik?«, sondern »Entspringt es dem schöpferischen Konsens autonomer Bürgerwillen?« Der abstrakte Status von Wahrheitsansprüchen hat für die zweite Frage keine Gültigkeit.[9]

Diese Autonomie erklärt, warum »Souveränität« seit Aristoteles von zentraler Bedeutung für die Konzeptualisierung der Politik gewesen ist, und erhellt vielleicht auch, warum man der Politik den Rang einer »höheren Wissenschaft« zuschreibt, die die übrigen menschlichen Erfahrungsbereiche ordnet. Die Politik ist souverän, gerade weil sie eine autonome Sphäre bezeichnet, deren Maßstäbe durch »den höchsten und umfassendsten aller menschlichen Zusammenschlüsse« (Aristoteles) geschaffen werden und nicht nur darin zur Anwendung kommen.

Hat man das politische Wissen erst einmal von der Metaphysik befreit, so verliert es auch gewisse analytische Beschränkungen der Metaphysik – vor allem das sog. Sein-Sollen-Problem (der naturalistische Fehlschluß, der – so behaupten Kritiker – versucht, Normen und Werte in Natur und Wissenschaft zu verwurzeln). Liberale, die sich der Metaphysik verpflichtet fühlen, den Fehlschluß jedoch vermeiden wollen, sind gezwungen, analytische Deduktionsregeln in den Bereich des Politischen einzuführen, die verhindern, daß normative Schlüsse aus de-

---

[9] Diejenigen, die weiterhin behaupten, daß Philosophie und Politik miteinander verbunden sind, neigen heutzutage dazu, die Meinungsstreitigkeiten und die Ungewißheit der Politik wieder auf Metaphysik und Naturwissenschaft zurückzuführen, anstatt der Politik eine vermeintliche metaphysische oder wissenschaftliche Gewißheit aufzupfropfen. J. N. W. Watkins hat diese Form der Wissenssoziologie zum Ausdruck gebracht, wie sie sich von Karl Mannheim über Thomas Kuhn und Jügen Habermas entwickelt hat. Watkins beschreibt (in Kritik an Anthony Quinton), daß »unsere Wissenschaft, wie unser Recht und unsere Politik, im wesentlichen kontrovers ist. Ich schließe daraus, daß der Humesche Empirismus, mit seinen verdeckten Hinweisen darauf, daß Irrtümer lasterhaft sind und die Wissenschaft sich reibungslos und harmonisch weiterentwickelt, was die Politik ebenfalls tun sollte, in beiden Fällen irrt. (»Epistemology and Politics«, *Proceedings of the Aristotelian Society*, n. s., vol. 58, 79th Session (1957-1958): 102).

skriptiven Prämissen gezogen werden. Wenn aber politisches Denken eher empirisch als syllogistisch, eher kreativ als deduktiv ist, dann brauchen wir uns (im Gegensatz zu C. B. Macpherson etwa) nicht darum zu bemühen, aufzuzeigen, daß einige Formen des Schließens weniger streng sind als die formale Deduktion, und daß solche Schlüsse normatives politisches Denken gerechtfertigt erscheinen lassen.[10] Mit anderen Worten, wenn politisches Schlußfolgern von keiner Metaphysik abhängt, dann ist es auch nicht von metaphysischen Dilemmata wie dem naturalistischen Fehlschluß betroffen. Diese Diskussion verweist uns auf einen zweiten Grundzug des Politischen – auf seinen empirischen Charakter.

Politisches Wissen entsteht im Zusammenhang von Geschichte und Erfahrung und soll in einem zukünftigen Bereich gemeinsamen Handelns seine Anwendung finden. Es beantwortet Fragen wie »Was sollen wir tun?«, »Wie sollen wir unsere Meinungsverschiedenheiten schlichten?« und »Wie können wir uns als gerechte Gemeinschaft verhalten?« Auf solche Fragen gibt es keine »richtigen« oder »falschen« Antworten, keine richtigen oder falschen Standpunkte. Es gibt lediglich alternative Vorstellungen, die um die Zustimmung der Gemeinschaft konkurrieren. Die Ansprüche der »Politischen Wissenschaft« oder der »Parteiavantgarde« haben hier keine Bedeutung. Die Vergangenheit ist da, um in Form von Auszügen aus der Tradition zu Rate gezogen zu werden, aber es ist die Zukunft, die das politische Urteil aus einer gegenwärtigen Gemeinschaft heraus erschaffen muß.

Diese machtvolle empirische Komponente in jedem politischen Wissen und Wahrnehmen – die vom kollektiven menschlichen Willen für eine gemeinsame Zukunft nutzbar gemachte gemeinsame Vergangenheit – hat in der Tat viele Autoren dazu

---

[10] C. B. Macpherson schreibt: »Ich werde zeigen, daß es in jedem Sinn außer in dem einer streng logischen Folgerung möglich ist, Pflichten aus Tatsachen abzuleiten« *The Political Theory of Possessive Individualism* (Oxford 1962) S. 81. Dt.: *Die politische Theorie des Besitzindividualismus* (Frankfurt 1973), S. 98.

veranlaßt, politisches Wissen von anderen Formen des Wissens zu unterscheiden. So unterschiedliche Denker wie Habermas, Winch, Taylor, Louch, Pocock und Berger, die weder in der Ideologie noch in dem, was sie für das Wesen der Erfahrung halten, übereinstimmen, teilen doch die Überzeugung, daß man aufgrund der Bedingungen des praktischen politischen Urteilens Wissenschaft und spekulative Philosophie als Modelle für politisches Schlußfolgern ausschließen muß.[11]

Politisches Wissen ist in jedem Fall und immer vorläufig. Dies liegt auch daran, daß es Anteil am evolutionären Charakter alles Politischen hat. Dieselbe Flexibilität, die es der Politik ermöglicht, sich an ihre Geschichte und jene sich entwickelnden Prioritäten anzupassen, die das sich erweiternde Bewußtsein im Übergang von privaten zu öffentlichen Formen des Wahrnehmens und Handelns entdeckt, führt auch zur Wandelbarkeit jener Maximen und Normen, welche die Bewußtseinserweiterung bestimmen. Die vom politischen Urteil hervorgebrachten Normen sind nicht deshalb vorläufig, weil sie relativ oder schwach wären – tatsächlich können sie durchaus stark sein und entschiedenes Handeln motivieren –, sondern weil sie einem gemeinsamen Willen entspringen, der selbst vorläufig und ständigen Korrekturen unterworfen ist. Sie sind das Produkt eines fortwährenden Prozesses demokratischen Sprechens, der Beratung, des Urteilens und Handelns, und sie erhalten ihre Rechtfertigung allein durch diesen Prozeß, in dem die sich wandelnden Bedingungen und die sich allmählich ausbildenden gemeinsamen Ziele einer politischen Kultur aufgezeigt und überprüft

---

[11] Vgl. Jürgen Habermas, *Erkenntnis und Interesse* (Frankfurt 1973); Peter Winch, *The Idea of a Social Science* (London 1958) Dt.: *Die Idee der Sozialwissenschaft* (Frankfurt 1975); Charles Taylor, *The Explanation of Behavior* (London 1964), und »Interpreting the Sciences of Man«, *Review of Metaphysics*, 25, 1 (September 1971), Dt.: *Erklärungen und Interpretation in den Wissenschaften vom Menschen* (Frankfurt 1975); A. R. Louch, *Explanation and Human Action* (Berkeley 1969); G. A. Pocock, *Politics, Language and Time* (New York 1973); Peter Berger und Thomas Luckmann, *The Social Construction of Reality* (Garden City, N.Y. 1966), Dt.: *Die gesellschaftliche Konstruktion der Wirklichkeit* (Frankfurt 1969).

werden. Der Status dieser Normen ist daher immer sowohl sicher (gerechtfertigt) als auch bedingt (offen für neue Beurteilungen). Die Bedingtheit politischen Wissens in einer starken Demokratie verkörpert die Offenheit und Flexibilität, durch die sich ein Volk auszeichnen muß, das sich wahrhaft selbst regiert. Da das Ziel darin besteht, eher funktionierende Faustregeln als festgefügte Wahrheiten zu finden, eher gemeinsames Bewußtsein als unveränderliche Prinzipien zu entwickeln, wird eine gemeinsame Sprache und eine Form gemeinsamen Wahrnehmens notwendig, um zu gerechtfertigten politischen Urteilen zu kommen.

Zudem erscheint politisches Wissen in einer starken Demokratie eher schöpferisch als abbildend. Mit seiner Sicht des Verhaltens als etwas von uns Gemachtem ist der starke Demokrat eher Kantianer als Platoniker. Die Politik verdammt uns zu einer Freiheit, aus der uns auch die reine Vernunft nicht erlösen kann. Kreativität und die Fähigkeit, auf neue Art, nämlich empathetisch wahrzunehmen, werden zu den besonderen Tugenden einer wirksamen politischen Erkenntnistheorie. Denn die Herausforderung besteht darin, eine Vision von der Zukunft der Menschen zu entwickeln und andere für sie zu begeistern – nicht selten, indem man sie deren Vision anpaßt. Indem wir unsere politischen Institutionen gestalten, formen wir unser politisches Wissen. Indem wir uns eine Verfassung geben, bestimmen wir Form und Charakter unserer politischen Erkenntnistheorie. Bei der Bewältigung dieser Aufgaben ist das politische Urteil unser wichtigstes, wenn nicht einziges Hilfsmittel.

Der Unterschied zwischen politischem Urteilen und jenem innigen metaphysischen Gespann von Objektivität und Subjektivität ist für die starke Demokratie von ganz entscheidender Bedeutung. Obwohl die Kluft zuweilen von Begriffen wie Intersubjektivität überbrückt wird, sind die Begriffe der Gewißheit von Sinneswahrnehmungen in der Philosophie und der Übereinkunft in der Politik grundsätzlich unvereinbar. In der Tat ist es vor allem die Idee des öffentlichen Wahrnehmens gewesen, die der Abhängigkeit des modernen politischen Liberalismus von der Philosophie zum Opfer gefallen ist. Das griechische *theoria* kommt von *thea*, dem Akt des Schauens, und die politische Theorie empfahl die Form öffentlichen Schauens, der die Individuen und ihre Interessen im Kontext gegenseitiger menschlicher Abhängigkeit und politischer Gemeinschaft verpflichtet waren. Politisches Urteilen, und das heißt für uns politisches Wahrnehmen, ist nicht subjektiv, denn es entsteht aus gesellschaftlicher Interaktion und aus dem schöpferischen Bemühen von Individuen, gemeinsam wahrzunehmen. Aber solch ein Urteil ist auch nicht objektiv, denn es erhebt keinen Anspruch darauf, allgemeingültig zu sein oder aus einer unabhängigen Ordnung der Dinge hervorzugehen. Es ist eine Art »Wir«-Denken, welches Individuen dazu bringt, ihre Interessen, ihre Ziele, ihre Normen und Pläne in einer auf Gegenseitigkeit beruhenden Sprache der öffentlichen Güter neu zu formulieren. »Ich will X« muß neu verstanden werden als »X wäre gut für die Gemeinschaft, der ich angehöre« – eine Operation in sozialer Algebra, für die sich nicht jedes »X« eignen wird.

Es gilt als große Errungenschaft, daß die Moderne den Menschen von den Einschränkungen befreit hat, die ihm Natur und Geschichte auferlegen. Tatsächlich wurde der Mensch nur aus der Naturgeschichte entlassen, um in die Fänge der Philosophie zu geraten. Das politische Urteil wurde in der neuen liberalen Staatstheorie zum Diener der neuen Metaphysik – dessen, was aus Wissenschaft, Naturgesetz oder nicht weiter reduzierbarer Sinneswahrnehmung abgeleitet werden konnte. Jene neue Bindung entsprach der neuen Abhängigkeit des politischen Regiments vom psychologischen Hedonismus und der politischen Regeln von ökonomischen Vorbildern wie Handel, Tausch, Verträgen und Märkten, ja förderte sie vielleicht sogar. Die einst geübte Kunst öffentlichen Wahrnehmens wurde auf Buchhaltung reduziert: Man verzeichnete und sammelte vorgegebene Privatinteressen in Formeln, die den Verzicht auf einige private Rechte und Freiheiten forderten, um die übrigen zu sichern

(Hobbes), oder das größte Wohl für die größte Zahl (Bentham), oder die Maximinstrategie des möglichst geringen individuellen Risikos (Rawls). Diese auf Recht, Nutzen und Fairness gründenden Formeln leugneten die Möglichkeit eines öffentlichen Gutes, das über eine Ansammlung individueller und partikulärer Güter hinausgeht. Sie verwarfen Normen, die nicht auf Privatinteressen zurückzuführen waren, als nicht einklagbare Verpflichtungen und verbannten die rousseausche Bemühung, den Einzelnen und die Gemeinschaft im Allgemeinen Willen zu versöhnen, auf jene Müllhalde, auf der alle Versuche in der Quadratur des Kreises landen.

Madison führte diese moralische Geometrie in die amerikanische Politik ein, als er schrieb: »Die Politik, die darin besteht, den Mangel an besseren Motiven durch entgegengesetzte rivalisierende Interessen zu ersetzen, kann man in sämtlichen menschlichen Angelegenheiten, den öffentlichen und den privaten, entdecken.«[12] Daß es sie auch heute noch gibt, wird an dem folgenden Zitat aus einem Buch deutlich, das ein bekannter Regierungsbeamter unter dem treffenden Titel »*The Public Use of Private Interests*« veröffentlicht hat: »Marktähnliche Arrangements ... führen dazu, daß wir Mitleid, Patriotismus, brüderliche Liebe und religiöse Solidarität immer weniger als Antriebskräfte für soziale Verbesserungen brauchen. ... Die Nutzbarmachung *niederen* materiellen Eigeninteresses zur För-

---

[12] James Madison, *The Federalist Papers*, no. 51 (New York, 1937), S. 337. Bernard Mandeville gab den Anstoß zu diesem bemerkenswert modernen Marktbegriff des Gebrauchs von Egoismus in einer Diskussion über private Laster und öffentliche Tugenden: »Die weltlichen Interessen der ganzen Gesellschaft kollidieren oft mit dem Seelenheil jedes ihrer einzelnen Mitglieder. Wir sehen alltägliche Männer aus Müßiggang und Trägheit gerissen und angespornt zu Wetteifer und sinnvoller Arbeit, durch keinen besseren Beweggrund als Neid; und es wird allgemein für selbstverständlich erachtet, daß Habsucht und Stolz die wichtigsten Antriebe des Handels und der Industrie sind.« Anders als Madison jedoch, wendet Mandeville im weiteren ein, »daß diese Laster vor denen uns das Evangelium richtigerweise warnt, die Samen fast aller Ungleichheit und Umstürze in sich bergen, die begangen werden« (*Free Thoughts on Religion* (London 1720), S. 12).

derung des Gemeinwohls ist vielleicht die bedeutendste soziale Erfindung, die die Menschheit gemacht hat.«[13]

Da wir, abgesehen von den Heiligen unter uns, alle die kreative Fähigkeit, öffentlich wahrzunehmen, verloren haben, versuchen wir, diesen »Defekt« – um mit Madison zu sprechen – mit Hilfe von Marktmechanismen zu beheben. Aber selbst wenn sie überhaupt funktionieren, sind sie dem politischen Urteil als der Befähigung zu demokratischer Beratung entschieden unterlegen. In ihrer Vorstellung, daß man in einer Gesamtmenge von Privatinteressen tatsächlich eine Art Gemeinwohl entdecken könne, stoßen sowohl Madison als auch Charles Schultz an das, was Ruskin den »Kompositionsfehlschluß« genannt hat. Und selbst wenn sie erfolgreich wären, möchte man mit Rousseau fragen, ob »es wirklich so eine wunderbare Sache ist, den Menschen ein Zusammenleben ohne gegenseitige Heuchelei, gegenseitige Konkurrenz, gegenseitigen Verrat und gegenseitige Vernichtung unmöglich gemacht zu haben?«[14] Selbst dort, wo niedere Beweggründe ein brauchbares, öffentliches Interesse hervorbringen, werden sie die Bürgerschaft weiter untergraben, denn sie zwingen die Menschen dazu, privat anstatt öffentlich zu denken und das politische Urteil durch ein privates zu ersetzen.

Demokratie verlangt nicht nur starke Privatinteressen, sondern auch wirksame öffentliche Urteile. Um diesem Bedürfnis zu entsprechen, müssen wir eine Form des politischen Bewußtseins entwickeln, die das Verständnis und die Sympathien von Individuen, die aus Eigeninteresse handeln, erweitert und sie zu Bürgern macht, die sich selbst und ihre Interessen anhand neuer gemeinschaftlicher Normen und neu vorgestellter öffentlicher Güter einer Überprüfung zu unterziehen in der Lage sind. In einem Versuch, der Hegelschen Dialaktik ein demokratisches

---

[13] Charles Schultz, *The Public Use ob Private Interests* (Washington, D. C., 1977), S. 18. Schultz war unter Präsident Nixon Direktor des Bureau of the Budget und unter Präsident Carter Vorsitzender des Council of Economic Advisors.
[14] Jean Jaques Rousseau, Vorwort zu *Narcisse* (1751), übersetzt von Benjamin R. Barber und Janis Forman, *Political Theory* 6, 4 (November 1978), S. 12.

Gewand umzuhängen, schrieb T. H. Green, für den demokratischen Bürger liege »die Wirklichkeit in der sozialen Anerkennung« und die Forderungen des öffentlichen Rechts könnten nur in einem »gemeinsamen Bewußtsein« ihre Heimat finden.[15]

Im weiteren Verlauf dieses Kapitels werde ich versuchen, anhand einer Diskussion der drei grundlegenden Stadien dieses demokratischen Prozesses die Idee des gemeinsamen Bewußtseins genauer dazulegen. Das erste und zugleich bedeutsamste Stadium ist das des politischen Sprechens, es ist das Medium, in dem politische Urteilsbildung gepflegt wird. Da es sich dabei um das Herzstück der starken Demokratie handelt, wird dieser Abschnitt ausführlicher behandelt werden. Wir werden das Sprechen als Akt des Redens und Zuhörens untersuchen, als Erkennen und Gefühl, als Festlegung der Tagesordnung und Reformulierung der Verhandlungsgegenstände, als wechselseitiges Ausloten und Artikulieren von Interessen.

Politisches Sprechen: Allgemeine Merkmale

Im Zentrum der starken Demokratie steht das Sprechen. Wie wir sehen werden, ist Sprechen nicht nur Reden. Es bedeutet vielmehr jede menschliche Interaktion, an der Sprache oder sprachliche Zeichen beteiligt sind. Das Sprechen liegt im Kern der westlichen Vorstellung vom Politischen seit Aristoteles den *logos* als die besondere menschliche und soziale Fähigkeit identifiziert hat, welche die Gattung Mensch von den Tieren unterscheidet, die ansonsten durch ähnliche Bedürfnisse und Fähigkeiten bestimmt sind. Indem aber das Sprechen ein Synonym für das Politische wurde, wurden auch seine Bedeutungen so vielfältig wie die des Politischen.

Demokratische Liberale halten auch heute noch daran fest, daß Politik und Sprechen nahezu identisch sind, aber sie tun das, indem sie das Sprechen auf die kleinlichen Dimensionen

---

[15] T. H. Green, *The Principles of Political Obligation* (London 1941) S. 143-44.

ihrer Politik reduzieren und es zu einem Mittel symbolischen Austauschs zwischen habgierigen, wiewohl klugen Tieren machen. »Descartes, Locke und Newton haben uns die Welt genommen«, klagt Yeats in seinen *Explorations*, »und uns an ihrer Stelle deren Auswurf gegeben«. Hobbes, Bentham und Laswell nehmen uns das Sprechen und geben uns dafür Lärm: Muh- und Mählaute, die Handelsangebote darstellen sollen in einer Welt niederen Wettstreits. Die ersten zehn Bücher des *Leviathan* bieten uns eine gewissenhaft reduktionistische Lexikographie, in der jeder Begriff aus der Sprache der Rhetorik seine nüchtern strenge Entsprechung in den Grundlagen der Psychologie erhält. Innerhalb von drei Jahrhunderten hat diese Lexikographie, begünstigt durch die Reiz-Reaktions-Modelle des sozialen Verhaltens, die nominalistischen und behavioristischen Sprachmodelle und die logisch-positivistischen Modelle der Sozialwissenschaft das politische Sprechen verarmt, nicht nur als Mittel der Politik, sondern auch als Instrument, um politische Prozesse einsichtig zu machen. Dennoch bleibt das Sprechen von zentraler Bedeutung für die Politik, die völlig verdorren würde ohne seine Kreativität, Vielfalt, Offenheit und Flexibilität, seine Erfindungskraft, Entdeckergabe, Subtilität und Komplexität, seine Beredtheit, sein Vermögen zur Einfühlung und gefühlvollem Ausdruck und seinen zutiefst paradoxen (manche würden sagen: dialektischen) Charakter, der den Menschen als ein seiner Natur nach zielbewußtes, in Beziehung stehendes und aktives Wesen zeigt. Bevor wir nun eine detaillierte Diskussion der Funktion des Sprechens in der Demokratie beginnen, möchte ich drei allgemeine Bemerkungen machen. Erstens beinhaltet das Sprechen in einer starken Demokratie im selben Maße Zuhören wie Reden; zweitens ist es sowohl vom Gefühl als auch vom Verstand bestimmt; und drittens greift es aufgrund seiner Zweckgerichtetheit aus dem Bereich reiner Reflektion auf die Welt des Handelns über.

Betrachtet man die neuere liberale Theorie und die Idee der Demokratie als Interessenpolitik, dann fällt es gar nicht schwer, zu verstehen, warum Sprechen mit Reden verwechselt und Reden auf die Artikulation von Interessen mittels geeigneter Zeichen reduziert werden kann. Und doch heißt Sprechen als Akt der Kommunikation offensichtlich, etwas zu empfangen und etwas zu äußern, etwas zu hören und etwas zu sagen, sich einzufühlen und sich auszudrücken gleichermaßen. Die liberale Reduktion von Sprechen auf Reden hat unseligerweise politische Institutionen bestärkt, welche die Artikulation von Interessen fördern, die schwierige Kunst des Zuhörens jedoch geringschätzen. Es fällt unseren Repräsentanten sehr viel leichter, an unserer Stelle zu sprechen als an unserer Stelle zu hören (wir schicken keine Abgeordneten in Konzerte oder Vorträge), so daß in einem vorwiegend repräsentativen System die Funktion des Redens auf-, die des Zuhörens hingegen abgewertet wird. Die geheime Wahl gibt dem Wähler zwar die Möglichkeit, sich zu äußern, nicht aber, sich von anderen beeinflussen zu lassen oder gar für seine privaten Entscheidungen in einer öffentlichen Sprache Rechenschaft ablegen zu müssen.[16] Das anglo-amerikanische System gegnerischer Interessen, das in der Teilung der Gewalt in konkurrierende Bereiche zum Ausdruck kommt, belohnt gleichfalls das Reden und bestraft denjenigen, der zuhört. Das Ziel besteht darin, in Streitverfahren den Sieg davonzutragen – mit anderen Worten: Punkte zu machen und seine Gesprächspartner zu überwältigen. In der Tat ist Sprache innerhalb von gegnerschaftlichen Systemen eine Form von Aggression, nichts als eine weitere Spielart der Macht. Es ist die Fortsetzung des Krieges aller gegen alle mit anderen Mitteln.

[16] In *On Representative Government* argumentiert John Stuart Mill gegen die geheime Abstimmung. Er bemerkt, daß »bei jeder politischen Wahl, selbst unter der Voraussetzung des allgemeinen Wahlrechts, ...der Wähler unter einer absoluten moralischen Verpflichtung steht, nicht seinen persönlichen Vorteil, sondern das öffentliche Interesse im Auge zu haben und seine Stimme nach bestem Wissen genau so abzugeben, wie er es zu tun verpflichtet wäre, wenn er als einziger eine Stimme hätte und die Wahl allein von ihm abhinge«. Dt.: *Betrachtungen über die repräsentative Demokratie*, (Paderborn 1971), S. 169. Die geheime Wahl, in der der Wähler nur seinen Privatinteressen folgt und nicht verpflichtet ist, seine Handlungen öffentlich zu rechtfertigen, korrumpiert die staatsbürgerliche Verantwortung.

Der partizipatorische Prozeß der Selbstgesetzgebung, der die starke Demokratie kennzeichnet, versucht die Politik gegnerischer Interessen auszugleichen, indem er die Kunst des gegenseitigen Zuhörens fördert. »Ich werde zuhören« heißt für den starken Demokraten nicht: »Ich werde die Position meines Gegenspielers auf ihre Schwächen und Vergleichsmöglichkeiten hin durchleuchten«, ja nicht einmal (was etwa ein Minimalist denken könnte): »Ich werde ihn toleranterweise sagen lassen, was immer er sagen möchte«. Es bedeutet vielmehr, »Ich werde mich an seine Stelle versetzen, ich werde versuchen zu verstehen, ich werde mich bemühen, das wahrzunehmen, worin wir uns ähneln, ich werde hören, ob es eine gemeinsame Redeweise gibt, in der ein gemeinsamer Zweck oder ein gemeinsames Gut anklingt.«

Gute Zuhörer mögen sich als schlechte Anwälte erweisen, aber sie geben erfahrene Staatsbürger und ausgezeichnete Nachbarn ab. Liberale Demokraten neigen dazu, dem Reden einen hohen Wert beizumessen und befassen sich daher mit formaler Gleichheit. Zuhörer dagegen haben ein Gefühl dafür, daß durch die Überbetonung der Funktion des Redens die natürliche Ungleichheit der Fähigkeiten einzelner, sich klar, beredt, folgerichtig und rhetorisch geschickt auszudrücken, noch vergrößert würde. Das Zuhören ist eine wechselseitige Kunst, die, indem sie zur Ausübung kommt, mehr Gleichheit schafft. Der einfühlsame Zuhörer wird seinem Gesprächspartner ähnlicher, während beide ihre Unterschiede durch Gespräch und gegenseitiges Verstehen überbrücken. Ein Maßstab für ein gelungenes politisches Gespräch ist tatsächlich, wieviel *Schweigen* es zuläßt und fördert, denn das Schweigen ist jenes kostbare Medium, in welchem das Nachdenken gefördert wird und das Einfühlungsvermögen wachsen kann. Ohne das Schweigen gibt es nur das Geschwätz heiserer Interessen und insistierender Rechte im Wettstreit um die tauben Ohren ungeduldiger Gegner. Schon die bloße Vorstellung von Rechten – das Recht zu sprechen, das Recht, Schriftsätze einzureichen, das Recht gehört zu werden – schließt Schweigen aus. Die Quäker-Versammlung enthält eine wichtige Botschaft für Demokraten, aber diese sind oft viel zu sehr damit beschäftigt, ihre Interessen zu artikulieren, um sie vernehmen zu können.

Die zweite wesentliche Forderung an das Sprechen in einer starken Demokratie ist, daß es sowohl affektive als auch kognitive Elemente einschließe. Philosophen und Rechtswissenschaftler haben sich, bei ihrem vergeblichen Streben nach einer vollkommen rationalen Welt, vermittelt in vollkommen rationalen Sprachformen, in besonderer Weise der einseitigen Intellektualisierung des Sprechens schuldig gemacht. Wittgensteins späte Behutsamkeit im Umgang mit der Sprache und ihren Grenzen haben sie aufgegeben und versuchen nun immerfort, widerspenstige Wörter der Zucht der Logik zu unterwerfen, der Sprache die Zwangsjacke der Vernunft anzulegen, das Sprechen so weit zu bringen, daß es Rationalität nicht nur enthüllt, sondern auch bestimmt.[17] Bruce Ackermans Buch ist lediglich der freimütigste und ausdrücklichste unter den jüngsten Versuchen, der Sprache eine Reihe »neutraler Beschränkungen« aufzuerlegen, die das Sprechen zum Vater der Gerechtigkeit machen.[18]

---

[17] Wittgenstens frühe Bestrebungen (im *Tractatus*), eine vollkommene logische Symmetrie zwischen Sprache und Vernunft herzustellen – sie ganz und gar analytisch zu machen –, wichen später einem sehr viel dichteren und weniger eindeutigen Verständnis von Sprache. Er vergleicht die Sprache mit einer »alten Stadt: ein Gewinkel von Gäßchen und Plätzen, alten und neuen Häusern und Häusern mit Zubauten aus verschiedenen Zeiten (...)« *Philosophische Untersuchungen*, (Frankfurt 1971), 18. Was auch immer die Vorzüge des philosophischen Versuchs, Sprache der Logik (und damit der Mathematik) anzugleichen, sein mögen – und all diese Vorzüge wurden von Alfred North Whiteheads und Bertrand Russells architektonischem Versuch in deren *Principia Mathematica* systematisch abgeklopft –, der politische Versuch, Sprache an formale Rationalität anzugleichen, ist mißglückt.

[18] Bruce Ackerman stellt die Idee des neutralen Dialogs in den Mittelpunkt seiner Theorie der Gerechtigkeit in *Social Justice and the Liberal State* (New York 1980). Sein Entwurf endet jedoch ebenso apolitisch und abstrakt wie die vertragstheoretischen und utilitaristischen Theorien, die er kritisieren will. Eine Kritik an Ackerman, die den Schwerpunkt auf das Wesen der politischen Sprache legt, findet sich in meinem Artikel »Unconstrained Conversations«, in *Ethics* 93, 2 (Januar 1983).

Bürgerschaft und Partizipation

Diese sprachliche Eugenik, in welcher Gerechtigkeit durch das regelgeleitete Hervorbringen von Wörtern produziert wird, droht die Vorstellung von Gerechtigkeit als dem Produkt des politischen Urteilens völlig zu verdrängen. Die meisten Philosophen würden Bertrand Russell darin beipflichten, daß das »wirkliche Leben« ein langes Zweitbestes ist, ein fortwährender Kompromiß zwischen dem Idealen und dem Möglichen«, während »die Welt der reinen Vernunft keinen Kompromiß, keine praktischen Grenzen, kein Hindernis für den schöpferischen Akt kennt, in großartigen Gedankengebäuden das leidenschaftliche Streben nach vollkommener Form zu verkörpern.« So wird die Suche nach philosophischer Gerechtigkeit zur »Flucht aus dem trostlosen Exil der wirklichen Welt.«[19] Das durch die Philosophie disziplinierte Sprechen ist aber nicht nur würdig, in die Welt der reinen Vernunft einzugehen, es ist als gemeinsamer Nenner von Politik und Philosophie in der Lage, die Politik dorthin mitzunehmen. Im Großen und Ganzen jedoch hat dieser mutige Griff nach einer anderen Welt die Politik ärmer gemacht, ohne je eine Belebung des Gesprächs zu bewirken.

Aber die Philosophen sind nicht die eigentlichen Missetäter. Selbst wenn sie den Ton angeben, unterstehen sie Einflüssen, und wenn sie nicht immer anerkannt haben, daß – wie Kolakowski sagt – »der Mensch als kognitives Wesen nur einen Teil des ganzen Menschen ausmacht«[20], so liegt das unter anderem daran, daß die politischen Liberalen, denen sie beistehen wollen, sie davon überzeugt haben, daß der Mensch als Geschöpf der Interessen den ganzen Menschen ausmache und die Rationalisierung dieser Interessen Aufgabe der Philosophen sei. Man kann den Philosophen daher kaum zum Vorwurf machen, daß sie Begriffe von Vernunft entwickelt haben, die in einer instrumentellen Klugheit wurzeln, und Begriffe von Gerechtigkeit,

---

[19] Bertrand Russell, »The Study of Mathematics«, *Mysticism and Logic* (New York 1957), S. 57-58.
[20] Leszek Kolakowski, zitiert von Richard Bernstein, *Praxis and Action*, (Philadelphia 1971), S. 74.

die ihre Rechtfertigung aus aufgeklärtem Eigeninteresse ziehen. Wie könnte das Sprechen unter diesen Umständen anders als kognitiv sein?

Ohne diese künstlichen Disziplinierungen jedoch erscheint das Sprechen als Vermittlungsinstanz von Gefühl und Zugehörigkeit, Interesse und Identität, Patriotismus und Individualität gleichermaßen. Es kann Gemeinschaft bauen und Rechte wahren, den Konsens suchen und Konflikte lösen. Neben Inhalten und Bedeutungen bietet es Schweigen, Rituale, Symbole, Mythen, Äußerungen und Ansprüche und hundert weitere leise oder laute Manifestationen unseres gemeinsamen Menschseins. Die starke Demokratie sucht Institutionen, die all dem eine Stimme leihen – und ein Ohr.

Der dritte Aspekt, den liberale Theoretiker unterschätzt haben, ist die Mitwirkung des Sprechens im Handeln. Im Sprechen können wir alternative Zukunftsentwürfe erfinden, gemeinsame Zwecke schaffen und konkurrierende Vorstellungen von Gemeinschaft entwickeln. Die in ihm angelegten Möglichkeiten versetzen das Sprechen in den Bereich von Absichten und Folgen, machen es gleichzeitig vorläufiger und konkreter als die Philosophen gewöhnlich anerkennen.

Dieses Versagen ihrer Vorstellungskraft rührt zum einen aus der Teilnahmslosigkeit der Politik magerer Demokratie, zum anderen aus dem ungeduldigen Umgang der spekulativen Philosophie mit der Kontingenz, die sowohl Möglichkeiten als auch Unbestimmtheit nach sich zieht. Aber bedeutsame politische Wirkungen und Handlungen sind nur in dem Maße möglich, in dem die Politik in eine Welt der Schicksalhaftigkeit, der Ungewißheit und der Kontingenz eingebettet ist.

Politisches Sprechen ist nicht Sprechen *über* die Welt, es ist ein Sprechen, welches die Welt schafft und immer wieder neu schafft. Die Haltung eines Anhängers der starken Demokratie ist daher »pragmatisch« im Sinne der Definition, die William James vom Pragmatismus gibt: als einer »Haltung, die sich abwendet von den ersten Dingen, Prinzipien, ›Kategorien‹, vermeintlichen Notwendigkeiten, und auf die letzten Dingen schaut, auf Früchte, Konsequenzen und Fakten«.[21] James' Pragmatiker »wendet sich dem Konkreten und Angemessenen, den Tatsachen, dem Handeln und der Macht zu ... (Pragmatismus) bedeutet daher die Offenheit und die Möglichkeiten der Natur im Gegensatz zum Dogma, zur Künstlichkeit und zur vorgeblichen Endgültigkeit von Wahrheit.« Starke Demokratie ist Pragmatismus übersetzt in partizipatorische Politik. Obwohl James die weitreichenden politischen Konsequenzen seiner Position nicht weiter verfolgt hat, hielt er fest: »Sehe bereits, wie demokratisch (Pragmatismus) ist. Seine Formen sind so vielfältig und flexibel, seine Quellen so reich und unerschöpflich, seine Schlußfolgerungen so freundlich wie die von Mutter Natur.«[22] Die aktive, zukunftsorientierte Disposition starkdemokratischen Sprechens bewahrt James' intuitives Gespür für die politischen Konsequenzen des Pragmatismus. Zukünftige Handlungen, nicht ein apriorisches Prinzip, sind das prinzipielle (aber nicht prinzipiengeleitete) Interesse solchen Sprechens.

Starkdemokratisches Sprechen beinhaltet also immer sowohl Hören als auch Reden, Fühlen und Denken, Handeln und Reflektion. Diese Charakteristika werden in den besonderen politischen Aufgaben des Sprechens in einem starkdemokratischen System offenbar, gleichzeitig tragen sie zu dessen Erklärung bei. Was nun folgt, ist eine Bestandsaufnahme dieser Aufgaben.

Neun Aufgaben des Sprechens in einer starken Demokratie

Die Aufgaben des Sprechens im demokratischen Prozeß sind in mindestens neun Kategorien unterteilbar. Die ersten beiden sind den Liberalen vertraut, sie umfassen den größten Teil dessen, was sie unter den Aufgaben des Sprechens verstehen. Die

---

[21] William James, *Pragmatism and the Meaning of Truth*, ed. A. J. Ayer (Cambridge, Mass. 1978), S. 32.
[22] Ibid., S. 44.

daraufolgenden sechs Funktionen kommen in der liberalen Theorie nur in abgeschwächter Form und an untergeordneter Stelle vor, u. a. weil sie von repräsentativen Institutionen und dem gegnerschaftlichen System nicht eben gefördert werden. Im letzten Punkt wird die alles umfassende Aufgabe des Sprechens beschrieben. Die neun Aufgaben sind:

1. Die Artikulation von Interessen; Verhandlung und Tausch
2. Überredung
3. Festlegen der politischen Tagesordnung
4. Ausloten von Wechselseitigkeiten
5. Ausdruck von Zugehörigkeit und Gefühl
6. Wahrung der Autonomie
7. Bekenntnis und Ausdruck des Selbst
8. Reformulierung und Rekonzeptualisierung
9. Gemeinschaftsbildung als Schaffung öffentlicher Interessen, gemeinsamer Güter und aktiver Bürger

1. *Die Artikulation von Interessen; Verhandlung und Tausch*. In den meisten liberalen Gemeinwesen wird das Sprechen als wichtigstes Medium des Austauschs zwischen konkurrierenden Individuen betrachtet, die versuchen, ihre Eigeninteressen durch Interaktionen auf dem Markt weitestgehend zu befriedigen. Ein gutes Beispiel dafür sind Verträge. Hierbei handelt es sich um ein ökonomisches Modell, und die Sprache ist nicht viel mehr als ein System mathematischer Zeichen – d. h. Quantifizierungen von Ausdrücken des Wettbewerbs wie »Ich will« und »Wieviel willst Du bezahlen?« –, wodurch Zuteilung, Bereicherung und Austausch möglich werden, von denen man annimmt, daß sie den Kern der Politik ausmachen. Der Begriff *Interesse* ist hier von entscheidender Bedeutung, enthält er doch die Vorstellung von Individuen, die hauptsächlich in Konkurrenz zueinander stehen. Mit diesem engen Verständnis des Sprechens wird gewiß ein Aspekt beschrieben, den es in allen demokratischen Herrschaftsformen hat. Aber diese Interpretation wirft auch Probleme auf. Indem Sprechen auf ein Mittel zur Aus-

Bürgerschaft und Partizipation

handlung hedonistischer Zwecke reduziert wird, entsteht ein den affektiven Gebrauchsformen des Sprechens feindliches und für die subtilen Ansprüche des Miteinander unempfängliches Klima. Diese Einschränkungen werden besonders deutlich am Problem des »Trittbrettfahrers«, welches die Verantwortlichen in den politischen und ökonomischen Schaltstellen bis heute verfolgt.[23] Trittbrettfahrer sind eigennützige Individuen, die sich um die Einhaltung von öffentlichen Verordnungen und Gemeinschaftsentscheidungen so lange nicht scheren, wie es keine sorgfältige Kontrolle oder äußeren Zwang gibt. Da sie ausschließlich eigennützig handeln und Bestimmungen nur beachten, weil sie der unvermeidliche Preis für die Unterstützung durch die anderen sind, sind sie willens, die Vorteile der »Öffentlichkeit« umsonst zu nutzen, solange man sie nicht daran hindert. Wie wir aus der im weiteren folgenden Diskussion der Natur des öffentlichen Nutzens erkennen werden, können Trittbrettfahrer nur in einer mageren Demokratie existieren, wo Verpflichtung die bedingte Folge eines Tauschgeschäftes ist. Staatsbürger sind keine Trittbrettfahrer und können es auch nicht sein, denn sie wissen, daß ihre Freiheit aus der Tatsache erwächst, daß sie gemeinsam Entscheidungen treffen und verwirklichen. Trittbrettfahren ist kein Betrug an anderen oder der Bruch eines abstrakten Versprechens, sondern Betrug an sich sich selbst.

2. *Überredung*. Liberale Demokraten bevorzugen ökonomische Modelle politischer Interaktion, aber sie sind viel zu klug, um zu glauben, die Möglichkeiten politischen Sprechens wären durch das Geschrei an der Börse und die durch dieses Geschrei

---

[23] Mancur Olson, Jr., hat eine prägnante Darstellung des Trittbrettfahrer-Problems geliefert: »Wenn nicht die Anzahl der Individuen in einer Gruppe recht klein ist oder Zwang ausgeübt wird bzw. ein anderes besonderes Mittel verfügbar ist, um die Individuen zum Handeln in gemeinsamem Interesse zu bringen, wird das rationale, eigennützige Individuum nichts tun, um gemeinsame oder Gruppeninteressen zu verwirklichen« (*The Logic of Collective Action*, New York, 1968, S. 2).

getätigten Handelsabschlüsse bereits erschöpft. Auch sie erkennen die Bedeutung von Überredung und Rhetorik an, selbst wenn sie dazu neigen, diese lediglich als Mittel zu begreifen, um andere von der Rechtmäßigkeit eigener Interessen zu überzeugen. Die Überredung stellt daher eine weitere wichtige Funktion des Sprechens in allen demokratischen Regierungsformen dar. Unter Liberalen wird sie gewöhnlich mit der Idee »rationaler Interessen« assoziiert, einer Vorstellung vom Sprechen, die keinem echten öffentlichen Interesse entspricht, gleichwohl aber ein ganzes Netz von Interessen vor Augen hat, welches private mit allgemeineren Gütern verbindet. Benthams Prinzip des größten Glücks, Smiths unsichtbare Hand und Rawls' Urzustand schließen die Vorstellung einer Interessenvernetzung ein. Derlei Argumentationen verleihen dem schieren Interesse den überzeugenden Klang der Allgemeingültigkeit und eine rhetorische Spur Gerechtigkeit, ohne daß der radikale Individualismus oder der psychologische Hedonismus aufgegeben würden.

Die rhetorischen Funktionen des Sprechens eignen sich für die Repräsentation. Individuen und Gruppen, die den öffentlichen Nutzen ihrer Privatinteressen darstellen wollen, suchen sich entsprechend begabte »Sprachrohre« – Redner, Anwälte und Senatoren –, welche die Kunst der Logik, des Rechtsstreits und der Gesetzgebung zum Einsatz bringen, um das Private in pseudoöffentliches Sprechen zu hüllen. Daß aber die Redner zu öffentlichen Begründungen greifen, ist ein Hinweis auf das politische Rechtfertigungspotential, das in der Idee der Öffentlichkeit liegt, erst recht in der liberalen Demokratie. Jener Senator, der einem rein privaten Interesse den Mantel öffentlichen Sprechens umhängt, zollt doch dieser Idee seinen – wenn auch kleinen – Tribut, selbst wenn er damit einem Schurken dient. Auf diese Weise führt noch das eingeschränkteste Verständnis von Überredung das Gemeinwesen über den Punkt hinaus, an dem das Sprechen lediglich Ausdruck rein privater Interessen ist, und verbindet es mit stärkeren Formen der Demokratie.

3. *Festlegung der Tagesordnung.* In liberalen Demokratien wird die Festlegung von Tagesordnungen gewöhnlich als Aufgabe der Eliten betrachtet – der Ausschüsse, Verwaltungsbeamten oder (sogar) der Meinungsforscher. Das liegt nicht etwa nur daran, daß Repräsentativsysteme die Festlegung der Tagesordnung delegieren oder die Beteiligung ihrer Bürger geringschätzen, sondern vielmehr daran, daß sie Tagesordnungen als festgelegt und selbstverständlich, fast als naturwüchsig, und in diesem Sinne in so vitalen demokratischen Prozessen wie Beratung und Entscheidungsfindung als von untergeordnetem Interesse erachten.[24]

Aber ein Volk, das seine politische Tagesordnung vermittels des Sprechens und des direkten politischen Austauschs nicht selbst festsetzt, begibt sich nicht nur eines vitalen Regierungsinstruments, sondern setzt damit auch seine verbliebenen Beratungs- und Entscheidungsbefugnisse einem fortwährenden Zersetzungsprozeß aus. Was als »Thema« oder »Problem« gilt, und wie solche Themen und Probleme formuliert werden, kann großen Einfluß auf die später getroffenen Entscheidungen haben. So könnte z.B. die Wahl zwischen dem Bau einer kleinen Schnellstraße und dem einer zwölfspurigen Bundesautobahn in Lower Manhattan für diejenigen von geringer Bedeutung sein, die es vorziehen, die städtischen Transportprobleme mit Hilfe des Schienenverkehrs zu lösen. Das Recht unter sechs gemäßigt konservativen Kandidaten zu wählen, vermag Sozialisten wahrscheinlich nicht dafür zu begeistern, sich zu engagieren. Auch genügt es nicht, eine große Bandbreite von Wahlmöglichkeiten anzubieten, denn was eine Option ausmacht – wie sie formuliert

---

[24] Die »Theorie der Nichtentscheidung« hat gezeigt, welch entscheidende Rolle verborgene Tagesordnungen und Nicht-Entscheidungen in der Demokratietheorie spielen. Seit Peter Bachrachs und Morton S. Baratz' anregendem Essay »The Two Faces of Power« (*American Political Science Review* 56, 4 (Dezember 1962), S. 947-52), haben sich die Demokratietheoretiker gegenüber der komplexen Struktur des ›agenda-setting‹ in einer Demokratie, also der Bestimmung dessen, was politisch relevant ist und was nicht, aufgeschlossener gezeigt.

ist – ist ebenso kontrovers, wie die Vielfalt der angebotenen Wahlmöglichkeiten. Abtreibung ist zweifellos ein Thema, das derzeit großes öffentliches Interesse erregt, aber man kann nicht einfach nur sagen, daß es auf die öffentliche Tagesordnung gehört. Die entscheidende Frage bleibt: Wie wird es präsentiert? So: »Glauben Sie, es sollte einen Verfassungszusatzartikel geben, der das Leben des ungeborenen Kindes schützt?«, oder so: »Glauben Sie, es sollte einen Verfassungszusatzartikel geben, der Abtreibungen verbietet?«. In einer Meinungsumfrage durch *New York Times* – CBS wurde die erste Frage von mehr als der Hälfte aller Befragten mit »ja« beantwortet, als man ihnen die zweite Frage vorlegte, waren es nur noch 29%.[25] Wer die Tagesordnung kontrolliert – und sei es auch nur in ihrem Wortlaut – kontrolliert das Ergebnis. Der Kampf um den Zusatzartikel über die rechtliche Gleichstellung aller (ERA: Equal Rights Amendment) wurde wahrscheinlich verloren, weil es seine Gegner fertigbrachten, ihn als Ruf nach »Zerstörung der Familie, Legitimierung der Homosexualität und Abschaffung der Geschlechtertrennung bei öffentlichen Toiletten« zu präsentieren. Den Befürwortern des ERA ist es nie gelungen, die Initiative als eine Maßnahme darzustellen, die »Frauen in den Genuß der verfassungsmäßig garantierten Rechte« gelangen läßt – ein Ziel, das die meisten Bürger wahrscheinlich unterstützen würden.

Die Zusammenstellung von Alternativen kann das Wahlverhalten ebenso entscheidend beeinflussen wie ihre Formulierung. Ein Kompromiß, der vorgelegt wird, nachdem sich die Positionen polarisiert haben, ist möglicherweise zum Scheitern verurteilt; ein Verfassungszusatz, welcher am Ende jener Umbruchphase vorgelegt wird, aus der heraus er entstand, mag in einem neuen Meinungsklima nicht überleben. Ein Antrag könnte in Verbindung mit einer weniger attraktiven Alternative Erfolg haben, während derselbe Antrag mit irgendeiner dritten Option durchfiele.

Diese Sachverhalte legen den Schluß nahe, daß in einer echten

---

[25] Zitiert in *The New York Review of Books*, 25. September 1980.

Demokratie die Festlegung der Tagesordnung dem Gespräch, der Überlegung und der Entscheidung nicht vorausgehen kann, sondern als dauernde Aufgabe des Sprechens angesehen werden muß. Die Festlegung der Tagesordnung den Eliten oder einem vermeintlich »natürlichen« Prozeß zu überlassen, ist ein Verzicht auf Rechte und Verantwortungen. Wenn die Debatte über Manhattans Bundesautobahn den Menschen nicht die Möglichkeit gibt, ihre grundsätzlichen Prioritäten in den Bereichen Massentransport, Energie und Umweltschutz zu diskutieren, ist sie Betrug. Wenn die Abtreibungsdiskussion den Menschen nicht die Möglichkeit gibt, die gesellschaftlichen Bedingungen einer Schwangerschaft, die praktischen Alternativen, die den Armen zur Verfügung stehen, und die moralischen Dilemmata einer Frau zu diskutieren, die zwischen der Verpflichtung gegenüber ihrem eigenen Körper und Leben einerseits und dem Embryo andererseits hin- und hergerissen ist, wird in einer solchen Debatte weder den Schwangeren noch den ungeborenen Kindern auch nur annähernd Gerechtigkeit widerfahren.

Aus diesen Gründen stellt das Sprechen in einer starken Demokratie die Tagesordnung eher ins Zentrum als an den Anfang seiner Politik. Es unterwirft jedes dringliche Problem ständiger Überprüfung und möglicher Revision. Seine Tagesordnung *ist* – vor allem anderen – seine Tagesordnung. Daher prüft es genau, was ungesagt bleibt, wirft ein Licht in die Nischen des Schweigens, um nach Spuren eines unausgesprochenen Problems, eines sprachlosen Opfers oder eines stummen Protestes zu suchen. An ihrer Tagesordnung kann eine Gemeinschaft ablesen, wo sie steht und was sie ist. Sie definiert das Miteinander dieser Gemeinschaft und ihre Grenzen, plant zudem, welches Erbe aus der Vergangenheit institutionalisiert oder überwunden werden soll, und welche zukünftigen Entwicklungen entweder vermieden oder verwirklicht werden sollen. Die Festlegung der Tagesordnung ist alles andere als eine Präliminarie der Demokratie, sie wird zu einer ihrer maßgeblichen, bestimmenden Aufgaben.

4. *Ausloten von Wechselseitigkeit*. Reduziert man die Bedeutung des Sprechens auf die einer Unterschrift in einem Geschäftsabschluß, so können wir mit seiner Hilfe bestenfalls etwas über unser unterschiedliches Streben nach einem für beide Seiten einträglichen Tausch herausfinden. Modelle rationaler Entscheidung wie etwa »das Gefangenendilemma« übersetzen sogar Altruismus in die Sprache des Interesses.[26] Da uns das Sprechen in einer starken Demokratie jedoch erlaubt, unsere Gesprächspartner aufgrund der gemeinsamen Sprache als Verwandte zu betrachten, und nicht als Gegner, die sie aufgrund widerstrebender Interessen sein könnten, wird es zum Mittel gegenseitigen Auslotens. Die Funktionen des Sprechens in Beratung (Wahlmöglichkeiten deutlich machen), Verhandlung (Austausch von Vorteilen) und Entscheidungsfindung (Bestimmen von Zielen) werden ergänzt durch die komplexere, offene Kunst des Gesprächs.

Da die Liberalen immer darauf aus waren, Rechte zu sichern, Zwecke zu verwirklichen, Interessen zu schützen und ganz allgemein Dinge zu erledigen, hatten sie Mühe, das Gespräch als politische Kunst zu verstehen. Sie haben es den würdevollen Anhängern der konservativen Tradition überlassen, dem Gespräch als der grundlegenden Kunst zivilen Umgangs Anerkennung zu zollen, und damit ein möglicherweise bedeutendes Instrument der Demokratie aufgegeben. Michael Oakeshotts Beschreibung des Gesprächs trifft den Kern der dialektischen Funktion des Sprechens:

---

[26] Jon Elster schreibt: »Die logische oder revolutionäre Reduktion des Altruismus auf den Egoismus bleibt ein Charakteristikum der Theorie rationaler Wahl.« (*Ulysses and the Sirens* (Paris 1979), S. 142). Er erinnert uns daran, daß im Gefangenendilemma (wo Strategien des reinen Eigennutzes und der individuellen Bereicherung zur Vernichtung aller führen) Kompromiß und Zusammenarbeit das Ergebnis von Furcht und aufgeklärtem Eigeninteresse sind. Hobbes' Krieg aller gegen alle ist ein ursprüngliches Modell für das Gefangenendilemma: reiner Eigennutz ist dort Selbstvernichtung, während der Gesellschaftsvertrag und die Einsetzung eines Souveräns als kluges Abkommen zwischen zwei furchtsamen und verzagten Gegnern erscheint.

Im Gespräch treten »Fakten« nur auf, um wiederum in die Möglichkeiten aufgelöst zu werden, aus denen sie gemacht wurden: »Gewißheiten« erweisen sich als zerbrechlich, nicht etwa, weil sie an andere »Gewißheiten« oder an Zweifel stoßen, sondern weil sie in Gegenwart von Ideen einer anderen Ordnung zufallen; es zeigt sich Nähe zwischen weit auseinanderliegenden Vorstellungen. Gedanken verschiedener Art erheben sich und kreisen umeinander, die Bewegungen des anderen aufnehmend fordern sie sich zu immer neuen Anstrengungen heraus.[27]

Das Gespräch als Teil einer Politik, die das Fehlen unabhängiger Gründe anerkennt, und – den Schiedsspruch einer äußeren Autorität ablehnend – als eigene Erkenntnistheorie fungiert, erfüllt Oakeshotts Anforderungen an das Gespräch genau. »Es gibt weder einen Vorsitzenden des Symposiums noch einen Schiedsrichter«, schließ er, »nicht einmal einen Türsteher, der die Einladung überprüft ... *Stimmen in einem Gespräch bilden keine Hierarchie.*«[28] So verhält es sich auch mit dem demokratischen Sprechen, in dem keine Stimme privilegiert, keine Position von besonderem Vorteil, keine Autorität außer der des Gesprächsprozesses selbst gilt. Jede Äußerung ist sowohl berechtigt als auch vorläufig, die unmittelbare und einstweilige Position eines sich entwickelnden Bewußtseins.

Da ein Gespräch seine Regeln festlegt während es stattfindet, folgt es einer zwanglosen Dialektik, in der das Sprechen nicht dazu dient, in typisch analytischer Manier Unterscheidungen aufzulisten, sondern in der es Gemeinsamkeiten erkunden und

---

[27] Michael Oakeshott, *Rationalism in Politics* (New York 1962), S. 198.
[28] Ibid. Meine Hervorhebung. Es hat mich schon immer merkwürdig berührt, daß die Wertschätzung der Heterogenität menschlicher Charaktere und der Vielfalt menschlicher Potentiale von den Konservativen vereinnahmt und dazu verwendet werden soll, Herrschaft zu verteidigen. Sie scheint mir viel besser geeignet für eine politische Philosophie starker Demokratie und selbstbestimmter Moral. Vielleicht liegt das Problem darin, daß einige Denker (so z. B. Godwin) meinten, wenn wir Herrschaft demokratisierten, würden wir eher größere Gefahren auf uns nehmen als bestehende zu verringern. Eine provozierende Darstellung dieses Problems ist zu finden in Richard Flathman, »Citizenship and Authority: A Chastened View of Citizenship«, in: *News for Teachers of Political Science* No. 30 (Sommer 1981).

schaffen soll. Der analytische Verstand bringt Widersprüche hervor, wie etwa Individuum versus Gesellschaft oder Freiheit versus Autorität. Im Gespräch verwirklicht sich eine Vorstellung vom »Bürger«, in der solche Antinomien aufgehoben sind. »Die Launen von Dir und Mir« (Peirce) verschwinden in einer Form des Sprechens, das nur »uns« möglich ist.[29] *Richtig* oder *falsch* sind innerhalb eines Austauschs, der keinen Anspruch auf Gewißheit oder Wahrheit erhebt, nicht mehr als Urteilskriterien aufrechtzuerhalten. Man stelle sich zwei Nachbarn vor, die zum ersten Mal über den Zaun hinweg miteinander sprechen, oder zwei Studienanfänger, die sich bei einer Tasse Kaffee zum ersten Mal unterhalten: da gibt es keine Debatte, keinen Streit, kein Festlegen von Prioritäten, kein Abstecken von Positionen, keine Aufstellung der Interessen, keine Verteilung von Gütern, keine Preisverleihungen. Da gibt es nur ein »den andern kennenlernen« und dabei »*uns* kennenlernen« – den gemeinsamen Kontext, gemeinsame Charakterzüge, Lebensumstände oder Vorlieben zu erkunden, die aus zwei getrennten Wesen ein einziges *Wir* machen. Die führenden Politiker dieser Welt halten bei ihren Gipfeltreffen nicht selten eine Anfangssitzung nur zum Zwecke eines solchen Kennenlernens ab, bevor sie dann zum eigentlichen Geschäft des Verhandelns übergehen. Dahinter steckt sehr viel mehr als nur das Protokoll; tatsächlich ist auch das Protokoll eine Art Ritual, das den zivilen Umgangsformen Tribut zollt, wo es vielleicht nur diese Umgangsformen gibt, um die Gegner zusammenzuhalten.

[29] Das vollständige Zitat lautet: »Das Wirkliche ist also das, was früher oder später das Ergebnis von Information und Schlußfolgerung wäre, und was deshalb unabhängig ist von meinen und deinen Launen. So zeigt sich gerade im Ursprung der Wahrnehmung von Realität, daß diese den Begriff der Gemeinschaft wesentlich einschließt. (Peirce, *Philosophical Writings*, New York 1955, S. 247). Die Pragmatisten haben gewöhnlich Intelligenz als Eigenschaft von Gemeinschaften, nicht von Individuen verstanden. »Der einzelne Mensch«, schreibt Peirce, »ist, da sein gesondertes Dasein sich nur in Unwissenheit und Irrtum manifestiert, sofern er von seinen Mitmenschen getrennt, und getrennt von dem, was er und sie sein sollen, überhaupt etwas ist, nur eine Negation.« (Ebd., S. 250).

Das Gespräch, das »kein Unterfangen um eines äußeren Profites willen ist«, noch ein »Wettkampf, in dem der Sieger einen Preis bekommt, noch ... Exegese«, sondern lediglich »ein improvisiertes intellektuelles Abenteuer«[30], muß nicht so klar und präzise sein wie ein philosophischer oder wissenschaftlicher Diskurs. Eine solche Präzision kann sogar behindernd wirken. »Suche nach Genauigkeit in jeder Gattung von Dingen nur in so weit, als es die Natur des Gegenstandes gestattet«, rät uns der kluge Aristoteles. Und John Locke bemühte sich – wohl aus Argwohn gegen einen gewissen Hobbes'schen Monismus –, »bürgerliche Verständigung mit Hilfe von Worten« von »philosophischer Verständigung mit Hilfe von Worten« zu unterscheiden. Er meint nicht nur, daß »diese beiden Formen des Gebrauchs sehr verschieden sind«, sondern auch, daß »viel weniger Genauigkeit in dem einen [dem bürgerlichen, B. B.] Bereich von größerem Nutzen sein wird, als im anderen.«[31] Da das Gespräch auf die unendliche Vielfalt menschlicher Erfahrung eingeht und zunächst einmal jede menschliche Perspektive als berechtigt ansieht, dienen ihm viele Stimmen mehr als eine, und es schafft eher sinnreiche Mehrdeutigkeit als enggefaßte Klarheit. Es will einen Sinn für das Gemeinschaftliche, nicht für die Einheit erzeugen, und das von ihm angestrebte Miteinander schafft aus hundert verschiedenen Ansichten ein großes Bild. Das Gespräch verdinglicht nicht metaphysische Gewißheit in Gestalt politischer Einmütigkeit, alles, was es zu erreichen hoffen kann, ist eine Dynamik der Interaktion, die flüchtige Annäherungen ebenso zuläßt wie anhaltende Differenzen, und die die Augenblicke einer gemeinsamen Vision zu wünschenswerten Oasen in einem fortwährenden Diskurs macht.

Obwohl das Gespräch sicherlich dazu beitragen kann, Freundschaft und Zuneigung zu stärken, und so eine lebensfähige Gemeinschaft fester zusammenzufügen, unterscheidet sich das Ausloten von Gemeinsamkeiten im Gespräch deutlich von

---

[30] Oakeshott, *Rationalism*, S. 198.
[31] John Locke, *Essay on Human Understanding* (Oxford 1975), III, xi, 3.

der Funktion, Gefühl und Zugehörigkeit zum Ausdruck zu bringen. In einem solchen Erkundungsprozeß hat das Ich die Möglichkeit, seiner selbst bewußt zu werden; er kann das Einfühlungsvermögen für sich selbst und andere fördern, aber andere zu kennen und sie gerne zu haben, ist weder im psychologischen noch im soziologischen Sinne gleichbedeutend. Andereseits überschneiden sich die sondierenden Funktionen des Sprechens in weiten Teilen mit denen der Reformulierung und Rekonzeptualisierung, die wir im Folgenden diskutieren werden. Denn einer Kontroverse oder einer Beziehung zwischen interagierenden Personen auf den Grund zu gehen, bedeutet in der Tat, eine Neubestimmung der Kontroverse oder der Beziehung zuzulassen. Vielleicht liegt in solcher Neubestimmung der dialektische Schlüssel zur Lösung von Konflikten und Feindseligkeiten.

Bei Geschworenengruppen und Richtergremien, in Komitees und in der Diplomatie bringen Mehrdeutigkeiten und überraschende Formulierungen häufig Vereinbarungen zustande, die weder mit der Rechtssprache noch durch ökonomisches Verhandeln zu erzielen gewesen wären. Eine vage, aber umfassende Formulierung, die verschiedenen Interpretationen zugänglich ist, mag dem Miteinander weitaus mehr nützen als ein durchformulierter, vom Ballast historischer Vereinbarungen und festgelegter Gebrauchsmuster überladener Satz. Wo man aber Diplomaten, Politiker und Richter dazu ermutigt, im Bemühen um Übereinkunft oder zumindest Verständigung herumzulavieren, werden Wähler, Wählerversammlungen und Bürger genötigt, nach den Modellen der rationalen Wahl, ja oder nein zu sagen. So schilt Harold Nicolson in seiner klassischen Studie *Diplomacy* die Demokraten, indem er »die Unbestimmtheit und den Wankelmut demokratischer Politik« als eines »ihrer hervorstechenden Laster« angreift. »... alle Demokratien neigen dazu, einer ungenauen und bequemen Formel den Vorzug zu geben vor einer präzisen und verbindlichen Definition«.[32] Eine »prä-

---

[32] Harold Nicolson, *Diplomacy* (Oxford, 1963), S. 96.

zise und verbindliche« Sprache impliziert jedoch auch klare Gewinner und Verlierer, sie verzeichnet Gewinne und Verluste, die von allen Beteiligten öffentlich anerkannt werden müssen. Die Deutlichkeit des Versailler Vertrages, der den Ersten Weltkrieg beendete, wurde nur noch durch die in ihm angelegten Katastrophen übertroffen. Wilsons Vorstellung von einer unzweideutigen Diplomatie folgend, wurden die Rollen der Gewinner und Verlierer eindeutig zugewiesen, wodurch der Vertrag dazu beitrug, die Welt nicht für die Demokratie zu gewinnen, sondern eine Welt zu schaffen, die zur Feindseligkeit und schließlich zur Wiederaufnahme der bewaffneten Auseinandersetzungen verurteilt war. Der von Carter, Begin und Sadat ausgearbeitete Nahostvertrag sprach im Gegensatz dazu eine Sprache, die jede der beteiligten Parteien auf ihre Weise interpretieren konnte, wodurch es jedem möglich wurde, das Abkommen als einen Sieg für die eigene Seite zu betrachten.

Die Kunst des Gesprächs ist die Kunst, eine Sprache zu finden, die umfassend und neuartig genug ist, die widerstreitenden Weltbilder miteinander zu verbinden, und zugleich aussagekräftig genug, um späteren Beanstandungen der Vertragspartner standzuhalten. Obwohl Sprache allein den Deich gegen die Flut widerstreitender Interessen wohl nicht wird halten können, ist sie doch in der Lage, diese Interessen mit der Zeit umzuwandeln – wie es im Falle des Konflikts zwischen Israel und Ägypten geschehen zu sein scheint. Worte können einen begrenzten, aber starken Zauber besitzen, zu trennen oder zu vereinen; und auch das Schweigen hat magische Kräfte, selbst wenn es nur darum geht, immer wieder auflodernde Leidenschaften zu beschwichtigen. Diplomaten und Gewerkschaftsunterhändler setzen Sprechen und Schweigen unter sorgfältiger Beachtung von Mehrdeutigkeiten ein; Konferenzausschüsse und die gewählten Gesetzgeber, die sie bevölkern, sind imstande, die Zustimmung von Parteiideologen durch das Verschieben von Kommata in einer Legislativpräambel zu erwirken. Solches Geschick in der Gesprächsführung wird von Staatsbürgern verlangt, die sich selbst regieren möchten.

5. *Zugehörigkeit und Gefühl.* Das Gespräch versetzt uns in die Lage, uns kennenzulernen, ja sogar einander zu verstehen. Was wir kennen und verstehen, schätzen wir freilich nicht notwendigerweise. Es ist daher sinnvoll, die sondierenden Verwendungsweisen des Sprechens in der Demokratie von den gefühlsbezogenen zu unterscheiden, obwohl sie sich offenbar größtenteils überschneiden. Denn während im Ausloten der Gemeinsamkeiten das Sprechen seine kognitive Struktur bewahrt (wenn auch der Mehrdeutigkeit wegen mit gewissen Zugeständnissen), macht sich das Sprechen im Dienste von Gefühl und Zugehörigkeit sein emotives Ausdruckspotential, die Fähigkeit der musikalischen Äußerung, der Modulation, des Fühlens, seine ritualisierenden und symbolisierenden Möglichkeiten zunutze. Wir sprechen mit Kindern, Tieren, mit dem geliebten Menschen, uns selbst und Gott in Lauten, für die weder Ökonomen noch analytische Philosophen viel Verwendung hätten. Und dennoch bewegen und binden der Klang von Musik oder Poesie mit einer Kraft, die dem Sprechen eigen ist. Kraft der Worte übermitteln wir Informationen, artikulieren unsere Interessen und tauschen unsere Argumente aus, aber durch Klang, Färbung, Klangfülle und Modulation fühlen, lieben und berühren wir einander. Wir beruhigen, ängstigen, beunruhigen, trösten, erschrecken, besänftigen, hassen und lieben, indem wir nicht so sehr den Inhalt des Gesprochenen verändern als das Medium. Ja wir können sogar eine Form wählen, die dem vorgetragenen Inhalt widerspricht – wie in Ring Lardners ironischer Formulierung: »›Halt den Mund!‹ führte er aus« – oder Ironie erzeugen, jenes ärgerliche Tribut an die vielschichtige Textur (die Tiefenstruktur) allen Sprechens. Und schließlich ist unser Sprechen durchsetzt mit ritualisierter Sprache: mit Grüßen und Verabschiedungen, Gebeten und Beschwörungen, Ausrufen und Füllseln, die in ihrer Banalität wie Konventionalität sämtlich die Strukturen des Alltagslebens zum Ausdruck bringen und verstärken.

In der Poltik wird das nichtkognitive Sprechen weniger hoch geschätzt, vielleicht wiederum, weil formale Rationalität und liberale Demokratie eine so enge Verbindung eingegangen sind.

Aber in der Praxis läßt sich das Ritual nicht ableugnen, besonders bei jenen Körperschaften der Regierung nicht, in denen das Sprechen am meisten gilt. Der Senat der Vereinigten Staaten hallt wider von jenem unschätzbaren Schall und Rauch, der nichts Bestimmtes bedeutet. Formelhafte Aufrufe drängen sich in die Debatte und führen Umgangsformen ein, die die trennenden Leidenschaften mildern. Der Senator aus New York, der dem »ehrbaren und beredten Gentleman aus dem großen Bauernstaat Iowa« seinen Platz räumt, so daß dieser Gentleman zu einer Tirade gegen New Yorks finanzielle Mißwirtschaft ausholen kann, stellt seinen Respekt für den Regionalismus, sein überzeugtes Eintreten für Förderalismus und Vielfalt und seine Bereitschaft unter Beweis, seinen Gegnern nicht nur zuzuhören, sondern auch mit ihnen in einer Institution zusammenzuarbeiten, die die Verantwortung für das Wohl des Staates trägt – und das alles mit ein oder zwei aufgeblasenen Sätzen aus dem Übertreibungskatalog parlamentarischer Großsprecherei.

Graswurzelpolitik und partizipatorische Demokratie bedürfen dieser wunderlichen Sprache der Zugehörigkeit und des Gefühls ebenso wie die großen Parlamente und Gerichtshöfe der Welt. Der Gang zur Wahlurne – der bereits zum unbedeutendsten Akt der Bürgerschaft in einer Demokratie geworden ist – wurde in Amerika fast jeglichen Pomps und Rituals entkleidet, weitgehend um jener Effizienz willen, die sich in Wahlmaschinen und dem Privatismus zeigt, der in der geheimen Wahl zum Ausdruck kommt. Das Abgeben der Stimme sollte sowohl ein Anlaß zum Feiern als auch eine Gelegenheit der Entscheidung sein, so wie die Ausübung der Freiheit sowohl ein Ritual als auch ein Recht sein sollte. In manchen Orten stimmen die Schweizer noch heute über ihre Volksvertreter oder politische Entscheidungen in tagelangen Versammlungen ab, an denen festliche Spiele, Theateraufführungen, Umtrünke und geselliges Beisammensein den formellen Wahlgang begleiten. Rousseau spricht über die belebende Wirkung solcher Feierlichkeiten auf das Identitätsgefühl der Gemeinschaft einerseits und auf die Autonomie und die Handlungsfähigkeit des Einzelnen andiererseits.[33] Im Gegensatz dazu ist unser oberster Wahlakt, die Stimmabgabe, eher wie ein Gang zur öffentlichen Bedürfnisanstalt. Wir stehen mit vielen anderen Menschen in einer Schlange an, um uns dann in einer engen Kabine einzuschließen, wo wir uns alleine und privat von unserer schweren Bürde befreien können, ziehen an einem Hebel und gehen dann, dem Nächsten den Platz räumend, schweigend nach Hause. Weil unsere Stimmabgabe geheim ist – »privat« – müssen wir für andere (oder auch für uns selbst) weder Erklärungen noch Rechtfertigungen finden, die uns nötigten, öffentlich oder politisch zu denken.[34] Die öffentlichen Wahlrituale können eine verbindende Wirkung haben, die für die Demokratie ebenso wertvoll ist wie die Entscheidung selbst. In einer starken Demokratie sind Gefühl und Wirkung siamesische Zwillinge; keines kann sich ohne das andere entwickeln. Schließlich hat der Bürger das Wahlrecht, nicht das Individuum, und Bürger sind als solche definiert durch ihre Mitgliedschaft in einer Gemeinschaft, nicht durch ihre Wahlberechtigung, die lediglich eine Folge dieser Mitgliedschaft ist.

Die affektiven und Zugehörigkeit schaffenden Funktionen des Sprechens sind nicht auf die feierlichen Akte der Gemeinschaftsbildung oder auf die ausschließlich nichtkognitiven Aspekte gefühlvollen Redens beschränkt. Jede Art des Sprechens – sei sie kognitiv, auf Zwecke gerichtet, auslotend, förmlich oder gefühlvoll – kann zu größerer Empathie verhelfen, und es gibt vielleicht kein stärkeres soziales Band und keinen bedeutsameren Verbündeten des öffentlichen Denkens als die von Empathie getragenen. Uneigennützigkeit und prudentielle Gerechtigkeit streben nach Konsens, indem sie bestreiten, daß

---

[33] Jean-Jacques Rousseau, *Brief an D'Alembert* (»Sur Spectacles«). Diese uralten Schweizer Bräuche haben sich bis in die heutige Zeit erhalten, nicht nur in den Kantonen, in denen noch Landsgemeinden abgehalten werden, sondern vereinzelt auch in Kantonen wie Graubünden. Eine detaillierte Beschreibung ist in meinem Buch *The Death of Communal Liberty* (Princeton 1974) zu finden.

[34] Siehe Fußnote 16, oben.

Bürgerschaft und Partizipation

es einen ausschließlich privaten Hedonismus geben kann (»Ich bin offenbar nicht der Einzige, der Bedürfnisse hat« oder »Wenn ich nicht die Rechte anderer anerkenne, werden sie auch die meinen nicht respektieren«). Empathie erreicht Konsens durch Bekräftigung der Gemeinschaftlichkeit und des Gefühls (»Ich bin wie andere« und »Ich mag andere«). Die Bindungen, die aus Zweckmäßigkeitserwägungen bzw. Empathie entstehen, sind so verschieden voneinander wie etwa ein Vertrag und eine Freundschaft, eine Gesellschaft mit beschränkter Haftung und eine bürgerliche Gemeinschaft.[35]
Empathie hat eine politisch wundersame Macht, Perspektiven und Bewußtsein auf eine Weise zu erweitern, die private Interessen und die von ihnen hervorgebrachten Gegensätze nicht so sehr einander anpaßt als vielmehr aufhebt. Ein Nachbar ist ein Fremder, der durch Empathie und gemeinsame Interessen zu einem Freund geworden ist, – gleichwohl ein *künstlicher* Freund, dessen »Familienzugehörigkeit« eine Erfindung der Politik ist und nicht natürlicher, persönlicher oder privater Natur. Diese Unterscheidung ist im Entstehungsprozeß einer Bürgergemeinschaft von entscheidender Bedeutung, denn die Bindungen, die wir gegenüber unserer natürlichen Verwandtschaft spüren, können einengend sein und das Blickfeld beschränken. Sie sind durchaus imstande, die Bürgerschaft auszuschließen und zu untergraben, anstatt sie zu unterstützen.[36] Aber Empa-

---

[35] Aristoteles bemerkt, »Die Erfahrung lehrt auch, daß Freundschaft die Polisgemeinden zusammenhält und die Gesetzgeber sich mehr um sie als um die Gerechtigkeit bemühen...« (*Nikomachische Ethik*, 1155, a24). Aber in modernen Untersuchungen über Demokratie ist von Freundschaft selten die Rede. Eine Ausnahme bildet Wilson Carey McWilliams' *The Idea of Fraternity in America* (Berkeley 1971).

[36] Alasdair MacIntyre beschreibt Aristoteles' Definition der Freundschaft fast ebenso:
> Natürlich ist für Aristoteles Zuneigung auch Teil einer Freundschaft. Aber diese Zuneigung entsteht innerhalb einer Beziehung, die unter dem Gesichtspunkt einer gemeinsamen Bindung an Güter und des gemeinsamen Strebens nach Gütern definiert ist. Die Zuneigung hat untergeordnete Bedeutung... Aus moderner Sicht ist die Zuneigung oft der zentrale Punkt;

thie, als Kunstprodukt politischen Sprechens, weckt Gefühle, die gerade an »Fremde« binden, an diejenigen, die weder unseren Familien, unseren Clubs, noch unserer Kirche angehören. Dieser durch demokratische Partizipation geförderte Schritt aus dem Privaten und dem Eigeninteresse heraus ist ein Schritt auf jene Fremdlinge zu, deren Gemeinschaftlichkeit mit uns nicht so sehr Blutsbanden, Geographie oder Kultur entspringen, als vielmehr dem Sprechen selbst.

So durchbricht das Sprechen die Grenzen der privaten Welt der Familie, der Freunde und Nachbarn und verfügt den Umgang mit Fremden in einer größeren, gestalteten Welt politischer Bürgerschaft. Politik ist die Kunst, Fremde ins Gespräch zu verwickeln und in ihnen ein ›künstliches‹ Verwandtschaftsgefühl wachsen zu lassen, das zu gleichen Teilen aus Empathie, der gemeinsamen Sache und aufgeklärtem Eigeninteresse besteht. Die affektive Kraft des Sprechens liegt darin, daß es die menschliche Vorstellungskraft so zu erweitern vermag, daß das *Ich* des privaten Eigentinteresses neu gefaßt und als *Wir* verstanden werden kann, das bürgerlichen Umgang und gemeinsames politisches Handeln ermöglicht.

6. *Wahrung der Autonomie.* Das Sprechen dient der Überwindung unseres beschränkten Eigeninteresses, doch ist es ebenso bedeutsam, wenn es darum geht, die Einzelwillen in ihrer für die Demokratie so wesentlichen Autonomie zu stärken. Die

---

wir nennen diejenigen Freunde, die wir *gerne haben* . . . ›Freundschaft‹ bezeichnet fast nur noch eine Art von Gefühlszustand, nicht mehr eine soziale oder politische Beziehung . . . Tatsächlich kann eine moderne liberale Gesellschaft vom Aristotelischen Standpunkt aus nur als eine Ansammlung von Bürgern ohne Staat erscheinen, die sich zum gegenseitigen Schutz zusammengeschlossen haben. Im besten Falle ist ihre Freundschaft von jener minderwertigen Art, die auf dem Nutzen gründet, den man füreinander hat. (*After Virtue: A Study in Moral Theory* (Notre Dame, Ind., 1981), S. 146-47; dt. Der Verlust der Tugend (Frankfurt 1992).

MacIntyres Darstellung hat jedoch gewisse Mängel, mit denen ich mich in meinem Essay »The World We Have Lost«, *The New Republic*, 13. September 1982, auseinandersetze.

Bürgerschaft und Partizipation

ständig wiederaufgenommene Betrachtung, Bewertung und Annahme von Überzeugungen, Grundsätzen und Maximen, die die Grundlage unserer Willensausübung im Bereich der Politik bilden, findet im Sprechen statt. Um frei zu sein, genügt es nicht, daß wir einfach wollen, was wir zu wollen beschließen. Wir müssen das wollen, was wir besitzen, was uns wahrhaft gehört. John Stuart Mill sprach von der »verhängnisvollen Neigung der Menschheit, über etwas, das nicht länger zweifelhaft ist, nicht weiter nachzugrübeln« und sah darin »die Ursache der Hälfte all ihrer Irrtümer«.[37] Unüberprüfte Überzeugungen sind nicht nur eine Brutstätte des Irrtums, sondern machen diejenigen, die an ihnen festhalten, zu Scharlatanen der Freiheit. Woran wir heute selbstbestimmt festhalten, das wird morgen zur fremdbestimmten, orthodoxen Lehre, wenn es nicht – morgen – überprüft und neu angeeignet wird.

Das Sprechen ist das Hauptinstrument, das uns für die Überprüfung und damit auch die erneute Aneignung unserer Überzeugungen zur Verfügung steht, und das bedeutet, daß eine Demokratie, die das Sprechen nicht institutionalisiert, bald keine autonomen Bürger mehr haben wird, auch wenn Männer und Frauen, die sich Bürger nennen, von Zeit zu Zeit zur Beratung, Entscheidung und Abstimmung zusammenkommen mögen. Das Sprechen ›immunisiert‹ Werte gegen Verknöcherung und bewahrt den politischen Prozeß vor Starrheit, Orthodoxie und der Last toter Vergangenheit.

Diese Funktion des Sprechens eignet sich unter allen am wenigsten dazu, delegiert zu werden, denn nur dadurch, daß wir selbst unseren Willen erklären und damit einen Wert beurteilen, wird dieser Wert gerechtfertigt und unsere Autonomie bekräftigt werden. Einen Wert erneut zu prüfen und sich anzueignen, ist ein Maßstab sowohl für Legitimität als auch für Autonomie: sind die Menschen gezwungen, ihre Vorurteile bewußt zu vertreten, dann zögern viele. Vorurteilen geht man am Besten im

---

[37] John Stuart Mill, *On Liberty* (London 1910), S. 103, (Dt. *Über die Freiheit*, S. 60).

Dunkeln nach, aus Gewohnheit oder Leidenschaft. Der Mob ist der wahre Experte in Sachen Heuchelei, denn er absorbiert den individuellen Willen in den Willen der Gruppe und nimmt den Einzelnen jede Verantwortung für ihr Tun ab. Wird der Wille dem Instinkt unterworfen, dann erlischt vor allem die Vorstellungskraft, und wie wir gesehen haben ist es gerade sie, die die Empathie belebt.

Werte geraten natürlich in Konflikt miteinander, selbst wenn sie wohlüberlegt vertreten und gewollt werden und die menschliche Seele ist verwinkelt genug, um Irrtum oder gar dem Bösen einen angenehmen Aufenthalt in der Brust des autonomen Menschen zu gewähren. Selbstbestimmung bietet keine Gewähr gegen moralische Verworfenheit; ja sie ist sogar deren notwendige Bedingung. Aber im gesellschaftlichen Rahmen scheint es einleuchtend, daß Maximen, derer man sich ständig neu versichern muß, denen vorzuziehen sind, die einmal angenommen und dann nur noch blind befolgt werden. Zum mindesten werden überprüfte Überzeugungen wandlungsfähiger sein, sich veränderten Umständen eher anpassen und durch ihre Entwicklung dazu beitragen, den Herausforderungen rivalisierender Standpunkte gerecht zu werden. Politische Willensbildung ist daher keine Sache, die einmal oder überhaupt zu einem bestimmten Zeitpunkt stattfindet (und darin liegt das große Mißverständnis der Tradition des Gesellschaftsvertrags), sondern vielmehr ein fortschreitender Formungs- und Umformungsprozeß unserer gemeinsamen Welt, der so endlos und erschöpfend ist wie das Gestalten und Umgestalten unseres persönlichen Lebens. Ein Augenblick der Selbstzufriedenheit kann den Tod der Freiheit bedeuten; ein Nachlassen der politischen Aufmerksamkeit das Schwindes eines tragenden Wertes nach sich ziehen; die angenehme Verlockung, sich ins Privatleben zurückzuziehen, eine unwiderrufliche Verknöcherung von Werten zur Folge haben. Demokratische Politik ist ein anstrengendes Geschäft.

Vielleicht ist aus diesem Grunde das kollektive Gedächtnis für die Demokratie noch wichtiger als für andere Formen poli-

Bürgerschaft und Partizipation

tischer Kultur. Nicht jede Verhaltensmaxime kann bei jeder Gelegenheit überprüft werden; nicht jede Überzeugung kann jederzeit wirksam werden, nicht jeder Wert kann in einem gegebenen Zeitpunkt wahrhaft als der unsere betrachtet werden. Daher müssen Erinnerung und Vorstellungskraft zuweilen Ersatz für die tatsächliche Überprüfung von Maximen bieten. Das Stiften von Mythen und die Rituale, mit denen sie verbunden sind (14. Juli in Frankreich oder 1. August in der Schweiz), politische Heldenfiguren, die für vielbewunderte Überzeugungen stehen (Martin Luther King oder Charles de Gaulle) und im Volk lebendige, mündliche Überlieferungen sind sämtlich in der Lage, die gemeinsamen Überzeugungen der Bürger und das Bewußtsein von ihrem Ort innerhalb der politischen Kultur wiederzubeleben. Diese Symbole sind kein Ersatz für die aktive Überprüfung der Werte durch die Teilnahme am politischen Sprechen, aber sie können dieses Sprechen durch die schöpferische Rekonstruktion der Vergangenheit in lebendigen Bildern und durch die Pflege von Überzeugungen ergänzen, die im aktuellen politischen Geschehen keine Rolle spielen.[38]

7. Bekenntnis und Ausdruck des Selbst. Es gibt eine weitere Eigenschaft des Sprechens, die das autonome Individuum stärkt und ihm seinen Platz in einer Gesprächsgemeinschaft sichert. Daß ein Individuum einer politischen Gemeinschaft angehört und gemeinsamen Entscheidungen zustimmt, bedeutet im Idealfall, daß es seine persönlichen Interessen und Überzeugungen so umformuliert, daß sie mit den öffentlichen Interessen und Grundsätzen vereinbar sind. In der Realität jedoch kann das auch heißen, daß der Einzelne von einem Kollektivwillen überredet, überstimmt oder gar unterdrückt wird, der dem öffentlichen Wohl sehr vieler weniger zuträglich scheint als der Wille des Individuums. Eine funktionierende demokratische Gesellschaft wird daher Raum lassen für die Äußerung von Miß-

---

[38] Bruce Smith stellt in seiner Dissertation auf faszinierende Weise dar, welche Funktionen Erinnerung füllen kann: *The Chain of Remembrance: A Study in political Action* (Rutgers, 1983).

trauen, abweichender Meinung oder schlichter Opposition, auch in jenen aussichtslosen Fällen, bei denen die Andersdenkenden offensichtlich nur eine kleine Minderheit bilden.[39] Die Funktion des Sprechens liegt hier darin, den Menschen die Möglichkeit einzuräumen, ihren Sorgen, Frustrationen oder ihrem Widerspruch Luft zu machen, nicht so sehr um andere zu beeinflußen, sondern um ihre tiefsten persönlichen Überzeugungen öffentlich zu äußern. Der Ruf: »Trotz allem *glaube ich* ...« kennzeichnet solche Aussagen, und die Wehrdienstverweigerung aus Gewissensgründen ist ein anschauliches Beispiel dafür.

Diese Form der Meinungsäußerung beinhaltet sehr viel mehr als nur Dampf abzulassen, obwohl es töricht wäre, ihre Ventilfunktion zu unterschätzen. Sie ist ein Symbol für die Heterogenität der Gemeinschaft und anerkennt die Tatsache, daß zwar politische Entscheidungen getroffen und gemeinsame Gründe für diese Entscheidungen bei Fehlen unabhängiger Maßstäbe gefunden werden müssen, im gemeinsamen Willen jedoch auch Individuen erfaßt sein könnten, die nur widerwillig zustimmen. »Ich bin ein Teil der Gemeinschaft, ich habe am Gespräch und den Beratungen teilgenommen, die zu dieser Entscheidung geführt haben, daher betrachte ich mich als gebunden; aber wohlgemerkt, ich glaube nicht, daß die Entscheidung richtig war«, sagt der Andersdenkende in einer starken Demokratie. Dabei hat er nicht die Absicht, die Entscheidung umzustoßen. Vielmehr will er einen anderen Standpunkt bezeugen (und damit das Problem auf der öffentlichen Tagesordnung belassen).

[39] Frantz Fanon beschreibt diese Art wirkungsloser aber vitaler Selbstbehauptung in seiner Diskussion der Kolonialpsychologie und des Aktes der Revolte in *Die Verdammung dieser Erde*, (Reinbek bei Hamburg 1969). Huey Newton wandte Fanons These in seinem kontroversen Buch *Revolutionary Suicide* (New York 1973), dessen Titel ein Widerspruch in sich selbst zu sein scheint, auf amerikanische Verhältnisse an. Die Funktionen des Bekennens, wie wir sie hier beschreiben, setzen jedoch voraus, daß Individuen legitimerweise an einem wirklich demokratischen Prozeß partizipieren. Damit sollten die Szenarien von Machtlosigkeit, die Fanon und Newton vor Augen standen, auszuschließen sein.

Unsere gegenwärtigen liberal-demokratischen Institutionen verhindern diese Art des Sprechens auf zweierlei Weisen. Erstens machen sie es durch die Repräsentation den Unterlegenen und Andersdenkenden unmöglich, ihre Enttäuschung über den Wahlausgang an öffentlicher Stelle zu Gehör zu bringen. Folglich verstummen enttäuschte Teilnehmer häufig und fühlen sich der Gemeinschaft immer mehr entfremdet. Parlamentarier, die überstimmt werden, können im Parlament das Wort ergreifen oder eine Pressekonferenz veranstalten, um der aufmerksamen Welt ihre Sorgen mitzuteilen. Wenn der Bürger unterliegt, verliert er in Wirklichkeit zweimal: erstens, weil er überstimmt wurde und zweitens, weil er zum Schweigen verurteilt ist.

Außerdem setzen liberale Institutionen die Bekenntnisfunktion des Sprechens auch dadurch herab, daß sie (gemäß der Theorie der rationalen Wahl) glauben, Standpunkte sollten nur vor der Entscheidung dargelegt werden, danach habe eine solche Meinungsbekundung keinerlei rationale Funktion mehr. Aber gerade in den Nachwehen einer Wahl verspüren die Unterlegenen das Bedürfnis, ihre Enttäuschung auszusprechen, vielleicht am dringendsten. Wie und mit welcher Intensität nach einer Abstimmung gesprochen wird, könnte durchaus ein Maßstab dafür sein, wie wirksam eine Entscheidung zur Lösung eines Problems beigetragen hat. Der Bürger, der seiner Enttäuschung Ausdruck verleiht, ist zugleich Warnung an die Gemeinschaft vor der Gefahr der Zersplitterung. Es gibt im Leben einer Demokratie einfach keinen Tag, an dem es sich die Bürger leisten können, ihre Meinung nicht zu sagen bzw. andere am Sprechen zu hindern.

8. *Reformulierung und Rekonzeptualisierung.* Wir wir gesehen haben, spielt die Reformulierung von Begriffen und Werten in alle anderen Funktionen des Sprechens hinein. Das Festlegen der Tagesordnung als dauernde Aufgabe schließt die fortwährende Rekonzeptualisierung des politischen Geschäfts, ja der Idee der Öffentlichkeit, ein; das Ausloten der Gemeinsamkeit bewirkt eine Bewußtseinserweiterung, die wiederum ein neues

und breiteres Verständnis der gemeinsamen Sprache mit sich bringt; Zugehörigkeit und Gefühl hängen von einer Empathie ab, die verändernd darauf einwirkt, wie wir unsere Interessen und unsere jeweilige Identität sehen; Autonomie heißt, unsere Werte und Überzeugungen in einer sich verändernden Welt zu überdenken; und das öffentliche Bekenntnis stellt eine Herausforderung an gemeinschaftlich beschlossene Entscheidungen dar, die eine Neubewertung erleichtern könnte. Nur Verhandlung und Überredung (im engen Sinne) sind frei von Reformulierung – und das ist natürlich genau das Problem.

»Meine Sprache ist die Summe meiner selbst«, schreibt Peirce, »denn der Mensch ist das Gedachte«.[40] Aber Sprache ist immer die Sprache einer Gemeinschaft und ihre Entwicklung bestimmt die Entwicklung des Selbst und des Anderen, des gemeinschaftlichen Wir. Wer die Sprache kontrolliert, hat somit Kontrolle über das gemeinschaftliche Wir. Wenn die Definition der Demokratie als Volkssouveränität irgendeine Bedeutung hat, dann in der Souveränität über die Sprache – über das Sprechen, das von den Sprechenden und für sie gestaltet wird. Man demokratisiere die Sprache, gebe jedem Bürger ein wenig Kontrolle über die Bedeutung jener zentralen Begriffe, mit denen die Gemeinschaft Persönlichkeit und Leben eines jeden Bürgers öffentlich und privat definiert, und andere Formen der Gleichheit werden folgen. Wir können die Güter umverteilen und die Mächtigen verpflichten, Rechenschaft abzulegen: Wenn wir das Sprechen und seine Entwicklung den Spezialisten überlassen – den Journalisten, Managern, Klerikern, PR-Leuten, Bürokraten, Staatsmännern, Werbefachleuten, Philosophen oder Sozialwissenschaftlern – dann wird keine Gleichheit, wie groß sie auch immer sei, Demokratie hervorbringen.

Die Entwicklung der Sprache zeigt verschiedene Formen, die für demokratische Politik einschlägig sind und zu denen Reformulierung wie Rekonzeptualisierung gehören. Wir können diese Formen sinnvoll in drei Punkten zusammenfassen: Klä-

---

[40] Peirce, *Philosophical Writings*, New York 1955, S. 249.

rung der unartikulierten Vergangenheit, Infragestellung der paradigmatischen Gegenwart, Vorstellung der (noch) ungestalteten Zukunft.

Demokraten haben Probleme mit der Vergangenheit: Die Regierung ist für die Lebenden da, rufen sie mit Thomas Paine. Aufrichtigerweise müßten sie aber – mit Burke – zugeben, daß die wahre Mehrheit jeder Gemeinschaft im Grabe liegt. Die Toten sind vernehmbar in Tradition und Brauch, eine lebendige Stimme aber bekommen sie nur kraft der Lebenden, die verpflichtet sind, geeignete Formulierungen zu finden, um die Überzeugungen und Erfahrungen ihrer Vorfahren zu fassen.

Michael Oakeshott scheint an etwas Ähnliches gedacht zu haben, als er die Maximen öffentlichen Verhaltens als »Auszüge aus der Tradition« beschrieb, die Vergangenheit in Symbolen und Zeichen festhalten, und ihr so dauerhaften Einfluß auf die Gegenwart verleihen. Worte dienen hier als rituelle Beschwörungen vergangener Handlungen und Ereignisse, die den Willen unserer Ahnen verkörpern. Wie Fahnen symbolisieren sie gemeinsame Errungenschaften und die Einzigartigkeit eines gemeinsamen Erbes; wie Denkmäler erinnern sie an Helden und Gründerväter; wie Verfassungen und Verträge repräsentieren sie den Sieg der Einheit über die Zwietracht, der Gemeinschaft über die Spaltung. Sowohl Sezession als auch Union haben uns ein sprachliches Vermächtnis hinterlassen (Bundesstaatsrecht und Bürgerrecht, Partikularismus und Föderalismus). Auch vom ›Gilded Age‹[41] und der Progressive Party[42] haben wir eine Mitgift bekommen, von dem die Rhetoriker heute noch zehren können. Der New Deal hinterließ ein Programm, das die Na-

---

[41] »The Gilded Age« nennt man in den Vereinigten Staaten die 70er und 80er Jahre des 19. Jahrhunderts, die sich durch krassen Materialismus und politische Korruption auszeichneten. (A. d.Ü.).
[42] Die Progressive Party war ein kurzlebiger Zusammenschluß von Liberalen, Sozialisten, fortschrittlichen Republikanern und Farmergruppen, die mit den konservativen Programmen der Demokraten und Republikaner unzufrieden waren. Sie stellte im Jahre 1924 eine eigenen Präsidentschaftskandidaten. (A. d.Ü.)

tion ein halbes Jahrhundert lang beschäftigt hat und auch heute noch wird eine Debatte über seine anhaltende Bedeutung geführt.

Nur jene Teile der Vergangenheit, die keine Stimme gefunden haben, bleiben heutzutage ungehört. Das Populist Movement[43] ist vielleicht das bedeutendste Beispiel, und das Schweigen, das sich über ihr Vermächtnis senkte, hat Amerika einen wichtigen demokratischen Weg versperrt.[44] Traditionen, die sich nicht in Sprache verdichten, sind oft verloren, so vollständig ist die Tyrannei, die die Gegenwart über die Vergangenheit auszuüben vermag.

Die Vergangenheit spricht nicht nur zu Konservativen. Amerika hält für seine Kinder sowohl Paine als auch Hamilton, sowohl Jefferson als auch Madison bereit. Und Burke selbst hat bewiesen, daß die Pflege der Integrität von Landestraditionen sowohl radikale (z. B. seine Verteidigung der amerikanischen Unabhängigkeit und der Autonomie Ostindiens) als auch konservative (z. B. seine wesentlich bekanntere Verteidigung der französischen Monarchie gegen die Revolution) Konsequenzen haben kann. Eine demokratische Gemeinschaft ist genötigt, ihre Vergangenheit und ihre Zukunft gleichermaßen zu schaffen. Die Gerechtigkeit, mit der sie dabei verfährt, wird ein Maßstab ihres politischen Urteils sein. Darüberhinaus demonstriert eine Gemeinschaft durch die ständig erneuerte Inbesitznahme ihrer Vergangenheit in Worten und Grundsätzen ihre Autonomie und ihre politische Stärke: indem sie sich von der

---

[43] Politische Bewegung der Farmer im Süden und Südwesten der Vereinigten Staaten am Ende des 19. Jahrhunderts. Aus ihr heraus entstand die Populist Party, die u. a. gegen Wirtschaftsmonopole kämpfte. (A. d. Ü.)

[44] Nachdem man dem ›populism‹ jahrzehntelang keine Beachtung geschenkt hatte, wurde er in den 50er Jahren von den Historikern wieder diskutiert – wenn auch vor allem abwertend – wie etwa bei Richard Hofstadter. Erst mit dem Erscheinen von Lawrence Goodwyns gründlicher und wohlwollender Darstellung *Democratic Promise: The Populist Movement in Amerika* (New York 1976) haben der ›populism‹ und seine Anliegen allmählich wieder Eingang in das politische Bewußtsein Amerikas gefunden. Die Carter-Ära mag diese kurze Wiederbelebung gebremst haben.

Vergangenheit formen läßt, gestaltet sie auch die Vergangenheit um und baut so ein Fundament für ihre Zukunft.

Wenn das Sprechen den Toten ihre Stimmen wiederzugeben vermag, so kann es auch die Paradigmata der Lebenden in Frage stellen und einen fundamentalen Wandel in der Bedeutung oder Wertung von Wörtern bewirken. Wichtige Verschiebungen innerhalb einer Ideologie oder politischer Machtverhältnisse sind stets begleitet von solchen Paradigmawechseln im Sprachgebrauch – und zwar in einem Ausmaß, daß Historiker begonnen haben, jene festzumachen, indem sie diese verzeichnen.[45] Die weitgehend negative Bedeutung, die in antiker und frühchristlicher Zeit Begriffe wie *Individuum* und *Privatsphäre* hatten, erfuhr im Laufe der Renaissance eine Umwertung, an deren Ende die Reformation und die Ethik der Tauschgesellschaft standen. Der Kapitalismus des 18. Jahrhunderts löste eine Neubewertung des traditionellen Vokabulars der Tugenden aus, die Selbstsucht und Habgier im Namen der öffentlichen Güter zur Geltung brachte. (George Gilders *Wealth and Poverty* ist lediglich der letzte und dürftigste in einer langen Reihe angestrengter Versuche, moralische Kategorien umzukehren.) Die Geschichte der Demokratie wird in der Geschichte des Wortes *Demokratie* greifbar. Der Kampf um die Selbstregierung wurde wieder und wieder ausgefochten, da die positiven und negativen Bewertungen des Begriffs miteinander rangen (wobei man Plato, Ortega, Lippmann oder die moderne politische Wissenschaft gegen Machiavelli, Rousseau oder Jefferson ins Feld führte). Die Begriffe *Ochlokratie, Herrschaft des Pöbels, Despotie der Mehrheit* und *Herrschaft der Massen* spiegeln allesamt antidemokratische Entwürfe wieder; *Kommunitarismus, Bürgerbeteiligung, Egalitarismus* und – so wird man sagen müssen – *starke Demokratie* weisen auf eine freundlichere Einstellung hin.

Armut galt einst als Zeichen moralischer Schwäche; heute steht sie dafür, daß man ein Opfer sozialer Umstände geworden

---

[45] Ich denke dabei an die kontextualistischen Arbeiten etwa von J. G. A. Pocock, Quentin Skinner und John Dunn.

ist. *Verbrechen* rührte einst von der Erbsünde her; heute ist es eine Flucht aus der Armut. ›*States' rights*‹ (Bundesstaatenrechte) trugen einst das Stigma der Schande, dann standen sie für energischen Lokalpatriotismus, anschließend wurden sie zu einer Bezeichnung für Rassismus und heute schließlich zum Begriff für den neuen dezentralisierten Föderalismus. *Busing*, die Benutzung der Schulbusse jenseits aller Rassenschranken, war einst ein Instrument für Chancengleichheit im Bildungswesen, heute ist es ein Mittel, um Gemeinschaften zu zerstören. Die Bedeutungsverschiebung in diesen und vielen anderen Schlüsselwörtern spiegelt fundamentale nationale Machtveränderungen und ideologische Transformationen wider. Der Zusammenprall konkurrierender Vorstellungen – Sozialdarwinismus versus kollektive Verantwortung und politisches Miteinander, Erbsünde und angeborene Ideen versus Milieutheorie, Anarchismus versus Kollektivismus – findet letztlich in der Alltagssprache statt, und der Sieger im täglichen Kampf um die Bedeutung der Wörter mag als Sieger aus dem Konflikt der Ideen hervorgehen, die Zukunft als Siegesbeute im Gepäck.

Eine vorgeblich freie Bürgerschaft, die diesen Kampf den Eliten überläßt, weil sie glaubt, ihre Freiheit entfalte sich hinreichend in der Beratung und Abstimmung über Fragen, an deren begrifflicher und sprachlicher Prägung sie nicht beteiligt war, hat in der Tat den größten Teil ihrer Souveränität bereits abgegeben. Kann eine solche Bürgerschaft etwas anderes tun, als sich dem *Busing* zu widersetzen, wenn dieses die Zerstörung der Gemeinschaften und nichts anderes bedeutet? Kann sie das Recht auf Abtreibung unterstützen, wenn Abtreibung Mord und nichts anderes ist? Um an einem bedeutungsvollen Entscheidungsprozeß über diese Fragen beteiligt zu sein, müssen sich selbst regierende Bürger an jener Aussprache teilnehmen, in der die Fragen formuliert werden und ihre entscheidende politische Konzeption erhalten. Die Bewegung gegen den Vietnam-Krieg in den 60er Jahren hat bekanntlich genau das getan; sie hat keine Wahlen gewonnen, keine Abstimmung herbeigeführt und an keiner Gesetzgebungsdebatte teilgenommen. Aber sie hat das Bild dieses Krieges für die Mehrheit der Amerikaner radikal verändert, und so sein Ende beschleunigt.

Wenn Sprache als lebendiger, wandelbarer Ausdruck einer sich entwickelnden Gemeinschaft die Vergangenheit gleichzeitig einschließen und in Frage stellen kann, so gibt sie uns auch ein Mittel an die Hand, die Zukunft zu erforschen. Aufgrund der Beweglichkeit der Sprache und ihrer Empfänglichkeit für Neues können wir unsere Zukunftsvisionen zuerst im Reich der Worte entwerfen, in dem eine Gemeinschaft ihre Überlegungen in Ruhe anstellen kann. Sprache kann uns neue Lösungen für alte Probleme anbieten, indem sie unsere Wahrnehmung dieser Probleme verändert und sie kann durch schöpferischen Gebrauch (und Umwertung) der vertrauten Sprache traditionellen Gemeinschaften neue Visionen eröffnen. Dies ist das Wesen »öffentlichen Denkens«. Der Prozeß bringt uns notgedrungen von partikularistischen und unmittelbaren, auf die nahe Zukunft ausgerichteten Erwägungen unserer persönlichen Interessen bzw. unserer Gruppeninteressen (»Wird es genug Benzin für meine Urlaubsreise im Sommer geben?«), zu allgemeinen und langfristigen Überlegungen über das Wesen der Gemeinschaften, in denen wir leben, und darüber, wie gut unsere Lebenspläne zu ihnen passen (»Ist die Abhängigkeit vom Erdöl ein Zeichen für eine allzu materialistische, zu wenig selbstgenügsame Gesellschaft?«).

Wie wir also die Dinge nennen, beeinflußt unseren Umgang mit ihnen. Auch wenn die Genesis anderes lehrt, muß zumindest für Sterbliche die Zukunft zuerst benannt sein, bevor sie erschaffen werden kann. Somit ist die Sprache immer der entscheidende Kampfplatz; sie bewahrt oder vernichtet Tradition, sie stellt etablierte Paradigmen der Macht in Frage oder verteidigt sie; sie ist das ›Fernrohr‹, durch das wir in die Zukunft schauen. Ist die Sprache lebendig, dann kann die Gesellschaft wachsen; ist sie dialektisch, so kann die Gesellschaft ihre Teile versöhnen – und ihre Teile sind Vergangenheit und Zukunft ebenso wie dieses und jenes Interesse oder diese und jene Klasse. Wie Jürgen Habermas erkannt hat, bedeutet Demokratie zuerst einmal gleichen Zugang zur Sprache, und starke Demokratie heißt umfassende und andauernde Teilnahme der gesamten Bürgerschaft am Sprechen.[46] Überläßt man sie den Medien, den Bürokraten, Professoren und Managern, so verkommt die Sprache schnell zu einer weiteren Waffe im Arsenal der Elitenherrschaft.

9. *Gemeinschaftsbildung als Schaffung öffentlicher Interessen, gemeinsamer Güter und aktiver Staatsbürger.* Alle im vorangegangenen diskutierten Funktionen des Sprechens laufen in einem einzigen entscheidenden Zielpunkt zusammen – der Schaffung einer Bürgerschaft, die zu echtem öffentlichen Denken und politischem Urteil fähig, somit auch in der Lage ist, eine gemeinsame Zukunft im Hinblick auf wirkliche gemeinsame Güter vorzustellen. Diese Funktion des Sprechens wirft eine Unmenge neuer Fragen auf, deren wichtigste wohl lauten: »Was ist eine ›Öffentlichkeit‹?« und »Was ist die politische Beziehung zwischen Gütern und Interessen«. Diese Fragen sind Gegenstand des nächsten Kapitels. Wir müssen an dieser Stelle nur festhalten, daß das Sprechen letztlich eine Kraft ist, mit der wir eine Gemeinschaft hervorbringen können, die in der Lage ist, ihre eigene Zukunft zu gestalten, und daß das Sprechen durch die Gemeinschaft gefördert wird, gerade wenn es dazu beiträgt, die Bestandsvoraussetzungen der Gemeinschaft zu gestalten.

---

[46] In *Technik und Wissenschaft als ›Ideologie‹* (Frankfurt 1968) greift Habermas die Fachsprache und das Spezialistentum »technisch-rationaler« Eliten an, die damit zu beherrschenden und repressiven Kräfte in der Gesellschaft werden.

6. Kapitel

BÜRGERSCHAFT UND GEMEINSCHAFT
POLITIK ALS GESELLSCHAFTLICHES SEIN

> Es gibt keinen Patriotismus ohne Freiheit; keine Freiheit ohne Tugend; keine Tugend ohne Bürger; schaffe Bürger und Du wirst alles haben, was Du brauchst; ohne sie wirst Du nichts als minderwertige Sklaven haben, von den Beherrschern des Staates abwärts.
>
> *Jean-Jacques Rousseau*

> Aber was ist denn Regierung anderes, als die größte aller Betrachtungen über die menschliche Natur?
>
> *James Madison*

> Der Zustand der bürgerlichen Gesellschaft ist ein Naturzustand ... die Natur des Menschen ist Kunst.
>
> *Edmund Burke*

Wenn Regierung nur die größte aller Betrachtungen der menschlichen Natur ist und wenn, in Rousseaus Umkehrung der Behauptung Madisons, ein Volk »nicht anders sein kann als die Natur seiner Regierung«, dann gibt es keine bessere Möglichkeit, den Unterschied zwischen starker und liberaler Demokratie deutlich zu machen, als ihre Darstellungen der Natur des Menschen miteinander zu vergleichen.[1]

Nach der liberalen Auffassung wurde menschliches Verhalten

---

[1] Jean-Jacques Rousseau, *Die Bekenntnisse* (München 1978), Buch 9, S. 399. Das vollständige Zitat lautet: »Ich hatte gesehen, daß alles im letzten Grunde auf die Politik ankäme und daß, wie man es auch anstellte, jedes Volk stets nur das würde, was die Natur seiner Regierung aus ihm machen würde.«

als notwendigerweise selbstsüchtig, wenn auch auf eine vormoralische Weise, dargestellt. Die Menschen gingen dabei soziale Beziehungen nur ein, um sie für ihre individuellen Ziele auszunutzen. Da die moderne liberale Demokratie einem Demokratiezuwachs auf der Grundlage der Philosophie des Liberalismus geschuldet ist, war amerikanische Demokratietheorie von Anfang an mit einem radikalen Individualismus belastet. Dieser Zusammenhang hat Spannungen innerhalb der liberalen Demokratie erzeugt, die – insoweit sie gegensätzlichen Auffassungen vom Wesen des Menschen entspringen – von der Politik nicht einfach gelöst werden können. Marx hat diese Spannungen in den Nachwehen der Französischen Revolution wahrgenommen. Anstatt die Freiheit wieder einzusetzen, bemerkte er, habe die Revolution den Menschen einerseits in ein individuelles Mitglied einer Bürgergesellschaft gespalten, das seine privaten Ziele im Konflikt mit anderen verfolgt, und andererseits in einen Bürger, der an einer »unwirklichen« Allgemeinheit beteiligt ist – nämlich am »politischen Staat«.[2] In den *Grundrissen* legte Marx eine alternative Auffassung der Natur des Menschen als einer gesellschaftlich bestimmten dar, ein Entwurf, der Aristoteles mit dem modernen soziologischen Verständnis verbindet. »Das menschliche Wesen« schrieb Marx, »ist im wörtlichsten Sinn ein *zoon politikon*, nicht nur ein geselliges Tier, sondern ein Tier, das nur in der Gesellschaft sich vereinzeln kann.«[3]

---

[2] Marx schreibt in *Zur Judenfrage:*
»Wo der politische Staat seine wahre Ausbildung erreicht hat, führt der Mensch ... im Leben ein doppeltes, ein himmlisches und ein irdisches Leben, das Leben im *politischen Gemeinwesen*, worin er sich als *Gemeinwesen* gilt, und das Leben in der *bürgerlichen Gesellschaft*, worin er als *Privatmensch* tätig ist, die andern Menschen als Mittel betrachtet, sich selbst zum Mittel herabwürdigt und zum Spielball fremder Mächte wird. ... Der Mensch ... in der bürgerlichen Gesellschaft, ist ein profanes Wesen. ... Im Staat dagegen, wo der Mensch als Gattungswesen gilt, ist er das imaginäre Glied einer eingebildeten Souveränität, ist er seines wirklichen individuellen Lebens beraubt und mit einer unwirklichen Allgemeinheit erfüllt.« (Berlin 1974), Bd. 1, S. 354/55.

[3] Karl Marx, *Grundrisse der Kritik der politischen Ökonomie* (Berlin 1974),

Bürgerschaft und Gemeinschaft

Die Auffassung vom Menschen als sozialem Wesen ist jedoch nicht einfach die Antithese zu der in der Theorie vom Gesellschaftsvertrag entwickelten Auffassung vom Menschen als Individuum. Sie ist dialektisch, denn sie nimmt eine dauernde Interaktion an, in der Mensch und Welt einander formen.[4] Peter Berger und Thomas Luckmann bringen diese Dialektik mit ihrer post-marxistischen Beschreibung der gesellschaftlichen Natur des Menschen auf den Punkt: »Der Mensch ist biologisch bestimmt, eine Welt zu konstruieren und mit anderen zu bewohnen. Diese Welt wird ihm zur dominierenden und definitiven Wirklichkeit. Ihre Grenzen sind von der Natur gesetzt. In der Dialektik zwischen Natur und gesellschaftlich konstruierter Welt wird noch der menschliche Organismus umgemodelt. In dieser Dialektik produziert der Mensch Wirklichkeit – und damit sich selbst.«[5]

Die Theorie der starken Demokratie geht von der gesellschaftlichen Natur des in der Welt lebenden Menschen und der dialektischen Interdependenz zwischem ihm und seiner Regierung aus. Folglich stellt sie die Selbstverwirklichung des Menschen durch wechselseitige Transformation in den Mittelpunkt des demokratischen Prozesses. Gleich wie die gesellschaftliche

---

S. 6. In der sehr viel bekannteren *Sechsten These über Feuerbach* schrieben Marx und Engels, »das menschliche Wesen ist kein dem einzelnen Individuum inwohnendes Abstraktum. In seiner Wirklichkeit ist es das Ensemble der gesellschaftlichen Verhältnisse.«

[4] Europäische Existenzialisten beginnen die Auseinandersetzung mit der menschlichen Existenz typischerweise, indem sie den Menschen als ein »In-der-Welt-Sein« darstellen, was als Ausgangspunkt der politischen Reflexion sehr viel brauchbarer ist. Heideggers *Sein und Zeit* verknüpft so ausdrücklich diesen in-der-Welt-seienden Menschen mit einer unentrinnbaren Dialektik, welche die besondere Natur des Menschen mit dem Wesen des Seins an sich verbindet.

[5] Peter L. Berger und Thomas Luckmann, *The Social Construction of Reality* (New York 1966), S. 183. (Dt.; *Die gesellschaftliche Konstruktion der Wirklichkeit*, Frankfurt 1969, S. 195). In seiner klassischen Studie *Community* stellt Robert MacIver die einfache Behauptung auf: »Jedes Individuum wird in eine Gemeinschaft hineingeboren und verdankt sein Leben einer Gemeinschaft … Gemeinschaft ist immer vorhanden.« (London 1917), S. 204.

Wirklichkeit, die sie bricht, ist auch die menschliche Natur zusammengesetzt: sie ist potentiell sowohl wohlwollend wie mißgünstig, kooperativ wie antagonistisch. Bestimmte Eigenschaften verlangen ein gewisses »Maß an Vorsicht und Mißtrauen«, wie Madison in *The Federalist Papers* klugerweise bemerkt; andere mögen »eine gewisse Wertschätzung und Vertrauen rechtfertigen«.[6] Aber all diese Eigenschaften können durch legitime wie illegitime soziale und politische Kräfte ungeformt werden. Denn der Mensch ist ein entwicklungsfähiges Tier – ein Geschöpf mit einem komplexen und sich entfaltenden Telos. Seine letzte Bestimmung hängt davon ab, wie er mit seinen Schicksalsgenossen zusammenwirkt. Solche Geschöpfe besitzen weder eine vorgegebene Natur, noch absolute, unabhängig begründete Vorstellungen von Realität und Recht. Sie scheinen eher dem zu folgen, was Alexander Bickel das ›Whig-Modell des politischen Lebens‹ genannt hat. Es behauptet, die Natur des Menschen sei »flexibel, pragmatisch, langsam voranschreitend und höchst politisch«, weshalb Politik ein Prozeß der »ungeordneten Anpassung sein« müsse.[7]

Politische Lebewesen gehen miteinander soziale Verhältnisse ein, die durch abstrakte Moral und Metaphysik nicht erklärt

---

[6] James Madison et al, *Federalist Papers*, no. 55 (New York 1937), S. 365. Hanna Pitkin charakterisiert den Menschen ganz im Sinne der folgenden Diskussion:

»Der Mensch ist weder eine Gattung organischen Seins, dessen Verhalten kausal bestimmt ist, wie etwa ein Fluß, noch ein Engel, der immer das Richtige tut, weil es richtig ist, unbeeinflußt von Bedürfnissen, Ängsten oder Gefühlen. Politik ist weder die Summe der gierigen Machenschaften egoistischer Machthungriger noch das selbstlose Streben nach einem höheren Gut, das mit keinerlei Zwecken verbunden ist. Auch liegt die Wahrheit nicht ›irgendwo dazwischen‹. Wir sind Geschöpfe, die man auf diese beiden, scheinbar unvereinbaren Wesen sehen kann; wir sind beschäftigt mit der andauernden, endlosen Transformation von Organischem in Moral, von Instinkt in Autorität... ein fortwährendes Übersetzen von Eigeninteressen und persönlichen Bedürfnissen in öffentliche Entscheidungen und Herrschaftsstrukturen.« (»Inhuman Conduct and Unpolitical Theory«, *Political Theory* 4, 3 (August 1976): 316).

[7] Alexander Bickel, *The Morality of Consent* (New Haven 1975), S. 4.

Bürgerschaft und Gemeinschaft

werden können. Ihre Tugend ist von einer anderen Ordnung, obgleich jene Theoretiker, die diese These vertreten haben, für ihre argumentative Mühe mit allen möglichen Bezeichnungen belegt wurden, vom Realisten bis hin zum Moralisten. Montaigne hat den eigentlichen Geist des gesellschaftlichen Menschen freilich erfaßt, als er schrieb: »Die zu den Welthändeln bestimmte Tugend ist eine Tugend, die viele Falten, Einschläge und Nähte hat, damit sie sich nach der menschlichen Schwachheit bequemen und schicken kann. Sie ist gemischt und gekünstelt; nicht ächt, rein beständig, und vollkommen unschuldig.«[8]

Wenn das Wesen des Menschen sozial ist, dann haben Männer wie Frauen nicht zwischen Unabhängigkeit oder Abhängigkeit, sondern zwischen Bürgerschaft oder Sklaverei zu wählen. Ohne Bürger, so warnt uns Rousseau, wird es weder freie natürliche Menschen noch zufriedene Einzelgänger geben – allenfalls »minderwertige Sklaven, von den Beherrschern des Staates abwärts«.

Für einen Vertreter der starken Demokratie besagt Rousseaus einleitende Bemerkung zum *Gesellschaftsvertrag* – der Mensch sei frei geboren und liege doch überall in Ketten – nicht, daß der Mensch von Natur aus frei ist, die Gesellschaft ihn jedoch in Ketten legt.[9] Für ihn bedeutet Gesellschaft vielmehr, daß natürliche Freiheit eine Abstraktion, Abhängigkeit dagegen die konkrete menschliche Wirklichkeit ist. Somit kann das Ziel der Politik nicht darin bestehen, die natürliche Freiheit den Fängen der Politik zu entreißen, sondern innerhalb und kraft der Politik eine künstliche Freiheit einzuführen und anzustreben. Starke Demokratie hat nicht das Ziel, die Menschen von ihrem Joch zu befreien, sondern ihre Abhängigkeit durch den Status der Bürgerschaft zu legitimieren und ihre politische Freiheit durch die Instrumente demokratischer Gemeinschaft aufzurichten.

Rousseau schrieb im *Emile:* »Wir werden schwach geboren

---

[8] Montaigne, Über die Eitelkeit, in: *Essais* (Zürich 1992), III, S. 192.
[9] Jean-Jacques Rousseau, *Der Gesellschaftsvertrag*, Buch 1, Kap. 1.

und bedürfen der Kräfte; wir werden hilflos geboren und bedürfen des Beistandes; wir werden dumm geboren und bedürfen des Verstandes. All das, was uns bei der Geburt noch fehlt, und dessen wir als Erwachsene bedürfen, wird uns durch die Erziehung zuteil.«[10] Die entsprechende politische Aussage würde lauten: »Wir werden als unzulängliche Wesen geboren und bedürfen der Kooperation; wir werden mit natürlichen Anlagen geboren und bedürfen der Gesellschaft, um sie zu verwirklichen; wir kommen im Zustand der Ungleichheit zur Welt und brauchen die Politik, um uns zu Gleichen zu machen; wir sind teils als Sklave, teils als Freie geboren und können die vollständige Freiheit nur durch die demokratische Gemeinschaft sichern.«

Bürgerschaft und Gemeinschaft sind zwei Aspekte der selben politischen Realität: Die Menschen können ihre Unzulänglichkeit nur überwinden und ihre Abhängigkeit nur rechtfertigen, indem sie ein gemeinsames Bewußtsein ausbilden. Der Weg zur Autonomie führt über die Gemeinschaftlichkeit, nicht an ihr vorbei. Wie George Bernard Shaw schrieb: »Wenn ein Mensch durch unerschrockenen Individualismus schließlich dazu gebracht wird, sich selbst ins Gesicht zu sehen, sieht er sich nicht einem Individuum gegenüber, sondern einer Gattung, und er erkennt, daß er die Art retten muß, wenn er sich selbst retten will. Er kann nur dann ein Leben haben, wenn er am Leben der Gemeinschaft teilhat.«[11]

Wir werden in diesem Kapitel beide Aspekte staatsbürgerlicher Verhältnisse untersuchen: (1) die demokratische Gemeinschaft, welche dadurch definiert ist, daß freie, aktive, sich selbst regierende Bürger an der Schaffung ihrer gemeinsamen Zukunft teilhaben, bei Fehlen unabhängiger Gründe, und (2) den demokratischen Bürger als Teilnehmer einer sich selbst regierenden demokratischen Gemeinschaft. Danach werden wir sowohl die

---

[10] Jean-Jacques Rousseau, *Emile oder Über die Erziehung*, (Stuttgart 1978), S. 109.

[11] George Bernard Shaw, »Commentary on Ibsen's *Little Eyolf*«, in: Shaw, *The Quintessence of Ibsenism* (New York 1957), S. 130.

Bedingungen näher betrachten, unter denen eine starkdemokratische Bürgerschaft gedeiht, als auch die ihr gesetzten Grenzen. Zu den förderlichen Bedingungen gehören die Erziehung zum Staatsbürger, die Übernahme von Verantwortung, Religion und Patriotismus; die Grenzen ergeben sich aus dem Problem der Größenordnung, aus struktureller Ungleichheit, den Rechten und aus der grundsätzlichen Ungewißheit aller menschlichen Vorstellungskraft – zumal der öffentlichen – in einer Welt, in der das Wissen niemals gewiß, kein Grund absolut und keine politische Entscheidung unwiderruflich ist.

Bürgerschaft

Akzeptieren wir, daß die Menschen von Natur aus sozial sind, dann können wir die Bürgerschaft nicht bloß als eine unter vielen künstlich geschaffenen sozialen Rollen betrachten, die man der natürlichen Vereinzelung des Menschen aufpropfen kann. Vielmehr ist sie die einzig legitime Form seiner natürlichen Abhängigkeit. Allein das Band der Bürgerschaft rechtfertigt die unauflösbaren natürlichen Bande: Es macht jene Bande, die keinesfalls gelöst werden können, zu *freiwilligen*, und das Schicksal, dem kein Mensch entgeht, zu einem *gemeinsamen*, das gegenseitiger Verständigung zugänglich ist. Wie Aristoteles vor langer Zeit bemerkt hat, ist das Band der Bürgerschaft tatsächlich dasjenige, das alle anderen Bindungen ordnet und bestimmt – das jenes öffentliche Gefüge schafft, in dem andere, persönlichere und privatere soziale Beziehungen gedeihen können.

Wir können diese eher allgemein gehaltenen Überlegungen präzisieren, indem wir sie zuerst einmal mit den in Kapitel 4 unterschiedenen Typen der Bürgerschaft verbinden und schließlich untersuchen, welche Antworten die unterschiedlichen Demokratieformen auf jene drei Fragen haben, die man an jede Theorie der Bürgerschaft stellen kann: Was sind Basis oder Grundlagen der Bürgerschaft? Von welcher Art und Qualität ist das Band der Bürgerschaft? Wie werden die Grenzen der Bürgerschaft gezogen? Aus den Antworten auf diese drei Fragen werden wir ersehen, wie repräsentative, einheitsbetonende und starke Demokratie Ursprung, Wesen und Ausmaß der bürgerlichen Bindung bestimmen und dies erlaubt uns, die starkdemokratische Theorie der Bürgerschaft im ganzen zu beleuchten.

Die Grundlagen der Staatsbürgerschaft. In modernen Staaten wird das Territorium allgemein als die wichtigste Grundlage der Staatsbürgerschaft angesehen. Die Geschichte der westlichen Zivilisation kennt jedoch eine Reihe anderer Kriterien für die Zuerkennung des Bürgerstatus. Dazu gehören Blutsbande (Clan oder Stamm); persönliche Lehensgefolgschaft (im frühen Feudalismus); Grundherrschaft und Gerichtsbarkeit (im Feudalismus des Hochmittelalters); gemeinsames Glaubensbekenntnis (in frühchristlichen Gemeinschaften oder dem Gottesstaat bei Augustinus); Wirtschaftsverträge (in den wirtschaftlichen Vereinigungen bzw. Genossenschaften der Renaissance oder etwa Robert Nozicks »Schutzvereinigung«); politischer Vertrag (wie im Mayflower Compact[12]) und eine Verpflichtung auf gemeinsame Verfahren und gemeinsame Ziele (wie in jenen traditionellen kleinen *Gemeinden* (dt. i. O.) in den Alpen oder der typischen ›New England Town‹).

Die drei Formen moderner Demokratie, die wir in Kapitel 4 unterschieden haben (repräsentative, einheitsfördernde und starke Demokratie), sind allesamt territorial im grundlegend rechtlichen Sinn verfaßt, wiewohl jede bereit ist, einen sekundären und eigenen Grund für die Bürgerschaft zu akzeptieren (siehe Abb. 3). So versteht die repräsentative bzw. magere Demokratie das Band der Staatsbürgerschaft als einen ursprünglichen Vertrag, der den Souverän ermächtigt, Individuen in ihrem Auftrag und ihrem Namen zu regieren. Diese Art des Bürgerstatus kommt all jenen zu, die ursprünglich und abstrakt Urheber der Herrschaft waren, woraus auch folgt, daß sie die Rolle der Wächter übernehmen; eine solche Bürgerschaft ist

---

[12] Eine Vereinbarung über die Errichtung einer gesetzlichen Ordnung, die von allen erwachsenen männlichen Passagieren der *Mayflower* vor ihrer Landung in Plymouth unterzeichnet wurde. (A. d. Ü.)

eher passiv als aktiv, sie ist eher ein Potential (ein abstrakter Rechtsstatus) denn eine Wirklichkeit (ein konkreter politischer Status). Bürger zu sein heißt, Rechtspartei im Gesellschaftsvertrag und somit Rechtsperson zu sein.

Die Einheitsdemokratie verspottet den Status der Rechtsperson als leblose Fiktion. Sie zieht es vor, die Bürgerschaft in der entschieden vitaleren Idee von Blutsbanden zu verankern. Bürger sind Blutsbrüder, die durch einen genetischen und nicht durch einen sich herstellenden (statt eines generischen) Konsens vereint sind und deren Verbundenheit fast übernatürlichen Charakter hat – mit Sicherheit aber nicht auf Wahl oder Willensäußerung fußt. Pan-Slavismus, Arischer Nationalismus, ja sogar Zionismus können als Beispiele für Ideologien gelten, die Staatszugehörigkeit auf Blutsbande gründen, in denen die territoriale Einheit eher eine Folge als die Voraussetzung staatsbürgerlicher Identität ist. (Das moderne Israel steht aus eben diesem Grund vor einem staatbürgerlichen Dilemma, denn seine zionistischen Tendenzen stehen im Konflikt zu säkularen Territorialbestrebungen, weshalb der israelische Bürger zwischen den Forderungen nach jüdischer Herkunft und jüdischem Selbstverständnis einereits und der Verfassung wie den Gesetzen des Staates Israel andererseits hin- und hergerissen wird.)

Starke Demokratie macht den demokratischen Prozeß selbst zum zentralen Element ihrer Definition der Bürgerschaft. Von diesem Standpunkt aus ist der freie Wille eine aktive und fortwährende Funktion der Politik, der für die Verbindung zwischen den Bürgern entscheidende Bedeutung zukommt. Bürger sind Nachbarn, die weder durch Blutsbande noch aufgrund eines Vertrages miteinander verbunden sind, sondern weil sie gemeinsam nach Konfliktlösungen suchen, die für alle tragbar sind.

In heutigen Demokratien überwiegt erwartungsgemäß ein zusammengesetzter Bürgerschaftsbegriff: Territorium und Geburt sind Bedingungen für Staatsbürgerschaft, während Vertrag (die Grundlage legitimer Herrschaft), Blutsbande (das Bewußtsein einer Nationalkultur) und gemeinsames Handeln (praktische Politik als Prozeß) ihr die konkrete Eigenart verleihen.

Starke Demokratie

ABBILDUNG 3: FORMEN DER BÜRGERSCHAFT

	Repräsentative Demokratie	Einheitsdemokratie	starke Demokratie
Bürger werden angesehen als	Rechtspersonen	Brüder	Nachbarn
miteinander verbunden durch	Vertrag	Blutsbande	gemeinsames partizipatorisches Handeln
bezogen auf die Regierung als	Souveräne und zugleich Untertanen	Korporation	aktiv Teilnehmende
Die Art der Bindung ist	vertikal (von Bürger zu Regierung)	horizontal (von Bürger zu Bürger)	dialektisch (»Ebenen« verschwinden)
Politischer Stil	mißtrauisch, passiv	selbstverleugnend, unterwürfig	kooperativ, aktiv
Bürgertugend	Rechenschaftspflichtigkeit (wechselseitige Kontrolle)	Brüderlichkeit (wechselseitige Liebe und Furcht)	ziviles Verhalten (wechselseitige Einfühlung und Respekt)
Status der Bürgerschaft (bezogen auf andere gesellschaftliche Identitäten)	beliebig (eine unter vielen)	allgegenwärtig (die einzig zugelassene)	souverän (die erste unter gleichen)
Ideelle Grundlage (tatsächliche Grundlage ist das Territorium)	gemeinsamer Vertrag (generischer Konsens)	gemeinsame Überzeugungen, Werte, Ziele, Identität (substanzhafter Konsens)	gemeinsames Sprechen, Entscheiden, Arbeiten (kreativer Konsens)

Dennoch hegt jede Form der Demokratie ihre eigenen Ideen über die Grundlagen der Bürgerschaft, womit sie ihrer Sicht der Bürgerschaft einen besonderen Charakter verleiht. Dieser Punkt wird um so überzeugender, je genauer wir uns die Natur (im Gegensatz zu den Grundlagen) der staatsbürgerlichen Bindung anschauen.

Bürgerschaft und Gemeinschaft

Charakter und Qualität der Bindung zwischen den Bürgern.
Wie aus Abb. 3 zu ersehen ist, unterscheiden sich die drei Demokratieformen am stärksten in ihrer Beurteilung der Qualität der Bindung zwischen den Bürgern. Aus diesen Unterschieden ergeben sich weitere, die wiederum die jeder Demokratieform eigenen Deutungen der Bindung an die Regierung, des politischen Stils, der bürgerlichen Tugend und der Beziehungen zwischen den Bürgern erklären. In repräsentativen Demokratien wie den Vereinigten Staaten definieren sich die Bürger selbst als Rechtsperson und autonome Parteien in einem souveränen Übereinkommen. Ihre Identität als Bürger bindet sie nicht aneinander, sondern an die Regierung: erstens als souveräne Vertragsparteien und zweitens als Untertanen oder Nutznießer. Der Bürger ist Bürger nur aufgrund seiner Beziehung zur Regierung, deren Urheber und Untertan er gleichermaßen ist. Seine Beziehungen zu den Mitbürgern sind ausschließlich privat, eine staatsbürgerliche Komponente fehlt ihr völlig. Dieses Privatisieren trägt zur Erklärung der schrecklichen Anomie des Gemeinschaftslebens bei, welche die westlichen Demokratien ihrer zivilen Umgangsform beraubt und die repräsentative Demokratie so ablehnend gegenüber der Vorstellung kommunitärer Bindungen zwischen Bürgern gemacht hat.

Sie könnte auch das staatsbürgerliche Klima – den politischen Stil – des passiven Mißtrauens erklären, das Amerika zu einer Bastion des Privatrechts und einer Grabstätte öffentlichen Handelns hat werden lassen. Wenn die Bürgerschaft sich wie ein Wachhund verhält, der mit unerschöpflicher Geduld darauf wartet, daß seine Regierung einen Fehler macht, sich aber ansonsten widerstandslos allen legitimen Regierungsmaßnahmen fügt, dann verkommt die Bürgerrolle sehr schnell zu einer latenten Funktion. Die bürgerliche Tugend bleibt, aber sie ist eine von gegenseitiger Kontrolle und *Rechenschaftspflicht* bestimmte Tugend. Die Regierung ist den Bürgern gegenüber und für die Bürger in ihrer Gesamtheit verantwortlich, keineswegs aber in dieser Gesamtheit enthalten. Das entscheidende Mittel zur Durchsetzung der Rechenschaftspflicht ist die Repräsentation selbst, eine Einrichtung, die es öffentlichen Wachhunden ermöglicht, die meiste Zeit mit eigenen Geschäften zuzubringen, während Funktionäre und ›Mietlinge‹ (Delegierte und Repräsentanten) die öffentlichen Angelegenheiten erledigen.

So betrachtet ist die Rolle des Bürgers nur eine unter vielen, die jenen Individuen zur Verfügung steht, die in einer pluralistischen Gesellschaft leben. Daß alle diese Rollen etwa gleichrangig sind, ist dabei unterstellt. »Bürger« wird zu einer Identität wie »Arbeiter«, »Vater« oder »Mutter«, »Katholik« oder »Pendler«. Die Staatsbürgerschaft verliert ihre Ordnungsfunktion (ihre »Souveränität«) und den Zusammenhang mit der Gemeinschaftlichkeit, wird ein Synonym für partikularistische und vor allem klientenspezifische Rollen, wie etwa Steuerzahler, Sozialhilfeempfänger, Lobbyist oder Wähler.

In mageren Demokratien werden Wähler üblicherweise nur durch Verfassungskrisen oder schwere Unterlassungen der Regierung aufgeschreckt und zum Handeln getrieben. Ansonsten genügt es ihnen, das Regieren anderen zu überlassen und ihre Kräfte für die stetig größer werdende Privatsphäre zu reservieren. Abgesehen von gelegentlichen Wahlen, seltenen Briefen an einen Kongreßabgeordneten oder dem alle zwei Jahre als Medienereignis inszenierten Politskandal, reduziert sich die Bürgerschaft auf die Pflege von Klientelbeziehungen oder auf eine politische Versicherungspolice – ein starker Feuerlöscher mit der Aufschrift: »Nur bei Verfassungsbrand benutzen!«

Die einheitsfördernde Demokratie ist von ganz anderer Art. Es gelingt ihr, viele Schwächen und Mängel der mageren Demokratie zu beheben (oder zu vermeiden). Ihre Version der demokratischen Bürgerschaft birgt allerdings neue und alarmierende Probleme. Da die Bürger eines solchen States durch mächtige »persönliche« Bande verbunden sind, die, zumindest metaphorisch, »Blutsbande« sind, verstehen sie ihre Bürgerschaft als Funktion ihres Verhältnisses zu ihren Mitbürgern. Die Regierung verkörpert die durch solch starke laterale Bindungen geschaffene Einheitsgemeinschaft – der Bürger ist die Gemeinschaft, die der Staat ist – und wirkt so direkt im Namen der

Gemeinschaft der Bürger. »Ich bin Deutschland«, hätte etwa Hitler sagen können, »und Deutschland ist die Gemeinschaft reinblütiger Arier. Wenn ich handle, handelt also Deutschland, was bedeutet, daß alle Arier handeln.« Der entscheidende Punkt ist, daß Hitler Deutschland oder die Gemeinschaft der Arier nicht *repräsentiert*, sondern daß er Deutschland *ist*. Das Ziel einheitsstiftender Gemeinschaften besteht nämlich genau darin, die Kluft zwischen den Individuen zu schließen und aus diesen Einzelnen ein organisches Ganzes zu schmieden – das Volk oder die Nation oder den kollektiven Willen.

Wo magere Demokratie Rechenschaftspflicht zu ihrer ersten Tugend macht, zelebriert die Einheitsdemokratie das Ideal der Brüderlichkeit und entspricht damit völlig den lateralen Bindungen, die bürgerliche Beziehungen in einheitsstiftenden Gemeinden auszeichnen. Unter günstigsten Bedingungen verordnet diese Brüderlichkeit gegenseitige Liebe und gegenseitigen Respekt; unter den Bedingungen einer Massengesellschaft oder einer totalitären Gesellschaft jedoch könnte sie nur durch Furcht motivieren. Brüderlichkeit ist zweifellos mit einem auf Unterwerfung gründenden politischen Stil verknüpft, mit einer Verpflichtung, die Selbstverleugnung fordert. Der Soziologie Emile Durkheim zieht daher den Schluß, daß sich das Individuum einer ihm überlegenen Autorität »unterwerfen« muß, soll in einer Gesellschaft Moral herrschen.[13] Goebbels, der eine sehr viel reinere Form der Einheitsgesellschaft vor Augen hatte, verkündete: »Sozialist sein: das heißt, das Ich dem Du unterordnen, die Persönlichkeit der Gesamtheit zum Opfer bringen.«[14] Hier haben wir es nicht mit einer Rouseeauschen Dialektik zu tun, in der wir anderen gehorchend nur uns selbst gehorchen. Autonomie ist sublimiert; die daraus resultierende politische Form ist die des Opfers.

Mit dem politischen Stil der Selbstverleugnung eng verbunden ist die Allgegenwart der bürgerlichen Rolle. Wo in einer

---

[13] Emile Durkheim, *Erziehung, Moral und Gesellschaft*, (Frankfurt 1984).
[14] Joseph Goebbels, zitiert in Erich Fromm, *Escape from Freedom* (New York 1941) S. 223. Dt.: *Die Furcht vor der Freiheit* (Frankfurt 1980) S. 185.

mageren Demokratie die Bürgerrolle nur eine unter vielen gleichrangigen sozialen Rollen darstellt, ist sie in der Einheitsdemokratie die einzig legitime. Andere Identitäten sind ihr nicht einfach nur untergeordnet, sondern im Vergleich mit ihr völlig ohne Bedeutung. Aus diesem Grunde ist es möglich, daß in einem Einheitsregime (mit demokratischen Ansprüchen) Eltern ihre Kinder als »Verräter« denunzieren, wie etwa im Iran Khomeinis; daher müssen in einem revolutionären Monolith wie dem Frankreich des Jahres 1792 Religion und Kunst übergeordneten Zielen der Gemeinschaft dienen; so kann es in einer strengen Sekte wie den Shakern, in der die religiös-bürgerliche Rolle alles bestimmt, für gottlos erklärt werden, Geld zu verdienen oder Kinder zu bekommen. In primitiven Einheitsgemeinschaften besteht wenig Bedarf an tatsächlichem Zwang, denn der Konsens ist natürlich und das brüderliche Band unangefochten. Aber in größeren, modernen Gesellschaften, die bereits Erfahrungen mit vielfältigen sozialen Identitäten und Interessenkonflikten gemacht haben, werden Zwangsmaßnahmen zur notwendigen Begleiterscheinung bürgerlicher Allgegenwart.

Bürger einer Einheitsdemokratie müssen die für eine schwache Demokratie typische Gleichgültigkeit nicht fürchten; aber es droht ihnen die weitaus größere Gefahr des aktivistischen Totalitarismus. Während die Politik für die in die Privatsphäre abgedrängte Bevölkerung des repräsentativen Systems viel zu wenig Bedeutung hat, bedeutet sie für die blutsbrüderlich verbundenen Mitglieder der organischen Gemeinschaft viel zu viel. Sie übt einen gnadenlosen Druck auf sie aus, und nur wenige können ihre Individualität behaupten. Solche Formen der Politik werden mit Recht gefürchtet von Menschen, denen die Freiheit ebensoviel bedeutet wie die Gemeinschaft und die nach einer Form öffentlicher Existenz suchen, in der die Autonomie der Teilnehmenden bewahrt und vergrößert werden kann.

Irgendwo zwischen dem blassen Privatismus der instrumentalistischen Demokratie und dem allgegenwärtigen Totalitarismus der Einheitsdemokratie liegt der öffentliche Bereich starker demokratischer Politik. In diesem Bereich ist Bürgerschaft eine dynamische Beziehung zwischen Fremden, die zu Nachbarn werden, deren Gemeinschaftlichkeit sich nicht so sehr aus geographischer Nähe, sondern vielmehr aus einem wachsenden Bewußtsein herleitet. Da es die strenge Unterscheidung zwischen Regierung und Bürgern wie in repräsentativen Systemen nicht gibt, ist das Band zwischen den Bürgern in einer starken Demokratie weder vertikal noch lateral, sondern zirkulär und dialektisch. Die Individuen werden dadurch, daß sie an den gemeinsamen Institutionen der Selbstregierung partizipieren, an der Regierung beteiligt und haben durch ihr gemeinsames Engagemant in der Politik miteinander zu tun. Sie sind verbunden durch gemeinsames Handeln und Bewußtsein – und das sind gewollte Bindungen, die nicht durch Blutsbande, Erbe oder zuvor gestellten Konsens der Überzeugungen gegeben sind, und deren Überleben und Weiterentwicklung daher von ständigem Engagement wie dauerndem politischen Handeln abhängt. Latente Tugenden wie die Rechenschaftspflicht führen zum Verfall gemeinsamer Bindungen, während Werte so machtvoll und einheitsstiftend wie die Brüderlichkeit rigide und unwandelbare Bindungen schaffen, die dem Bereich individueller Willensentscheidungen entzogen sind.

Der dieser Dialektik gemeinsamer Vereinigung entspringende politische Stil ist der einer Tätigkeit und Kooperation, und die bürgerliche Tugend, die ihn von anderen politischen Stilen unterscheidet, ist das zivile Verhalten selbst. Starke Demokratie fördert gegenseitige Einfühlung und gegenseitigen Respekt, während Einheitsdemokratie gegenseitige Liebe und Furcht, magere Demokratie aber gegenseitige Kontrolle begünstigt. Bürgerlicher Umgang wurzelt in der Vorstellung vom Bewußtsein als gesellschaftlich bedingter Intelligenz, die die Wirklichkeit des Bewußtseins anderer Bewohner der gemeinsamen Welt anerkennt. Michael Oakeshott hat darauf hingewiesen, daß ziviles Verhalten von freien handelnden Personen ausgeht, die in etwa gleich sind, nicht notwendig von Natur aus oder durch das Recht, sondern aufgrund ihres gemeinsamen Bewußtseins.

Oakeshott schreibt über die Bürger: »*Cives* sind keine neurophysiologischen Organismen, genetische Charaktere, psychologische Egos oder Bestandteile eines ›sozialen Prozesses‹, sondern ›freie‹ handelnde Personen, die verstehend auf Handlungen und Äußerungen von anderen reagieren; und die bürgerliche Vereinigung ist keine organische, evolutionäre, teleologische, funktionale oder symptomatische Beziehung, sondern eine bewußte Beziehung von intelligenten, handelnden Personen.«[15]

Nicht in Zeit und Raum, sondern in der Vorstellungskraft werden starkdemokratische Bürger zu »Nachbarn«. Ihre Nachbarschaft ist eine Nachbarschaft des kreativen Bewußtseins im Kampf mit materiellen Konflikten, wobei die Notwendigkeit, Lösungen gemeinsam zu finden, die Auseinandersetzung zwischen den vielen und uneinigen Teilnehmern bestimmt.

Die Rolle des Bürgers ist hier nicht allumfassend oder ausschließlich, aber sie ist auch nicht nur eine unter vielen. Sie ist primus inter pares. Bürgerschaft ist nicht notwendig die höchste oder wertvollste Identität, die ein Individuum annehmen kann, aber sie ist die moralische Identität par excellence. Denn in seiner Eigenschaft als Bürger ist das Individuum mit Anderen konfrontiert und paßt seine eigenen Lebenspläne den Geboten einer gemeinsamen Lebenswelt an. *Ich* bin ein Geschöpf mit Bedürfnissen und Notwendigkeiten, *wir* sind eine moralische Gemeinschaft, deren Existenz abhängt von der gemeinsamen Einordnung individueller Bedürfnisse und Notwendigkeiten in eine Zukunftsvision, die wir alle teilen können. Der Bürger definiert nicht bürgerliche Bedürfnisse und Notwendigkeiten; er entwickelt gemeinsame Maßstäbe, durch welche private Notwendigkeiten und Bedürfnisse in öffentliche Güter und Ziele verwandelt werden können.

---

[15] Michael Oakeshott, *On Human Conduct* (Oxford 1975) S. 112. Es ist eine Ironie, daß konservative Denker wie Oakeshott die Idee des bürgerlichen Umgangs mit sehr viel mehr Überzeugungskraft entwickelt haben als die Demokraten – die, wie man annehmen müßte, von dieser Denkweise profitieren sollten.

Bürgerschaft und Gemeinschaft

Um zu unserem Ausgangspunkt zurückzukommen: die ideale Grundlage magerer Demokratie ist der **allgemeine Konsens** – ein gemeinsamer Vertrag, der einen Souverän, der den Vertragschließenden zur Rechenschaft verpflichtet ist, autorisiert, für deren Belange zu sorgen. James Buchanan nennt daher die demokratische Regierung ein wirksames Instrument zur Verwirklichung unserer persönlichen Ziele.[16] Die ideale Grundlage der einheitsstiftenden Demokratie ist **inhaltlicher Konsens** – gemeinsame Überzeugungen, Werte und Ziele, welche der Errichtung von Herrschaft vorausgehen und die Gemeinschaft definieren, in der und durch die das Individuum sich selbst verwirklichen kann (wobei das Selbst des Einzelnen durch die Gemeinschaft bestimmt ist). Die ideale Grundlage der starken Demokratie ist der **kreative Konsens** – eine Übereinkunft, die gemeinsamem Sprechen, gemeinsamer Entscheidung und Arbeit entspringt, aber auf aktiver und beständiger Partizipation der Bürger an einem Prozeß beruht, in dem Konflikte durch Herstellung eines gemeinsamen Bewußtseins und durch politisches Urteilen transformiert werden.

Offensichtlich hat die Tatsache, daß alle modernen Regierungssysteme die Staatsbürgerschaft territorial begründen, wenig Bedeutung verglichen mit den bemerkenswerten Unterschieden in ihren Auffassungen von Bürgerbeziehungen, idealen Grundlagen, Bürgertugend und politischem Stil. Aber diese Unterschiede spiegeln lediglich die großen, grundsätzlichen Unterschiede zwischen den drei Demokratietypen.

Die Grenzen der Bürgerschaft. Wenn Territorialität also offenkundig die gemeinsame Grundlage aller Formen demokrati-

---

[16] Ein demokratischer Ansatz, schreibt Buchanan, »ist lediglich eine Variante der bestimmenden Norm des Individualismus. Jeder Mensch zählt als einer und damit hat es sich. ... Eine Situation wird im selben Maße als ›gut‹ beurteilt, in dem sie dem Einzelnen die Erfüllung seiner Wünsche ermöglicht, was immer sie auch sein mögen, wobei das Prinzip des gegenseitigen Einverständnisses die einzige Grenze ist. Individuelle Freiheit wird oberstes Ziel der Gesellschaftspolitik« *The Limits of Liberty: Between Anarchy and Leviathan* (Chicago 1975), S. 2.

scher Staatsbürgerschaft ist, dann müßte Allgemeinheit eigentlich die allen gemeinsame Antwort auf die Frage nach Umfang bzw. Grenzen der Bürgerschaft in modernen Demokratien sein. Es ist in der Tat so, daß alle modernen Demokratieformen behaupten, das Stimmrecht erstrecke sich auf »alle« oder »alle Menschen« oder »alle Mitglieder der Gemeinschaft«. Aber »alle« ist stets an Bedingungen geknüpft und »allgemein« bezieht sich immer auf ein besonderes Allgemeines mit seinen eigenen präsumptiven Grenzen. In gewissem Sinne unterstützte Aristoteles die allgemeine Bürgerschaft für die ganze menschliche Gemeinschaft – für jedes einzelne *zoon politikon*, das in der Polis lebte. Aber natürlich sah er Frauen, Sklaven oder Barbaren nur eingeschränkt als menschlich an. Weil sie nicht alle Bedingungen erfüllten, nicht im vollen Sinne *zoon politikon* waren, konnte er sie von der Polis ausschließen, ohne das Ideal der »allgemeinen Bürgerschaft« zu verraten. Nur wenigen Despotien, die unter dem Banner der Demokratie auftreten wollten, ist es nicht gelungen, die theoretisch postulierte Allgemeinheit mit den willkürlichsten Einschränkungen zu vereinbaren – indem sie ganz einfach Frauen, Schwarze, Juden oder sogar die Armen (Lockes »Zänkische und Streitsüchtige«) aus der Menschheit ausklammerten.[17]

Ja sogar die heftigsten Verfechter des Allgemeinheitsprinzips biegen die abstrakten Grenzen der biologischen Spezies zurecht, wenn es um den Bürgerstatus von Kindern, Kriminellen, Geisteskranken und »Fremden« geht. Auch neigen Grenzen dazu, zusammenzubrechen, wenn man versucht, konkurrierende Ebenen der Bürgerschaft (Bund vs. Land vs. Gemeinde) oder überlappende bürgerliche Verwantwortungsbereiche (na-

---

[17] Autoren von Rousseau bis C. B. Macpherson haben auf die gegen den Gleichheitsgrundsatz verstoßenden Implikationen der Lockeschen Unterscheidung zwischen den »Fleißigen und Vernünftigen«, zu deren Gebrauch Gott die Welt gegeben hat, und den »Zänkischen und Streitsüchtigen« hingewiesen, die – wie man folgern könnte – weder auf Besitz noch auf Bürgerrecht einen Anspruch haben. Im *Second Treatise of Civil Government*: On Property, Kap. 5.

tionale vs. internationale Verpflichtungen z. B.) auseinanderzudividieren.

Das Allgemeinheitsprinzip verwischt die Grenzen der Bürgerschaft mehr, als daß es sie klärt. Offenbar muß ein genaueres und angemesseneres Prüfverfahren gefunden werden, das bestimmt, *wie* und nicht *wo* die Grenzen gezogen werden; denn die Art der Grenzziehung beeinflußt nicht nur wo, sondern auch wie flexibel bzw. starr, wie vernünftig bzw. willkürlich sie sind und wie weit sie der Selbstregierung und unabhängigen Gründen entspringen.

Wenn man danach fragt, wie die Grenzen bestimmt sind, anstatt worin sie bestehen, treten bedeutsame Unterschiede hervor. Die repräsentative Demokratie scheint einen allgemeinen Maßstab zu fordern, der in einer schriftlichen Verfassung enthalten ist; die einheitsstiftende Demokratie scheint einen inhaltlichen Maßstab zu verlangen, der in einer festgelegten Identität enthalten ist; und die starke Demokratie scheint einen Verfahrensmaßstab zu postulieren, der in einer Vorstellung dynamischer Tätigkeit enthalten ist. Mit anderen Worten, in repräsentativen Systemen ist der Umfang an Bürgerschaft von etwas abhängig, *dem wir zustimmen* und daher eine Sache des Vertrags; in Einheitssystemen ist es eine Funktion des *was und wer wir sind* und daher eine Frage der Identität; und in starkdemokratischen Systemen ist er davon abhängig, *was wir tun*, und daher eine Frage des Handelns. Im letzten Fall geht es nicht darum, daß diejenigen, die Bürger sind, an der Selbstregierung partizipieren, sondern daß diejenigen, die an der Selbstregierung partizipieren, Bürger eines Gemeinwesens sind, das offen ist für Partizipation, ungehinderten Zugang zur Selbstregierung ermöglicht und partizipatorische Institutionen allgemein zur Verfügung stellt. Unter den drei aufgeführten Modellen schiene diese die weitestgefaßte, obgleich sie auch am ehesten zu Uneindeutigkeiten und somit zu Entstellung und Mißbrauch neigt.

Verfassungsmäßig festgelegte Definitionen der Bürgerschaft, die auf einem allgemeinen Konsens gründen, können so viele unterschiedliche Gruppen von Menschen (Frauen, Sklaven oder

Besitzlose z. B.) von der Partizipation ausschließen, wie der Konsens vorzuschreiben beliebt. Wer aber als Vertragspartner gilt, erhält sichere Garantien für eine dauernde und unverletzbare Staatsbürgerschaft, gewissermaßen unabhängig von dem, was er tut. Der Maßstab ist fest und mag im Ursprung diskriminierend sein, aber er ist unantastbar. Auch die einheitsstiftende Demokratie kennt den Ausschluß ganzer Gruppen und Klassen – sie kann all diejenigen ausschließen, die nicht in die inhaltlich bestimmte Gemeinschaft, die *Volks-* (dt. i. O.) oder Stammesidentität hineinpassen, auf der die Bürgerschaft beruht. (»Alle Arier sind Mitglieder der Deutschen Nation und somit Bürger des Nationalsozialistischen Staates, daher können Juden keine deutschen Staatsbürger sein.«) Aber auch die Einheitsdemokratie sichert denen, welche die richtige Identität haben, eine sichere und unwiderrufliche Bürgerschaft zu. Sowohl in der repräsentativen als auch der Einheitsdemokratie rechtfertigt der unabhängige Grund, der der Politik angeblich eine unkorrigierbare, nichtpolitische Basis verleiht, zugleich die Einschränkung der Staatsbürgerschaft.

Da die starke Demokratie alle unabhängigen Gründe meidet, kann sie keine Argumente für sich entwickeln, bestimmte Gruppen oder Klassen von Menschen von der potentiellen Mitgliedschaft im Gemeinwesen auszuschließen, weil sie einem zuvor gesetzten Maßstab nicht entsprechen (wie einem Vertrag, der auf Rechten und der Verbindlichkeit von Versprechen gründet). Wer zur Bürgerschaft zählt, wird selbst Gegenstand fortwährender demokratischer Diskussion und Überprüfung, und die Partizipation an dieser Debatte verbrieft die Zugehörigkeit. Dieses prozeßhafte Verständnis ist erfreulich offen und dynamisch, aber es bringt Gefahren mit sich, gegen die sowohl die repräsentative als auch die Einheitsdemokratie immun sind. Wenn z. B. das Handeln ein Maßstab für Bürgerschaft ist, werden dann die Lethargischen, die Apathischen und die Entfremdeten ausgeschlossen werden, wie Hannah Arendt zu glauben scheint? Oder schließen sie sich selbst aus und erdulden de facto Knechtschaft, selbst wenn ihre bürgerliche Identität verfassungsmäßig garantiert oder ohne Bedingung bezeugt wird durch das Blut, das in ihren Adern fließt?

Wenn Bürgerschaft keine Konstante, sondern stattdessen eine Funktion veränderlicher Einstellungen und des geschichtlichen Geschehens ist, hätten dann vorübergehende Mehrheiten – die mächtig und intolerant geworden sind durch eben jenes aggressive Handeln, das ihre bürgerliche Rechtfertigung anzeigt – nicht unendlich viele Möglichkeiten, die Schwachen und Benachteiligten auszuschließen? Gerade weil Handeln Macht ist, werden die Mächtigen das Handeln immer für sich beanspruchen. Wenn die Idee der offenen Bürgerschaft nicht zu einer Tür werden soll, die sich nur nach außen öffnet und durch die man ständig Mißliebige hinausbefördert, dann muß sie durch die Prämisse biologischer Allgemeinheit bestimmt sein. Dieses Konzept verficht den Standpunkt, daß jeder Vertreter der Gattung Mensch potentiell Bürger ist, und daß folglich die Beweislast immer bei denen liegen muß, die diese Bestimmung einschränken wollen. Darüber hinaus müssen ausgeschlossene Individuen oder Klassen automatisch wieder einbezogen werden, wenn eine bewußte und entschiedene Bestätigung des Ausschlusses unterbleibt (eine Klausel, die jeden Ausschluß begrenzt).

Die Bedeutung aktiver Partizipation für die Definition der Bürgerschaft vorausgesetzt, scheint sich das autonome Individuum eines »Rechts« auf Bürgerschaft zu erfreuen, das es nur durch sein eigenes Tun verwirken kann – d. h. durch sein eigenes Nichtstun – und selbst dann nur vorübergehend. Dieses Recht ist ein politisches, kein Naturrecht; es wird durch das Gemeinwesen geschaffen und geht diesem nicht voraus. Kinder mögen zu politischem Handeln nicht fähig und daher für die Bürgerschaft nicht qualifiziert sein, sie bleiben jedoch potentielle Bürger und brauchen nur auf das Erwachen ihres politischen Bewußtseins zu warten, um ihre »Rechte« einzufordern. Kriminelle verwirken als Kriminelle ihr Bürgerrecht, nicht weil sie in den »Naturzustand« zurückkehren, in dem jedermann sie töten kann (Hobbes), oder weil sie durch den Verstoß gegen die

Sitten des Stammes ihre Stammesidentität verlieren (der wahre Arier bestiehlt das Vaterland nicht), sondern weil sie aufgehört haben, sich am Gespräch, an den Beratungen und am gemeinsamen Handeln zu beteiligen und öffentliches Denken durch private Gewalt ersetzt haben. Diese Definition erweitert zwar das Spektrum dessen, was als kriminell zu gelten hat, aber sie zeigt doch auch ein gewisses Wohlwollen gegenüber dem Kriminellen, der seine bürgerliche Identität (ohne notwendigerweise zugleich seiner Haftstrafe zu entgehen), schon dadurch wiedererlangen kann, daß er der Gewalt abschwört und sich wieder am Dialog beteiligt. Aus demselben Grund erwerben Einwanderer in einem starkdemokratischen System das Wahlrecht, indem sie die Befähigung und den Willen entwickeln, daran teilzunehmen.

Die vorangegangene Diskussion sollte deutlich machen, daß die amerikanische Vorstellung von Bürgerschaft Elemente aus allen drei Bürgerschaftsbegriffen enthält. Ein vertragliches Element steht hinter der rechtlichen Konzeption der Bürgerschaft (der Amerikaner als Rechtsperson), ein Gemeinschaftselement steckt im Nationalitätskonzept der Bürgerschaft (der Amerikaner als Yankee von Geburt); und ein Handlungselement trägt den Bürgerschaftsbegriff, der die Maßstäbe für »neue« Staatsbürger setzt (der Amerikaner als unterrichteter partizipatorisch Handelnder). Die Verteidigung der starken Demokratie besagt folglich nicht, daß Bürgerpartizipation an die Stelle traditioneller rechtlicher und nationaler Definition der Bürgerschaft treten muß, sondern daß wir dem öffentlichen Handeln mehr Bedeutung verleihen. Gemessen an nationaler Identität und den Verfassungsbestimmungen gibt es mehr als 100 Millionen amerikanischer Staatsbürger. Die meisten von ihnen sind jedoch passiv, teilnahmslos, untätig und ganz allgemein an öffentlichen Angelegenheiten nicht interessiert. Robert Lane hat darauf hingewiesen, daß für die große Mehrheit der Amerikaner Politik (und die damit verbundene staatsbürgerliche Identität) nur einen ganz geringen Teil ihrer »Lebenserfüllung« ausmacht – er beziffert ihn mit 5%. In der Tat sind nach Lane »die meisten Menschen nicht in der Lage anzugeben, wie die Regierung ihr Leben überhaupt beeinflußt«.[18] In die Sprache dieses Buches übersetzt bedeutet das, daß die meisten Menschen sich selbst nicht als Bürger verstehen.

Definitionen von Bürgerschaft, die nicht ein gewisses Maß an politischem Handeln einschließen, mögen blaß und wenig überzeugend erscheinen; der Bürger, der nicht öffentlich handelt, ist bestenfalls Bürger *in posse* – der Wachhund, der uns in der Rechenschaftspflicht- und Kontrollbesessenheit magerer Demokratien entgegengetreten ist. Durch die vertrags- und geburtsrechtlichen Definitionen der Bürgerschaft ist die Souveränität unglücklicherweise aus der amerikanischen Vorstellung von Bürgeridentität herausgefallen und durch einen soziologischen Pluralismus ersetzt worden, der alle Identitäten – auch die bürgerliche – zu gleichwertigen, konkurrierenden Alternativen macht. Aber das bürgerliche Handeln nimmt, obgleich es nur in einheitsstiftenden Demokratien allumfassend ist, in der lexikalischen Ordnung sozialer Aktivitäten in einer starken Demokratie die oberste Stelle ein. Weil es öffentlich ist, ordnet und leitet es alle Formen privaten Handelns. Letztere mögen wertvoller und kostbarer sein als bürgerliches Handeln, aber sie sind nur in einem Rahmen öffentlichen Wahrnehmens und einer funktionierenden öffentlichen Ordnung möglich.

Wenn auch das Problem des Verhältnisses zwischen Öffentlichem und Privatem dadurch gelöst wird, daß man die Bürgerrolle über andere Formen der Identität setzt, so bleibt dabei doch offen, wie sich die verschiedenen Ebenen »öffentlichen« Handelns zueinander verhalten – ja das Problem wird dadurch komplizierter. Wie sollen sich Zugehörigkeit zu einer Gemeinde und zu einer Nation aufeinander beziehen? Dem aristotelischen Prinzip »je höher desto souveräner« folgend wäre das Nationale der Gemeindeebene übergeordnet. Aber die Tatsache, daß die konkrete Gemeindearbeit umfangreicher und sehr

---

[18] Robert Lane, »Government and Self-Esteem«, *Political Theory*, 10, 1 (Februar 1982), S. 7-8.

viel intensiver ist als die abstrakte nationale Partizipation, könnte ein Hinweis auf die Umkehrung dieser Prioritäten sein. Gewiß scheinen die beiden Ebenen in der Praxis zu konkurrieren – zumindest was den Umgang mit besonderen politischen Sachfragen wie etwa Besteuerung, wirtschaftliche Umverteilung, Bildungschancen usw. anlangt. Die ideale Lösung besteht darin, Vertrautheit und Intensität der Gemeindearbeit in die höchsten Ebenen der Vereinigung einzubringen und gleichzeitig etwas von der Macht der Zentralgewalt auf die Nachbarschaftsebene zu übertragen. Einige der im nächsten Kapitel beschriebenen Institutionen versuchen eben das zu erreichen. In der Praxis jedoch wird die Spannung erhalten bleiben, und das Eintreten für intensives Engagement und energische Partizipation wird eher einen lokalen und eingeschränkten Maßstab für ideale Bürgerschaft hervorbringen als die Bindung an die oberste Herrschaftsinstanz und das alles sehende Auge einer wahrhaft öffentlichen Vision. Wie beim Teleskop nimmt mit steigendem Vergrößerungsgrad die Klarheit der Sicht ab. In dem Maße, in dem der Bereich des Öffentlichen zunimmt, vermindert sich unsere Fähigkeit, öffentlich wahrzunehmen. Das Ideal des Weltbürgers ist großartig, aber der Weltbürger geht an die Grenzen des öffentlichen Blickfelds und scheint im unendlichen Dunkel dahinter zu verschwinden. Und damit haben wir das Problem der Größe vor uns, auf das wir bald als eine der Grenzen starker Demokratie näher eingehen werden.

Starke demokratische Gemeinschaft

Wenn es hier nur um den Versuch ginge, eine Typologie aufzustellen, könnten wir die Diskussion der starkdemokratischen Gemeinschaft durch ein analytisches Vorgehen vertiefen (indem wir die Unterschiede zwischen den Schlüsselbegriffen angeben), oder durch das Auflisten von Idealtypen (indem wir Begriffsfamilien identifizieren, die sich um logische oder historische Archetypen gruppiert haben). Wir könnten die analytische Ka-

Bürgerschaft und Gemeinschaft

tegorie der Hierarchie verwenden, um hegemoniale von egalitären Gemeinschaften zu unterscheiden; die Identitätszuschreibung, um Gemeinschaften mit starrer Rangordnung von durchlässigen zu unterscheiden; die Kategorie der zeitbedingten Veränderungen, um statische von dynamischen Gemeinschaften zu unterscheiden; die der Größenordnung, um kleine oder überschaubare Gemeinschaften von großen, unpersönlichen Gemeinschaften zu unterscheiden; die Rechtszuständigkeit oder Rechtshoheit, um personale von territorialen Gemeinschaften zu unterscheiden; und die der grundlegenden Werte oder Überzeugungen, um religiöse von weltlichen Gemeinschaften zu unterscheiden. Jedes dieser Gegensatzpaare zeigt etwas von den Dimensionen, in denen sich der Gemeinschaftscharakter bestimmter Gesellschaften messen läßt. So würde z. B. die schweizerische Stadt Glarus im 14. Jahrhundert als vorwiegend egalitär, durchlässig, dynamisch, klein, territorial und weltlich erscheinen. Das Heilige Römische Reich Deutscher Nation wäre hegemonial, identitätszuweisend, statisch, groß, personal und kirchlich.

Historiker und politische Anthropologen gehen oft an ein Thema heran, indem sie nach Merkmalsgruppen von Typen oder auch Idealtypen suchen, denn solche Typen stimmen leichter mit historischen Erfahrungen und ihren Organisationskategorien überein. Die »Feudalgemeinschaft«, die »Stammesgesellschaft«, die »Renaissance-Stadt«, die »Gemeinschaft der wahren Gläubigen«, der »moderne bürokratische Staat« oder Ferdinand Tönnies' *Gemeinschaft* und *Gesellschaft* (dt. i. O.) stehen nicht nur für solche Merkmalsgruppen, sie sind auch immer wiederkehrende Achetypen in der Geschichte der gesellschaftlichen Organisation des Menschen und seiner Theorien über diese Organisation.

Aber Typologie ist nicht das, was wir hier anstreben. Wir versuchen vielmehr, den Begriff der Gemeinschaft zu klären als einen Aspekt der Theorien der repräsentativen, der starken und der einheitsstiftenden Demokratie und jener Formen der Bürgerschaft, die wir mit diesen Theorien in Verbindung gebracht haben. Es wird sehr schnell deutlich, daß Demokratietheoretiker in ihren Grundsatzdebatten die Gemeinschaft nur allzu häufig in säuberlichen Gegensätzen betrachten. Zum einen ist die rein voluntaristische Gemeinschaft des liberalen Demokraten eine Ansammlung eigennütziger Individuen. Sie stellt im besten Falle eine (wie Tocqueville sagt) »bunt gemischte Menge« dar, die Gleichheit mit Konformität und Mittelmaß bezahlt und nur frei ist, weil sie anomisch ist und von keinerlei bedeutsamen gesellschaftlichen Bindungen zusammengehalten wird. Zum anderen ist die Konsensgemeinschaft des Traditionalisten, wie Robert Nisbet meint, verbunden durch »Gefühl, Freundschaft, Ansehen und Anerkennung« und nährt sich von »Arbeit, Liebe, Gebet und Hingabe an (die Ideale von) Freiheit und Ordnung.«[19] Dieser konservative, bei Gesellschaftstheoretikern Burkescher Prägung hoch im Kurs stehende Begriff von Gemeinschaft stellt die radikal antidemokratische These auf, daß »Ungleichheit der Kern des sozialen Bandes« sei.[20] Diese Behauptung polarisiert nicht nur Egalitarismus und Kommunitarismus, sie sprengt auch die integrale Vorstellung der Demokratie als einer Theorie der Bürgerschaft.

So besteht die vollkommen individualistische Gemeinschaft aus Konkurrenten, deren Gemeinschaftlichkeit nicht mehr ist als ein »wirksames Mittel zur Erreichung persönlicher Ziele«[21], während sich in der organischen Gemeinschaft von Status und Hierarchie das Individuum vollständig auflöst. Tatsächlich geben diese beiden groben Karikaturen ganz brauchbare Modelle für die Prototypen der mageren demokratischen und der einheitsdemokratischen Gemeinschaft ab. Das Mittelteil (die starke Demokratie) fehlt. Im ersten Fall ist die Gemeinschaft der Bürger allein Ergebnis eines Gesellschaftsvertrags und schuldet ihre Existenz und ihre Rechtmäßigkeit der freiwilligen Zustimmung einer selbst zusammengetretenen Versammlung von Individuen, die nach Schutz ihres Lebens, ihrer Freiheiten,

---

[19] Robert A. Nisbet, *The Quest for Community* (Oxford 1953), S. 50.
[20] Robert A. Nisbet, *The Twilight of Authority* (New York 1975), S. 217.
[21] Buchanan, *Limits*, S. 2.

Bürgerschaft und Gemeinschaft

Besitztümer und ihres Glückes streben. Im zweiten Falle wird die Gemeinschaft durch existentielle Bindungen zusammengehalten, welche die einzelnen Mitglieder ebenso bestimmen und einschränken wie die Gemeinschaft, der sie angehören. Diese Bindungen sind in erster Linie affektiv, historisch und nicht frei gewählt. Sie schaffen daher eine hegemoniale und inegalitäre Struktur. Obwohl sie jedem Mitglied einen Platz garantiert, wird eine solche Gemeinschaft die Gleichheit oft untergraben.

Keine dieser beiden Möglichkeiten bietet ein befriedigendes Modell demokratischer Gemeinschaft. Die erste unterliegt dem Trugschluß der Zusammensetzung und setzt voraus, daß eine Gemeinschaft *nur* die Charakteristika der Teile repräsentiert, aus denen sie sich zusammensetzt. Die zweite begeht den Irrtum zu glauben, es handle sich um etwas Organisches und setzt voraus, daß die Gemeinschaft *keine* der Wesensmerkmale ihrer konstituierenden Teile repräsentiert. Daher hat die magere liberale Gemeinschaft auch nicht einen Hauch öffentlichen Charakters und sollte eher als multilaterale Handels- und Gewerbegesellschaft, Käufer-Verkäufer-Kooperative oder Lebensversicherungsgesellschaft bezeichnet werden. Sie scheut davor zurück, sich Gefühle, historische Kontinuität und gemeinsame Vision zunutze zu machen; sie steht, in typisch reduktionistischer Manier, für eine Ansammlung, nicht für eine Gesamtheit. Im Gegensatz dazu verwirklicht die traditionelle hegemoniale Gemeinschaft den integralen und öffentlichen Charakter, der den mageren demokratischen Gemeinschaften fehlt – aber nur um den Preis der Selbstbestimmung und der Gleichheit. Die Vorstellung, daß sich eine Gemeinschaft von Gleichen selbst regiert, wird von beiden Gemeinschaftsformen nicht gefördert.

In der starkdemokratischen Gesellschaft, unserer dritten Alternative, werden die einzelnen Mitglieder durch Partizipation am gemeinsamen Wahrnehmen und gemeinsamer Arbeit in Bürger verwandelt. Bürger sind autonome Personen, die durch die Partizipation die Fähigkeit erlangen, gemeinsame Vorstellungen zu entwickeln. Eine Gemeinschaft von Bürgern verdankt das Charakteristische ihrer Existenz dem, was ihre Mitglieder gemeinsam haben und kann daher nicht als reine Ansammlung von Individuen behandelt werden. Die starkdemokratische Gemeinschaft ist nicht (jedenfalls nicht am Anfang) ein Zusammenschluß von Freunden, denn das Band zwischen den Bürgern ist ein Produkt der Uneinigkeit und des Ungenügens, nicht des Konsenses. Aber diese Gemeinschaft kann kein Zusammenschluß von Fremden bleiben, weil ihre Handlungen die Menschen und deren Interessen verändern.

Das entscheidende an der demokratischen Gemeinschaft ist, wie Rousseau erkannte, daß sie »eine sehr bemerkenswerte Veränderung im Menschen« bewirkt; das heißt, durch die Partizipation an ihr, werden des Menschen »Fähigkeiten geübt und entwickelt, seine Ideen erweitert, seine Gesinnungen veredelt, seine ganze Seele erhoben.«[22] Die magere demokratische Gemeinschaft beläßt die Menschen wie sie sie vorfindet, denn sie erwartet von ihnen lediglich eigennütziges Verhandeln und von der Gemeinschaft nur, daß sie die Marktmechanismen bereitstellt und schützt. Die Einheitsdemokratie schafft eine gemeinsame Kraft, aber sie tut das durch völlige Zerstörung von Autonomie und Individualität. Im ersten Fall wird der Einzelne alleine gelassen; im zweiten wird er vernichtet. Nur in der starkdemokratischen Gemeinschaft werden Individuen verändert. Ihre Autonomie wird gewahrt, weil ihre Vorstellung von eigener Freiheit und eigenem Interesse so erweitert wurde, daß sie auch andere einschließt; und ihre Unterordnung unter die gemeinsame Gewalt ist dadurch gerechtfertigt, daß sie aufgrund ihrer erweiterten Vorstellungskraft in der gemeinsamen Kraft das Wirken ihres eigenen Willens erkennen können.

---

[22] Jean-Jacques Rousseau, *Der Gesellschaftsvertrag*, Buch 1, Kap. 8.

7. Kapitel
DIE REALE GEGENWART:
STARKE DEMOKRATIE IN DER MODERNEN
WELT INSTITUTIONALISIEREN

> Hat ein Volk einmal zugelassen, daß man es repräsentiert, so ist es nicht länger frei.
> *Jean-Jaques Rousseau*
>
> Die Mehrheit des einfachen Volkes wird tagein tagaus weniger Fehler machen, wenn sie sich selbst regiert, als jede kleinere Gruppe von Männern, die versucht, das Volk zu regieren.
> *Theodore Roosevelt*
>
> Macht man jeden Bürger zu einem handelnden Mitglied der Regierung und in den Ämtern, die ihn am meisten und am stärksten betreffen, so wird man ihn mit seinen tiefsten Gefühlen an die Unabhängigkeit seines Landes und dessen republikanische Verfassung binden.
> *Thomas Jefferson*

Starke Demokratie verlangt unmittelbare Selbstregierung durch eine engagierte Bürgerschaft. Sie braucht Institutionen, welche die Individuen sowohl auf kommunaler als auch auf nationaler Ebene am gemeinsamen Sprechen, gemeinsamen Entscheidungsprozessen und politischen Urteilen, und am gemeinsamen Handeln beteiligen. Die liberale Demokratie hat viele Mängel, aber sie verfügt auch über eine etablierte und relativ erfolgreiche Praxis. Starke Demokratie mag einer attraktiven Theorietradition entspringen, kann aber keine überzeugende, moderne Praxis vorweisen. In der Tat galt die Moderne häufig als ihr schlimmster Feind: Größe und technologischer Charakter moderner Gesellschaften werden oft als unüberwindbare Hindernisse für ihre praktische Durchführung angegeben.

In diesem letzten Kapitel ist es unsere Aufgabe, der starken Demokratie einen institutionellen Rahmen zu geben, in dem die Möglichkeiten ihrer praktischen Umsetzung bewertet werden können. Wenn diese Institutionen sowohl Lebensfähigkeit und Durchführbarkeit als auch Kohärenz der Theorie bezeugen sollen, dann müßten sie die folgenden Kriterien erfüllen:

1. Sie sollten realistisch und praktikabel sein. In der Praxis bedeutet das, daß sie das Produkt wirklicher politischer Erfahrung sein sollten. Ideale und utopische Institutionen können eine Theorie erhellen und füllen (man denke an die Erfindungen Fouriers), aber sie taugen nicht als Test für eine Theorie, die praktische Bedeutung für sich beansprucht.

2. Sie sollten die primären repräsentativen Institutionen großer moderner Gesellschaften ergänzen und mit ihnen vereinbar sein. Obwohl zwangsläufig eine Spannung zwischen den Theorien besteht, ist die Praxis einer starken Demokratie nur als modifizierte Form liberaler Demokratie möglich. Realistische Strategien der Veränderung können nicht revolutionär sein, wenn Demokratie ihr Ziel ist, und Reform kann nicht warten, bis die liberale Gesellschaft dem Erdboden gleichgemacht ist – selbst wenn das wünschenswert wäre (was es ja offensichtlich nicht ist).

3. Sie sollten ganz direkt die liberalen Ängste vor den vereinheitlichenden Tendenzen partizipatorischer Gemeinschaften thematisieren, als da sind Irrationalismus, Vorurteil, Gleichförmigkeit und Intoleranz. Das heißt, sie müssen Sicherheiten bieten für Individuen, für Minderheiten und für jene Rechte, die von den im Namen der Gemeinschaft regierenden Mehrheiten oft verletzt werden. Der Unterschied zwischen selbstbestimmter Partizipation und bloßem Konsens, zwischen unausgesetztem Gespräch und bloßer Stimmabgabe, zwischen politischem Urteil und bloßen plebiszitären Entscheidungsprozeduren muß auch institutionell zum Ausdruck kommen.

4. Sie sollten ganz konkret mit den Hindernissen fertigwer-

Die reale Gegenwart

den, die der Partizipation aus den modernen Verhältnissen zu erwachsen scheinen: nämlich Größe, Technologie, Komplexität und das Paradox des Provinzialismus (wo Bürgerbeteiligung in lokalen Institutionen praktiziert wird, die die nationale Identität schwächen, und Macht von zentralisierten Institutionen ausgeht, die jede bedeutsame Partizipation verhindern).

5. Sie sollten den besonderen Forderungen starker Demokratie als einer Theorie des Sprechens, Urteilens und öffentlichen Wahrnehmens Ausdruck verleihen, indem sie Alternativen zur Repräsentation, zur bloßen Abstimmung und zur Herrschaft der Bürokraten und Experten bieten. Mit anderen Worten, sie sollten anstelle der Regierung von Berufspolitikern eine Regierung von Bürgern möglich machen.

Die in diesem Kapitel beschriebenen, innovativen Institutionen sollten einen konkreten Ausgangspunkt für jene angeben, die der Demokratie wieder eine partizipatorische Ausrichtung geben wollen. Die starke demokratische Praxis braucht jedoch nicht nur ein politisches Programm, sondern auch eine politische Strategie. Weder Ideen noch Institutionen setzen sich von alleine durch. Sie brauchen eine Basis: eine politische Bewegung engagierter Demokraten, die in der Verwirklichung starker Demokratie ihr Interesse wahrnehmen. Dies heißt vor allem, daß starke Demokratie ein systematisches Programm institutioneller Reformen bieten muß, statt eines Stückwerks vereinzelter, zusammenhangloser Veränderungen.

Die im folgenden beschriebenen Institutionen sind untrennbar miteinander verbundene Teile eines einzigen zusammenhängenden Programms – kein Cafeteria-Menü, dessen Gänge man sich nach Belieben zusammenstellt, sondern ein großes Menü zu einem festgesetzten Preis, das als ganzes akzeptiert werden muß. Im Laufe der Geschichte wurden die großen Reform-Bewegungen immer um eine Reihe von Neuerungen herum organisiert, deren durchgreifender Wesenszug in ihrer gemeinsamen Vision und Anstrengung lag. Der Economic Opportunity Act aus dem Jahre 1964, mit dem das fortschrittliche Programm der Demokraten unter dem Schlagwort »Great Society« einsetzte, bestand aus einer ganzen Reihe von Einzelprogrammen. Aber der Erfolg dieser Programme, welche die Anstrengungen sowohl der Bundesregierung als auch der Länderregierungen auf den Problemkomplex Armut, Arbeitslosigkeit, Rassendiskriminierung, Gesundheit und Fürsorge richteten, wurde nach ihrer Gesamtwirkung beurteilt. Das gilt in weiten Teilen auch für den New Deal oder frühere Reformprogramme, wie etwa das Cooperative Democracy Movement der 20er und 30er Jahre unseres Jahrhunderts, das Populist Movement in der Zeit um 1890 und den Syndikalismus in Europa. Jede dieser Bewegungen definierte sich über ein Ensemble aufeinander bezogener Reformmaßnahmen, deren Wirksamkeit davon abhing, daß sie ein zusammenhängendes System bildeten und eine gemeinsame Vorstellung von der politischen und ökonomischen Welt spiegelten.

Die Institutionen, die wir hier vorstellen, können nicht unabhängig voneinander angegangen werden. Werden sie nacheinander in Angriff genommen, so steigt ihre Anfälligkeit für Mißbrauch und die Aussichten auf eine erfolgreiche Neuorientierung des demokratischen Systems sinken. Der von einer allgemeinen partizipatorischen Bewegung isoliert eingeführte Bürgerdienst ist nur eine weitere Form der Zwangsverpflichtung und ein weiterer Anlaß dafür, daß sich die Bürger dem Staat entfremden. Referenden und Volksabstimmungsverfahren, die von innovativen Programmen für öffentliches Sprechen und öffentliche Entscheidungsfindung abgekoppelt sind, fallen leicht dem plebiszitären Mißbrauch und der Manipulation durch Geld und die Eliten der Meinungsmacher zum Opfer. Der Einsatz von Telekommunikation zu staatsbürgerlichen Zwecken ist nur dann nützlich, wenn sie eines von vielen Mitteln bürgerlicher Kommunikation und politischer Partizipation ist. Aus der Partizipation auf lokaler Ebene in Nachbarschaftsversammlungen und Gemeindeorganisationen werden sich keine klugen politischen Urteile entwickeln, wenn diese Bürgerbeteiligung nicht mit der Zentralmacht verbunden ist und echte Verantwortung zu tragen hat. Öffentliche Arbeitspro-

Die reale Gegenwart

jekte, die nicht in bedeutsamen Strukturveränderungen der politischen Partizipation und der Erwerbsmöglichkeiten wurzeln, werden zum Ersatz für ›workfare‹[1] und das Armenhaus verkommen, werden ohne staatsbürgerlichen Nutzen sein. Gutscheine für Sozialleistungen, die den Ärmsten zugute kommen sollen, werden in einem Klima des regierungsfeindlichen Eigennutzes nur dazu beitragen, das Ende jeden öffentlichen Wahrnehmens und jeglichen politischen Urteils zu beschleunigen, da sie auf Kosten einer öffentlichen Vision unserer Lebenswelt auf die Privatheit einzelner zielen.

Kurzum, die Stärke der hier vorgeschlagenen Reformen liegt fast gänzlich darin, daß sie sich bei gemeinsamer Umsetzung gegenseitig verstärken können. Stück für Stück oder teilweise angenommen, werden solche Neuerungen bestenfalls in das gegnerschaftliche Repräsentativsystem integriert und dienen dazu, die Bürger weiter zu vereinzeln, zu entfremden und ihrer Bürgerrechte zu berauben. Im schlimmsten Falle könnten sie sogar die Schutzmechanismen der liberalen Demokratie schwächen, ohne auch nur einen der Vorzüge der Partizipation durchzusetzen. Sie müssen insgesamt angenommen werden oder gar nicht – diese Bedingung sollten die Leser bei ihren Überlegungen immer vor Augen haben.

Aus diesem Grund müssen wir beim Entwurf einer politischen Strategie für starke Demokratie einen programmatischen Ansatz wählen. Es gibt eine ganze Reihe von engagierten Gruppen, deren Interesse sich möglicherweise auf ein systematisches Programm partizipatorischer Reform richten könnte. Dazu gehören für öffentliche Angelegenheiten engagierte Interessengruppen, die sich zwar den Gestus und die Taktiken speziell ausgerichteter Lobbies zugelegt haben, jedoch in ihrem Bemühen um öffentliches Denken und gemeinsame Werte – um das öffentliche Wohl – entschieden radikal sind; desgleichen Aktionsgruppen auf kommunaler Ebene, Nachbarschaftsgruppen

---

[1] Unter Präsident Nixon begonnene Reform des ›welfare‹-Systems, die Sozialhilfeempfänger in Arbeitsverhältnisse zurückführen sollte. (A.d.Ü.)

und die Dachorganisationen, die entstanden sind, um ihnen ein gemeinsames Forum zu bieten; ebenso Bürgerinitiativen wie jene, aus denen *Die Grünen* in der Bundesrepublik Deutschland hervorgegangen sind, oder solche, die sich spontan im Kampf gegen Atomwaffen zusammengefunden haben; Initiativen die sich – angeregt durch die ›New England Town Meetings‹ – für die Nachbarschaftsselbstverwaltung begeisterten; und Anhänger von Milton Kotler, Karl Hess und E. F. Schuhmacher, jenen neuen Theoretikern, die sich für die Entzerrung großer Industriekomplexe zugunsten kleiner, regionaler Wirtschaftseinheiten und für die Nachbarschaftselbstverwaltung einsetzen.

Obgleich diese Gruppen jedoch politisch zunehmend an Bedeutung gewinnen, besitzt die Öffentlichkeit als Ganze keine festumrissene Wählerschaft in Amerikas pluralistischer Politik – wo der private Charakter eines Interesses immer noch dessen politische Achtbarkeit gewährleistet. Individuen im Banne einer Politik, die nur Eliten oder Massen kennt, neigen dazu, sich hinsichtlich ihrer wirtschaftlichen, sozialen oder ethnischen Interessen zu definieren und nur im Namen dieser Interessen Anhänger zu mobilisieren. Diejenigen, die innerhalb des Systems keine Macht besitzen, setzen überhaupt nichts in Bewegung und bleiben weitgehend unbemerkt.[2]

Wie können wir also erwarten, daß sich die Eigennützigen und die Apathischen mit einem Programm identifizieren, das auf die Beteiligung der Bürger und die Wiederaufwertung ihrer politischen Rolle zielt und ihre unmittelbaren Interessen – zumindest – kurzfristig ignoriert? Durch Überzeugung, durch den in der Partizipation angelegten Selbsterziehungsprozeß und

---

[2] Frances Fox Piven und Richard A. Cloward haben in ihrer Untersuchung der welfare-Protestbewegung der 60er Jahre die Beziehung zwischen *community action* und Sozialfürsorge überzeugend dargestellt (*Regulating the Poor: The Functions of Public Welfare*, (New York 1971)). Sie greifen die normative Frage der Mobilisierung der Armen für die politische Aktion in *Politics of Turmoil: Poverty, Race, and the Urban Crisis* (New York 1975) auf. Die Beziehung zwischen Politik und Gemeinschaft im Allgemeinen wird auf einfallsreich demokratische Weise thematisiert in David E. Price, *The »Quest for Community« and Public Policy* (Bloomington 1977).

Die reale Gegenwart

durch die Logik des Vorrangs der Politik, die zeigt, daß selbst in einer privatistischen, von wirtschaftlichen Interessen bestimmten Politik Männer und Frauen heute nur durch die Autonomie der Politik und die Rechte der Bürger tatsächlich die Macht bekommen, ihre Lebenswelt zu gestalten. Der Geschmack an der Bürgerbeteiligung kommt gewissermaßen mit dem Essen: Demokratie erzeugt Demokratie. In jeder großen politischen Reformbewegung Amerikas, von ›populist movement‹ und ›progressive movement‹ bis hin zur Bürgerrechtsbewegung, hat eine kleine Kostprobe von Selbstregierung und politischer Aktion das Verlangen nach sehr viel mehr geweckt. In Untersuchungen und Meinungsumfragen wird immer wieder festgestellt, daß die Bürger der Politik zwar abstrakt mißtrauen, jedoch konkrete Beteiligung wünschen und sich für mehr Partizipation einsetzen, wenn sie einmal Erfahrungen damit gemacht haben.

Starke Demokratie kann keine Parteigänger haben, die sich für ihre besonderen Interessen einsetzen, aber sie ist eine Sache, die – wie der Kampf um das allgemeine Wahlrecht – aus jedem Bürger einen potentiellen Anhänger macht. Wir haben uns angewöhnt zu denken, daß Menschen leidenschaftlich nur für ihr persönliches Recht und ihre wirtschaftlichen Vorteile kämpfen, aber im Laufe der Geschichte haben sie sich auch für politische Rechte leidenschaftlich engagiert. Starke Demokratie will noch einmal den Kampf um das allgemeine Wahlrecht führen, einen zweiten Feldzug um den eigentlichen Gehalt der Bürgerschaft, der zwar versprochen, aber mit dem Wahlrecht noch nicht gewonnen war. Wir haben an diesem substantiellen Sieg das gleiche Interesse wie an jenem ersten, formalen Sieg: Auch damals ging es um die Befreiung von Frauen und Männern aus ihrer Knechtschaft und aus der Vereinzelung durch die Rechtfertigung partizipatorischer Selbstregierung und die demokratische Schaffung eines gemeinsamen Gutes. In diesem Kampf hat die Politik immer Vorrang vor der Wirtschaft, denn sie ist und bleibt der souveräne Bereich, in dem die menschlichen Bedürfnisse ihre Rangordnung erhalten. Der Sieg des Menschen über die Knechtschaft wird hier oder gar nicht errungen.

Starke Demokratie

Um der folgenden Darstellung institutioneller Reformen eine gewisse Systematik zu geben, habe ich sie an den aus der Theorie der starken Demokratie entwickelten Kategorien ausgerichtet, nämlich: Sprechen (Beratung, Festlegung der Tagesordnung, Zuhören, Einfühlung); Entscheidungsprozeß (öffentliche Entscheidung, politisches Urteil, gemeinsam erarbeitete Politik); und Handeln (gemeinsame Arbeit, Gemeinschaftsaktionen, Bürgerdienst). Da eine Reihe von Reformen verschiedene Funktionen gleichzeitig abdecken, ist keine wirklich eindeutig zuzuordnen. Aber da sich die drei Kategorien ebenfalls überschneiden, sollte diese Eigentümlichkeit weder überraschen noch Schwierigkeiten bereiten.

Meine Klassifizierung berücksichtigt auch die Unterschiede zwischen Reformen, die in erster Linie die Partizipation auf kommunaler Ebene fördern sollen und solchen, die Partizipation auf höheren und damit stärker machtzentrierten Regierungsebenen wollen. Ich habe hervorgehoben, daß starke Demokratie *sowohl* den vertrauen Umgang und die Praktikabilität kommunaler Bürgerbeteiligung *als auch* die Macht und die Verantwortlichkeit regionaler und nationaler Partizipation einschließt, und die hier vorgeschlagenen Reformen betreffen beide Ebenen. Das heißt jedoch nicht, daß starke Demokratie national und kommunal nach Bürgerbeteiligung und Selbstregierung strebt bei allen Fragen, zu jeder Zeit und in jeder Phase der Regierung. Vielmehr sieht sie ein gewisses Maß an Partizipation über einen gewissen Zeitraum in ausgewählten Fragen sowohl auf nationalen als auch auf kommunalen Ebenen der Macht vor. Wenn alle Bürger für eine gewisse Zeit an einer gewissen Regierungsverantwortung teilhaben können, dann hat die starke Demokratie ihr Ziel erreicht.

Die reale Gegenwart

Die Institutionalisierung
starkdemokratischen Sprechens

1. *Nachbarschaftsversammlungen.* Zu Beginn ihrer Erörterungen über die Revolution erinnert Hannah Arendt uns daran, daß Jefferson »zumindest ahnte, wie gefährlich es sein könnte, ein Volk an öffentlicher Macht teilhaben zu lassen, ohne ihm gleichzeitig mehr öffentlichen Raum als die Wahlkabine und mehr Gelegenheit, sich in der Öffentlichkeit Gehör zu verschaffen, als den Wahltag, zu geben.«[3] Bürger westlicher Demokratien können zwar über die abstimmen, von denen sie regiert werden, aber nur selten über die Maßnahmen, die die Regierung ergreift; noch seltener haben sie Gelegenheit, im dauernden öffentlichen Diskurs ihre eigene politische Tagesordnung aufzustellen.

Jede Demokratie basiert auf dem, was Alex de Tocqueville den Geist der Gemeindefreiheit genannt hat, und jede demokratische Revolution hat mit einer Verpflichtung auf konsequente kommunale Bürgerbeteiligung – in Bürgerversammlungen, Kommunen, revolutionären Gesellschaften, ›committees of correspondence‹[4] oder Räten – begonnen. Das ›township‹[5] geht vielleicht nicht »unmittelbar aus Gottes Hand« hervor, wie de Toqueville es gerne formulierte, aber es ist immer schon der Grundbaustein demokratischer Gesellschaften gewesen, das unverzichtbare kommunale Forum, welche das Gespräch ermöglichte. Ohne das Sprechen kann es keine Demokratie geben. Ob auf dem Marktplatz, einem öffentlichen Platz (wie der griechische *agora*), in einem Dorfladen oder beim Friseur, in einer Schulkommission oder einer Bürgerversammlung, Demokratie muß ihr Gesprächsforum vor Ort haben, ihr Nachbar-

---

[3] Hannah Arendt, *On Revolution* (New York 1965), S. 256. (vgl.: *Über die Revolution*, München 1963, S. 302).

[4] Von den 13 britischen Kolonien eingesetzte Komitees, die die Zusammenarbeit der Kolonien gewährleisten sollten. (A. d. Ü.).

[5] ›township‹ bezeichnet eine bestimmte Form begrenzter Selbstverwaltung, vor allem in den sechs Neu-England-Staaten und im Mittleren Norden.

schaftsparlament. Dabei ist es noch nicht das Ziel, Macht auszuüben oder Politik zu machen: vielmehr geht es darum, die Bedingungen für die Ausübung von Macht zu schaffen – die Befähigung zu wecken, aktiver Bürger zu sein.

Aber trotz eines ausgeprägten Lokalpatriotismus hat Amerika noch immer kein landesweites System kommunaler Bürgerbeteiligung. Aus diesem Grund muß die erste und wichtigste Reform einer starkdemokratischen Plattform die Einführung eines nationalen Systems von *Nachbarschaftsversammlungen* in jedem ländlichen oder städtischen Bezirk sein. Politisches Bewußtsein beginnt in der Nachbarschaft. Milton Kotler schrieb: »Die Nachbarschaft ist der Ort, ... an dem die Menschen miteinander sprechen und ihre Empfindungen vertiefen, bis sie die Quelle entdecken, die ihrem Leben Wert verleiht. Sie bewegen sich auf Dinge zu, welche Nachbarn verstehen und teilen – nämlich die Gemeinschaft und ihre Selbstbestimmung.«[6] Nachbarschaftsversammlungen können wahrscheinlich mindestens 5000 und ganz sicher nicht mehr als 25 000 Bürger einschließen.

Weil Sinn und Zweck eines Netzes von Nachbarschaftsversammlungen anfänglich nur auf das Sprechen und die Beratung gerichtet wären, könnten solche Versammlungen als Foren gegründet werden, um sowohl kommunale Probleme wie auch regionale Volksentscheide zu erörtern, wobei die bestehende Delegation von Regierungsverantwortung und Autorität unberührt blieben. Staatsbürgerliche Erziehung würde schließlich die Befähigung zum Bürger erzeugen und mit der Zeit würden die Versammlungen auch zur möglichen Quelle kommunaler Entscheidungsprozesse und Gemeinschaftsaktionen. Nach Nachbarschaftsautonomie und Selbstregierung zu streben wäre jedoch etwas anderes als das Streben nach Nachbarschaftssinn – nur um diesen ginge es zunächst.

Die Nachbarschaftsversammlungen würden oft zusammen-

---

[6] Milton Kotler, *Neighborhood Government: The Local Foundations of Political Life* (Indianapolis 1960), S. 2.

Die reale Gegenwart

treten, vielleicht wöchentlich, zu Zeiten, die auch berufstätige Menschen und Eltern die Teilnahme gestatten (vielleicht abwechselnd an Samstagnachmittagen und Mittwochabenden). Wenn man die Zusammenkünfte als offenes und kontinuierliches Diskussionsforum für eine flexible, von den Bürgern bestimmte Tagesordnung gestaltet, könnte der Einzelne nach Belieben daran teilnehmen, ohne jedes Treffen als verpflichtend zu empfinden. Da sie zunächst noch keine verantwortlichen Entscheidungen treffen müssen, könnten solche Versammlungen vom Druck sektiererischer Interessengruppen befreit werden, die ihre jeweiligen ökonomischen und gesellschaftlichen Anliegen vertreten. Im Anfangsstadium, bevor sie entscheidungsbefugt und damit verantwortlich werden, wäre ihre Aufgabe eine dreifache: die Rechenschaftspflicht vor Ort zu sichern, über Sachprobleme zu beraten (und die Tagesordnung festzulegen) sowie die Funktion des Ombudsmanns auszuüben.

Im allgemeinen fällt es in den Verantwortungsbereich der Presse, der Medien und der Opposition, die Rechenschaftspflicht amerikanischer Politiker zu gewährleisten. Über Nachbarschaftsversammlungen würde ein Teil dieser Aufgabe direkt an die Bürgerschaft weitergegeben, denn durch sie könnten die Menschen ihre Repräsentanten regelmäßig in ihrem eigenen Bezirk und nach ihren eigenen Verfahrensregeln direkt befragen. Eine regelmäßige »Fragestunde«, wie die des Britischen Parlaments, würde die gewählten Regierungsvertreter eng an ihre Wähler binden und die staatsbürgerliche Erziehung der ganzen Gemeinschaft unterstützen.

In den Nachbarschaftsversammlungen würden die Diskussion von Sachfragen und die Aufstellung der Tagesordnung wohl an erster Stelle stehen. Die örtliche Versammlung böte ein angemessenes Forum für die lokale Debatte regionaler und nationaler Fragen (die Teil neuer Initiativen und Referenda oder auch Tagesordnungspunkte der Versammlungen auf Bundes- oder Länderebene sein könnten), und das in einem Rahmen, der den Einzelnen das Gefühl dafür vermittelte, daß sie sich beteiligen können. Sie gäbe den Bürgern die Möglichkeit, verschiedene juristische Standpunkte im Detail zu untersuchen, die örtlichen Auswirkungen regionaler und nationaler Gesetzesvorlagen abzuschätzen, ideologische Standpunkte ohne Druck von Seiten der Interessengruppen zu durchleuchten und neue belangreiche Fragen in den Kreis einzubringen, die noch auf keiner lokalen oder regionalen Tagesordnung stehen.

Schließlich böte die Nachbarschaftsversammlung ein allen zugängliches Forum, um Beschwerden vorzutragen, örtliche Streitigkeiten an die Öffentlichkeit zu bringen und die Interessen der Nachbarschaft zu verteidigen. Sie könnte so als eine Art institutionalisierter Ombudsmann für den Einzelnen und die Gemeinschaft dienen. Die in Kapitel 5 gepriesene Kunst des Zuhörens bekäme hier eine Wohnstatt.

In der zweiten Phase ihrer Entwicklung würden die Nachbarschaftsversammlungen zu Abstimmungsbezirken für regionale und nationale Volksbefragungen (siehe unten) und möglicherweise zu Zentraleinheiten in der telekommunikativen Vernetzung der Bürger (siehe unten). Sie könnten auch – im Stil der Bürgerversammlung – als lokale gesetzgebende Versammlungen für jene Nachbarschaftsstatuten fungieren, die der juristischen Zuständigkeit örtlicher Behörden unterliegen.

Damit die Nachbarschaftsversammlung eine dauerhafte Einrichtung wird, sollte sie im entsprechenden Bezirk ein festes Haus erhalten. Anfangs könnte ein mehrfach nutzbares Gebäude, etwa eine Schule oder ein Gemeindezentrum dazu dienen, aber es wäre klug, irgendwann einen festen Platz für die Versammlung zu finden, an dem Beratung, Stimmabgabe, für die Bürger bedeutsame Fernsehübertragungen und dergleichen öffentliche Dienstleistungen mehr stattfinden könnten. Dort zu sprechen, wo man seine Stimme abgibt, und seine Stimme abzugeben, wo man seine Stimme erhebt, die Debatte zu führen, wo man lernt (durch Übertragung von Fernsehdebatten etwa) und auf staatsbürgerliche Weise zu lernen, wo man spricht, das heißt die verschiedenen staatsbürgerlichen Funktionen auf eine Art und Weise zu integrieren, die dem öffentlichen Wahrneh-

Die reale Gegenwart

men zuträglich ist und das politische Urteil stärkt. Ein festes Haus für die Nachbarschaftsversammlung würde so zu einem Heim für Bürger – ein wahrhaft öffentlicher Raum, in welchem Männer und Frauen ihrer Bürgerschaft in Stein und Mörtel Ausdruck geben. Schon viel zu lange ist die Bürgerrolle eine Identität ohne bleibende Adresse und ohne festen Wohnsitz gewesen.

Um sowohl die Rechte der Stillen, als auch die der Aggressiven zu schützen und um die Versammlung zu einem effektiven Forum für die Aufstellung von Tagesordnungen und die Festlegung von Diskussionsthemen zu machen, würde man das Amt eines »Vermittlers« einrichten, welcher der/dem Vorsitzenden und dem/der SekretärIn (Protokollführer) ergänzend zur Seite träte. Dieses Amt sollte ein gut ausgebildeter Staatsbeamter ausüben, vielleicht jemand, der vorher im Staatsdienst außerhalb der betreffenden Kommune tätig war. Diese Vermittler, die kein Stimmrecht hätten, müßten auf die Einhaltung der Regeln einer fairen Diskussion, auf eine offene Debatte und vernünftige Ergebnisse achten und würden nicht inhaltlich an der Diskussion bzw. an den Debatten teilnehmen. Wie beim Richter im Gerichtssaal wäre ihre Beaufsichtigung und ihr Eingreifen in das laufende Verfahren im Namen von Fairness und Offenheit dadurch gerechtfertigt, daß sie Verantwortung für den formal korrekten Ablauf der Versammlung trügen. Es wäre ihnen gestattet, die Vorsitzenden zu überstimmen, aber sie könnten ihrerseits von der Versammlung überstimmt werden und würden Autorität natürlich nur in dem Maße genießen, in dem sie sie durch ihre Führung der öffentlichen Angelegenheiten verdienten.

Liberale Kritiker der Partizipation werden, durchdrungen von der Vorrangigkeit privater Interessen, weiterhin glauben, daß die Idee der Nachbarschaftsversammlung an mangelndem öffentlichen Interesse scheitern muß. »Wähler«, schreibt Gerald Pomper, »haben viel zu viele dringende Dinge zu erledigen – angefangen beim Geldverdienen bis hin zum Liebesleben –, um die geheimnisvollen Prozeduren der Regierung zu verfolgen.«[7] Wenn die Erfolgreichen und die Fleißigen sich nicht beteiligen, weil sie zu beschäftigt sind, und die Armen und Benachteiligten nicht kommen, weil sie zu apathisch sind, wer wird die Versammlungen bevölkern und wer wird das Sprechen mit neuem demokratischen Leben erfüllen? Aber die Menschen verweigern ja nur dort die Beteiligung, wo Politik nicht zählt, – oder weniger zählt als konkurrierende Formen privater Aktivität. Sie sind apathisch, weil sie machtlos sind und nicht machtlos, weil sie apathisch sind. Es gibt keinen Beleg dafür, daß ein Volk, dem man Macht gibt, sich weigerte zu partizipieren. Die Beispiele der ›New England Towns‹, des Gemeindeschulvorstandes, der kommunalen Vereinigungen und anderer lokaler Körperschaften belegen, daß Partizipation immer mehr Partizipation fördert.

Größere Gefahr für die Idee der Stadtteilversammlung geht vom Erfolg, nicht vom Scheitern der Partizipation aus: von der Tendenz der Gemeinden und örtlichen Versammlungen, dem Druck der Peergruppe, der Redegewandtheit, sozialer Konformität und verschiedenen Formen versteckter Manipulation und Überredung zum Opfer zu fallen, die man in größeren Zusammenhängen nicht kennt. So behauptet Michael Zuckermann in seiner provozierend einseitigen Darstellung der vorrevolutionären ›New England Towns‹ (der Puritaner), daß »die Geselligkeit und die damit verbundenen Einschränkungen den amerikanischen Charakter schon immer stärker bestimmt haben als der Individualismus, mit dem wir uns brüsten«.[8] Und Jane J. Mansbridge hat einige Belege dafür gefunden, daß in der von ihr untersuchten modernen Bürgerversammlung in Vermont durch sozialen Druck das Recht verdreht und die Unparteilichkeit untergraben worden war.[9] Historische Untersuchungen über

---

[7] Gerald Pomper, »The Contribution of Political Parties to Democracy« in Pomper, ed., *Party Renewal in America* (New York 1980), S. 7.
[8] Michael Zuckerman, *Peaceable Kingdoms: New England Towns in the Eighteenth Century* (New York 1970) S. VII.
[9] Jane J. Mansbridge, *Beyond Adversary Democracy* (New York 1980).

Die reale Gegenwart

kommunale Selbstregierung in der Schweiz haben die gleichen Formen des Mißbrauchs aufgedeckt wie sie für provinzielle, autonom regierte »Treibhaus«-Gemeinschaften typisch sind.[10] Innerstädtische Nachbarschaften und ländliche Regionen werden jedoch nicht mehr von puritanischem Eifer heimgesucht. Viel wahrscheinlicher ist es, daß im modernen Amerika die örtlichen Versammlungen durch das Sektierertum der Gleichgesinnten und Interessen-Konflikte gestört werden als durch Konformitätszwang. In seiner Untersuchung über Nachbarschaftsdemokratie berichtet Douglas Yates, »es gab kaum eine Spur von monopolitischer Kontrolle, weder durch Minderheiten noch durch Mehrheiten. In der Tat«, schließt er, »herrschte genau das umgekehrte Muster vor. Ausgedehnte innere Uneinigkeit war das hervorstechende Merkmal der Nachbarschafts-Selbstverwaltung.«[11] Da sie ein Teil des pluralistischen Interessengruppensystems Amerikas ist, kann man nicht erwarten, daß die Nachbarschaftsversammlungen jenen Konsensdruck wieder erzeugt, den wir in den Dörfern und Städten vergangener Zeiten finden.

David Morris und Karl Hess haben angesprochen, welch inniger »Nachbarschaftssinn unsere Geschichte und unsere teuersten Erinnerungen erfüllt«.[12] Es wird Zeit, daß wir die Nachbarschaft der Nostalgie entreißen und sie wieder an die ihr gebührende Stelle setzen, als Zelle der demokratischen Gemeinschaft.

2. *Fernseh-Bürgerversammlungen und eine Kommunikationsgenossenschaft der Bürger.*[13] Nachbarschaftsversammlungen

---

[10] Ich habe diese Formen des Mißbrauchs im historischen Graubünden detailliert untersucht. Vgl. B. Barber, *Death of Communal Liberty* (Princeton 1974).

[11] Douglas Yates, *Neighborhood Democracy: The Politics and Impacts of Decentralization* (Lexington 1973), S. 160.

[12] David Morris und Karl Hess, *Neighborhood Power: The New Localism*, (Boston 1975), S. 1.

[13] Anm. des Autors 1994: Die in diesem Kapitel beschriebenen Technologien haben sich in den letzten zehn Jahren rapide verändert, so daß die Überlegungen zu einer Vernetzung der Bürger über das Fernsehen und einer

bieten lebendige Foren für einen fortwährenden politischen Diskurs, aber sie erreichen nur lokale Gruppierungen und können zur Aufsplitterung sowohl der Regionen als auch des ganzen Staates führen. Auch der Diskurs auf regionaler und nationaler Ebene braucht ein Forum. Repräsentantenversamm-

Teledemokratie an praktischer Durchführbarkeit gewonnen haben. Allerdings hat sich die Technologie in eine Richtung weiterentwickelt, die während meiner Arbeit an *Strong Democracy* nicht vorauszusehen war. Mittlerweile sind wir im Besitz der technischen Grundlagen für eine schnelle internationale Informationsübermittlung. Jedermann kann heutzutage über Telefonanschluß (Kabel, Faseroptik oder Satellitenübertragung), Bildschirm und Computer mit jeder Person verbunden werden, die über die gleiche Ausrüstung verfügt. Desgleichen kann jeder an zentrale Daten- und Informationsbanken wie auch an Unterhaltungsprogramme angeschlossen werden, so daß alle denkbaren Tätigkeiten vom Einkaufen, über den direkten Zugriff aufs Bankkonto bis hin zu Bibliotheksrecherchen und Informationsaustausch auf elektronischem Wege erledigt werden können. Heutzutage lautet die Frage nicht mehr, ob die Technologie möglich ist, sondern wer sie kontrolliert und wie sie den Bürgern zugänglich gemacht wird.

Leider weisen die gegenwärtigen Entwicklungen auf eine nahezu vollständige Privatisierung der schnellen Informationsbahnen hin, so daß sie vermutlich nur von Leuten mit der entsprechenden Bildung und dem nötigen technischen Wissen genutzt werden können. Die Möglichkeit, daß Information und Technologie ebenso ungleich wie gegenwärtig der Reichtum verteilt werden, ist eine entmutigende Aussicht für jene Demokraten, die sich von den neuen Technologien eine Verbesserung der Chancen aller Bürger erhofften. Sollen diese Technologien für die Bürgerschaft und die Erziehung eingesetzt werden und nicht nur der Unterhaltung, dem Profit und privatem Nutzen dienen, dann bedarf es eines sehr viel entschiedeneren politischen Willens als sich derzeitig abzeichnet.

Schließlich ist noch eine Bemerkung zu den Mißbräuchen der sogenannten Teledemokratie in westlichen Demokratien angebracht. Politiker haben schnell erkannt, welche Möglichkeiten sich ihnen durch die sogenannten Bürgerversammlungen per Fernsehen erschließen. Unter Umgehung der traditionellen Kanäle der Medien oder der politischen Parteien können sie nun ihre Botschaft unmittelbar an die Bürger richten. Theoretisch mag darin eine populistische Kraft liegen, in der Praxis gibt es jedoch eine Tendenz zu jener Art von Demagogie, die es dem amerikanischen Milliardär Ross Perot 1992 erlaubte, für das Präsidentenamt zu kandidieren. Seitdem nutzen Politiker dieselbe Demagogie, um die Öffentlichkeit über das Fernsehen zu manipulieren. Was immer noch fehlt, ist die Möglichkeit, das Fernsehen direkt in

Die reale Gegenwart

lungen nach dem Vorbild von Abgeordneten-Bürgerversammlungen können das Größenproblem lösen, besonders wenn ihre Mitglieder im Losverfahren bestimmt werden (siehe unten). Aber Repräsentation ist immer die zweitbeste Lösung, die (wie ich dargelegt habe) im Bereich staatsbürgerlichen Handelns und staatsbürgerlicher Befähigung Kosten verursacht, die durch ihre Vorzüge nicht aufgewogen werden.

Die starke Demokratie braucht eine Form von Bürgerversammlung, in der die Partizipation direkt ist, die Kommunikation jedoch regional, wenn nicht gar national verläuft. Da Größe teilweise eine Funktion der Kommunikation ist, bietet die elektronische Ausweitung der Kommunikation Lösungsmöglichkeiten für die daraus erwachsenden Dilemmata. Die moderne Technik der Telekommunikation birgt zwar neue Risiken, dennoch verfügt sie als Instrument des demokratischen Diskurses auf regionaler und nationaler Ebene über Entwicklungsmöglichkeiten.[14] Die landesweite Verkabelung, die Möglichkeit von Niedrigfrequenz- und Satellitenübertragungen in Gebiete ohne regelmäßige Übertragungen oder Kabelanschluß und die interaktiven Möglichkeiten von Video, Computern und Informationssystemen eröffnen neue Formen menschlicher Kommunikation, die nicht nur staatsbürgerlich und konstruk-

---

den Dienst der Bürger zu stellen, so daß sie unmittelbar mit einander statt mit ihren Führern sprechen können. Auch hier gilt wieder: Wir haben die technischen Mittel, aber es fehlt am politischen Willen.

[14] Es gibt eine noch nicht sehr umfangreiche, aber stetig wachsende Literatur zum staatsbürgerlichen Gebrauch der neuen interaktiven Fernsehtechnik. Mein Artikel »The Second American Revolution«, *Channels 1*, 6 (Februar/März 1982) entwirft einige mögliche Szenarien für den Mißbrauch dieser neuen Technologie (der angesichts der gegenwärtig im Kongress, der Justiz und der FCC vertretenen Standpunkte durchaus möglich scheint). Außerdem bietet sich eine positive Darstellung, die sich direkt mit der maschinenstürmenden Kritik von Seiten einiger Liberaler auseinandersetzt; vgl. Jean Bethke Elshtain, »Democracy and the QUBE Tube«, *The Nation*, 7-14 August 1982. Eine gedankenreiche, wenn auch nicht ausreichend vorsichtige Würdigung der Möglichkeiten des Einsatzes dieser neuen Technologie für den Bürger ist Theodore Beckers »Teledemocracy«, *The Futurist*, Dezember 1981.

tiv, sondern auch manipulativ und destruktiv nutzbar sind. Das Potential der neuen Technologie kann eingesetzt werden, um die Erziehung zum Staatsbürger zu fördern, den gleichberechtigten Zugang zu Informationen zu garantieren und um Einzelpersonen und Institutionen in Netzwerken zusammenzuschließen, die eine echte partizipatorische Diskussion und Debatte über große Entfernungen hinweg möglich machen. Wir haben hiermit zum ersten Mal die Gelegenheit, Bürgerversammlungen von Bevölkerungsgruppen zu bewerkstelligen, die sonst nicht miteinander kommunizieren könnten. Ohne Zweifel wird diesen elektronischen Bürgerversammlungen Nähe und Intimität geopfert, das Gefühl der persönlichen Konfrontation wird stark reduziert und die Gefahr der Manipulation durch Eliten nimmt zu. Dennoch wäre es töricht, sich durch diese Gefahren davon abhalten zu lassen, das Fernsehen als Medium für die Belange der Bürger genau unter die Lupe zu nehmen. Selbst in der rudimentären Verkörperung der von Präsident Carter eingeführten nationalen Bürgerversammlung hat die elektronische Bürgerversammlung den Präsidenten mit Meinungen konfrontiert, die ihm sein Stab wohl nicht vermittelt hätte, und einer ganzen Reihe von Amerikanern hat sie jenes Gefühl des Beteiligtseins gegeben, das die Mitglieder des Pressekorps des Weißen Hauses während einer Pressekonferenz (im kleinen) genießen.

Wollte man das Medium für die Bürgerbeteiligung innerhalb eines starkdemokratischen Programms weiterentwickeln, müßten die Nachbarschaftsversammlungen vernetzt werden, um so alle an der Diskussion gemeinsamer Interessen teilnehmen zu lassen und zugleich die landesweiten Diskussionen unter ausgewählten Personen über nationale Initiativen und Referenda zu ermöglichen.

Es gibt bereits einiges Beweismaterial, das die staatsbürgerliche Tauglichkeit elektronischer Bürgerversammlungen belegt und zugleich den Befürchtungen wegen einfacher Mißbräuche interaktiver Systeme entgegentritt. Die Technik bietet Entwicklungsmöglichkeiten für differenziertere Anwendungsformen.

Die reale Gegenwart

Das »QUBE«-System von Warner-Amex stattet seine Anwender mit einem Inputmodul aus, das fünf verschiedene Modi und die Möglichkeit anbietet, Multiple Choice-Voten abzugeben, dazu ein Computer-Informationssystem und eine Vielzahl von Einkaufsmöglichkeiten und Sicherheitsdiensten.[15] Das System ist bis jetzt nur zu Unterhaltungszwecken eingesetzt worden, aber es eignet sich zweifellos auch für ernsthaftere Nutzung. Interaktive Systeme sind ausgesprochen wirksam, wenn es darum geht, den Zugriff auf Informationen zu egalisieren, eine weiträumige Debatte über Bürgerbeteiligung anzuregen und Multiple Choice-Abstimmungen zu fördern, denen Information, Diskussion und Debatte vorausgegangen sind. Sie bieten Möglichkeiten, des Problems der Größe und der technologischen Komplexität Herr zu werden, indem sie die Technologie für allgemeine demokratische Zwecke zum Einsatz bringen. In den 70er Jahren wurden ältere Bürger in Reading im Bundesstaat Pennsylvania, die ganz zurückgezogen oder in Pflegeheimen lebten, mit einem Video-Kommunikationsnetz verbunden. Dieses Kommunikationssystem hat schließlich die politische Mobilisierung der ganzen Gemeinde bewirkt und die Teilnahme gewählter Vertreter und ihrer Wählergruppen an regelmäßigen, Bürgerversammlungen ähnlichen Video-Sitzungen ermöglicht – ein Resultat, von dem man im ursprünglich der National Science Foundation vorgelegten Projektentwurf nichts geahnt hatte.[16]

---

[15] Das Warner-Amex QUBE-System wurde in Columbus, Ohio getestet und wird nun in vielen Gemeinden installiert. Es ersetzt die traditionelle Telefonschaltung durch ein Direkteingabe-Modul, mit dem die Zuschauer direkten Zugang zu Zentralcomputern und Großrechnern bekommen und Stimmen abgeben, Dienstleistungen anfordern oder Informationen abrufen können. Warner-Amex glaubt, daß QUBE für einige Sofortabstimmungen eingesetzt werden kann und Zuschauern die Möglichkeit gibt, weniger gelungene Darbietungen in Amateur-Talentshows aus dem Programm zu »stimmen«; das Unternehmen scheint jedoch keine reale Vorstellung davon zu haben, wie ihr »Spielzeug« zu ernsthaftem staatsbürgerlichem Einsatz gebracht werden könnte.

[16] Das Reading-Projekt wurde von der New York University entwickelt und

Starke Demokratie

Das starkdemokratische Programm für regionale und nationale elektronische Bürgerversammlungen erfordert die Einrichtung einer *Civic Communications Cooperative (Staatsbürgerliche Kommunikationsgenossenschaft).* Diese Organisation würde die Hauptverantwortung sowohl für den konstruktiven Einsatz der neuen Telekommunikationstechnologie übernehmen, als auch für den Schutz des einzelnen vor Mißbrauch der Medien durch den privaten und öffentlichen Sektor sorgen. Wie die BBC wäre sie eine öffentlich kontrollierte, wiewohl unabhängige Körperschaft. Ihre Mitglieder würden von mehreren verschiedenen Wählergremien aus Regierungs- und Nichtregierungskreisen gewählt, so könnten ihnen etwa auch von Nachbarschaftsversammlungen bzw. deren regionalen Zusammenschlüssen bestimmte Delegierte angehören. Der entscheidende Auftrag der CCC wäre die »Unterstützung und Garantie des staatsbürgerlichen und demokratischen Einsatzes der Telekommunikation, die eine bedeutende öffentliche Ressource darstellt.« Sie würde bereits existierende private Medienunternehmen nicht verdrängen, sondern parallel zu ihnen arbeiten. Ihre Ziele wären u. a.: (1) Pionier- und Experimentierarbeit mit innovativen Formen staatsbürgerlichen Funk- und Fernsehens; (2) Entwicklung von Richtlinien für regionale und nationale Bürgerversammlungen, für Verbindungs- und Zuschaltungsanschlüsse in Nachbarschaftsversammlungen, öffentlichen Zugang, institutionalisierte Sendernetze und andere interaktive Formen des öffentlichen Sprechens; (3) Regulierung und Über-

---

1976 durch die National Science Foundation unterstützt. Ursprünglich sollte es die Sozialfürsorge für hospitalisierte ältere Mitbürger unterstützen. Das Experiment mit den Senioren ist zwar beendet, aber das Kabelfernsehen spielt für das politische System in Reading weiterhin eine bedeutende Rolle. Heute werden alle Verhandlungen über Haushalts- und Gemeindeentwicklung mit Hilfe der Zweiwege-Kabeltechnik durchgeführt. Die Bürger können daran teilnehmen und auf dem Bildschirm erscheinen, indem sie Nachbarschaftszentren aufsuchen, die mit Fernsehkameras ausgestattet sind, oder sie können von zuhause aus telefonisch ihre Fragen stellen. Das Ergebnis ist, daß die politische Partizipation in Reading deutlich zugenommen hat.

Die reale Gegenwart

wachung sämtlicher elektronischer Meinungserhebungen, Abstimmungen und anderer Formen der öffentlichen Stimmabgabe; (4) Aufstellung von Richtlinien für und – wo durchführbar – Installierung von Videotext und anderen Computer-Informationsdiensten als kostenlose öffentliche Einrichtung; (5) Einführung oder Erstellung von Richtlinien für die Video-Berichterstattung über bedeutsame Anlässe, Anhörungen, Gerichtsverhandlungen und andere öffentliche Aktivitäten, die für die Bürger von Interesse sind; (6) Überwachung des Schutzes der Zuschauer und Benutzer vor möglichem Mißbrauch der Computerdaten, der Überwachungsdienste, Wahl- und Abstimmungsverfahren usw.[17]

Die Civic Communications Cooperative hätte ausdrücklich nichts mit der Regulierung des privaten Rundfunks und Fernsehens zu tun, welches weiterhin der Kontrolle der FCC (Federal Communications Commission) unterstünde, auch dürfte sie in keiner irgendwie gearteten Weise die Rechte der privaten Rundfunk- und Fernsehanbieter einschränken, ihre eigenen Programme und Dienstleistungen zu gestalten und zu kontrollieren. Die Aufgaben der CCC wären eher affirmativ als zensierend: d. h. Richtlinien zu erstellen und Programmarbeit zu leisten, wo derzeit Lücken sind, welche vom Privatsektor (aus Gründen des Privatinteresses und des Profits) wohl nicht gefüllt

---

[17] Die neue Technologie birgt beträchtliche Gefahren für die Grundrechte. Das QUBE-System von Warner-Amex überprüft die Wohnungen ihrer Kunden alle sechs Sekunden, dabei wird registriert, welches Fernsehprogramm eingeschaltet ist, wie abgestimmt wurde, wie hoch die Innentemperatur des Hauses ist (wenn ein Energie-Regulierungssystem genutzt wird), ja sogar wann jemand das Haus betritt bzw. verläßt (falls ein Sicherheitsdienst für das Haus genutzt wird). Auch Kabelsysteme, die Abstimmungs-, Bank- und Einkaufsdienstleistungsangebote sowie andere interaktive Geschäftstransaktionen anbieten, werden detaillierte Kundenakten erstellen. Es gibt derzeit, vom guten Willen der Betreiber abgesehen, keinen Schutz gegen den Mißbrauch solcher Daten. John Wicklein hat diese Gefahren in *Electronic Nightmare: The New Communications and Freedom* (New York 1981) detailliert dargestellt. Vgl. auch David Burnham, *The Rise of the Computer State* (New York 1983).

werden. Eine kluge Vorsichtsmaßnahme gegen ein eventuelles Abweichen der CCC von ihren spezifischen Funktionen wäre die Einrichtung eines Überwachungskomitees im Kongreß.

Als Kooperative wäre der neue Verband in der Lage, bereits existierende regionale Einrichtungen, die sich mit der Erforschung staatsbürgerlicher Nutzungsmöglichkeiten telekommunikativer Technologien befassen, auszubauen bzw. mit ihnen zusammenzuarbeiten. So bekäme die altehrwürdige und ein wenig provinzielle Idee der Nachbarschaftsversammlung etwas von der neuartigen, integrativen Kraft elektronischer Technologie.

3. *Die Erziehung zum Staatsbürger und Information für alle: Eine Postverordnung und Videotext für Staatsbürger.* Information ist für die verantwortungsvolle Ausübung der Bürgerrolle und die Entwicklung des politischen Urteils unverzichtbar. Ohne die Erziehung zum Staatsbürger ist die demokratische Entscheidung wenig mehr als der Ausdruck und die Summe privater Vorurteile. In einer elektronisch ausgerüsteten »Informationsgesellschaft« ist es zugleich leichter und schwerer, für allgemeinen Zugang zu wichtigen Informationen aus Wirtschaft und Politik zu sorgen. Es ist schwerer, weil Menge und Spezifität der Daten in einem Maße zugenommen haben, daß ihre Verbreitung nahezu unmöglich wird. Die Spezifität vieler politischer Entscheidungen, mit denen die Bürger heute konfrontiert sind, scheint sie aus dem Zuständigkeitsbereich des bloßen politischen Urteilens herauszuheben. Aber die Aufgabe ist auch leichter, weil die neuen Technologien von Elektronik-, Computerdruck- und Videosystemen nahezu jedermann und überall den Zugriff auf Informationen ermöglichen.

Um gleichberechtigten Zugang zu den neuen Informationstechnologien und ein Gleichgewicht zwischen Informationsträgern im Druck- bzw. Videoverfahren zu gewährleisten, verlangt das starkdemokratische Programm sowohl eine Subventionierung der Portogebühren für Veröffentlichungen im Bereich staatsbürgerlicher Erziehung, als auch einen Videotextservice unter dem Patronat der Civic Communications Cooperative.

Die reale Gegenwart

Ein Videotextdienst in Verbindung mit subventionierten Printmedien würde dem öffentlichen Bedarf an gleichberechtigtem Zugang zu relevanten Informationen vollkommen entsprechen. Er böte einen einheitlichen, landesweiten, interaktiven und kostenlosen Service, der die Zuschauer mit regelmäßigen Nachrichten, Diskussionen über Sachfragen und technischen, politischen und ökonomischen Daten versorgen würde. Durch dieses Angebot würden die Benutzer zusätzliche Informationen erhalten, die sich auf ihre Bürgerschaft und ihre Rolle als Partizipierende oder Wähler in einer Nachbarschaftsversammlung auswirken könnten. Jedem Bürger wäre der gleiche Zugang zu wichtigen Informationen garantiert und er wäre mit einem Informationssystem verbunden, das über ein ungeheures Bildungs- und Entwicklungspotential verfügt. Dem zum Bürgerdienst Verpflichteten (siehe unten) könnte es Auskunft über alternative Dienste geben, Arbeitslose könnten sich über Ausbildungs- und staatliche Arbeitsbeschaffungsprogramme informieren, Wähler könnten sich über die Hintergründe drängender Volksabstimmungsfragen unterrichten, Lehrer könnten eine brauchbare Unterrichtseinheit in Sachen Bürgerschaft erarbeiten – allein, indem sie einen flexiblen Videotextdienst nutzen.

Diese bescheidenen Maßnahmen würden dazu beitragen, daß mehr Bürgerbeteiligung und Neuerungen wie etwa die Stadtteilversammlung und die elektronische Bürgerversammlung die Qualität der Bürgerrolle und die Klugheit des allgemeinen politischen Urteils fördern, und nicht die Bedingungen für einen neuen plebiszitären Despotismus schaffen.

4. *Ergänzende Einrichtungen.* Starke Demokratie kann auch durch repräsentative Bürgerversammlungen, Ämtervergabe mittels Losverfahren, Entkriminalisierung und Laienjustiz unterstützt werden.

Die repräsentative Bürgerversammlung verletzt das Prinzip, daß sich alle Bürger an den kommunalen Beratungsprozessen beteiligen sollten, aber gleichzeitig bewahrt sie die Bürgerversammlung vor den negativen Auswirkungen der Größe. So gibt es in Massachusetts 32 repräsentative Bürgerversammlungen in Gemeinden, in denen die vollständige und direkte Partizipation nicht mehr durchführbar ist. Wenn die Abgeordneten durch das Los bestimmt und Rotationsverfahren angewendet werden, können im Laufe der Zeit alle partizipieren. Es zeigt sich, daß es in zahlenmäßig großen Gesellschaften einfacher ist, wenn alle für eine gewisse Zeit ein gewisses Maß an Bürgerbeteiligung verwirklichen.

Das gleiche Prinzip ist auch bei der Vergabe kommunaler Ämter anwendbar. Die große Mehrheit der Ämter in Städten und Stadtverwaltungen kann mit Bürgern besetzt werden, die durch das Los bestimmt wurden und nach einer bestimmten Zeit von anderen abgelöst werden. Die erforderlichen Fachkenntnisse sind nicht sehr groß und die mit dem Amt verbundene Verantwortung ist nicht so schwer, daß Mitglieder des Stadtrates, der Planungsgremien, Straßen-, Wasser- und Naturschutzkommissionen, der Bebauungsplanung, Wohnungs- und Erziehungsbehörde und andere Körperschaften wie etwa Bibliothekskomitees, Wählerregistratur und Friedhofskommissionen nicht durch das Los bestimmt werden könnten. Das Losprinzip, das im folgenden noch detailliert erörtert wird, ist eine natürliche Ausweitung des demokratischen Prinzips auf große Gesellschaften.

Die Demokratisierung der lokalen Ämter macht auch in Straf- und Zivilrechtsverfahren Sinn. Beobachter des Gerichtswesens haben vor kurzem gefordert, man solle eine Reihe kleinerer Vergehen entkriminalisieren und schlugen für die Verhandlung solcher Fälle alternative »Gerichte« vor.[18] In Europa

---

[18] Zur Diskussion der Entkriminalisierung vgl. Richard Danzig, »Toward the Creation of a Complementary Decentralized System of Criminal Justice«, 26 *Stanford Law Review* 1, 1973; William Felstiner, »Influences of Social Organization on Dispute Proceeding«, 9 *Law and Society Review* 63, 1974; und Richard Anzig und Michael J. Lowy, »Everyday Disputes and Mediation in the United States: A Reply to Professor Felstiner«, *Law and Society Review* 9, Sommer 1975. Einen vollständigen Überblick über Möglichkeiten und Schwierigkeiten der Entkriminalisierung und der informellen Rechtsprechung finden Sie in: Christine Harrington, *Shadow Courts* (University of

Die reale Gegenwart

hat man erfolgreich damit experimentiert, Laiengeschworene und Richter oder andere zivile Ersatzgremien mit mehr Vollmachten auszustatten, um in Streitfällen zu vermitteln, zu schlichten und zu entscheiden.[19] Obwohl ursprünglich dazu gedacht, die Anzahl der Verfahren zu verringern, hat dieses Experiment tatsächlich den größeren Teil der Bürgergemeinschaft auf eine Weise am Rechtsprechungsprozeß beteiligt, die starker Demokratie förderlich ist. Ein kooperativer, vermittelnder, partizipatorischer Umgang mit kleineren Vergehen, Familienstreitigkeiten, Verkehrsdelikten und Zivilrechtsfällen mit geringem Streitwert wirkt nicht nur erzieherisch auf die Gemeinschaft, indem diese an der Rechtsprechung beteiligt wird, sondern fördert gleichzeitig auch deren Effizienz. Wenn Bürgerbeteiligung ganz bewußt zum Ziel dieser Experimente gemacht würde, anstatt bloßes Nebenprodukt zu sein, könnte man der starken Demokratie ohne zusätzlichen Kostenaufwand einen großen Dienst erweisen.

Institutionalisierung starkdemokratischer Entscheidungsprozesse

5. *Nationale Volksbegehrens- und Volksabstimmungsverfahren.* Der Referendums- und Volksabstimmungsprozeß ist in den Vereinigten Staaten auf Länder- und Gemeindeebene häufig durchgeführt worden. Auch in einigen anderen Ländern war er für die Demokratie von großer Wichtigkeit, am deutlichsten in

Wisconsin, Madison 1982). Einige ihrer Ergebnisse wurden veröffentlicht in »Delegalization Reform Movements: A Historical Analysis«, in *The Politics of Informal Justice*, vol. 1, ed. Richard L. Apel (New York 1982). Das National Institute of Law Enforcement and Criminal Justice hat eine ganze Reihe von Studien über Modellprojekte finanziert, z. B. »Citizen Dispute Settlement: A Replication Manual«.

[19] Siehe z. B. William Felstiner und Ann B. Prew, *European Alternatives to Criminal Trials and Their Applicability to the United States*, U. S. Department of Justice, National Institute of Law Enforcement and Criminal Justice, 1978.

der Schweiz, wo er bis heute das bevorzugte Verfahren staatlicher Gesetzgebung darstellt. Sieht man einmal von den »Volksentscheiden« ab, die totalitäre Regime um der einmütigen Zustimmung zu bereits getroffenen Entscheidungen willen durchführen, und von jenen konstitutionellen Volksabstimmungen, mit denen in »neuen« Ländern über die Verfassung abgestimmt wird, so werden Volksbegehren und Referendum heute noch in Amerika, der Schweiz, Australien, Neuseeland, Frankreich, Skandinavien und weniger häufig auch in Irland und Großbritannien durchgeführt.[20]

In den USA haben 26 Staaten vor allem im Westen des Landes von Initiative und Volksentscheid Gebrauch gemacht. Obwohl Senator James Abourezk in einer »Senate Joint Resolution 67« den Antrag auf Einrichtung eines nationalen Volksbegehrens und Volksabstimmungsverfahrens durch einen Zusatzartikel in der Verfassung stellte, ist dieser nie zur Abstimmung, Amerika folglich auch nicht zu einem landesweiten Referendum gekommen. Ja sogar über Anträge auf einen Zusatz in der Verfassung wird in den gesetzgebenden Versammlungen der Bundesstaaten abgestimmt und nicht in einem allgemeinen Referendum.[21]

Der Widerstand gegen ein landesweites Referendum rührt zum Teil von jenen Ängsten vor der Herrschaft des Volkes her, die schon bei Madison deutlich waren. In der Moderne äußern sie sich in Form von Bedenken wegen einer möglichen Manipu-

---

[20] Eine vergleichende Darstellung findet sich in David Butler und Austin Ranney, *Referendums: A Comparative Study of Practice and Theory* (Washington, D. C. 1978).

[21] Volksentscheide durch die Bundesstaaten zu »filtern« und dann deren Legislativen die Entscheidung zu überlassen, mag als ein weiterer »Madison'scher Filter« des Volkeswillens dienen, aber die Ergebnisse können so auf sehr undemokratische Weise verschoben werden. Im Falle des Equal Rights Amendment geht aus den Umfragen hervor, daß eine große Mehrheit der Amerikaner den Zusatzartikel befürwortete, sowohl national als auch in den einzelnen Bundesstaaten, wo er schließlich an der Legislative scheiterte. Der hier dargelegte Vorschlag soll derlei Filter entfernen und sie durch Kontrollen ersetzen, die eher im Einklang mit dem öffentlichen Willen funktionieren als an seiner Stelle.

Die reale Gegenwart

lation der öffentlichen Meinung durch die Eliten, wegen des Einflusses von Geld und Ansehen auf die Wahlentscheidungen, wegen des Vorherrschens von Privatinteressen in den Abstimmungsprozessen und wegen der plebiszitären Gefahren direkter Gesetzgebung. Selbst die wahren Freunde der Demokratie beunruhigt – heute ebenso wie in der Vergangenheit – der Widerstand gegen eine fortschrittliche Gesetzgebung und die staatsbürgerliche Inkompetenz des »souveränen« Volkes.

Die Gefahr der Manipulation durch die Eliten kann in einer Massengesellschaft nicht hoch genug eingeschätzt werden, aber die Chronik des Volksentscheids in den Bundesstaaten liefert in Wirklichkeit kaum Anhaltspunkte für die vermeintliche Unfähigkeit der Bürger oder eine Obstruktionspolitik. Darüberhinaus ist es töricht anzunehmen, man könne eine Nation vor den Einflußnahmen der Eliten schützen, indem man die potentiell manipulierbare Öffentlichkeit aus dem demokratischen Prozeß heraushält. Das ist, als wolle man die Kriminalität in den U-Bahnen bekämpfen, indem man die Menschen zwingt, zuhause zu bleiben. Tatsächlich sind die Wähler um so stärker gegen Manipulation und Vorurteile gefeit, je mehr Regierungserfahrung sie haben. Während Theoretiker in der Tradition Madisons mit Grauen den Leviathan Öffentlichkeit vor Augen hatten, der in Schulräumen voll Wahlmaschinen Amok läuft, haben uns Beobachter der praktischen Auswirkungen des Referendums immer ein freundlicheres Bild gezeigt. In seinem Bericht über die Vorgänge und Erfahrungen in Michigan schrieb ein Kommentator: »Bei einer allgemeinen Abstimmung (durch Referendum) ist die Wahrscheinlichkeit, daß eine überlegte und vernünftige Entscheidung getroffen wird, ebenso groß wie bei Abstimmungen der Legislative.«[22]

Die Furcht vor dem Obstruktionismus scheint ebenso unbegründet wie die Angst vor dem öffentlichen Vorurteil. Frühe Volksabstimmungen gegen die Kernkraft sind in einigen Staaten

[22] Nach einem Bericht von James Pollock aus dem Jahre 1940, zitiert in Ronald J. Allens herausragender analytischer Studie »The National Initiative Proposal: A Preliminary Analysis«, *Nebraska Law Review* 58, 4 (1979), 1011.

durchgefallen, aber in den letzten Jahren waren eine Reihe ähnlicher Referenda erfolgreich.[23] In den Volksabstimmungen der Schweiz fiel die Entscheidung oft für die Tradition und gegen eine fortschrittsfreundliche Gesetzgebung, aber im Falle der Schweiz wurde die »fortschrittliche« Gesetzgebung vom politischen Establishment unterstützt und von einer willensstarken und unabhängig denkenden Schweizer Öffentlichkeit abgelehnt, die sich über den Druck des großen Kapitals und der Medien hinwegsetzte.[24] In Churchill County in Nevada wurde die Prostitution durch Volksentscheid legalisiert.[25] Die im allgemeinen als konservativ geltende ›right to work‹-Gesetzgebung[26] wurde in einigen Staaten per Volksentscheid abgelehnt.[27] Und

[23] 1976 sind fünf Antikernkraft-Eingaben an der Wahlurne gescheitert, aber seit 1978 wurden acht solcher Eingaben in einzelnen Bundesstaaten zur Abstimmung gebracht, wovon fünf erfolgreich waren. Siehe *The San Francisco Examiner*, Section B, 3 January 1982. Im Frühjahr 1982 stimmte eine ganze Reihe von Bürgerversammlungen in Vermont mit überwältigender Mehrheit für einen allgemeinen atomaren Rüstungsstop. In den Wahlen im November 1982 wurden Resolutionen zum Rüstungsstop trotz Intervention der Behörden in Massachusetts, Michigan, Montana, New Jersey, North Dakota, Oregon, Rhode Island und sogar (ganz knapp) in Kalifornien angenommen. In Arizona und zwei kleinen Verwaltungsbezirken in Arkansas und Colorado wurden sie abgelehnt.

[24] Eine relativ wohlwollende und gründliche Darstellung der Schweizer Verhältnisse verdanken wir Jean-Francois Aubert, »Switzerland«, in Butler und Ranney, *Referendums*, pp. 39-66. Zu einigen Problemen, die entstehen, wenn Traditionalisten die Volksabstimmung als Instrument gegen die Progressiven einsetzen, siehe Benjamin Barber *The Death of Communal Liberty* (Princeton 1974).

[25] Churchill County billigte die Legalisierung eines Bordells im Jahre 1975 nach einer Debatte, in der es hauptsächlich um Steuereinkünfte, Kontrolle von Geschlechtskrankheiten und die Notwendigkeit ging, ein »Ventil« für das Trainingscamp des Marineflughafens zu finden. Der Antrag wurde in sämtlichen Wahlbezirken angenommen.

[26] ›Right to work‹ (auch ›open shop‹) ist der in den 50er Jahren erstmals unternommene Versuch, die Mitgliedschaft in einer Gewerkschaft als Voraussetzung für Anstellung abzuschaffen. (A. d. Ü.)

[27] Die ›right-to-work‹-Gesetze wurden zwischen 1970 und 1980 durch Antrag in Montana eingebracht, wo progressive Gesetzgeber befürchteten, die Entscheidung könne das »Aus« für die Gewerkschaft bedeuten. Aber nach einer

Die reale Gegenwart

Oregon ging mit fortschrittlichen Initiativen voran, durch die Anfang unseres Jahrhunderts die Kopfsteuer abgeschafft und das Frauenwahlrecht eingeführt wurde.[28]

Das heißt: Volksbegehren und Referendum können die allgemeine Bürgerbeteiligung und Regierungsverantwortung steigern, sie liefern ein beständiges Instrument in jenem Prozeß, der die Bürger zu Staatsbürgern macht, und geben dem allgemeinen Gespräch jene Realitäts- und Machtbezogenheit, derer es notwendigerweise bedarf, um wirksam zu sein. Der konstruktive Nutzen überwiegt daher die potentiellen Nachteile bei weitem – wobei solche Nachteile historisch betrachtet sowieso weniger alarmierend erscheinen als die Kritiker glauben. Ein entscheidendes Ziel des starkdemokratischen Programms ist also die Einrichtung eines nationalen Referendums im Bemühen darum, das öffentliche Sprechen und die öffentlichen Entscheidungsprozesse neu zu beleben. In der hier vorgesehenen Form hat das Verfahren einige besondere Merkmale, unter anderem einen Stimmzettel mit mehreren Optionen (Multiple-Choice-Format) und einen integrierten Sicherungsmechanismus gegen den Wankelmut der Öffentlichkeit in Form einer vorgeschriebenen zweiten »Lesung«. Zur Erleichterung der Diskussion sollen hier noch einmal die Hauptmerkmale des Vorschlags im Überblick dargestellt werden:

a. Volksbegehren und Volksabstimmungsverfahren mit gesetzgebender Wirkung;
b. obligatorische Übertragung von Stadtteilversammlungen und

lebhaften öffentlichen Debatte, wurde der Antrag abgelehnt, womit diese Gesetzgebung nicht nur in der Hauptstadt, sondern im ganzen Staat ad acta gelegt wurde. Es geht nicht darum, daß ›right-to-work‹-Gesetze notwendig unannehmbar sind, sondern daß ein Volksentscheid ideologisch betrachtet »progressive« oder »liberale« Ergebnisse zeitigte, trotz gegenteiliger liberaler Befürchtungen.

[28] Oregon hat die Kopfsteuer 1910 abgeschafft und das Frauenwahlrecht 1912 eingeführt – beides durch Volksentscheid. In Oregon ist die Wahlbeteiligung bei Volksentscheiden regelmäßig höher als bei der Wahl der Abgeordneten ins Repräsentantenhaus.

im Fernsehen übertragene, mit Zuschaltmöglichkeiten versehene Bürgerversammlungen zum Zwecke der staatsbürgerlichen Erziehung;
c. Stimmzettel mit mehreren Optionen (Multiple-Choice-Format);
d. ein zweistufiges Abstimmungsverfahren, das zwei Lesungen vorsieht.

a. Volksbegehren und Volksabstimmungsverfahren. Ein solches Verfahren gäbe den Amerikanern die Möglichkeit, ein Gesetzgebungsreferendum über Volksbegehren oder Gesetze, die vom Kongreß verabschiedet wurden, zu beantragen. Die Antragsteller bekämen die Erlaubnis, in einem Zeitraum von zwölf bis achtzehn Monaten Unterschriften von Wahlberechtigten in mindestens 10 Bundesstaaten zu sammeln. Die Anzahl der Unterschriften müßte zwei bis drei Prozent der in der vorangegangenen Präsidentschaftswahl abgegebenen Stimmen betragen. Solche Initiativen (Volksbegehren) kämen dann zur allgemeinen Abstimmung, im Falle ihrer Annahme müßten sie nach einer Wartezeit von sechs Monaten ein zweites Mal zur Abstimmung vorgelegt werden. Ein dritter Wahlgang könnte notwendig werden, wenn der Kongreß sein Veto gegen die zweite Volksabstimmung einlegt (oder bei vom Kongreß verabschiedeten Gesetzen, die per Eingabe zur Volksabstimmung kamen). Durch die Wartezeit und die in ihr geführten Debatten bekäme die Öffentlichkeit reichlich Gelegenheit, ihre Positionen zu überprüfen, den Rat führender Politiker zu hören und die Entscheidung in den Nachbarschaftsversammlungen zu diskutieren. Da das Ziel dieses Prozesses eher in einer Ausweitung der Bürgerbeteiligung als in unmittelbaren gesetzgeberischen Neuerungen liegt, wäre die bedächtige (bis schwerfällige) Gangart eines Verfahrens in zwei oder drei Phasen mehr als gerechtfertigt. Mit Sicherheit würde sie zur Beruhigung aller Befürchtungen beitragen, die die Befürworter eines ›repräsentativen Schutzwalls‹ à la Madison noch hegen mögen.

Die reale Gegenwart

b. Erziehung zum Staatsbürger. Da die erzieherische Wirkung ein wichtiges Anliegen des Referendums ist, würde ein Bundesgesetz zu Volksbegehren und Volksentscheid vorschreiben, daß die zur Entscheidung vorliegenden Fragen auf kommunaler und nationaler Ebene, in Versammlungen und in den Medien diskutiert werden. Im Gesetz wären Regelungen getroffen, denenzufolge Dokumente, die über die entsprechenden Argumente in einer Sache informieren, finanziert werden; sie würden die Aufwendungen begrenzen, die von den jeweiligen Interessengruppen für Kampagnen eingesetzt werden; sie würden über die staatsbürgerliche Kommunikationsgenossenschaft (CCC) und die lokalen Medien Fernsehdiskussionen organisieren und Übertragungen von Bürgerversammlungen finanziell unterstützen.

Das übergeordnete Ziel dieser Bestimmungen wäre, eine möglichst ausgedehnte öffentliche Debatte in Gang zu setzen und dafür zu sorgen, daß sie offen und fair geführt wird. Mit ihnen könnte man die Gefahr eines plebiszitären Mißbrauchs des Referendums vermindern und den Nutzen des im folgenden dargestellten Multiple-Choice-Formats steigern.

c. Multiple Choice-Format. Ein starkdemokratisches Volksabstimmungsverfahren würde anstelle der herkömmlichen Ja/Nein-Option ein Multiple-Choice-Format verwenden. Statt der bloßen Aufforderung, einen Antrag abzulehnen oder ihm zuzustimmen, bekämen die Bürger eine Reihe differenzierter Optionen vorgelegt, mit denen nuancenreiche und überlegte Stellungnahmen zu ermitteln sind.[29] Die Wahlmöglichkeiten

---

[29] Was ich hier beschreibe ist nicht ein Produkt meiner Phantasie, sondern entstammt den praktischen Erfahrungen des Kantons Graubünden (Ostschweiz), wo das Multiple-Choice-Format schon seit Jahrhunderten benutzt wird, um die Entscheidungen der Kantonsgemeinden zu erfassen. Das System, das eigentlich dazu gedacht war, die Prioritäten von Gruppen, nicht von Einzelpersonen festzuhalten, funktionierte ausgezeichnet, wenn es auch einige neue Probleme schuf. Eine detaillierte Darstellung findet sich in meinem Buch *The Death of Communal Liberty*, Kapitel 7.

würden folgenden Bereich abdecken: ›Im Prinzip ja – unbedingt für den Antrag‹; ›im Prinzip ja – aber nicht als höchste Priorität‹: ›im Prinzip nein – unbedingt gegen den Antrag‹; ›nein in dieser Formulierung – aber nicht prinzipiell gegen den Antrag, ich schlage Umformulierung und Neuvorlage vor‹; und ›gegenwärtig nein – obwohl deshalb nicht prinzipiell gegen den Antrag, ich schlage vor, die Entscheidung zu vertagen‹. Der Stimmzettel für einen konkreten Antrag würde folgendermaßen aussehen:

Antrag auf Einrichtung und Finanzierung von Abtreibungskliniken mit öffentlichen Mitteln:

(1) JA: Ich bin unbedingt für die Finanzierung von Abtreibungskliniken aus öffentlichen Mitteln.

(2) JA: Ich bin prinzipiell für die Finanzierung von Abtreibungskliniken aus öffentlichen Mitteln, aber die Gegenargumente halte ich für so gewichtig, daß ich vorschlage, vorsichtig zu verfahren.

(3) NEIN: Ich bin grundsätzlich gegen Abtreibungskliniken und ebenso grundsätzlich gegen deren Finanzierung aus öffentlichen Mitteln.

(4) NEIN: Ich bin gegen den Antrag auf Finanzierung von Abtreibungskliniken aus öffentlichen Mitteln, so wie er hier formuliert ist, aber ich bin deshalb nicht grundsätzlich gegen Abtreibungskliniken. Ich schlage vor, die Antragsteller formulieren ihren Antrag neu und legen ihn dann noch einmal zur Abstimmung vor.

(5) NEIN: Ich stimme gegen den Antrag, denn obwohl ich nicht persönlich gegen die öffentliche Finanzierung von Abtreibungskliniken bin, glaube ich nicht, daß die Gemeinde sich eine Entscheidung darüber leisten kann, bevor nicht weitere Beratungen und Debatten stattgefunden haben und sich die beiden Seiten besser verstehen. Daher schlage ich vor, die Entscheidung zu vertagen.

Die reale Gegenwart

Die Ja- und Neinstimmen auf einem solchen Stimmzettel würden nun insgesamt gezählt werden, und der Antrag wäre als Gesetzgebung angenommen oder nicht, so wie es üblicherweise geschieht, wenn nach Mehrheiten entschieden wird – wenn auch, da es sich um die erste Lesung (siehe unten) handelt – nur vorläufig. Dennoch würde das Bestehen auf begründeten und differenzierten Antworten wichtigen Zwecken dienen. Die Antragsteller eines Referendums etwa könnten so wichtige Informationen darüber erhalten, warum ihr Antrag erfolgreich war bzw. scheiterte, und (wie die Gemeinschaft überhaupt) ermessen, welche Auswirkungen das Ergebnis auf ihre eigenen Ziele und auf das gesamte politische System haben könnte. Wird etwa ein Gesetz mit einer kleinen Stimmenmehrheit in Kategorie (2) angenommen und von einer großen Stimmenminderheit in Kategorie (3) vehement abgelehnt, so ließe sich auf eine drohende asymmetrische Intensität (so nennen das die Soziologen) schließen, d. h. ein Zustand, in dem eine passive, gleichgültige Mehrheit eine leidenschaftliche, engagierte Minderheit überstimmt und damit die Stabilität der Gemeinschaft gefährdet. Unter diesen Umständen würden die für die Umsetzung der Beschlüsse Verantwortlichen wahrscheinlich mit größter Vorsicht verfahren – und das ist die Strategie, die in der Kategorie JA-(2) nahegelegt wird. Vorsichtige Wähler könnten durch ein solches Ergebnis veranlaßt werden, in der zweiten Lesung des Antrags von JA-(2) nach NEIN-(5) zu wechseln (weitere Debatte notwendig).

Andererseits wäre die Ablehnung eines Gesetzes durch einen kleinen Stimmenüberhang von NEIN-(4) über JA-(1) ein deutlicher Hinweis darauf, daß der Antrag neu formuliert und noch einmal zur Abstimmung vorgelegt werden sollte, weil die Ja-Stimmen von Befürwortern mit starker Überzeugung für die Sache kamen und die Nein-Stimmen sich in erster Linie gegen die vorgelegte Formulierung wandten. Ja-Stimmen der ersten Kategorie gegen Nein-Stimmen der dritten Kategorie ergeben politisch das Bild einer intensiven symmetrischen Meinungsverschiedenheit – mit anderen Worten, einer prinzipiellen Polarisierung – und verlangen nach Vorsicht auf beiden Seiten.

Mit diesen wichtigen politischen Informationen läge in der Multiple-Choice-Abstimmung auch die Aufforderung an die Bürger, ihre eigenen Wahlentscheidungen zu überprüfen. Da sie genötigt sind, jede Nein- bzw. Ja-Stimme mit einer Erklärung zu verbinden, müßten sie jene Unterscheidungen vornehmen, die »professionellen Gesetzgebern« durchaus vertraut sind. Wie entschieden ist meine Meinung? Ist das Erreichen meines Ziels die Destabilisierung der Gemeinschaft wert? Wenn ich etwas nur sehr halbherzig unterstütze, ist es dann fair, eine Minderheit mit starken entgegengesetzten Überzeugungen zu überstimmen? Wäre es nicht vielleicht besser zu warten, bis die Opposition meine Gründe besser versteht oder man ihr das Gesetz in einer Version vorlegen kann, die ihren Überzeugungen nicht so sehr zuwiderläuft (z. B. die *indirekte* Finanzierung halbprivater Abtreibungskliniken aus öffentlichen Mitteln)? Durch das Einbringen einer differenzierten Betrachtung des Problems in die Wahlvorlage wirkt das Multiple-Choice-Format rein privaten Entscheidungen entgegen und ermutigt die Wähler, öffentliche Gründe für das zu entwickeln, was schließlich auch öffentliche Handlungen sind. Ja/Nein-Entscheidungen sind typisch für Interaktionen auf dem Markt, die von festen, auf privaten Bedürfnissen gegründeten Interessen ausgehen; das Multiple-Choice-Format dagegen charakterisiert politische Interaktionen, in denen Interessen als flexibel und durch politisches Urteil und öffentliches Sehen veränderbar betrachtet werden. Das Multiple-Choice-Verfahren erstrebt ein Urteil über das öffentliche Wohl, nicht das Registrieren persönlicher Neigungen. Es ist daher ebenso eine Form der staatsbürgerlichen Erziehung wie der Stimmabgabe und stärkt die Demokratie nicht einfach dadurch, daß es den Bürgern die Möglichkeit gibt, zwischen alternativen Zukunftsmöglichkeiten zu wählen, sondern indem es sie dazu bringt, als gesellschaftliche Wesen zu denken.

d. Zwei Lesungen. Um zum einen alle erzieherischen Möglichkeiten des Multiple-Choice-Referendums auszuschöpfen und

Die reale Gegenwart

gleichzeitig eine allzu ungestüme Bürgerschaft oder eine allzu mächtige Elite daran zu hindern, vorübergehend die Kontrolle über die öffentliche Meinung zu bekommen, würde das Referendum in zwei durch eine sechsmonatige Beratungs- und Diskussionszeit voneinander getrennten Abstimmungsphasen verlaufen. Der zweite Wahlgang (die »zweite Lesung«) würde im wesentlichen die Ergebnisse des ersten Wahlgangs einer neuerlichen Wertung unterziehen. Eine Öffentlichkeit, die nicht willens ist, ihre Zustimmung nach einer sechsmonatigen Wartezeit zu erneuern, gibt sich selbst ein Warnsignal. In der Tat wird eine wählende Bürgerschaft erst dann zu einer Öffentlichkeit mit einem verläßlichen Willen, wenn sie mit klarer und konsistenter Stimme spricht. Ein Nein in der ersten Runde brächte eine Gesetzesvorlage zu Fall; ein Ja würde sie noch nicht in Kraft setzen, sondern vielmehr einen zweiten Durchgang notwendig machen. Diese Sicherung gegen unzuverlässige Mehrheiten könnte noch weiter ausgebaut werden, wenn man dem Kongreß oder dem Präsidenten die Möglichkeit einräumte, sein Veto gegen eine in zweiter Lesung angenommene Maßnahme einzulegen, und damit eine dritte Lesung notwendig machte, um das Veto außer Kraft zu setzen und die Gesetzesvorlage endgültig zu verabschieden.[30] Kontrollen wie diese würden eine zügige Gesetzgebung gewiß behindern, und Mehrheiten könnten ihren Willen ohne ausgedehnte Debatten und Beratungen nicht länger durchsetzen. Aber das Ziel der starken Demokratie heißt öffentliches Sprechen und politisches Urteil, nicht plebiszitäre Launenhaftigkeit.

Skeptiker und solche, die die Herrschaft der Spezialisten vertreten, werden der Gesetzgebung mittels Referendum weiterhin mißtrauisch mit dem Argument begegnen, daß in einer so komplexen und technisch fortgeschrittenen Zeit wie der unseren keine Öffentlichkeit je gleichzeitig vernünftig und direkt regie-

---

[30] Es geht nicht darum, der Öffentlichkeit die Selbstlegislative *leicht*, sondern vielmehr, sie *möglich* und durchführbar zu machen. Daher wären Kontrollen durch den Kongress innerhalb eines Volksabstimmungsverfahrens eine kluge Sicherheitsmaßnahme.

ren könne. Aber das heißt, die legislative Funktion falsch verstehen. Diese besteht nämlich nicht darin, Wissenschaft oder Wahrheit zu institutionalisieren, sondern die öffentliche Wirkung dessen zu beurteilen, was als Wissenschaft oder Wahrheit gilt. Bürger unterscheiden sich in diesem Punkt nicht von gewählten Gesetzgebern: es ist ihre Aufgabe, zu urteilen, zu bewerten und abzuschätzen – eher die Urteilskraft als die Sachkenntnis einzusetzen. Der durchschnittliche Wähler kann die Geheimnisse der Geldwirtschaft ebensowenig durchdringen wie der durchschnittliche Kongreßabgeordnete die Wirtschaftlichkeit des M-1-Panzers einschätzen kann. Aber beide sind in der Lage zu beurteilen, ob hohe Arbeitslosigkeit ein annehmbarer Preis für eine niedrigere Inflationsrate ist, und jeder hat eigene Vorstellungen darüber, in welchem Verhältnis öffentliche Mittel für Gewehre bzw. Butter ausgegeben werden sollten. Politisch Urteilen heißt vor allem auch, Wahlmöglichkeiten im Hinblick auf Wertprioritäten zu beurteilen, und dazu ist jeder Mann und jede Frau in der Lage, der/die willens ist, persönliche Meinungen und private Interessen der öffentlichen Diskussion und der politischen Beratung auszusetzen.

6. *Elektronische Abstimmung.* Interaktive Video-Kommunikation ermöglicht neue Formen der Abstimmung, die – mit Bedacht eingesetzt – der Demokratie förderlich sein können. Der Einsatz von Meinungsforschung in öffentlichen Debatten über kommunale Fragen oder bundesweite Referenda kann ein nützliches Instrument der Erziehung zum Staatsbürger werden. Nehmen wir den oben eingeführten Antrag über Abtreibungskliniken als Beispiel. In einer Video-Bürgerversammlung könnte folgende Frage an die Zuschauer gestellt werden: »Wenn Sie Abtreibungen prinzipiell ablehnen, wie sollte die Gemeinschaft Ihrer Meinung nach mit der Tatsache umgehen, daß die Wohlhabenden illegal abtreiben können? Oder mit der Tatsache, daß mittellose Frauen oft versuchen, selbst eine Abtreibung vorzunehmen und dabei schwere gesundheitliche Risiken für sich und den Foetus eingehen?« Oder: »Wenn Sie das Recht

Die reale Gegenwart

der Frauen auf Abtreibung unterstützen, wie sollte Ihrer Meinung nach die Gemeinschaft mit ihrer berechtigten Sorge um die Rechte der Kinder – einschließlich der ›Rechte‹ von Foeten – umgehen?« Oder: »Wie sollte eine demokratische Gemeinschaft mit so gravierenden Meinungsverschiedenheiten umgehen, wie sie zwischen den Bewegungen für ›Recht auf Abtreibung‹ einerseits und ›Recht auf Leben‹ andererseits herrschen?« Dabei geht es nicht darum, Meinungen zu sammeln oder eine Repräsentativumfrage zu veranstalten, sondern die Diskussion anzuregen und aufgeschlossene Formen des Überlegens zu fördern. Hier stellt die Möglichkeit des interaktiven Fernsehens, unmittelbar Rückmeldungen einzuholen, einen großen Vorteil dar, denn auf diese Weise können regional oder auch landesweit Reaktionen verzeichnet und in eine Live-Debatte zum Thema eingebracht werden.

Sofortabstimmungen, wie sie gewissen gedankenlosen Befürwortern der Volksherrschaft vorschweben, sind im selben Maße tückisch wie interaktive Diskussionen von Nutzen sind. Ein ansonsten uninformiertes Publikum ohne Beratung und Diskussion über alle erdenklichen Fragen abstimmen zu lassen, würde den Tod der Demokratie bedeuten – denn dieser geht es um öffentliches Sehen, nicht um das Erklären von Vorlieben, um gemeinsames Urteilen, nicht um das Sammeln persönlicher Meinungen.

Aus eben diesen Gründen wird sich der starke Demokrat der Idee einer Stimmabgabe, die jeder bei sich zuhause vornimmt, mit großer Vorsicht nähern. Diese Form der Wahl hat wie die Briefwahl den großen Vorteil, daß sie die Ausübung der Bürgerschaft bequem macht. Das QUBE-Modul mit seinen fünf Positionen ist die perfekte technische Entsprechung des Multiple-Choice-Formats und macht die Wahl zuhause durchführbar. Älteren Menschen, Müttern mit kleinen Kindern und Menschen, die das Haus nicht verlassen können, macht es die aktiven Seiten der Bürgerschaft auf ganz neue Weise zugänglich. Die Entschuldigungen dafür, daß man nicht zur Wahl gegangen ist – von »zu wenig Zeit« bis »zu faul« – lösen sich in Luft auf.

Aber wie schon die geheime Wahl und die Briefwahl, so entfernt auch die Wahl per Video zuhause den Wahlvorgang um einen weiteren Schritt von seinem öffentlichen Ort. Zuhause zu wählen bedeutet zwangsläufig in der Abgeschlossenheit zu wählen, es bedeutet, daß aus dem innersten Heiligtum der Privatsphäre heraus öffentliche Vorlieben zum Ausdruck gebracht werden; es heißt, der Wähler fällt seine Entscheidung, ohne an seine Mitbürger zu denken, denn er befindet sich nicht an jenen Versammlungsorten, wo er üblicherweise mit ihnen zusammentrifft.

Wenn wir also die elektronische Leistungsfähigkeit der neuen Videotechnik für Wahlzwecke nutzbar machen wollten, dann wäre es besser, interaktive Anlagen in die Nachbarschaftsversammlungen oder Klassenzimmer zu bringen, wo so oft gewählt wird – und das Recht auf die Wahl zuhause den Menschen vorzubehalten, die unter körperlichen Einschränkungen leiden. Selbstverständlich stünden den Wählern zuhause sämtliche Vorzüge eines Video- und Computerinformationsdienstes zur Verfügung. Aber das Wählen selbst, als die öffentlichste aller Handlungen, sollte seinem symbolischen Gehalt entsprechend an den öffentlichsten Plätzen gefeiert werden: in Stadthallen, Nachbarschaftsschulen und Bezirksversammlungen. Des Menschen Heim ist seine Burg, eines Bürgers Heim ist seine Nachbarschaft; im ersteren kann er essen, schlafen und beten, aber wählen sollte er nur im letzteren. Eine entsprechende Technologie, so sie der Demokratie dient und sie nicht beherrscht, wird dem Bürger dabei helfen.

7. *Wahl durch Losverfahren: Losentscheid, Rotation und Bezahlung.* Es gab eine Zeit, da konnte Montesquieu – als wäre es ein Gemeinplatz – die Bemerkung machen: »die Ernennung durch das Los ist der Demokratie so naturgemäß wie diejenige durch Auswahl für die Aristokratie.«[31] Und die *Cambridge Ancient History* teilt uns mit, daß »all unsere antiken Quellen darin

---

[31] Montesquieu, *L'esprit de lois*, Buch II, 2.

Die reale Gegenwart

übereinstimmen, daß der Losentscheid ein demokratisches Mittel ist, um Armen wie Reichen dieselben Chancen einzuräumen« – ein Standpunkt, den Aristoteles in *Der Staat der Athener* uneingeschränkt unterstützt.[32]

Obwohl er jedoch im Altertum so hoch geschätzt wurde und obwohl er in der frühen Neuzeit in den Verfassungen der Republiken Venedig, Florenz und Graubünden flüchtig wiederauflebte, ist der Losentscheid aus der heutigen demokratischen Praxis fast völlig verschwunden. Man findet ihn nur noch bei der Zusammensetzung der anglo-amerikanischen Geschworenenjury, wo er weiterhin einen wohltuenden demokratischen Einfluß auf das Gerichtswesen ausübt. Robert Michels hat das Dilemma angesprochen, daß das Prinzip der Repräsentation, welches die Demokratie von den Problemen der Größe befreit, im Wesen oligarchisch ist und somit zerstört, was es rettet. Die Wiedereinführung der ›Wahl durch Losverfahren‹ in einem begrenzten Raum könnte dazu beitragen, die Repräsentation vor sich selbst zu bewahren, indem sie einigen Bürgern für andere zu handeln gestattet (und damit dem Größenproblem begegnet), deren Amt jedoch gleichzeitig vom Los abhängig macht (und damit den demokratischen Charakter des öffentlichen Amtes wahrt). Die Wahl durch Losverfahren würde auch den einseitigen Einfluß des Geldes bei der Besetzung von Staatsämtern zurückdrängen, öffentliche Verantwortung etwas gleichmäßiger über die ganze Bevölkerung verteilen und eine sehr viel größere Zahl von Bürgern als Amtsinhaber an der Planung und Durchführung von Politik beteiligen, als dies in einem repräsentativen System üblicherweise der Fall ist. Da es für die Pflege der politischen Urteilskraft nicht notwendig ist, daß jeder Bürger an sämtlichen Entscheidungen teilhat, ist das Los eine Möglichkeit, sinnvolles Engagement in großen Gesellschaften zu steigern.

Es gibt zwei Orte, an denen die Wahl durch Losverfahren in

---

[32] J. B. Bury et al., *The Cambridge Ancient History*, vol. 4: *The Persian Empire and the West* (New York 1926), S. 156.

modernen Repräsentativsystemen angemessen sein könnte. Der erste ist die Kommunalversammlung, wo Delegierte zu regionalen Abgeordnetenversammlungen – wie etwa repräsentativen Bürgerversammlungen oder Kongressen von Nachbarschaftsversammlungen auf Bezirks- oder Landesebene – durch das Los ermittelt werden könnten. Wo es darum geht, die direkte Partizipation aufrechtzuerhalten, die Zahl der Bürger jedoch zu groß ist, als daß alle zur Versammlung kommen könnten, garantiert der Losentscheid Chancengleichheit und ausgewogene Repräsentation. Es könnte sogar den Versuch wert sein, eine begrenzte Zahl von Abgeordneten aus dem ganzen Land per Losverfahren zu den gesetzgebenden Versammlungen zu schikken: etwa fünf Mitglieder insgesamt, die jedes Jahr aus fünf verschiedenen Stadtteilversammlungen ausgelost werden.

Der zweite Bereich, in dem das Losprinzip funktionieren, ja sogar am besten funktionieren würde, wäre die Besetzung jener kommunalen Ämter, die kein besonderes Wissen oder keine speziellen Sachkenntnisse voraussetzen. Bei den Griechen waren militärische Ämter und die regierenden Archonten vom Losverfahren ausgenommen, die Finanzverwaltung jedoch nicht.[33]

Wir könnten auch die von den Griechen getroffenen Sicherheitsvorkehrungen übernehmen. Die zur Auslosung stehenden Kandidaten etwa könnten eine minimale Ausbildung für die Gemeindeämter erhalten; Städte und selbstverwaltete Stadtgemeinden – sogar Nachbarschaftsversammlungen – könnten die Amtsführung von Verwaltungs- und Staatsbeamten überprüfen und diejenigen abberufen, die ihre Pflichten vernachlässigen. Die Gruppe der Kandidaten könnte aus Freiwilligen bestehen,

---

[33] Nach der Ära des Kleisthenes wurden sogar die Archonten durch das Los bestimmt. Wahrscheinlich war dies aber Teil einer Strategie, die darauf abzielte, die Bedeutung der Archonten zu mindern und dem Rat der Heerführer mehr Geltung zu verschaffen. Eine umfassende Diskussion des Losverfahrens und seiner politischen Verästelung findet sich in E. S. Staveley, *Greek and Roman Voting and Elections* (Ithaca 1972). Zur Wahl der Archonten durch das Losverfahren vgl. S. 40-42.

Die reale Gegenwart

womit das Prinzip der Selbst-Wahl institutionalisiert wäre. Gleichzeitig würde man damit verhindern, daß desinteressierte und gleichgültige Menschen öffentliche Ämter bekleiden – allerdings wäre mit dieser Bestimmung das Risiko verbunden, daß man den Opfern von Apathie und Machtlosigkeit eine ganz wesentliche staatsbürgerliche Chance nimmt und damit die Macht derjenigen vergrößert, die bereits aufgrund von Bildung und Einkommen im Vorteil sind.[34]

Damit das Losprinzip demokratisch wirksam wird, müßte es mit einem Rotationssystem verbunden werden. Um möglichst vielen Bürgern die mit der Ausübung eines öffentlichen Amtes verbundene Erfahrung zu ermöglichen, wäre der Einzelne auf eine einzige Amtsperiode in einem einzigen Amt beschränkt, danach würde er so lange nicht mehr zur Gruppe der Kandidaten gehören, bis ein bestimmter Prozentsatz seiner Mitbürger ebenfalls ein Amt ausüben konnte.

Der Tagessatz, den diese niederen Beamten erhalten, wäre sowohl ein Anreiz für den Dienst selbst, als auch eine Entschädigung für die im Dienst am Allgemeinwohl aufgewendete Zeit. Nicht undenkbar wäre, daß diejenigen, die keinen Dienst tun wollen, die Möglichkeit bekommen, sich von ihren Verpflichtungen gegenüber der Gemeinschaft freizukaufen. Vielleicht ist es für eine Demokratie weniger problematisch, daß sich die Reichen ihrer politischen Rechte und Pflichten entledigen können, als daß die Armut zu einem Hindernis für aktive Bürgschaft wird, wie das im gegenwärtigen politischen System nur allzu häufig geschieht.[35]

---

[34] Hannah Arendt hat energisch für das Prinzip der Selbst-Wahl argumentiert. Ohne Zweifel wäre dieses System die Garantie für eine engagierte Bürgerschaft, aber es wirft auch ernsthafte Fragen nach den Gründen für die Nicht-Beteiligung auf. Zudem würde es Gefahr laufen, die politische Abstinenz der Benachteiligten, Ungebildeten, Armen und anderer Opfer eines Repräsentativsystems zu institutionalisieren.

[35] In der Schweiz wird es den Reichen unter gewissen Umständen gestattet, sich vom Militärdienst loszukaufen. Dies scheint eine unkluge Politik zu sein, da Militärdienst sowohl eine Verpflichtung als auch ein Recht darstellt. Aber im Falle kommunaler und regionaler Ämter würde das Recht auf Selbstregie-

Starke Demokratie

Das Lotterie-Prinzip müßte im Rahmen einer modernen Demokratie mit größter Vorsicht gehandhabt werden.[36] Aber angesichts der dem Pluralismus inhärenten Sicherheitsmechanismen, des Liberalismus und der Apathie unseres Repräsentativsystems könnte der Losentscheid die oligarchischen Tendenzen der Repräsentation mildern und eine grundsätzlich faire Auswahl kommunaler Delegierter und Beamter garantieren, wenn sie aufgrund der Größe der betreffenden Gemeinschaft notwendig wird. Wo jeder Bürger gleichermaßen des politischen Urteils fähig und gleichermaßen für das öffentliche Wohl verantwortlich ist, wird die Rotation der Aufgaben unter Bürgern, die durch das Los bestimmt werden, zu einem ausdrucksstarken Symbol echter Demokratie. Sie ist das einfachste, aber keineswegs schwächste Instrument der starken Demokratie.

8. *Gutscheine und die Funktion des Marktes bei öffentlichen Entscheidungen.* Das wichtigste Instrument des politischen Urteils in der Demokratie ist die Wahl. Wir stimmen entweder direkt für Gesetze oder für die Repräsentanten, welche die Gesetze verantworten. In den vergangenen Jahrzehnten hat jedoch ein dezentralisierter bzw. marktwirtschaftlicher Umgang mit der öffentlichen Wahl Befürworter von links und rechts gefunden. Dieses marktwirtschaftliche bzw. Gutscheinsystem

---

rung wohl wichtiger erscheinen als die Verpflichtung zum Dienst, so daß es nicht unbedingt die Idee allgemeingültiger Verpflichtungen verletzte, wenn man den Wohlhabenden gestattet, sich von ihren Rechten freizukaufen.

[36] A. H. M. Jones z. B. machte darauf aufmerksam:
»daß es nicht die ›Herrscher der Stadt‹ waren, die durch das Los bestimmt wurden, sondern Beamte, die begrenzte Routineaufgaben zu erledigen hatten, für die nicht viel mehr als ein ›Anstandsgefühl‹ benötigt wurde. Des weiteren darf man nicht vergessen, daß ein Beamter zuerst eine Prüfung abzulegen hatte; ... und 10 mal pro Jahr die Gefahr bestand, daß er kraft einer Entscheidung der Bürgerversammlung seines Amtes enthoben würde; und nach Ablauf seiner einjährigen Amtszeit eine Untersuchung stattfand, in der seine Rechenschaftsberichte überprüft wurden und jeder Bürger ihn der Untüchtigkeit oder des Amtsmißbrauchs beschuldigen konnte.« (*Athenian Democracy*, Oxford 1957, S. 48).

Die reale Gegenwart

möchte den Einzelnen direkt mit der Macht ausstatten, »öffentliche« Entscheidungen zu treffen. Damit würden die öffentlichen Entscheidungsmechanismen zur Bestimmung des öffentlichen Interesses durch Marktmechanismen ersetzt. Die Bürger bekämen Gutscheine von der Regierung und so die ökonomischen Mittel, Wohnraum, Bildung oder Transportmittel ihrer eigenen Wahl zu kaufen, während die Schaffung und der Erhalt von Wohnraum, Bildung und Transportmitteln privaten Anbietern überlassen wäre, die auf einem freien Markt um diese Verbrauchergutscheine konkurrieren. Die Idee ist so alt wie der freie Markt selbst, in der Tat wurde sie erstmals von Adam Smith postuliert und dann von Thomas Paine für das amerikanische Publikum neu formuliert. Das G.I-Gesetz, das den Veteranen des Zweiten Weltkrieges erlaubte, Colleges ihrer Wahl zu besuchen, kann als ein implizites Gutschein-Programm angesehen werden. In den 50er Jahren unseres Jahrhunderts hat Milton Friedman Adam Smiths Idee wiederbelebt und die *libertarians* (radikale Wirtschaftsliberale) haben sie seither mit Begeisterung unterstützt.[37] Wenn es sich nur um eine wirtschaftsliberale Idee handelte, dann hätte sie in einem starkdemokratischen Programm nichts zu suchen. Aber während der 60er Jahre haben Gesellschaftskritiker wie Christopher Jencks und progressive Schulreformer wie John E. Coons und Stephen D. Sugarman in Kalifornien das Gutscheinprinzip als fortschrittliche Alternative zum kollabierenden öffentlichen Schulsystem aufgegriffen.[38]

---

[37] Milton Friedman, *Capitalism and Freedom* (Chicago 1962), S. 85-107. Ich habe in diesem Abschnitt ungemein viel von Richard M. Battistonis Forschungsarbeit profitiert. Er gibt eine hervorragende Darstellung des Gutschein-Prinzips im Kontext staatsbürgerlicher Erziehung in »Public Schooling and the Education of Democratic Citizens« (unveröffentlichte Dissertation, Rutgers University, 1982). Am Ende läßt er den marktwirtschaftlichen Ansatz fallen, ich hingegen bin eher ambivalent, aber seine Bewertung der Mängel dieser Methode ist sehr überzeugend.

[38] Christopher Jenck's Essay »Is the Public School Obsolete?«, der in *The Public Interest* im Winter 1966 erschienen ist, setzte die Vorzeichen für eine progressive, linke Aneignung der libertären Idee Friedmanns. Das Center for

Jencks, Coons und Sugarman behaupten, der »öffentliche Charakter« der Staatsschulen werde dadurch korrumpiert, daß die Schulbezirke von Stadtteilen nach Einkommen und Rasse getrennt werden. Weder Eltern noch Kinder haben eine echte Wahl; sie sind gezwungen, an einem zersplitterten, der Rassentrennung unterworfenen System zu partizipieren, welches die am wenigsten Begünstigten benachteiligt. Diese bekommen dann nur die Ausbildung, die mit den Steuergeldern ihrer Gemeinde finanzierbar ist – eine dürftige für die Armen, eine gute für die Reichen. Die Pläne von Coons und Sugarman, die im November 1982 in Kalifornien zur Abstimmung standen, fordern ein Gutschein-System, die Beendigung der staatlichen Zulassung und Einstellung von Lehrern, und die Beibehaltung bereits existierender Staatsschulen – die jedoch mit einer neuen Sorte »privater« Schulen um die Gutscheine der Eltern konkurrieren müßten.[39]

Wohnungsgutscheine sind in ähnlicher Weise konzipiert. An die Stelle des durch öffentliche Mittel finanzierten Wohnungsbaus träten private Bauunternehmer im Wettbewerb um die Wohnungsgutscheine, die an berechtigte Bürger ausgegeben werden. Die Befürworter dieses Plans meinen, daß zum einen der Markt günstige Wohnungen bereitstellen könnte, und zum anderen die Menschen ihre eigenen Entscheidungen treffen und ihr Schicksal selbst bestimmen würden. Transport-Gutscheine gäben Privatunternehmen die Möglichkeit, in Kommunen ihre

---

the Study of Public Policy veröffentlichte die ausführliche Untersuchung, die Jencks zusammen mit Judith Areen verfaßt hatte, unter dem Titel *Vouchers: A Report on Financing Education by Payments to Parents* (Cambridge, Mass. 1970). Eine brauchbare Zusammenfassung gibt »Education Vouchers: A Proposal for Diversity and Choice«, *Teachers College Record*, Nr. 72 (Februar 1971). Die Vorschläge von Coons und Sugarman sind nachzulesen in ihrem Buch *Education by Choice: The Case for Family Control* (Berkeley 1978).

[39] Die kalifornische Initiative »An Initiative for Education by Choice« fordert die Ausgabe von Gutscheinen an Eltern und die Schaffung neuer Schulen – staatlicher und privater – neben den bereits bestehenden öffentlichen und privaten Schulen.

Die reale Gegenwart

Dienstleistungen anzubieten, indem sie um die Kundschaft der Fahrgäste konkurrieren. In jedem dieser Fälle würde ein öffentlicher Finanzierungsplan durch privaten Kapitaleinsatz ersetzt, zentrale Planung durch persönliche Entscheidung und eine aufgeblähte Bürokratie durch effizienzbewußte (d. h. kostenbewußte) private Anbieter. Im Bildungssektor liegen Schätzungen vor, nach denen die Kosten für die Erziehung eines Kindes auf dem privaten Markt etwa die Hälfte der Staatskosten beträgt.

Ein Anhänger der starken Demokratie muß diesen Gutscheinprojekten mit recht ambivalenten Gefühlen begegnen. Ihr großer Vorzug liegt darin, daß sie Staatsbürokratien nicht dulden und die Klientel der Eltern bzw. Studenten auf eine auch für die Bürgerrolle wirksame Weise mobilisieren. Eltern, die sich für die Erziehung ihrer Kinder einsetzen, werden zu Bürgern, die sich in ihrer Nachbarschaft engagieren: seine eigenen Interessen aktiv zu verfolgen, ist in einem lethargischen Repräsentativsystem, in dem sich die Menschen für gewöhnlich den Politikern, Bürokraten, Experten und Managern beugen, der erste Schritt zur aktiven Staatsbürgerschaft.[40] Gutscheine sind eine Form von Macht und Macht ist der wirksamste Katalysator für die aktive Bürgerschaft. Es scheint jedenfalls wenig zweifelhaft, daß die öffentlichen Schulen – wie die staatliche Bürokratie der Sozialfürsorge – von einer Vereinigung routinierter Bildungsbürokraten verwaltet werden, die sich aufgrund ihrer Anstellungsbedingungen mehr für Sicherheit und Ruhe als für

---

[40] Einige Gutscheinkritiker bestreiten, daß sich Eltern von ihrer neuen Wahlfreiheit aktivieren lassen. Sie zitieren den Bericht der Rand-Corporation über ein Gutschein-Experiment im Alum-Rock-Schulbezirk in San Jose im Staate Kalifornien. In diesem stark gemischten, mexikanisch-amerikanischen Distrikt blieben die Eltern passiv. Die Lethargie war nach der Einführung von Gutscheinen ebenso groß wie vorher. Siehe Daniel Weiler, *A Public School Voucher Demonstration: The First Year at Alum Rock* (Santa Monica 1974). Aber selbst die Sympathisanten dieser Kritik geben zu, daß ein Jahr als Zeitraum für die Einführung eines neuen Systems kaum ausreicht – zumal in einem Bezirk wie Alum Rock. Vgl. D. Stern, R. H. deLone und R. J. Murname, »Evolution at Alum Rock«, *Review of Education* 1 (August 1975), S. 309-318.

Erziehung interessieren; zudem sind die öffentlichen Schulen an sich nicht viel mehr als der zwangsläufige Privatbereich derer, die in Armut gefangen sind.[41]

Wenn starke Demokratie autonomes Handeln von aktiven Individuen bedeutet, die danach trachten, ihr Leben und die Gemeinschaft, in der sie leben, selbst zu bestimmen, dann ist ein Gutschein-System, das den aktiven Willen von Eltern an die Stelle der Bevormundung durch die Staatsbürokratien setzt, sicherlich eine bedenkenswerte Reformmaßnahme. Wenn dieser Plan zudem die Auflösung kommunaler Schulbezirke vorsieht und eine Bestimmung enthält, die Schulgeldforderungen über die Gutscheinbeträge hinaus verbietet (wodurch Eliteschulen daran gehindert würden, Eltern zu benachteiligen, die nur Gutscheine anbieten); wenn ein subventioniertes Transportsystem allen Kindern den Zugang zu Schulen in einem weiteren Umkreis garantiert und neben den Eltern auch die Kinder ein Votum bei der Schulwahl bekommen, dann könnte man diesen Plan sehr wohl annehmen.

Und dennoch bleibt der starke Demokrat aus guten Gründen ambivalent. Es lauern große Gefahren im wirtschaftsliberalen Geist des Gutschein-Programms, das gerade der Vorstellung eines öffentlichen Gutes und öffentlicher, in politischen Prozessen gebildeter Urteile feindlich ist. Das Gutschein-System würde Einzelne aktivieren, aber es würde das durch private Anreize tun; es spricht nur ihre persönlichen Interessen als Eltern und damit als Konsumenten elternspezifischer Güter (wie etwa Bildung) an. Daß diese Idee im Liberalismus des Laissez-faire und im Wirtschaftsliberalismus á la Friedman wurzelt, kann durch den egalitären und integrationistischen Gebrauch, den

---

[41] »Wir nennen Nachbarschaftsschulen ›öffentliche‹ Schulen, obwohl sie keiner aus einem anderen Viertel besuchen darf und niemand in diese Nachbarschaft ziehen kann, wenn er nicht von weißer Hautfarbe ist und eine Anzahlung auf ein 30 000 Dollar-Haus vorzuweisen hat. Und wir nennen ganze Schulsysteme ›öffentlich‹, obwohl sie sich weigern, Informationen über das zu geben, was sie tun, wie gut sie es tun und ob die Kinder das bekommen, was ihre Eltern wollen.« (Areen und Jencks, »Education Vouchers«, S. 330).

Die reale Gegenwart

die Reformer von ihm zu machen trachten, letztendlich nicht verdeckt werden. Anreize sprechen Privatinteressen an: Gutscheine verwandeln, was eine öffentliche Fragestellung sein sollte (»Was ist ein gutes öffentliches Bildungssystem für *unsere* Kinder?«), in eine persönliche Frage (»Welche Art von Schule wünsche ich für *meine* Kinder?«). Sie erlaubt Bürgern, Bildung für eine Sache persönlicher Vorlieben zu halten und ermutigt sie, die Generationsbande zwischen ihnen und ihren Kindern von den lateralen Bindungen zu trennen, die sie (und ihre Kinder) mit anderen Eltern und Kindern verbinden. So behauptet ein prominenter Kritiker des Gutschein-Systems, dieses könne »dem für ein gesundes öffentliches Leben notwendigen Bewußtsein, in einer politischen Gemeinschaft zu leben«[42], nur Schaden zufügen. Und selbst die Befürworter des Systems neigen dazu, Lehrer als »Manager«, Studenten und Eltern als »Klienten« und Bildung selbst als »Produkt« zu bezeichnen – das ist eine Redeweise, die nicht nur der Bildung, sondern auch der Politik und der Gemeinschaft der Bürger schadet.[43]

Gutscheine haben auch den Nachteil, daß sie mit der Idee der Nachbarschaft, die notwendig Heimstatt der Gemeinschaft der Bürger ist, nicht zu vereinbaren sind. Vom Standpunkte der Wirtschaftsliberalen sind Nachbarschaftsschulen Gefängnisse: Eltern müssen frei sein, meinen sie, Bildung von Anbietern aus einem ausgedehnten Bezirk zu kaufen.[44] Der abstrakte Markt ersetzt die konkrete Nachbarschaft, der eigennutzorientierte Klient den gemeinsinnigen Nachbarn. Der Rassist, der zu verhindern versucht, daß Schwarze in seinen Wohnblock einziehen und seine Schulen besuchen, hat zumindest eine Vorstellung

---

[42] F. R. Butts, »Educational Vouchers: The Public Pursuit of the Private Purse«, *Phi Delta Kappa*, September 1979, S. 7-9.
[43] In einem Essay über seine Vorstellungen benutzt John Coons diese Sprache des Marktes mit merklichem Vergnügen: »The Public-School Monopoly«, *Newsweek*, 9. Juni 1980.
[44] Christopher Jencks macht daher »die Abschaffung der Nachbarschaftsschule« zum Angelpunkt seines Gutschein-Programms: »Is the Public School Obsolete?«, S. 26.

Starke Demokratie

von Nachbarschaft und eine Bindung an seine Nachbarn, mit der er sein Vorurteil begründet. Der starke Demokrat würde eher den Versuch machen, den Rassisten zu erziehen und seine Vorstellung von Nachbarschaft zu erweitern, anstatt diese Nachbarschaft zu zerstören und ihn das Denken in regionalen aber völlig privatistischen Begriffen zu lehren.

Es scheint also, als ob Gutscheine aktivere Bürger schaffen, jedoch die Gemeinschaft untergraben. Sie bringen die Menschen in Bewegung, aber nur indem sie ihre Interessen privatisieren. Dennoch sind ihre Vorzüge nicht unerheblich, wenn man sie dem tatsächlichen Unvermögen des öffentlichen Schulsystems gegenüberstellt, für Bildung zu sorgen oder ein Symbol für gemeinsame Werte und Gemeinschaftsgeist zu sein. Der Vergleich ermutigt zu maßvollem Experimentieren mit Gutscheinen. Mit angemessenen Kontrollen und im Rahmen dessen, was ein Pionier des alternativen Bildungswesens ein »internes Gutscheinsystem« genannt hat (d. h. die Möglichkeit, unter staatlichen, aber nicht unter Privatschulen zu wählen), gehört ein Gutschein-Programm durchaus auf die Tagesordnung einer starken Demokratie – wo man es in ausgewählten Vierteln versuchsweise einführen könnte. Außerdem sollte man ihm auch im Transportwesen und im Wohnungsbau eine größere Chance geben als bisher.

Der starke Demokrat kann das Gutschein-System nicht mit Begeisterung unterschreiben, aber vielleicht möchte er jenem Dekan der Harvard School of Education beipflichten, der schrieb: »Angesichts des Zustandes der Schulen für die Kinder der Armen muß man schon deprimierend paranoid sein, um zu meinen, wir sollten dem Gutscheinsystem nicht einmal einen fairen Versuch zugestehen.«[45]

---

[45] Theodor Sitzer, zitiert von Robert Lekachman in seiner Aussage vor dem Select Committee on Equal Educational Opportunity, United States Senate, 92nd Congress, First Session, Part 22 – Educational Information, 1.-3. Dezember 1971, S. 1116.

Die reale Gegenwart

Institutionalisierung starkdemokratischen Handelns

9. Nationale Bürgerschaft und gemeinsames Handeln: Allgemeiner Bürgerdienst und damit verbundene Ausbildungs- und Beschäftigungsmöglichkeiten.[46] Die Wehrpflicht ist ein entscheidender Faktor im Verhältnis von Rechten und Pflichten in einem starkdemokratischen Regime. Das moralische Gewicht der Rechte läßt häufig an etwas Gottgegebenes und Natürliches denken, aber in der Praxis sind Rechte und Pflichten gleicher-

---

[46] *Anm. des Autors 1994:* Während der 80er und 90er Jahre setzte sich die Idee eines Bürgerdienstes, die zwar in gewissen akademischen und progressiven Kreisen auf Zustimmung stieß, aber ansonsten ohne Einfluß blieb, als bestimmendes Element einer sich mit der Zeit über ganz Amerika ausbreitenden Bewegung durch. Als die Bush Administration die »Points of Light Foundation« gründete, signalisierte sie damit ein erstes Regierungsinteresse an privater Philanthropie und Bürgerdiensten. Die demokratische Regierung von Präsident Bill Clinton griff diese Idee auf, löste sich aber aus dem rein philanthropischen und privaten Bereich heraus und konzentrierte sich auf die Rolle des Bürgerdienstes für die Erziehung und Demokratie. Im Frühjahr 1993 unterzeichnete Clinton einen Gesetzentwurf, der die Schaffung einer »Corporation for National and Community Service« vorsah. Diese Körperschaft bot Tausenden von jungen Amerikanern Ausbildungsgutscheine an, falls sie sich verpflichteten, an dezentralisierten Orten in ganz Amerika ein oder zwei Jahre in nationalen oder kommunalen Einrichtungen zu arbeiten. Die finanziellen Mittel dieses Programms sind recht bescheiden, sollte es jedoch erfolgreich sein, wird es möglicherweise Hunderttausenden von Jugendlichen Gelegenheit geben, sowohl einen freiwilligen Dienst zu leisten als auch ihre Ausbildung zu fördern. In den letzten Jahren ist ein Zusammengehen von Ausbildung und sozialem Dienst, bei dem Studenten öffentliche Diensttätigkeiten mit universitären Kursen verknüpfen, an den amerikanischen Colleges und Universitäten immer beliebter geworden. Das Pilotprojekt für dieses bundesweite Modell wurde vom Walt Whitman Center an der Rutgers University entwickelt.

Das von uns entwickelte Programm beschäftigte sich vor allem mit der Idee, daß die Einrichtung eines nationalen und kommunalen Bürgerdienstes ein notwendiger Schritt ist, um junge Menschen zu verantwortlichen Bürgern zu machen. Damit unterscheidet es sich stark von der privatistischen Auffassung der 80er Jahre, die – eher nach Art der im 19. Jahrhundert gepflegten Wohltätigkeit – im Bürgerdienst ein moralisch nicht verpflichtendes Engagement der wohlhabenderen Bürger zugunsten der Benachteiligten erblickte.

maßen Produkte von Verfassungen und können nur in einer gesunden Bürgerschaft überdauern. Ein Volk, das seine Rechte feiert, aber nicht willens ist, sie direkt zu verteidigen, wird bald keinen Grund mehr zum Feiern haben.

Weder ein Heer von Berufssoldaten, noch eine »Freiwilligen«-Armee ist mit demokratischer Bürgerschaft zu vereinbaren: ersteres trennt Landesverteidigung von demokratischer Verantwortung und letzteres macht den Dienst zu einer Funktion wirtschaftlicher Not – in der Realität sind es die Armen, die Ungebildeten und die schlecht Ausgebildeten, die sich zum Wehrdienst melden, und das sicher nicht aus freien Stücken, sondern weil sie keine Alternativen haben.[47] Beide Arten von Armeen sind im Grunde Söldnerheere und tragen zu jener Privatisierung des gesellschaftlichen Lebens bei, die in anderen Bereichen so zersetzend auf die Bürgerschaft gewirkt hat.[48]

---

[47] Selbst innerhalb des Militärs ist man, was Vorzüge und Nachteile einer Freiwilligenarmee anbelangt, uneins. Aber im allgemeinen wird zugegeben, daß in einer Freiwilligenarmee das Bildungsniveau niedriger und der Minderheitenanteil höher ist als in der Gesamtbevölkerung. Die Vorstellung eines allgemeinen (oder nationalen) Wehrdienstes hat immer mehr Unterstützung aus der Politik bekommen. Im Jahre 1983 schlugen sich auch der New Yorker Bürgermeister Ed Koch und der Vorsitzende der Stadtplanungskommission, Herbert Sturz, auf ihre Seite. Franklin A. Thomas, Präsident der Ford Foundation, hat die Idee ebenfalls gutgeheißen. Aber an diesen Fragen entzünden sich immer wieder weitreichende öffentliche Debatten, zu denen ich an anderer Stelle detailliertere Beiträge geleistet habe, als hier wiederzugeben möglich wäre. Vgl. dazu meine Artikel »Rights without Duties«, *Worldview* 23, 10 (Oktober 1980), »A Democratic Alternative to the Draft«, *Newsday*, Sunday Supplement Ideas Section, 14. September 1980; und »A Case for Universal Citizen Service«, *Dissent*, Sommer 1981. Ein Beispiel für die Debatte in der allgemeinen Presse ist die Titelgeschichte des *Time Magazine* vom Juni 1980: »Who'll Fight for America? The Manpower Crisis«, 9. Juni 1980.

[48] Wie Gutscheine, so hat auch das Setzen auf finanzielle Anreize, um »Freiwillige« zum Eintritt in die Armee zu bewegen, eine privatisierende Wirkung auf die Bürgerschaft, selbst wenn sie dem Militärdienst einen söldnerhaften Anstrich geben. Obwohl stimmen mag, was einige Militärexperten sagen, daß nämlich bessere Besoldung den höher qualifizierten Freiwilligen anzieht, so scheint es doch wenig zweifelhaft, daß man Bürgerschaft nicht kaufen kann.

Die reale Gegenwart

Eine Berufsarmee oder eine aus Freiwilligen bestehende Streitmacht kann im Ausland für Zwecke eingesetzt werden, denen sich eine Armee aus Wehrpflichtigen möglicherweise verweigern könnte (die Erfahrungen der Amerikaner in Vietnam und die der Israelis im Libanon 1982 sind Beispiele für den Widerstand solcher Armeen gegen unpopuläre Kriege), und im Inland kann sie beim Umsturz der Zivilregierung und der Verfassung dienen.[49]

Irgendeine Form der allgemeinen Dienstpflicht scheint also gerechtfertigt, sowohl für militärische als auch für staatsbürgerliche Zwecke. Betrachtet man das Problem noch einmal unter dem Gesichtspunkt, daß starke Demokratie in hohem Maße der Erziehung zum Staatsbürger, der nationalen (im Gegensatz zur bloß lokalen) Bürgerschaft und einer engagierten Bürgergemeinschaft verpflichtet ist, dann wird das Argument für starke Demokratie zwangsläufig zu einem Argument für allgemeinen Bürgerdienst. Diese Art des Dienstes wiederum schafft einen Rahmen für die Entwicklung von Trainingsprogrammen und staatlichen Arbeitsplätzen, welche die Demokratie weiter stärken.

Ein allgemeines Bürgerdienstprogramm würde jeden Bürger – Männer und Frauen gleichermaßen – für ein bis zwei Jahre entweder zu militärischer oder nichtmilitärischer Ausbildung und Dienst verpflichten. Die Dienstverpflichtung wäre un-

---

Darüber hinaus werden wahrscheinlich bedürftige Minderheiten mit anderen Maßstäben für eine gute Bezahlung bereitwilliger auf »Freiwilligen«-Programme reagieren als Weiße.

[49] In der gegenwärtigen Opposition gegen die Wehrpflicht im Namen der Anti-Vietnam-Kriegsbewegung liegt eine gewisse Ironie, denn die Bewegung ist ursprünglich entstanden, eben weil es eine Wehrpflicht gab und die Mittelschicht ihre Interessen durch den Krieg bedroht sah. Eine nur aus Freiwilligen bestehende Armee hätte sehr viel weniger Beschwerden vorgebracht und der Krieg hätte wahrscheinlich länger gedauert. Ähnlich hätte eine Freiwilligenarmee gutbezahlter Söldner oder nationalistischer Eiferer wahrscheinlich kaum ihre Stimme gegen Israels Libanonstrategie erhoben. Unsere einzige Sicherheit dafür, daß unsere Armee nur für gerechte und demokratische Anliegen kämpfen wird, liegt darin, daß wir sie mit Staatsbürgern füllen.

trennbar mit dem Bürgerstatus verbunden und würde mindestens zwölf Monate (evtl. bis zu 18 oder 24 Monaten) dauern, wobei in besonderen Ausbildungs- oder Arbeitsbereichen die Möglichkeit bestünde, die Dienstzeit zu verlängern.[50] Es würde fünf Abteilungen geben, darunter auch eine militärische. Außer im Kriegsfall könnten die Bürger frei wählen, welchen Aufgaben sie sich widmen wollen. Neben dem Militärdienst, der (nach einer für alle Dienstleistenden gemeinsamen Grundausbildung) direkt dem Verteidigungsministerium unterstellt würde, könnten die Bürger sich für die Arbeit in städtischen oder landwirtschaftlichen Projekten, in einem Internationalen (Friedens)-Korps oder in speziellen Missionen entscheiden. Der Allgemeine Bürgerdienst würde eine ganze Reihe von Problemen lösen, die derzeit die Programme in den Bereichen Wehrpflicht, (Berufs-)Ausbildung und öffentliche Einrichtungen belasten. Frauen bekämen die Möglichkeit, wie Männer Dienst zu leisten, ohne deshalb direkt in den Militärdienst eintreten zu müssen (obwohl ihnen dies auch weiterhin freistünde). Der Bürgerdienst würde die Last der Verantwortlichkeit für den Dienst gleichmäßig auf alle Bürger verteilen und damit helfen, die Trennung nach Klasse, Reichtum und Rasse zu überwinden. Die Kritiker des Wehrdienstes in Friedenszeiten würden beschwichtigt, und unzufriedene Liberale bekämen eine Chance, ihre Prinzipien in die Tat umzusetzen. Gleichzeitig hätte das Militär die Möglichkeit, eine effizientere und demokratischere Armee aufzubauen. Der allgemeine Bürgerdienst könnte dem Pentagon keine Streitmacht garantieren, die den von der direkten militärischen Zwangserfassung gesetzten Maßstäben entspricht, aber sie wäre eine Verbesserung gegenüber der Freiwilligenarmee und würde gleichzeitig die Möglichkeit der Wahl für alle Bürger erhalten – besonders für jene, die

---

[50] Um Karriereunterbrechungen möglichst gering und die Flexibilität möglichst groß zu halten, könnte den Dienstpflichtigen gestattet werden, eine Dienstperiode zwischen ihrem 18. und 25. Geburtstag selbst zu bestimmen, – vor oder nach dem Collegebesuch, vor oder nach der ersten Phase ihrer Berufslaufbahn.

zwar bereit sind, ihren Dienst zu leisten, jedoch in Friedenszeiten nicht Soldat werden wollen. Die Rekruten, die dann in die Armee einträten, hätten bereits eine nützliche Grundausbildung hinter sich, und sie bestünde eher aus jungen Männern und Frauen, die sich vom Militärdienst angezogen fühlen, als solchen, die ein aussichtsloses Zivilistendasein fliehen. Bei allgemeiner Dienstverpflichtung und der Zahl der dafür jährlich in Frage kommenden Personen (etwa 4 Millionen Frauen und Männer) kann man erwarten, daß sich eine beträchtliche Anzahl tüchtiger, gebildeter Amerikaner und Amerikanerinnen für den Militärdienst entscheiden wird. Falls nötig, könnte man auch mit einer etwas verkürzten Militärdienstzeit oder anderen Anreizen versuchen nachzuhelfen.

Den größten Nutzen hätte der allgemeine Bürgerdienst jedoch für den künftigen Staatsbürger. Er böte viele der unbestrittenen Vorzüge des Militärdienstes: gemeinschaftliche Verbundenheit und Kameradschaft, gemeinsames Handeln, Teamwork, Dienst an und mit anderen, Gemeinschaftsgefühl. Aber anstelle militärischer Rangordnung gäbe es Gleichberechtigung, anstelle des Gehorsams Kooperation und anstelle des Konflikts zwischen den Eigenen und den Anderen, wie er aus bloß auf die Kommune beschränkter Partizipation entsteht, ein Gefühl von Gegenseitigkeit und nationaler Verbundenheit.

Nahezu alle hier erörterten Vorschläge beschäftigen sich mit der kommunalen Bürgerschaft und haben damit die Schwäche des Provinzialismus. Der allgemeine Bürgerdienst wird so ein entscheidendes Instrument der Staatsbürgerschaft und das richtige Werkzeug, um Nachbarschaften zu öffnen und den Lokalpatriotismus zu überwinden.

10. Der Bürger in der Nachbarschaft und gemeinsame Aktion: Möglichkeiten vor Ort. Politische Partizipation an gemeinsamer Aktion ist auf der Nachbarschaftsebene leichter zu erlangen, denn dort gibt es eine Vielzahl von Möglichkeiten, sich zu engagieren. Wir haben bereits im Abschnitt über die Institutionalisierung der Entscheidungsprozesse darüber gesprochen, welche Rolle der Losentscheid für die direktere Einbeziehung des Bürgers in den Regierungsprozeß spielen könnte. Die verschiedenen staatlichen Freiwilligenprogramme, die ursprünglich im Rahmen von Präsident Johnsons *Great Society* entwickelt worden waren und im Jahre 1971 (unter Präsident Nixon) in einer einzigen Organisation (ACTION) zusammengefaßt wurden, werden in Nachbarschaften überall in Amerika noch immer durchgeführt. Sie gelten als Musterbeispiele für kommunale Selbsthilfe- und Selbstbestimmungsprogramme.

In einem starkdemokratischen Programm könnte ACTION weiter kommunale Projekte entwickeln und unterhalten. Eine Reihe von vielversprechenden Programmen werden bereits an bestimmten Orten durchgeführt. So übernehmen etwa Pensionäre und Menschen, die das Haus nicht mehr verlassen können, die Funktion von Blockwächtern in sog. »crime-watch«-Organisationen, wodurch nicht nur die Älteren eine wichtige Rolle für die Gemeinschaft erhalten, sondern gleichzeitig die Nachbarschaft sicherer wird. In sog. »sweat-equity«-Programmen bekommen die Mieter in heruntergekommenen, von ihren Besitzern aufgegebenen Häusern die Möglichkeit, ihre Wohnungen als Eigentum zu übernehmen, als Gegenleistung für die Arbeit, die sie dafür aufwenden, sie zu renovieren und dem Zugriff der Steuerbehörde wieder zuzuführen. Auf ungenutzten Bauplätzen oder in verödeten Parks wurden städtische Parkanlagen und landwirtschaftliche Betriebe eingerichtet. Brachliegende Flächen aufzuräumen und wieder zu nutzen, hebt die Lebensqualität und das Erscheinungsbild eines Viertels; gleichzeitig werden Bewohner, die sonst vielleicht in Apathie verharren würden, in Aktivitäten einbezogen, deren Ergebnisse sich direkt vor Ort niederschlagen. Lokale Sicherheitsmaßnahmen können dazu beitragen, die Bewohner einer Nachbarschaft zusammenzuschließen, wenn sie unter der Leitung der örtlichen Polizei stehen und man verhindert, daß sie in Selbstjustiz ausarten.[51]

---

[51] Die »Guardian Angels« (Schutzengel), eine Schutzpatrouille New Yorker

Letztendlich gewinnt die Demokratie weder durch Freiwilligkeit – die mit Privatismus einhergeht und die Apathischen, Benachteiligten und Ichbezogenen außer Acht läßt – noch durch staatsbürgerliche Zwangsverpflichtung – die sich auf Sanktionen stützt und Bürgerschaft mit reiner Pflicht verbindet. Die aktive Bürgerschaft wird immer eine freiwillige Sache sein, denn sie ist ebenso sehr Recht wie Pflicht, sie zu erzwingen hieße, sie zerstören. Das bedeutet, daß kommunale Programme und Gemeinschaftsaktion sich parallel zu einem allgemeinen staatsbürgerlichen Verantwortungsgefühl werden entwickeln müssen.

11. Demokratie in der Arbeitswelt. In unserer grundlegenden Argumentation für starke Demokratie haben wir die Politik über die Wirtschaft gestellt und behauptet, daß nur nach einer Wiederbelebung der Bürgerschaft Hoffnung auf eine größere ökonomische Demokratie besteht. Aber es gibt bereits eine ganze Reihe von Vorschlägen für eine Demokratisierung der Arbeitswelt, die mit den Forderungen starker Demokratie übereinstimmen. Wirtschaftliche Maßnahmen der Regierung, die mit Aktivitäten im Privatsektor konkurrieren anstatt sie zu ersetzen, werden nicht mehr so stark als Einmischung empfunden werden und damit mehr Aussicht haben, ökonomische Einstellungen erfolgreich zu verändern.

Auf ganz ähnliche Weise bewirken arbeitereigene Betriebe nach dem Vorbild der Genossenschaften mehr für die Entwick-

---

Bürger, die hauptsächlich aus Ghetto-Jugendlichen besteht und von Curtis Sliwa geleitet wird, haben sich über das ganze Land ausgebreitet. Vertreter der Stadt New York geben zu, daß die Gruppe Verbrechen verhindert hat, und man arbeitet jetzt mit Sliwa an Möglichkeiten der Zusammenarbeit. Der Grat zwischen bürgerlichen Selbstschutzmaßnahmen und Selbstjustiz ist sehr schmal, aber es scheint geradezu tollkühn, sich abweisend zu verhalten, wenn einige der von der Gesellschaft am meisten vernachlässigten Jugendlichen aus einem Gemeinschaftsdenken heraus den Impuls verspüren, etwas für die Allgemeinheit zu tun. Ihr Engagement ist ein weiterer Beweis für den von Titmuss behaupteten »Willen, zu geben« und für das Insistieren dieses Buches auf der Notwendigkeit, zu dienen.

lung bürgerschaftlichen Bewußtseins als die Regulierung der Industrie, wie notwendig solche Eingriffe auch immer sein mögen. Die Beteiligung von Arbeitern und Betriebsführung am Entscheidungsprozeß, Experimente nach dem Vorbild des deutschen Mitbestimmungsmodells, Gewinnbeteiligung und Aktionärsentscheidungen fördern nicht nur die ökonomischen Gleichstellung, sondern auch den staatsbürgerlichen Geist. Weitere Ausführungen zum Thema überläßt man am besten denen, die schon seit einigen Jahren in Zeitschriften wie *Working Papers*, *Dissent* und *Democracy* für derlei Möglichkeiten eintreten. Aber es steht ohne Zweifel fest, daß diese Überlegungen einen wichtigen Platz im starkdemokratischen Programm einnähmen.[52]

12. *Wiederherstellung der Nachbarschaft als öffentlicher Raum.* Eine ganze Reihe von Wissenschaftlern, die sich mit Gemeinwesen, Architektur und Raum beschäftigen – von Paul Goodman bis zu Jane Jacobs –, haben gezeigt, wie eng die äußere Gestalt einer Nachbarschaft mit ihrem politischen und sozialen Charakter verbunden ist.[53]

Ein starkdemokratisches Programm verlangt eine Art von Architektur und Design, die den Anforderungen des Sprechens gerecht werden und der Bürgerschaft eine ganz reale Wohnstatt geben kann. Öffentliche Plätze sollten zugleich Orte sein, an denen sich die Bürger zu ihrem Vergnügen und in Freundschaft begegnen – Diskurs und Handeln sollten dort ebenso einen Platz haben wie nüchterne Entscheidung. Nachbarschaftsversammlungen brauchen Häuser, die ihren Auftrag fördern, näm-

---

[52] Den besten Überblick über alternative Wirtschaftsformen bietet Martin Carnoys und Derek Shearers, *Economic Democracy: The Challenge of the 1980's* (Armonk, N. Y. 1980). Die National Conference on Alternative State and Local Policy veröffentlicht ein Rundschreiben, entwickelt Legislativmodelle und unterstützt Konferenzen zum Thema.

[53] Siehe Jane Jacobs, *The Death and Life of American Cities* (New York 1965); Paul Goodman and Percival Goodman; *Communitas: Means of Livelihood and Ways of Life*, rev. ed. (New York 1960).

Die reale Gegenwart

lich Fremde zu versammeln und sie zu Nachbarn zu machen. Die Nachbarschaften müssen voneinander getrennt sein, so daß eine jede ihre eigene Identität hat, und doch sollten sie für einander offen sein; auf diese Weise würde die engstirnige Beschränkung auf die eigene Nachbarschaft keine Verstärkung von außen finden. Appartmenthochäuser mit integrierten Einkaufsmeilen, Einkaufszentren und Verkehrsschneisen nur für Autos haben einen verheerenden Effekt auf die Gemeinschaft und unterstreichen die Privatisierung unseres gesellschaftlichen Lebens. Von Jane Jacobs haben wir erfahren, daß die traditionellen Nachbarschaften nicht nur sicherer, sondern auch sehr viel sozialer und gesprächiger waren, und also wesentlich öffentlicher (man vergleiche Hester Street im Jahre 1910 mit einem Einkaufszentrum des Jahres 1980). Die Nachbarschaftsschule mag ein Hort des Rassismus und ein wahres Monument kleinbürgerlicher Enge sein – weshalb sie von den Vertretern des Gutscheinsystems abgelehnt wird –, aber sie gibt einer Gemeinschaft eine Mitte und ihren Kindern eine erste Ahnung davon, was es heißt, Nachbar und Staatsbürger zu sein.

Die starkdemokratische Gemeinschaft wird neue Formen der Behausung finden müssen, wenn sie in den großen Städten und den ausgedehnten Vorstädten gedeihen soll, und um diese Formen zu entwickeln, brauchen wir Architekten, die an der demokratischen Vision teilhaben.

So ist also die starkdemokratische Tagesordnung lang und vielfältig. Sie hängt nicht von einer einzigen Reform ab, sondern muß eine gewisse kritische Masse haben, wenn ihre Wirkungen spürbar sein und ihre Neuerungen nicht vom herrschenden mageren demokratischen System geschluckt werden sollen. Vielleicht ist es daher sinnvoll, das Programm an dieser Stelle in Form einer Auflistung noch einmal wiederzugeben:

Ein starkdemokratisches Programm zur Wiederbelebung der Bürgerschaft:

1. Ein landesweites System von NACHBARSCHAFTSVERSAMMLUNGEN, die aus jeweils eintausend bis fünftausend Bürgern bestehen; sie hätten anfangs nur Beratungsfunktionen, später dann auch legislative Kompetenz im kommunalen Bereich.
2. Eine nationale KOMMUNIKATIONSGENOSSENSCHAFT DER BÜRGER, die die staatsbürgerlich förderliche Nutzung neuer Kommunikationstechnologien regelt und überwacht, und gleichzeitig Debatte und Diskussion von Fragen beaufsichtigt, die zur Volksabstimmung vorliegen.
3. Ein VIDEOTEXT-DIENST und eine POSTVERORDNUNG ZUR STAATSBÜRGERLICHEN ERZIEHUNG, um den Zugang zu Informationen für alle zu gewährleisten und die staatsbürgerliche Erziehung aller Bürger zu fördern.
4. Versuche in ENTKRIMINALISIERUNG und INFORMELLER LAIENJUSTIZ durch eine engagierte Bürgergemeinschaft.
5. Ein nationales VOLKSBEGEHREN- UND VOLKSABSTIMMUNGSVERFAHREN, das Volksbegehren und Volksabstimmungen über die Gesetzgebung des Kongresses möglich macht. Dazu gehören ein Multiple-Choice-Format und ein Abstimmungsprozeß in zwei Phasen.
6. Versuche mit ELEKTRONISCHER ABSTIMMUNG, anfangs ausschließlich zu erzieherischen Zwecken und zur Meinungsforschung, unter Supervision der Kommunikationsgenossenschaft der Bürger.
7. Besetzung kommunaler Ämter in ausgewählten Bereichen durch LOSENTSCHEID, mit finanziellen Anreizen.
8. Versuche mit einem INTERNEN GUTSCHEINSYSTEM für ausgewählte Schulen, öffentlichen Wohnungsbau sowie Transport und Verkehr.
9. Ein ALLGEMEINER BÜRGERDIENST, mit der Möglichkeit für alle Bürger, Militärdienst zu leisten.
10. Öffentliche Finanzierung von KOMMUNALEN PROGRAMMEN MIT FREIWILLIGEN.

Die reale Gegenwart

11. Öffentliche Förderung von Versuchen zur DEMOKRATI-
SIERUNG DER ARBEITSWELT, wobei öffentliche Einrichtungen
als Beispiele alternativer Wirtschaftsformen zu dienen hätten.
12. Eine neue ARCHITEKTUR DES ÖFFENTLICHEN RAUMES.

Dieses Programm ist keine Illustration starker Demokratie; es
ist starke Demokratie. Wird es umgesetzt, bekommt die hier
von uns entwickelte Theorie die Lebendigkeit echter Praxis.

Die Institutionalisierung des Bedauerns

Selbst der wohlwollendste Leser mag angesichts dieses Rüst-
zeugs neuartiger Institutionen und Verfahren zu dem Schluß
kommen, daß derart vielfältige, neuartige und ungewisse Vorschläge zu viele Risiken bergen. Mehr Demokratie wird, gerade
wenn man sie erlangt, mehr Gesetzgebung, mehr Einmischung,
mehr Einschränkungen und damit weniger Freiheit bedeuten.
Eine kompetentere Bürgerschaft mag sich aufgefordert fühlen,
mehr zu tun, und vielleicht wird sie mit der Zeit immer weniger
tolerant gegenüber solchen, die sich ihrer Weisheit widersetzen
oder von ihren allgemeinen Urteilen abweichen. Demokratische
Kesselflicker fangen unter Umständen mit kleinen Veränderungen an und werfen am Ende die Verfassung zum alten Eisen. Ein
solcher Leser wird, wie so viele liberale Demokraten, Burke
schließlich als Lockes Verbündeten ansehen und es für klüger
erachten, zu behalten, was wir haben, wie unvollkommen es
auch immer sein mag, anstatt es aufs Spiel zu setzen für etwas,
was wir vielleicht erringen könnten, wie verlockend es auch
immer sein mag.

Aus der Ungewißheit allen Wissens und den Launen der
Frauen und Männer – die vielleicht, wenn auch nicht unbedingt,
bei ihrer Umwandlung zu Burgern weniger werden – ergibt sich
für den Vertreter der starken Demokratie die Verpflichtung,
dem Bedauern eine institutionelle Entsprechung zu geben: in
seinen Reformen die Grenzen zu verankern, die dem Willen zur

Veränderung auferlegt sind, und den Mechanismen der öffentlichen Entscheidung die Grenzen jeglichen politischen Willens einzuschreiben.

Eine taktische Entscheidung, die in allen hier vorgeschlagenen Reformen wirksam ist, besteht darin, daß ergänzende Institutionen solchen vorgezogen werden, die andere ersetzen. Das starkdemokratische Programm könnte schneller verwirklicht werden, wenn wir zuerst gewisse liberale Hindernisse beseitigen würden: Repräsentation, Parteisystem, Wahlbezirke, in denen nur ein Kandidat nach dem Mehrheitswahlrecht in die Legislative gewählt wird (›single-member legislative districts‹), und die Gewaltenteilung kommen dabei zuerst in den Sinn. Aber der kluge Demokrat reformiert, indem er dem Verfassungsrezept partizipatorische Zutaten beigibt, nicht indem er repräsentative Bestandteile entfernt. Das Ziel besteht darin, die liberale Demokratie auf staatsbürgerliches Engagement und politische Gemeinschaft hin umzuorientieren anstatt sie zu zerstören – und damit ihre Vorzüge zugleich mit ihren Mängel zu vernichten. Es wäre utopisch, die Abschaffung der Parteien zu verlangen und verhängnisvoll, einen Verfassungskonvent zu fordern. Das amerikanische System überlebt (wie alle fest verankerten demokratischen Verfassungen), indem es sich entwickelt, und es tut dies, indem es neue institutionelle Schichten anlegt, die sich den Konturen einer historisch überprüften Praxis anpassen, selbst wenn sie die Dimensionen des Systems und seinen Schwerpunkt verändern.

Die beste Sicherung der starken Demokratie ist das Trägheitsmoment der liberalen Verfassung. Der Föderalismus teilt die Macht vertikal, während Gewaltenteilung und unabhängige Justiz sie horizontal teilen, und kein Volkeswille – wie erfolgreich die Magie der starkdemokratischen Gemeinschaft auch immer wirken mag – wird wohl dem Totalitarismus zum Opfer fallen, solange diese Sicherungen intakt sind. Wir haben in der Tat mit Besorgnis festgestellt, daß die starke Demokratie in sich gespalten ist: ihre Neigung zu kommunaler Partizipation erzeugt Provinzialismus und Lokalpatriotismus, selbst wenn ihre nach

Konsens strebenden Verfahren einen Willen zur Gemeinschaftlichkeit und die Bereitschaft hervorbringen, Macht im Namen des öffentlichen Wohls auszuüben. Ein starker Demokrat, der mit den Worten auftritt: »Wir wollen Nachbarschaftsversammlungen, ein Referendum- und Volksabstimmungsverfahren, Fernsehdebatten, Bürgerdienst, kommunale Bürgerbeteiligung in Nachbarschaftsprojekten und nationale Bürgerbeteiligung im legislativen Entscheidungsprozeß erproben«, spricht eine Sprache, die liberale Demokraten respektieren können, selbst wenn sie mit den geäußerten Vorschlägen nicht übereinstimmen. Wenn ein starker Demokrat sagt: »Wir wollen unsere oligarchischen, repräsentativen Institutionen beseitigen und die schwerfälligen, in der Verfassung verankerten Sicherheitsklauseln aus dem Weg räumen, die das souveräne Volk in ein Dickicht von Einschränkungen und Gegenmaßnahmen verstricken, aus dem sich niemals ein gemeinsames Handeln entwickeln kann«, so untergräbt er seine demokratische Überzeugung um seiner demokratischen Ziele willen. Man darf ihm nicht vertrauen. Starke Demokratie verfolgt die Strategie der Ergänzung, sie fügt etwas hinzu, ohne etwas wegzunehmen und zieht neue Richtlinien, ohne etwas zu verdrehen. Es gibt keinen anderen Weg.

Damit nun aber die Verpflichtung auf Einhaltung bestimmter Grenzen nicht nur eine Sache von Treu und Glauben ist, sollten bereits die starkdemokratischen Institutionen mit sicheren Einschränkungen und selbstregulierenden Gegenmaßnahmen ausgestattet sein, die nicht von den Intentionen einer engagierten Bürgerschaft abhängig sind. Tatsächlich sind alle bisher genannten Vorschläge eingebettet in Kontrollmaßnahmen, durch welche übereifrige Gemeinschaften, die sich im Besitz einer kollektiven Vision glauben, in ihren möglichen Exzessen eingeschränkt werden sollen. Von einem rein praktischen politischen Standpunkt aus gesehen sind die Kontrollen im Volksabstimmungsverfahren die bedeutendsten. Die Forderung nach einer zweiten Lesung, die Möglichkeit eines Vetos des Kongresses, die Verbindlichkeit einer ausführlichen und fundierten Debatte, die unter der Kontrolle der Kommunikationsgenossenschaft

(Civic Communications Cooperative) übertragen wird, all diese Bestimmungen sind dazu geeignet, eine möglicherweise allzu impulsive Öffentlichkeit zu bremsen und eine kluge und sorgfältig durchdachte Gesetzgebung zu fördern.

Unsere Darstellung des Zuhörens in Kapitel 5 und die bedeutende Rolle, die den Nachbarschaftsversammlungen und den Vermittlern in diesen Versammlungen zukam, legen einen Umgang mit dem öffentlichen Diskurs nahe, der zwar kein echtes *veto liberum* enthält, aber der abweichenden Meinung und dem Unwillen von Minderheiten besonderes Gewicht zumißt. Mehrheiten gehen rücksichtslos über Andersdenkende hinweg, wenn sie Mehrheitsinteressen verfolgen – die sich letztlich als Privatinteressen mit einer zahlreichen Anhängerschaft erweisen. Gemeinschaften von Staatsbürgern handeln bei abweichenden Meinungen mit größter Vorsicht, denn sie sehen in diesen ein Zeichen der Warnung, daß die Gemeinschaft gefährdet sein könnte. Die Existenz von Mehrheiten und Minderheiten hingegen ist ein Symbol dafür, daß die Gemeinschaft in Auflösung begriffen ist. Dessen eingedenk wäre es vorstellbar, daß Nachbarschaftsversammlungen die Forderung formulieren, daß in Fragen kommunaler Rechtsprechung nahezu Einmütigkeit herrschen solle. Sogar im nationalen Volksabstimmungsverfahren könnte einer großen, engagierten Minderheit, die in zweiter Lesung geschlagen wurde, das Recht zuerkannt werden, eine letzte (dritte) Lesung zu verlangen, wenn es um eine bedeutende Gesetzesinitiative geht.

Ein Amt, das in Amerika nur eine geringfügige Rolle gespielt hat, weil es sich durch das System gegnerschaftlicher Auseinandersetzung und die verfassungsmäßig garantierten Rechte vielleicht erübrigt, ist das des Ombudsmanns. Wenn aber unser System auf mehr Partizipation neu ausgerichtet würde, wenn die Bürger mehr Legislativgewalt bekämen und also weniger Rechte bräuchten, dann hätten »Kanäle, durch die amerikanische Bürger ihren Unwillen über die Bürokratie zum Ausdruck bringen und Abhilfe für ihre Probleme suchen könnten« eine

Die reale Gegenwart

entscheidende Ausgleichsfunktion.[54] Andersdenkende, die gezwungen sind, in neuen, auf Konsens ausgerichteten Gemeinschaften zu leben – deren Wille um so weniger Widerstand duldet, da er so viel legitimer ist –, könnten in einem Nachbarschaftsombudsmann Zuspruch für ihre Integrität, wenn nicht gar Unterstützung für ihr Andersdenken finden. Bis zu einem gewissen Grad würden die Vermittler diese Funktion erfüllen, aber sie wären durch ihre Loyalität mehr an die Gemeinschaft gebunden als an den einzelnen Bürger. Es würde dem gegenseitigen Respekt der Bürger füreinander Rechnung tragen, einen öffentlichen Beamten einzusetzen, dessen einzige Aufgabe darin bestünde, den durch die Gemeinschaft Geschädigten zu helfen, selbst wenn – ja besonders wenn – diese Gemeinschaft gerechtfertigt handelt, in der Würde ihrer Verantwortung für das öffentliche Wohl. Wir lassen Pflichtverteidiger zu und fördern sie, weil wir glauben, daß einer, den man eines schwereren Vergehens beschuldigt, so lange frei von Schuld ist, bis das Gegenteil bewiesen wurde. Sicher können wir uns also Ombudsmänner leisten, wenn wir überzeugt sind, daß die Überschrieenen und Überstimmten trotz ihrer abweichenden Meinung weder der Unmoral noch des falschen Denkens schuldig sind.

Vor allem muß starke Demokratie ihr Programm mit Mäßigung vorbringen. Wenn endgültige Lösungen zu erkennen wären, warum sollten wir dann beraten oder Debatten führen oder uns auf die Geschicklichkeit eines wankelmütigen öffentlichen Willens verlassen? Wenn es um die Wahrheit geht, werden Philosophen als Könige genügen. Aber Demokratie fängt dort an, wo Wahrheit, Gewißheit und endgültige Lösungen in den trüben Ungewißheiten des menschlichen Daseins verschwinden, und ist daher von ihrem Temperament her notwendigerweise verständnisvoll und überlegt. Plato hat vollkommen zu Recht darauf bestanden, daß Zurückhaltung und Mäßigung in einem

---

[54] Alan J. Wyner, ed., *Executive Ombudsmen in the United States* (Berkeley 1973), S. 3. Eine ausführliche Darstellung der Erfahrungen mit dem Amt des Ombudsmannes und seinen Möglichkeiten, gibt Stanley V. Anderson in *Ombudsman Papers: American Experience and Proposals* (Berkeley 1969).

gut regierten Volk unabdingbar sind, aber er irrte sich, als er meinte, Mäßigung nähme die Form der Unterwerfung unter die Wahrheit bzw. deren vermeintliche Besitzer an. Menschen, die sich selbst regieren, brauchen die Mäßigung am dringendsten, denn nur sie ist ihnen mahnender Hinweis auf jene Schwächen und Gebrechen, auf denen ihre Selbstbestimmung beruht und durch die sie gerechtfertigt ist.

Die demokratische Sache hat zwei Fürsprecher: der eine spricht von menschlicher Schwäche und mit einem Hinweis auf die sandigen Fundamente aller Wissensansprüche sagt er bedauernd: »Wir müssen uns gemeinsam selbst regieren; es gibt keinen anderen, der für uns regieren kann.« Dies ist die Stimme, auf die der Ruf nach Grenzen antwortet.

Aber es gibt noch einen anderen, zuversichtlicheren Vertreter – der in der Sprache selbst, in der von den Griechen *logos* genannten Begabung zur Vernunft, das unterscheidende Merkmal erkennt, das die Menschheit aus dem Reich der Tiere herausnimmt und ihr das zwiefache Geschenk macht, daß jeder sich seiner selbst und der anderen bewußt ist. Für diesen Anwalt ist das Recht eines jeden, mit anderen zu sprechen, sein Dasein durch den Akt der Kommunikation zu bestätigen, identisch mit dem kostbaren Urquell menschlicher Selbstbestimmung und Würde. So wurde in der griechischen Sprache *isegoria* – das allgemeine Recht, in der Versammlung zu sprechen – gleichbedeutend nicht nur mit demokratischer Partizipation, sondern mit Demokratie selbst. Daher wird die Demokratie, wenn sie eine immer kleiner werdende Welt und die Attacken einer feindlichen Moderne überleben soll, ihre vielfältigen Stimmen wiederentdecken und ihren Bürgern die Macht zu sprechen, zu entscheiden und zu handeln noch einmal geben müssen; denn am Ende werden wir die Freiheit nicht in den abgeschiedenen Höhlen privater Einsamkeit finden, sondern in den geräuschvollen Versammlungshallen, wo sich Tag für Tag Männer und Frauen als Bürger treffen und im Sprechen miteinander den Trost gemeinsamen Menschseins entdecken.

Nachwort
Republikanische Demokratie

Von Hubertus Buchstein
und Rainer Schmalz-Bruns

1. Die demokratischen Fragen

Bezeichnend für die veränderte Problemwahrnehmung in der neueren US-amerikanischen Demokratiedebatte ist, daß es bei der Spitzenposition des Klassikers moderner Radikaldemokratie zu einer Art Wachablösung gekommen ist. Lange Zeit war Carole Patemans Buch *Participatory Democracy and Democratic Theory*[1] Ausgangspunkt der Überlegungen von Anhängern wie Kritikern radikaldemokratischer Positionen. Diese Stelle besetzt nunmehr Benjamin Barbers 1984 erschienenes Buch *Strong Democracy. Participatory Politics for a New Age*, das mittlerweile zum festen Textkorpus an amerikanischen Universitäten zählt und nun in einer autorisierten und gekürzten deutschen Übersetzung vorliegt.

Geschrieben zur Hochzeit der Reagan-Ära, entfaltet Barbers Buch seine besondere Brisanz erst seit den Implosionen der realsozialistischen Regime. Denn von nur kurzer Dauer war die Feier, die der liberalen Demokratie nach dem Triumph über ihre große Systemkonkurrenz gegönnt war. Mittlerweile ist die Euphorie der Jahreswende 1989/90 einer Skepsis gewichen, die wenig von den Hoffnungen und Versprechungen einer stabilen demokratischen Zukunft auf globaler Ebene übriggelassen hat. Die westlichen liberalen Demokratien sind – sofern sich nicht neue Feindbilder etwa in Gestalt des islamischen Fundamenta-

---

[1] Carole Pateman 1970: *Participatory Democracy and Democratic Theory*. Cambridge. 16. Auflage 1989. In diesem Werk lehnt sich Pateman – vor ihrer Hinwendung zur feministischen Theorie – eng an kontinentaleuropäische Vorstellungen sozialistischer Demokratie an.

lismus aufbauen lassen – ohne eindeutigen ideologischen Gegner und darauf angewiesen, ihre Legitimation allein aus sich selbst heraus zu schöpfen. Und gerade dadurch ist das Modell der liberalen Demokratie weltweit in die politische Defensive geraten; eine Position, in der ihm radikale Kritiken stärker zusetzen, als dies Ende der sechziger und Anfang der siebziger Jahre der Fall war. Die Gründe dafür sind vielfältiger Natur und regional auch zu unterschiedlich, als daß sie sich alle auf einen gemeinsamen Nenner bringen ließen. Dennoch kann man im Blick auf die osteuropäischen Transformationsgesellschaften wie auf die fragilen Formen einer bloß formal-institutionellen Demokratisierung in Lateinamerika und in einigen Staaten Afrikas zwei allgemeine Ursachenkomplexe für die Ernüchterung erkennen, die eng mit den Charakteristika des liberalen westlichen Modells zusammenhängen. Die Verklammerung von ökonomischer Performanz und politischer Stabilität auf der Grundlage eines staatsbürgerlichen Privatismus schlägt im Zusammenhang einer krisenhaften wirtschaftlichen Entwicklung in einen Populismus um, der nicht nur die demokratische Entwicklung selber, sondern auch die soziale und ökonomische Transformation gefährdet.[2] Hinzu kommt, zweitens, daß sich unter den institutionellen Bedingungen des westlichen Standardmodells der repräsentativen (Eliten-)Demokratie kaum ein bürgerschaftliches Selbstbewußtsein und Selbstvertrauen ausbilden kann, in dem ökonomische und soziale Deprivationserfahrungen balanciert werden könnten. Dieser Umstand nötigt zu einer genaueren Überprüfung des Zustands des Exportartikels der liberalen Demokratie selber. Und dabei wird sichtbar, daß diese Form der Demokratie die weltweiten Demokratisierungsimpulse auch deshalb nicht aufnehmen konnte, weil es versäumt wurde, ihnen durch eine Revitalisierung des demokratischen Gehalts liberaler Gesellschaften entgegenzukommen.[3]

---

[2] Vgl. Claus Offe, 1991: »Das Dilemma der Gleichzeitigkeit. Demokratisierung und Marktwirtschaft in Osteuropa«, in: *Merkur 45*, S. 279-292.
[3] Vgl. Joshua Cohen/Joel Rogers, 1992: »Secondary Associations and Democratic Governance«, in: *Politics and Society 20* (No. 4), S. 391 f.

Nachwort

Vor diesem Hintergrund sind dann auch die Anzeichen einer politischen Veränderung in den ›gestandenen‹ westlichen Demokratien der eigentliche Ausgangspunkt gegenwärtiger Verunsicherungen: Der Erfolg einer populistischen Bewegung unter Ross Perot in den USA; das Erwachen ethnischer Konflikte in Kanada; der Aufschwung rechtsradikaler und rechtsextremistischer Kräfte in Ländern wie Frankreich, Deutschland, Österreich und sogar in Skandinavien; der Zusammenbruch der italienischen Systemparteien und das darauf folgende gute Abschneiden populistischer und faschistischer Parteien – dies alles hat mit einem durchgängig abnehmenden Vertrauen in die Fähigkeit demokratischer Institutionen zu tun, effektiv auf die Gestaltung des sozialen und wirtschaftlichen Lebens Einfluß zu nehmen und die drängendsten Probleme zu lösen. In Reaktion darauf werden die politische Energien nicht darauf gelenkt, den demokratischen Charakter der Politik zu stärken, sondern im Gegenteil darauf, durch Deregulierung, Privatisierung und den Abbau wohlfahrtsstaatlicher Leistungen den Interventionsstaat zurückzuschneiden und insgesamt die Rolle der Politik zu reduzieren.

Die heutigen Krisenwahrnehmungen unterscheiden sich in zweierlei Hinsicht von denen Ende der sechziger und Anfang der siebziger Jahre, als der Terminus ›politische Legitimationskrise‹ seine erste größere Konjunktur in der Nachkriegsgeschichte hatte. Zum einen lassen sich die artikulierten Beunruhigungen nicht einfach als Artefakte interessierter Kreise abtun, die eine Krise gleichsam ›herbeireden‹ wollen. Die Krisenszenarien kommen diesmal von den Zinnen der etablierten Politik selbst, von den Angehörigen der politischen Elite, von den Kommentatoren etablierter Medien und den Analysen der Umfrageforschung. Zum anderen fehlt den Krisendiagnosen heute fast gänzlich der utopische Gehalt, der für den demokratietheoretischen Diskurs der siebziger Jahre kennzeichnend war und Veränderungshoffnungen wie Reformperspektiven die notwendige Energie verlieh. Im Angesicht der aktuellen Sorgen ist die demokratische Linke enger an die liberale Demokratie gerückt, und Forderungen nach Demokratisierung weiterer gesellschaftlicher Bereiche oder nach vergrößerten Partizipationschancen sind einem demokratietheoretischen Minimalismus gewichen, der sich nur noch im Modus der Begründung vom liberalen Mainstream unterscheidet.

Versucht man, einzelne Motive aus den allgemeinen Krisendeutungen herauszuschälen, wird aus der vielzitierten ›demokratischen Frage‹ unversehens ein Plural demokratischer Fragen, die sich zu drei Ursachenkomplexen struktureller Demokratiekrisen bündeln lassen:

1. Mit dem Etikett ›Souveränitätsverlust‹ lassen sich die aufgekommenen Klagen von Politikern und die ermittelten Befunde der empirischen Policy-Forschung versehen, denenzufolge sich der Handlungsspielraum demokratisch legitimierter Politik bis zur Unkenntlichkeit reduziert. Politiknetzwerke, die auf inter- wie auf intranationaler Ebene agieren, haben eigenständige Handlungssysteme ausgeprägt, die ihrerseits staatliche Politiken zu programmieren vermögen. Der demokratische Souverän stochert mit dem Medium staatlicher Politik im Nebel oder greift vollends ins Leere.

2. Unter dem Schlagwort ›Effektivitätsverlust‹ lassen sich verschiedene Analysen von Autoren des Rational-Choice-Ansatzes anführen. Folgt man dem prominentesten Vertreter dieser Kritik, Mancur Olson[4], so verursacht die Interessengruppenkonkurrenz in einer pluralistischen Demokratie eine dramatische Beeinträchtigung der wirtschaftlichen Leistungsfähigkeit und Verhärtung der sozialen Verteilungskämpfe. Für ökonomische Akteure ist es nach Olson allemal effektiver, sich politisch via Interessengruppe um staatliche Alimentierung zu mühen, statt ökonomisch auf dem Markt zu bestehen. Westliche Demokratien treiben nach der Logik dieser Analyse von der institutionellen Sklerose in die Selbstdestruktion, wenn am Ende die Mittel für die sozialstaatliche Befriedung politischer Konflikte nicht mehr aufgebracht werden können.

---

[4] Vgl. Mancur Olson, 1988: *Aufstieg und Fall der Nationen*. Tübingen.

3. Unter der Überschrift ›Motivationsverlust‹ lassen sich schließlich Deutungen zusammenfassen, für die das derzeitige Modewort von der Politikverdrossenheit nur unzureichend angibt, worin die Problematik im Kern besteht. Aktuelle Befunde des soziokulturellen Profils westlicher Gesellschaften, die mit Schlagworten wie ›Individualisierung‹, ›Entsolidarisierung‹ und ›Fragmentierung‹ abgekürzt werden können, kulminieren nach dieser Deutung darin, daß die politisch-kulturelle Reproduktion liberaler Gesellschaften ernsthaften Störungen ausgesetzt ist. Die sozio-moralischen Ressourcen, in denen sich das staatsbürgerliche Engagement mit der Perspektive einer gemeinwohlorientierten Politik vermitteln soll, drohen wegzuschmelzen, weil die moralischen Kompetenzen des Staatsbürgers institutionell neutralisiert und durch privatistische und egoistische Orientierungen ersetzt werden.

Selbst wenn man davon überzeugt ist, daß die beste Therapie für die Schwächen der Demokratie nach wie vor nicht in weniger, sondern in mehr Demokratie besteht, muß man immer noch wissen: Mehr wovon?[5] Die Entscheidung wird jedenfalls dadurch nicht gerade erleichtert, daß die Therapievorschläge für jeden einzelnen der drei genannten Problemkomplexe in ganz unterschiedliche Richtungen weisen und daß die vorgesehenen Heilmittel schlecht miteinander verträglich sind. Die erstgenannte Defizitanalyse zielt auf eine Verstärkung traditioneller Politik im Sinne der Wiederbelebung demokratisch legitimierter Einflußnahmen. Die zweite zielt auf die weitergehende Ersetzung der Politik durch Mechanismen des Marktes. Aus dem dritten Krisenszenario schließlich wird gefolgert, daß der notwendige vorpolitische Zusammenhalt politischer Ordnungen durch Stärkung des Elements Gemeinschaft erreicht werden soll.

---

[5] Vgl. auch Benjamin Barber, 1993: »Reductionist Political Science and Democracy«, in: George E. Marcus/Russell L. Hanson (Hg.), *Reconsidering the Democratic Public*. University Park/Pennsylvania (The Pennsylvania State University Press), S. 17f.

2. Demokratie und Neo-Republikanismus

Benjamin Barber setzt an der zuletzt erwähnten Krisenursache des staatsbürgerlichen Motivationsverlustes an. Er stellt sich damit in den Zusammenhang der ›neo-republikanischen‹ Strömung innerhalb der amerikanischen politischen Theorie.[6] In dieser Orientierung bündeln sich, bei allen Unterschieden zwischen den einzelnen Autoren, zwei Motivstränge. Zum einen der durch die revisionistische Geschichtsschreibung eines Bailyn oder Wood ausgelöste ideenhistorische Streit über die relative Bedeutung liberal-individualistischer Ideen, die vor allem auf das Werk John Lockes zurückgeführt werden, sowie des mit der bürgerhumanistischen Tradition verbundenen Tugenddiskurses für die Herausbildung des amerikanischen Verfassungsverständnisses. Zum anderen gewinnt diese Auseinandersetzung gerade dadurch eine über rein akademische Fragen hinausweisende Bedeutung, daß die in den historischen Verfassungskompromiß eingegangenen demokratisch-republikanischen Ideen als Bezugspunkt einer periodisch erneuerten immanenten Kritik fungieren, die sich gegen das dominierende liberal-interessenpluralistische Politikverständnis und die liberalen politischen Institutionen richtet.[7]

Die Kritik tritt wiederholt auf, im 20. Jahrhundert u. a. wäh-

---

[6] Zu den wichtigsten Autoren des Republikanismus in den USA gehören (neben Barber) Cass R. Sunstein (*After the Rights Revolution. Reconceiving the Regulatory State*. Cambridge/Mass. 1990), Frank Michelman (»Conceptions of Democracy in American Constitutional Argument: Voting Rights«, in: *Florida Law Review 41*, 1989, 443-490), Amitai Etzioni (*The Spirit of Community. Rights, Responsibilities, and the Communitarian Agenda*. New York 1993), Philip Selznick (*The Moral Commonwealth: Social Theory and the Promise of Community*. Berkeley 1992), Robert N. Bellah u. a. (*The Good Society*. New York 1991), Charles Taylor (*The Ethics of Authenticity*. Cambridge/Mass. 1992) sowie Joshua Cohen und Joel Rogers (»Secondary Associations and Democratic Governance«, in: *Politics and Society 20*/1992 (No. 4). 393-472).

[7] Vgl. auch Michael Walzer 1993: »Die kommunitaristische Kritik am Liberalismus«, in: Axel Honneth (Hrsg.), *Kommunitarismus*. Frankfurt a. M., New York, S. 157-180 (hier: 157f.).

rend der ›Progressive Era‹ vor dem Ersten Weltkrieg, im ›New Deal‹ oder in der jüngsten Debatte zwischen Liberalen und Kommunitaristen. Sie entzündet sich an der zu weit gehenden Mediatisierung des Staatsbürgers, an der mangelnden Gemeinwohlorientierung des politischen Prozesses und der Leistungsschwäche politischer Institutionen, die in ihrer strukturellen Fixierung auf pluralistische Interessenpolitik und auf den Kommunikationsmodus des ›Bargaining‹, also der bloßen Interessenaushandlung, deliberative Momente von Politik nur sehr unzulänglich in den politischen Prozeß vermitteln. Ihren Rückhalt findet eine solche Kritik insbesondere in der bürgerhumanistischen oder zivilrepublikanischen Tradition. In ihr manifestiert sich ein eher antipluralistisches, rationalistisches Politikverständnis, durch das die Substanz staatlicher Politiken dem unmittelbaren Zugriff von Bargaining-Prozessen unter partikularistisch orientierten und auf die Maximierung nur des eigenen Vorteils bedachten Interessengruppen entzogen werden soll.

Vor diesem Hintergrund sind es insbesondere drei Merkmale, durch die sich eine zivilrepublikanische Orientierung auszeichnet: Sie verweist auf die irreduzibel deliberativen Momente einer gemeinwohlorientierten Politik; sie versucht, diese deliberative Willensbildung institutionell gegen den Faktionalismus eines instrumentellen Politikstils abzuschirmen; und sie stützt sich dabei auf sittliche Orientierungen einer politisch integrierten Gemeinschaft, die im Bild eines tugendhaften Staatsbürgers zum Ausdruck kommen und insbesondere über eine entsprechende Sozialisation und staatsbürgerliche Erziehung vermittelt werden sollen.[8] Diese Motive führten zu einer breiten Wiederaneignung der demokratischen Tradition auch seitens einer sich nunmehr als »policy-science of democracy« verstehenden, empirisch orientierten Policy-Forschung. Hier kommt vor allem John Dewey eine zentrale Bedeutung bei der Vermittlung republikanischer Traditionen mit den Anforderungen moderner Po-

---

[8] Vgl. dazu auch Joshua Cohen/Joel Rogers: »Secondary Associations and Democratic Governance«, a.a.O. S. 406 ff.

litik unter Bedingungen einer hochgradig arbeitsteiligen, differenzierten Gesellschaft zu.[9] Und sie sind mittlerweile bis in die Rhetorik der amerikanischen Tagespolitik vorgedrungen – erinnert sei nur an die Wahlkampagne Bill Clintons im Sommer 1992.

Als Meilenstein der Begründung und Verankerung der republikanischen Gegenposition zum politischen Liberalismus in der verfassungsgeschichtlichen Selbstauslegung der amerikanischen Nation muß aber zweifellos John G. A. Pococks Buch *The Machiavellian Moment* aus dem Jahre 1975 gelten.[10] Pocock geht es in seinen ideengeschichtlichen Studien um den Nachweis, daß der besitzindividualistische Commonsense auch im anglo-amerikanischen Raum nie so unangefochten war, wie in der Selbst- und Fremdwahrnehmung stets angenommen wurde. Pococks These lautet, daß es einen Überlieferungszusammenhang gibt, der unter Rückgriff auf antike Vorbilder über Etappen in der italienischen Renaissance und über eine Verweilphase einer englischen Variante im 17. Jahrhundert auch noch die Gründung der amerikanischen Republik beeinflußt hat. Einher mit dieser Tradierung ging eine Metamorphose des Re-

---

[9] Vgl. Hans Joas 1993: »Gemeinschaft und Demokratie in den USA. Die vergessene Vorgeschichte der Kommunitarismus-Diskussion«, in: Micha Brumlik/Hauke Brunkhorst (Hrsg.), *Gemeinschaft und Gerechtigkeit*. Frankfurt a. M., S. 49-62.

[10] Zu Pocock vgl. Werner Sewing 1993: »John G. A. Pocock und die Wiederentdeckung der republikanischen Tradition«, in: John G. A. Pocock, *Die andere Bürgergesellschaft. Zur Dialektik von Tugend und Korruption*. Frankfurt a. M., New York, Paris, S. 7-32 (Vorwort). Vgl. auch Hans Vorländer 1988: »Auf der Suche nach den moralischen Ressourcen Amerikas«, in: *Neue Politische Literatur* 33/1988 (Nr. 2). 226-251; Andreas Wirsching: Bürgertugend und Gemeininteresse. Zum Topos der »Mittelklassen« in England im späten 18. und frühen 19. Jahrhundert. In: *Archiv für Kulturgeschichte* 72/1990 (Nr. 1). 173-199; James T. Kloppenberg: The Virtues of Liberalism: Christianity, Republicanism, and Ethics in Early American Political Discourse. In: *Journal of American History* 74/1987. 9-33; Isaac Kramnick: Republican Revisionism Revisited. In: *American Historical Review* 87/1982. 629-664 sowie Derek L. Phillips: *Looking Backward. A Critical Appraisal of Communitarian Thought*. Princeton/N. J. 1993.

publikanismus von einer ursprünglich urbanen, auf Stadtstaaten bezogenen Konzeption, zu einer agrarischen, auf politische Einheiten größerer Fläche mit unabhängigen Landbesitzern bezogenen Konzeption in der angelsächsischen der späteren amerikanischen Auslegung. Kennzeichnend für den Republikanismus ist in beiden Fällen die ›politische Tugend‹ (virtu, vertu, virtue), die von nur moralischer Tugend oder dem literarisch-ästhetischen Humanismus unterschieden ist.

Dieser ›civic humanism‹ oder Bürgerhumanismus, wie die Begriffsprägung des Renaissanceforschers Hans Baron[11] lautete, bildet nach republikanischer Lesart eine bis heute wirkende Alternative zum Interessendiskurs des besitzindividualistischen Liberalismus und zum Obrigkeitsdenken des Staatsabsolutismus. Im Verständnis des Bürgerhumanismus basiert die Freiheit des einzelnen Bürgers auf der Sicherung der Freiheit der politischen Gemeinschaft, der er angehört. Der Republikanismus ist eine radikal säkulare politische Legitimitätsdoktrin. Die Bürgertugend ist die einzige Quelle der Integrität der Republik und muß göttliche Gnade oder ewige Tradition ersetzen können. Entsprechend hoch sind die Anforderungen, die der Bürger an sich gestellt sieht. Idealiter muß die Republik von ihren wehrhaften Bürgern nach außen verteidigt und durch die politische Beteiligung ihrer Bürger im Inneren vor Korruption und Verfall geschützt werden. Gegenüber dem besitzindividualistischen Liberalismus bringt der Bürgerhumanismus dreierlei ins Spiel: zunächst politische Beteiligung als Conditio sine qua non, dann die Forderung nach Gemeinwohlorientierung der Beteiligten und schließlich die Suche nach politischen Formen, in denen die expressiven und affektiven Dimensionen des politischen Handelns zur Geltung gelangen können.

Angesichts der Vielfalt der mit dem Obertitel Republikanismus versehenen Theoretiker, gesellschaftlichen Bewegungen und historischen Referenzen kann es nicht erstaunen, daß die

---

[11] Hans Baron: *Bürgersinn und Humanismus im Florenz der Renaissance*. Berlin 1992.

demokratietheoretischen Konturen dieses Ansatzes eher unscharf geblieben sind. Am wenigsten ist der Rekurs auf die Historie geeignet, hier Klarheit zu schaffen, reichen die Anknüpfungspunkte doch vom antiken Ideal der athenischen Polis, über die römische Res publica, die elitäre Adelsdemokratie Venedigs bis zur konservativen Gentry in England. Eher findet man konsistente Demokratievorstellungen, wenn man auf die sozialen Bewegungen in den USA nach 1788 schaut, die als Traditionsträger des Republikanismus angesehen werden. So werden beispielsweise die »Jacksonian Era« der 1830/40er Jahre, der Populismus und die Progressivisten zu Beginn unseres Jahrhunderts, Teile der New-Deal-Ideologie, die Bürgerrechtsbewegungen der fünfziger und sechziger Jahre und zuletzt die Regenbogen-Koalition von Jesse Jackson als Beispiele des Weiterwirkens republikanischer Orientierungen identifiziert. Bei der Angabe der wichtigsten Theoretiker, in denen republikanisches Gedankengut weitergewirkt habe, wird der Bogen von Thomas Jefferson über Alexis de Tocqueville, Walt Whitman und John Dewey bis zu Hannah Arendt geschlagen.

Die demokratietheoretische Unschärfe betrifft zum einen den genauen Zuschnitt der zu mobilisierenden politischen Tugenden, zum anderen die konkrete institutionelle Ausgestaltung einer idealen republikanischen Ordnung. So reicht die Variationsbreite dessen, was in der republikanischen Tradition unter politischer Tugend verstanden wurde, von den Extremen einer bedingungslosen Selbstunterordnung unter das Gemeinwohl im Falle Robespierres bis zum literarisch-expressiven Individualismus eines Walt Whitman. Was die Formen der institutionellen Ausgestaltung betrifft, so lassen sich republikanische Ansätze im Spannungsfeld zwischen der Theorie der gemischten Verfassung mit ihrer Ausbalancierung monarchischer, aristokratischer sowie demokratischer Momente und der Suche nach geeigneten Formen breiter politischer Partizipation wiederfinden.

Die Auseinandersetzung um die amerikanische Selbstauslegung zog ihre Kreise vom Revisionismus in der Historiographie und politischen Ideengeschichte bis hin zu republikanischen

Entsprechungen in den Bereichen politische Kulturanalyse (Bellah[12]), Rechtstheorie (Michelmann, Sunstein[13]) und Demokratietheorie, wofür in erster Linie Benjamin Barbers Werk steht. Der systematische Stellenwert der demokratietheoretischen Überlegungen Barbers innerhalb des Republikanismus läßt sich besser verorten, wenn man zwei Unterscheidungen einführt. Die erste Unterscheidung fragt nach dem Grad der demokratischen Aspiration und differenziert zwischen elitärdemokratischen und radikal-demokratischen Optionen: Für die erste Gruppe können liberal-konservative Rezeptionen in Anschluß an den aristokratischen Republikanismus James Harringtons stehen – hier wird vor allem der Mischverfassungscharakter einer republikanischen politischen Ordnung betont. Für die zweite Gruppe sind Autoren wie Jefferson und Dewey einschlägig, denen es um partizipative Strukturen geht. Eine zweite Unterscheidung läßt sich nach dem Duktus oder Habitus der politischen Theorien des Republikanismus vornehmen, wofür als grobe Kennzeichnungen vielleicht die Begriffe ›rückwärtsgewandt-melancholisch‹ und ›vorwärtsgewandt-optimistisch‹ taugen. Zur ersten Gruppe gehören Autoren, für die das republikanische Ideal in erster Linie eine Idee der Vergangenheit ist, die mit dem Aufkommen der modernen Massengesellschaft unrettbar verloren ist oder höchstens in seltenen Momenten der Geschichte wieder kurzzeitig aufflackert. Von einer solchen melancholischen Sichtweise, wie sie sich beispielsweise bei Hannah Arendt findet, läßt sich der Optimismus eines Benjamin Barber abheben, der eher an Jefferson und die pragmatistische Tradition in der Folge John Deweys anschließt. Barber geht es um die Aussöhnung der modernen Industriegesellschaft mit der Idee des demokratischen Republikanismus.

Beide Unterscheidungen wirken sich auf eine republikanisch-institutionelle Reformagenda in der Weise aus, daß so etwas wie ein republikanischer Familienstreit über die Frage entsteht, wo

---

[12] Siehe Anmerkung 6.
[13] Siehe Anmerkung 6.

der Versuch einer deliberativen Rejustierung des politischen Prozesses anzusetzen hätte:[14] Soll man die deliberative Funktion etwa des Parlaments hervorheben und entsprechend zunächst eine deliberative Parlamentsreform ins Auge fassen? Sind es eher die ausdifferenzierten Funktionen des ›judicial review‹, über die sich die erwünschte argumentative Verbesserung des Politikprozesses vermitteln läßt? Kann man so etwas wie eine deliberative Massenpolitik überhaupt auf Dauer stellen, oder zieht sie sich nicht vielmehr auf die großen historischen Momente konstitutioneller Transformationsprozesse zurück? Oder kommt es schließlich vor allem darauf an, die Idee republikanischer Selbstregierung mit dem Ideal einer breiten Partizipation dadurch zu versöhnen, daß die Assoziationsformen auf der Ebene der Zivilgesellschaft besser für die Aufgaben der politischen Willensbildung und Entscheidungsfindung erschlossen werden? Es kann kein Zweifel daran bestehen, daß Barbers Überlegungen in die letztgenannte Richtung weisen. Allerdings erschließt er sich diese partizipatorische Option, wie wir noch sehen werden, auch durch einschneidende Modifikationen am Begriff deliberativer Politik, den er von zu starken rationalistischen und kognitivistischen Deutungen befreien möchte.

3. ›Starke Demokratie‹

Benjamin Barber wurde 1939 in New York geboren und studierte Politikwissenschaft am Grinnell College und an der Harvard University. Seine ersten wissenschaftlichen Meriten erwarb er sich in der Zusammenarbeit mit dem bekannten Totalitarismustheoretiker Carl J. Friedrich Ende der sechziger Jahre.[15] Die enger demokratietheoretisch orientierten Arbeiten Barbers begannen mit einer Studie über den Niedergang der

---

[14] Vgl. Joshua Cohen/Joel Rogers: »Secondary Associations ...«, a.a.O. S. 406, Fn. 27.

[15] B. Barber/M. Curtius/C. J. Friedrich (ed.) 1969: *Totalitarianism in Perspective*. Boston.

kantonalen Demokratie in der Schweiz.[16] Von 1973 bis 1983 war Barber Herausgeber von *Political Theory*, die unter seiner Ägide zur international wichtigsten politikphilosophischen Zeitschrift avancierte. Seit 1970 ist er als Professor für Politikwissenschaft an der Rutgers Universität im US-Staat New Jersey tätig. Barber leitet dort das ›Walt Whitman Center for the Culture and Politics of Democracy‹, ein Forschungsinstitut, das sich in verschiedenen Projekten vor allem mit praktischen Problemen demokratischer Organisation, beispielsweise in den Bereichen Telekommunikation, Kulturpolitik oder Arbeitswelt, befaßt.[17] Im Zusammenhang mit diesen Aktivitäten Barbers steht auch die Produktion einer zehnteiligen TV-Serie mit dem Titel *The Struggle for Democracy*, die im Jahre 1989 mehrere Preise gewann.[18] Die neueren Veröffentlichungen Barbers behandeln Fragen der Erziehung zur Demokratie[19] und globale Perspektiven demokratischer Systeme.[20]

Barbers Auseinandersetzung mit dem politischen Liberalismus ist generell von drei Motiven geprägt. Erstens wendet er sich immer wieder gegen das liberale Verständnis politischer Theorie und Philosophie, demzufolge es primär um den Ausweis unhintergehbarer, rationaler und insofern objektiver Bedingungen von Politik geht. Einen solchen begründungstheoretischen Objektivismus kritisiert er sowohl am klassischen

---

[16] Benjamin Barber 1974: *The Death of Communal Liberty: A History of Freedom in a Swiss Mountain Canton*. Princeton.
[17] Die jährlichen Reports des Forschungszentrums sind unter folgender Adresse zu erhalten: Walt Whitman Center for the Culture and Politics of Democracy. Department of Political Science. 409 Hickman Hall, Douglass Campus. Rutgers University. New Brunswick, NJ 08903, USA.
[18] Zu dieser Serie ist ein Begleitband erschienen: Patrick Watson/Benjamin Barber 1990: *The Struggle for Democracy*. London.
[19] Benjamin Barber 1992: *An Aristocracy for Everyone. The Politics of Education and the Future of Amerika*. New York; Benjamin Barber/Richard Battistoni 1993: »A Season of Service: Introducing Service Learning into the Liberal Arts Curriculum«, in: *Political Science and Politics* Vol. XXVI, S. 235-240.
[20] Benjamin Barber 1994: *Jihad versus McWorld*.

Naturrechtsdenken wie am modernen Kontraktualismus (eines Kant, Rawls, Ackerman oder auch Habermas) oder Utilitarismus. Der Punkt, der ihn zur Zurückweisung dieser (von ihm als epistemisch qualifizierten) Form politischen Denkens veranlaßt, ist nicht, daß er bestreiten möchte, daß sich grundlegende Einsichten in die Normen, Werte und Regeln des demokratischen Prozesses nicht auch aus reflexiven Vernunfteinsichten speisen können. Was er bestreitet, ist, daß die Legitimität einer politischen Ordnung auf den rationalen Status solcher Vernunfteinsichten zurückgeführt werden kann: »Zwar gehen prospektive Normen, Werte und Gründe in den Prozeß der demokratischen Selbstbestimmung ein, die ihren Ursprung entweder im metaphysischen Denken, in der Religion oder aber in einer begründungstheoretisch ausgelegten Ethik haben können. Entscheidend aber ist, daß sich die Legitimität dieser Normen, Werte und Gründe nicht schon aus ihrer Genealogie ergibt, sondern aus ihrem Status als Resultat einer demokratischen Wahl. In diesem Sinne ist ihr Ursprung denn auch weder willkürlich noch relativistisch, sondern für ihre demokratische Legitimität schlicht irrelevant«.[21] Sein Argument lautet daher, daß sich eine demokratische Lebensform nicht in einer begründungstheoretischen Logik, sondern über eine »logic of citizenship« reproduziert und daß der liberale Rationalismus genau diesen Sachverhalt des Politischen bei demokratischer Politik verfehlt.

In der Konsequenz dieses grundlegenden Einwands moniert er, zweitens, die im liberalen Denken dominante, rein instrumentelle Konzeptualisierung von Politik, die zu einer Modellierung des politischen Prozesses nach der Analogie des Marktgeschehens führt.[22] Eine solche Stilisierung ist ihm zu unempfind-

---

[21] Benjamin Barber 1993: »Foundationalism and Democracy«, in: Volker Gerhardt/Henning Ottmann/Martyn P. Thompson (Hrsg.), *Politisches Denken. Jahrbuch 1993*. Stuttgart, Weimar, S. 29-37 (hier: 34)

[22] Benjamin Barber 1989: »Liberal Democracy and the Costs of Consent«, in: Nancy Rosenblum (Hrsg.), *Liberalism and the Moral Life*. Cambridge/Mass. S. 54-68 (hier: 60 f.).

lich für die irreduzibel dialogische, intersubjektive Dimension des Politischen und für die Rolle, die die politische Urteilskraft als erweiterte Denkungsart des Staatsbürgers in der politischen Willensbildung spielt. Und dies veranlaßt ihn, ohne den fundamentalen Wert individueller Freiheitsrechte zu leugnen, sich, drittens, auch gegen den subjektiv-rechtlichen Charakter des liberalen Verständnisses von (negativer) Freiheit abzusetzen und die Bedeutung politischer Freiheitsrechte vielmehr im objektiv-rechtlichen Horizont der Reproduktion einer demokratischen politischen Gemeinschaft zu sehen.[23]

Nun bedeutet das allerdings nicht, daß man Barbers Vorstellung einer starken Demokratie umstandslos einer republikanischen Gegenvision zum politischen Liberalismus zuschlagen kann. Zwar betont er, daß politische Partizipation allein noch keinen Bürgerstatus garantiere, sondern daß der einzelne der Einbindung in den bedeutungsvollen Horizont einer sittlich integrierten Gemeinschaft bedarf, soll die partizipatorische Demokratie nicht auf einen »krassen« Prozeduralismus reduziert werden. Dennoch kann er sich aus guten Gründen nicht entschließen, die an der Staatsbürgerrolle stilisierten normativen Verhaltenserwartungen und Tugenden (Loyalität, Brüderlichkeit, Patriotismus, wechselseitige Zuneigung und gemeinsam geteilte Überzeugungen[24]) auf kleinräumige und kleinteilige Gemeinschaftsbildungen zurückzuführen – *diese* republikanische Option hält er, wie er mit Blick auf MacIntyre feststellt,[25] nicht nur für obsolet, sondern sogar für gefährlich. Darüber hinaus begegnet er auch der Vorstellung einer im Modell deliberativer Politik[26] konkretisierten Idee der Selbstregierung mit

---

[23] Benjamin Barber 1989: »Liberal Democracy and the Costs of Consent«, a.a.O., 62f. und Fn. 21.

[24] Vgl. S. 211f. dieses Buches.

[25] Benjamin Barber 1988: »Abdicating Modernity: Alasdair MacIntyre and the Revolt against Modernity«, in: ders., *The Conquest of Politics. Liberal Philosophy in Democratic Times*. Princeton/N.J., S. 177-192 (hier: 190ff.).

[26] Jürgen Habermas 1992: »Drei normative Modelle der Demokratie: Zum Begriff deliberativer Politik«, in: Herfried Münkler (Hrsg.), *Die Chancen der Freiheit. Grundprobleme der Demokratie*. München/Zürich, S. 11-24.

einer gewissen Reserve, weil er hierin die Gefahr einer rationalistischen und elitistischen Überformung der Idee der partizipatorischen Demokratie erblickt: Politik hat in seiner Sicht nichts mit Wahrheit in einem epistemischen Sinn zu tun; vielmehr »können wir die Demokratie politisch als Regime/politische Kultur/Bürgergesellschaft/Regierungsform fassen, in der wir aus unserem praktischen Lebenszusammenhang heraus, unter Bedingungen sich ständig wandelnder Interessen- und Machtkonflikte, kollektive Entscheidungen treffen, gemeinsame Verhaltensweisen wählen und Werte schaffen oder zum Ausdruck bringen – eine Konstellation also, in der darüber hinaus keine Übereinstimmung über höchste Güter oder etwa sicheres Wissen über Gerechtigkeit und Recht gegeben ist«.[27]

Kurzum: Zwar lassen sich die Schwächen liberaler Demokratien eindeutig auf begriffliche Fehlleistungen der liberalen Theorie zurückführen und hier insbesondere auf ein individualistisch verzerrtes Bild der menschlichen Natur, auf einen solipsistisch mißverstandenen Begriff des Wissens und eine instrumentelle Reduktion des Politischen, aber eine klargeschnittene Alternative läßt sich auch aus dem klassischen Republikanismus nicht gewinnen. Diese ergibt sich erst, wenn es gelingt, zentrale Elemente aus der liberalen Tradition aufzunehmen, um sie in einer demokratisch-partizipatorischen Perspektive zu explizieren und sie gleichsam einem Gestaltwandel zu unterziehen. Auf diese Aufgabe ist denn auch die Verteilung der Beweislasten und Begründungspflichten zugeschnitten, der er seine Idee der »starken Demokratie« von vornherein aussetzt: Die Vorstellungen von Autonomie und Gemeinschaft sollen keinen Gegensatz bilden, sondern sind intern aufeinander zu beziehen; die Idee der konstitutionellen Freiheitssicherung ist zu bewahren, ohne sie in einen Gegensatz zur Idee der Volkssouveränität zu bringen; die Vorstellung einer deliberativ vermittelten politischen Praxis der Staatsbürger ist aus dem zu engen Korsett eines epistemisch gefaßten Wahrheitsbegriffs zu lösen, ohne dafür den

---

[27] Benjamin Barber 1993: »Foundationalism and Democracy«, a.a.O. 31.

Preis des Skeptizismus oder Relativismus zu entrichten; und schließlich wäre zu zeigen, daß man sich von (unrealistischen) Konsensfiktionen verabschieden und sich für die im Dissens gründende spezifische Qualität des Politischen öffnen kann, ohne die Vorstellung eines auf der Basis politischer Gemeinschaftlichkeit normativ integrierten Handlungszusammenhangs im Ganzen aufgeben zu müssen.[28] Um unter diesen Voraussetzungen Barbers Position im begrifflichen Kontext von Liberalismus, Neo-Republikanismus und Zivilgesellschaftsdiskurs angemessen verorten zu können, ist es deshalb sinnvoll, den Argumentationsgang genauer als Dreischritt einer illustrierenden Verfallsdiagnose, der Entwicklung einer alternativen demokratietheoretischen Begrifflichkeit und schließlich von in praktischer Absicht entworfenen Reformschritten zu rekonstruieren.

1. Krisendiagnose. Barber setzt mit einer Verfallsdiagnose der derzeitigen liberalen Demokratie ein, die in ihrer Dramatik an die Form klassischer republikanischer Untergangsvisionen erinnert. Die Krisenerfahrung des *Machiavellian Moment* war, daß die wachsende Komplexität einer arbeitsteiligen Gesellschaft die politische Autonomie und Handlungsfähigkeit der Bürger untergräbt. Barber argumentiert mit konkretem Bezug auf die politischen Institutionen moderner Demokratien. Folgt man seiner Darstellung, so sind wir derzeit Augenzeugen der Entblößung einer historischen Ironie ohnegleichen. Ausgerechnet diejenige Theorie, die angetreten ist, die Rechte der Menschen gegen Übergriffe zu verteidigen, wird nun ihrerseits zum möglichen Steigbügelhalter kollektiver Autoritarismen. Die liberale Demokratie – und Barber hat hier nicht nur die Entwicklung in den USA vor Augen – war durch zwei Sicherheitsmechanismen gekennzeichnet: einerseits in einer rechtsstaatlichen Komponente durch den Vorrang von Rechten vor substantiellen Vorstellungen des guten Lebens, und andererseits in einer repräsen-

---

[28] Vgl. S. 94 f. dieses Buches.

tativen Komponente durch die Abkopplung politischer Entscheidungsprozesse von einer leicht zu beeinflussenden Stimmungsdemokratie. Barber sieht die liberale Demokratie mittlerweile an dem historischen Punkt angelangt, wo die in ihre Stärken eingebauten Schwächen zum Durchbruch gelangen und über die segensreichen Effekte triumphieren. Die Kostenseite des Liberalismus fordert seinen Tribut, denn die Krisensymptome sind direktes Resultat des liberalen Politikverständnisses. Vom Recht auf Privatheit, einst von den Liberalen gegen den Absolutismus in Anspruch genommen, ist nur der Egoismus geblieben. Die liberale Toleranz degeneriert zur Apathie; aus Rechten wurde Indifferenz; die Institutionen der repräsentativen Demokratie haben die expressiven und kommunikativen Orientierungen politischer Beteiligung ausgetrocknet.

Die entstandenen sozialen Anomien und politischen Pathologien entlassen am Ende dieser Entwicklung hilflose Individuen, die mit ihren Rechten nichts anzufangen wissen, sondern Dispositionen des autoritären Persönlichkeitstypus ausbilden. Die ›magere Demokratie‹ hat ganz ohne die politische Agitation ihrer totalitären Gegner den Menschen für die Tyrannei präpariert. Sogar die USA, über zwei Jahrhunderte Refugium des demokratischen Gedankens, stehen sozialpsychologisch vor der Situation einer totalitären Versuchung. Barbers Diagnose enthält ihre besondere Dramatik dadurch, daß er die derzeitige Situation auf eine Konstellation zugespitzt sieht, die sich – frei nach Rosa Luxemburg – auf die Formel ›Starke Demokratie oder Barbarei‹ bringen läßt. Nun will Barber zwar nicht behaupten, daß die USA unmittelbar vor einer Diktatur stünden. Doch er vertritt die These, daß die derzeitige demokratische Stabilität vordergründig ist und das sozialpsychologische Potential für autoritäre politische Lösungen eine riskante Schwelle überschritten hat.

Der Liberalismus hat somit eine gesellschaftspolitische Entwicklung in Gang gesetzt, die eine Neubestimmung der Aufgaben politischer Theorie erfordert. Es geht nicht mehr darum, den Akzent auf die Hegung einer privaten Sphäre zu setzen, sondern im Gegenteil: »Heute käme es darauf an, in einer individualistischen, anomischen, allzu privatistischen Welt einen begrenzten Bereich öffentlichen Raumes zu benennen und auszuweisen.«[29] Entsprechend besteht Barbers zweiter Schritt darin, die Grundbegriffe einer alternativen politischen Terminologie bereitzustellen.

2. Alternative Begrifflichkeit. Sein Grundverständnis von starker Demokratie bringt Barber folgendermaßen zum Ausdruck: »Starke Demokratie als Bürgerbeteiligung löst Uneinigkeit bei Fehlen eines unabhängigen Grundes durch den partizipatorischen Prozeß fortwährender, direkter Selbstgesetzgebung sowie die Schaffung einer politischen Gemeinschaft, die abhängige, private Individuen in freie Bürger und partikularistische wie private Interessen in öffentliche Güter zu transformieren vermag.«[30] Dementsprechend stehen im Zentrum der republikanischen Terminologie Barbers eine gegenüber der deliberativen Demokratietheorie zunächst normativ bescheidenere Fassung des Politikbegriffs sowie eine gegen die liberale Prämisse der individuellen Präferenzautonomie gerichtete Theorie der politischen Urteilskraft.

Politik ist in Barbers republikanischem Verständnis Reflexionsform eines sittlichen Lebenszusammenhanges. In ihr vergegenwärtigen sich die Bürger einer politischen Gemeinschaft ihre Angewiesenheit aufeinander. Die von Barber angebotene Definition für Politik lautet: »Das Feld des Politischen ist durch Bedingungen umschrieben, die öffentliches Handeln und infolgedessen vernünftige, öffentliche Entscheidungen notwendig machen, wenn Uneinigkeit vorliegt und persönliche oder unabhängige Urteilsgründe fehlen.«[31] Barbers Bild von Politik enthält drei Komponenten, von denen die erste gegen die interessenegoistische Reduktion von Politik in der ›mageren Demo-

---

[29] Benjamin Barber 1988: »Abdicating Modernity ...«, a.a.O., S. 190 (Ubersetzung: d. Verf.).
[30] S. 147 dieses Buches.
[31] S. 104 dieses Buches.

kratie‹ gerichtet ist und die beiden anderen als Auseinandersetzung mit dem Rationalismus einer deliberativen Demokratie gelesen werden müssen. Die Komponenten sind im einzelnen: Erstens, daß Politik ein dialogischer Konfliktmodus ist und kein besonderer und damit abgrenzbarer Gegenstandsbereich sozialen Handelns; zweitens, daß der Inbegriff von Politik eine nicht zähmbare Konflikthaftigkeit und die Existenz von politischen Konflikten damit unhintergehbar ist; drittens, daß Politik bei Abwesenheit unabhängiger Gründe für politische Urteile existiert. Faßt man diese drei Aspekte zusammen, so meint Politik bei Barber den riskanten Prozeß der Zivilisierung von Konfliktaustragung und den fragilen Formen gegenseitigen Verständnisses und wechselseitiger Anerkennung.

Diese Zivilisierungsleistung erwartet Barber von der politischen Urteilskraft, die sich im Medium des demokratischen Gesprächs entfaltet. Im Unterschied zur ›mageren Demokratie‹, deren Legitimität bereits durch die Möglichkeit der ungehinderten Abgabe individueller Präferenzanmeldungen im politischen Wahlakt verbürgt ist, rekurriert ›starke Demokratie‹ auf das anspruchsvollere Medium des »anhaltendes Gespräch«[32]. Anspruchsvoll deshalb, weil Barber zunächst ein unqualifiziertes Verständnis von ›Gespräch‹ angibt – »jede menschliche Interaktion, an der Sprache oder sprachliche Zeichen beteiligt sind«[33] –, welches aber in seiner Mehrdimensionalität dennoch als Kritik sowohl des instrumentellen Sprachgebrauchs der liberalen Demokratie als auch des Primats des kognitivistischen Sprachgebrauchs in der deliberativen Demokratie konzipiert ist.

Mit der ersten Dimension schließt Barber zunächst direkt an seinen Politikbegriff an, indem er ›democratic talk‹ als eine Praxisform einführt, die aus dem Hineingeworfensein in eine »Welt der Schicksalhaftigkeit, der Ungewißheit und der Kontingenz«[34] entsteht. In der zweiten, der expressiven Dimension

[32] S. 127 dieses Buches.
[33] S. 168 dieses Buches.
[34] S. 174 dieses Buches.

von ›democratic talk‹ hebt Barber dann auf die kognitivistischen Verengungen einer »einseitigen Intellektualisierung«[35] des Mediums Sprache ab. Zum ›democratic talk‹ gehört für ihn ein irreduzibel affektives Moment, dem bezüglich einer egalitären demokratischen Praxis eine geradezu konstitutive Bedeutung zuwächst. Dies macht er an anderer Stelle in einer Auseinandersetzung mit Bruce Ackermans Vorstellung des »neutralen Dialogs« klar, den er als Bühnenspiel arrangiert, in dem u. a. auch Romeo und Julia zum Zuge kommen. In diesem Zusammenhang legt er Julia dann folgende Worte in den Mund: »Die Rede ist auch ein Heim für kühne Leidenschaft, ein Hort, in dem wir Gegenseitigkeit erfahren und pflegen, ein unaufdringlicher Verbündeter der Freundschaft und des Gemeinschaftsverlangens, das die Capulet und Montagu zu einem Geschlecht zusammenschließt. Lege die Rede an die Ketten der Vernunft, schließe sie ein in ein Gehäuse genannt Neutralität und reduziere sie auf die Aufgabe kruden Verhandelns und basalen Austauschs, und die Humanität, die sie verkörpert, wird verschwinden.« Oder weniger poetisch: ».... die Macht des politischen Gesprächs liegt in der Kreativität, in der Vielfalt, in der Offenheit und Flexibilität, in seinem Erfindungsreichtum, seiner Entdeckungsfreude, seiner Geschmeidigkeit und Komplexität, den Empathie- und Expressivitätspotentialen«.[36] Die affektiv erzeugte Empathie fungiert als wesentliche Motivationsbasis für die erweiterte Denkungsart der politischen Urteilskraft. Zum ›democratic talk‹ gehört als Pendant die Fähigkeit, zuhören zu können. Damit meint Barber die Übernahme der Perspektive des jeweiligen Gegenüber, das »Ich werde mich an seine Stelle versetzen«[37].

Beide Momente zusammen, der Politikbegriff mit seiner Konfliktkomponente sowie ›democratic talk‹ mit seinem affektiv motivierten Perspektivenwechsel münden in eine Konzep-

---

[35] S. 172 dieses Buches.
[36] Benjamin Barber 1988: »Unconstrained Conversations: A Play on Words and Bruce Ackerman«, in: Ders., *The Conquest of Politics*, a.a.O., S. 120-151 (hier: 149 und 151, Übersetzung: d. Verf.).
[37] S. 171 dieses Buches.

tion von ›politischer Urteilskraft‹, die an Vorstellungen von Hannah Arendt und Ernst Vollrath erinnert.[38] Barber verteidigt sie gegen den Vorwurf des Relativismus.

Entsteht Politik erst dort wo es keine objektiv richtigen Urteile mehr gibt? Barber antwortet auf diese Frage mit einer kommunikativen Deutung der politischen Urteilskraft. Politik ist die Transformation von Interessen in öffentlichkeitsfähige Anliegen, über die kollektiv im Modus des politischen Dialogs geurteilt wird. Politisches Urteilsvermögen entsteht erst in solch dialogischer Praxis: »Ich allein kann nicht politisch urteilen, nur wir können es«.[39] An diesem Punkt wird der privilegierte Bezug der politischen Urteilskraft zur Demokratie deutlich. Gerade weil es kein philosophisch als ›richtig‹ zu ermittelndes Urteil auf drängende politische Fragen gibt, ist die Qualität des politischen Urteilens angewiesen auf die Einbeziehung möglichst vieler divergenter Perspektiven. Aus dieser kommunikativen Infrastruktur erwachsen qualitative Mindestanforderungen für politische Urteile, die Barber von bloßen »Entscheidungen«[40] unterscheidet. Zu diesen Standards gehört die Fähigkeit der Bürger zur Selbstreflexion und ihr Wille, ihre Interessen neu zu formulieren.[41] Denn erst diese Standards erlauben es Barber, politische Urteilskraft zu unterscheiden von »its parodistic cousin, mob rule ... mass prejudice« und damit zwischen demokratischer Praxis und auf politischer Apathie basierendem Populismus sinnvoll differenzieren zu können. Eine weiterreichende Explikation dieser Standards könnte möglicherweise die starke Abgrenzung Barbers von der deliberativen Demokratietheorie Jürgen Habermas', wie er sie auch noch einmal in der Einleitung zu dieser deutschen Ausgabe vorgenommen hat, etwas relativieren.

---

[38] Hannah Arendt 1982: *Vom Urteilen*. München; Ernst Vollrath 1977: *Die Rekonstruktion der politischen Urteilskraft*. Stuttgart.
[39] Benjamin Barber 1988: *The Conquest of Politics*, a.a.O., S. 200 (Übers.: d. Verf.).
[40] S. 112 dieses Buches.
[41] Vgl. S. 114 dieses Buches.

3. Demokratische Reformagenda. Vor diesem theoretischen Hintergrund entwirft Barber eine Reformprogrammatik, die als Versuch zu sehen ist, produktiv mit den Gegebenheiten und Möglichkeiten moderner Gesellschaften umzugehen. Sein Ansatz unterscheidet sich nicht zuletzt in seinem Pragmatismus von den meisten anderen republikanischen Autoren oder den bundesdeutschen Radikaldemokraten der siebziger Jahre darin, daß er auf die institutionellen Ermöglichungsbedingungen politischen Handelns zielt.

Um die vorpolitischen Bedingungen gelingender politischer Ordnung zu wissen, ist eine Sache; die Modi ihrer Herstellung eine andere. Derzeit lassen sich an den republikanischen Antworten auf die demokratischen Fragen grob zwei Strategien unterscheiden. Zur ersten kann man Aufforderungen rechnen, die unmittelbar an die politischen Eliten und (respektive: oder) die Bürger einer Demokratie adressiert sind und die in ihren Postulaten die Tugendidee des Bürgerhumanismus einzuklagen versuchen. Von diesem direkten Zugang einer gleichsam ›appellativen Politikwissenschaft‹ unterscheiden sich Strategien, die in der Tradition von John Stuart Mill auf indirekte Wirkungen setzen. Ihr Ausgangspunkt besteht in der Einsicht, daß es praktisch aussichtslos wäre, Tugenderwartungen an einzelne in »zu großer Münze« (Habermas) zu erheben. Kern des indirekten Modells sind deshalb Strategien, die danach fragen, wie Institutionen gebaut werden müssen, die teils kompensatorisch diese Aufgabe übernehmen, teils zur alltäglichen Abstützung tugendhaften Verhaltens beitragen, indem sie einerseits politische und moralische Lernprozesse freisetzen und andererseits die Zumutbarkeit tugendhaft orientierten Handelns erhöhen. Ziel von Barbers programmatischen Überlegungen ist die Suche nach den institutionellen Formen, die geeignete Kontexte zur Entfaltung der politischen Urteilskraft bieten.

›Starke Demokratie‹ zielt auf einen institutionell vermittelten Prozeß, der nicht erst bei der Entscheidungsfindung, sondern bereits bei der politischen Willensbildung ansetzt. In seinen Vorschlägen geht es Barber darum, eine unrealistische Überbeanspruchung der Bürger zu vermeiden und ihnen zugleich eine bessere Chance zu geben, »wenigstens eine Zeitlang an zumindest einigen öffentlichen Angelegenheiten teilzuhaben«[42]. Insofern legt Barber die Idee demokratischer Selbstregierung auch nicht auf die Utopie permanenter politischer Partizipation hin aus, sondern lediglich auf ein höheres, zu bestimmten Anlässen besonders zu aktivierendes Niveau.

Das Paket der institutionellen Vorkehrungen, das er dafür entwirft, ist eine Mischung sich kumulativ ergänzender Vorschläge:

– Da ist zunächst sein Insistieren auf dem Stellenwert von »zivilgesellschaftlicher Erziehung«. In Barbers Vorstellung sind damit weniger Laborsituationen, also formale Konzepte politischer Bildungsarbeit gemeint, sondern er erwartet – ähnlich wie Paul Feyerabend – nachhaltige Lerneffekte allein von Situationen, in denen Bürger konkrete Kompetenzen haben und in der Verantwortung für die von ihnen getroffenen politischen Entscheidungen stehen. Barber verteidigt in diesem Zusammenhang seine Forderung nach Einführung eines allgemeinen Bürgerdienstes in den USA. Ähnlich wie es in Deutschland für den männlichen Teil der Bevölkerung besteht, sollen alle Bürger beiderlei Geschlechts im Rahmen dieses Bürgerdienstes auf mindestens ein Jahr zur Ableistung militärischer oder ziviler Aufgaben verpflichtet werden.

– Um diese Verantwortlichkeitszuschreibungen überhaupt erst zu ermöglichen, bedarf es einer Ankopplung politischer Entscheidungsbefugnisse an verkleinerte politische Einheiten. Barbers Vorschläge resümmieren das radikaldemokratische Repertoire angelsächsischer und kontinentaler Autoren. Seine Akzentuierung von freiwilligen Vereinigungen und Nachbarschaftsstrukturen sind geprägt von den dezentralistischen Tradition der USA. Eher kontinentaler Herkunft ist jener Strang seiner Forderungen, bei denen es um die Ausweitung

[42] Vorwort zur vierten amerikanischen Auflage von *Strong Democracy* University of California Press: Berkeley/Los Angeles 1990, S. XVII (Übers.: d. Verf.).

Nachwort

demokratischer Entscheidungsrechte auf bislang hierarchisch oder marktförmig organisierte gesellschaftliche Bereiche geht. Dazu zählt in erster Linie derjenige gesellschaftliche Bereich, der (zumindest zur Zeit noch) für die meisten Menschen einen Großteil des Alltagslebens umfaßt, die Arbeitswelt. Barber ist ähnlich wie Michael Walzer in »Sphären der Gerechtigkeit«[43] kein prinzipieller Gegner der Marktgesellschaft, sondern orientiert sich an Konzepten sozialistischer Marktwirtschaft und dem Genossenschaftswesen.

– Neben diesen traditionellen radikaldemokratischen Forderungen findet sich bei Barber eine originelle Wiederaufnahme klassischer demokratischer Methoden. Dazu gehört beispielsweise die Erinnerung daran, daß das Wahlrecht in der Polis nicht geheim, sondern öffentlich ausgeübt wurde. Andere Beispiele sind die Besetzung von solchen politischen Ämtern, die nur einen geringen Grad an Spezialwissen voraussetzen, durch Losverfahren oder die Möglichkeit, daß sich Bürger durch eine Art negativer Bürgersteuer von der Pflicht zur politischen Teilhabe freikaufen können.

– Schließlich setzt er große Hoffnungen auf den Einsatz neuer Kommunikationstechnologien. Barber will zeigen, wie sich eine Linie ziehen läßt zwischen dem republikanischen Gebrauch neuer Medien und ihrem populistischen Mißbrauch. Abzulehnen sind danach Vorschläge, die in Richtung plebiszitärer Knopfdruck-Demokratie gehen und bei den Bürgern lediglich die Präferenzen bezüglich einzelner politischer Themen aus dem Computer abfragen. Er plädiert dagegen für den Gebrauch der interaktiven Qualitäten neuer Kommunikationstechnologien und für Möglichkeiten, die Qualität des ›democratic talk‹ mit modernen technischen Mitteln im Prozeß der politischen Willensbildung zu erhöhen.

Barbers Buch ist in den USA nicht ohne Kritik geblieben. Insbesondere der zum Teil polemische Ton wurde ihm vorge-

---

[43] Michael Walzer 1992: *Sphären der Gerechtigkeit. Ein Plädoyer für Pluralität und Gleichheit.* Frankfurt a. M., New York.

Nachwort

worfen. Eine allein darauf kaprizierte Kritik übersieht indes, wie eng die polemische Form und der persuasive Gestus von Barbers Argumentationsstil auf sein rhetorisches Grundverständnis von demokratischer Politik und von den Aufgaben demokratischer Philosophie und Theorie bezogen sind: In Abwesenheit letzter Gründe ist es nicht zuletzt das affektive Potential sprachlicher Verständigung und das implizit gemeinsame demokratische Vokabular, mit dem wir uns über die Wünschbarkeit und Möglichkeit der Demokratie verständigen, das die Beteiligten motivieren kann, die Sache der Demokratie zu ihrer eigenen zu machen – das kann den Staatsbürgern niemand, auch keine Theorie, abnehmen.[44] Rhetorik, Suggestivkraft und Polemik sind Mittel, die der Erweckung aus dem Schlaf des liberalen Privatismus dienen sollen; und dramatische Zustandsbeschreibungen sind Hilfsmittel, den Willen zur Restitution des Politischen in Bewegung zu setzen.

Wichtig ist in diesem Zusammenhang, daß Barbers Buch in den USA nicht nur als Beitrag zur politischen Theorie rezipiert worden ist. Ein Gutteil seines Erfolges beruht auf der Absicht, einen praktisch orientierten Beitrag zur Reform der amerikanischen Demokratie zu liefern. Und die Vorschläge Barbers stoßen seit dem Amtsantritt Bill Clintons auch innerhalb der Politik verstärkt auf Resonanz. Dies wurde deutlich, als Clinton im März 1993 anläßlich seines Besuches im Walt Whitman Center unter Rückgriff auf die republikanische Tradition zur Gründung einer *Corporation for National and Community Service* aufrief. Ziel der *Corporation* soll es sein, junge Bürger an einen ein- bis zweijährigen Zivildienst heranzuführen. Benjamin Barber zählt zum Beraterstab Clintons und arbeitet in diesem Kontext zusammen mit Bill Galston, einem anderen prominenten amerikanischen Politikwissenschaftler, an einem Regierungsprojekt unter dem Titel ›*The New Citizenship*‹, mit dem das zivilgesellschaftliche Assoziationswesen unterstützt werden soll.

---

[44] Vgl. Benjamin Barber 1993: »Reductionist Political Science and Democracy«, in: George E. Marcus/Russell L. Hanson (Hrsg.), *Reconsidering the Democratic Public*. University Park/Pennsylvania.

Nachwort

Sicherlich vermögen auch Barbers Anregungen am Ende nicht alle demokratischen Fragen mit einem Schlag zu beantworten. Doch das sollen sie auch gar nicht, denn die Frage nach den konkreten Formerweiterungen der Demokratie ist selbst Gegenstand eines offenen demokratischen Prozesses. Wenn man die Botschaft ernst nimmt, die die eingangs skizzierten drei Krisendimensionen moderner Demokratien vermitteln, die mit den Stichworten Souveränitäts-, Effektivitäts- und Motivationsverlust überschrieben waren, heißt das in der Konsequenz, daß aktuelle Demokratietheorien vor dem Problem stehen, daß all jene demokratietheoretischen Ansätze unterkomplex erscheinen, die auf Lösungsvorschläge für nur eine der drei Krisendimensionen zielen. Notwendig ist letztlich keine eindimensionale Maximierungsstrategie, sondern eine alle drei Dimensionen berücksichtigende Optimierungsstrategie, die Reibungsverluste zwischen den konkurrierenden Remeduren so gering wie möglich hält. Folgt man Barber, so muß der Ansatzpunkt dafür bei der Rückgewinnung der politischen Gemeinschaft liegen. Sich angesichts der aktuellen Bedrohungen der liberalen Demokratie auf eine liberale Minimalposition zurückzuziehen, die das Primat der Rechte verteidigt, ist eine gefährliche Illusion, die sich westliche Demokratien nur um den Preis der Selbstaufgabe leisten können.

Rotbuch Rationen

Michael Walzer
Zivile Gesellschaft
und amerikanische Demokratie

Traditionelle Gesellschaften – von der Kastenordnung bis zum staatlichen Sozialismus – hatten keine Probleme, mit Rassen-, Klassen-, Völker- und Religionsunterschieden umzugehen. Sie hatten ihre Mauern. Doch jetzt sind die Mauern gefallen, auch in Europa. Wird die offene Gesellschaft zum Schlachtfeld der Unterschiede – vom Völkerkrieg auf dem Balkan bis zum Rassenkampf in Los Angeles? Braucht die Republik neue Spielregeln des Umgangs mit dem Fremden, andere – zivile – Trennwände?

Aus dem Amerikanischen von Christiane Goldmann
ISBN 3 88022 788 8

Judith Shklar
Über Ungerechtigkeiten
Erkundungen zu einem moralischen Gefühl

Wie unterscheiden wir Unglück von Ungerechtigkeit? Und was lehrt uns die Unterscheidung über den menschlichen Sinn für Ungerechtigkeit? Judith Shklar zeigt, daß ein bloß formaler neuer Begriff von Gerechtigkeit zu kurz greift. Ihre Kritik begründet eine politische Theorie der Ungerechtigkeit. »Eine außerordentlich empfindsame und scharfsinnig argumentierende Betrachtung über Ungerechtigkeit.« *Michael Walzer, Institute for Advanced Study, Princeton*

Aus dem Amerikanischen von Christiane Goldmann
ISBN 3 88022 780 2

Rotbuch Rationen

Perry Anderson
Zum Ende der Geschichte
Der Krieg der Systeme scheint entschieden zu sein. Gesiegt hat der westliche Liberalismus. Seine globale Ausweitung schlägt das letzte Kapitel der Weltgeschichte auf. Diese These vom Ende der Geschichte, wie sie Francis Fukuyama noch unlänst formuliert hat, greift der Historiker Perry Anderson auf, um die wichtigsten Geschichtstheorien der Moderne kritisch zu durchmustern. Die Untersuchung gipfelt in der behutsamen Verteidigung eines dank seiner Niederlagen belehrten Sozialismus.
Aus dem Englischen von Christiane Goldmann
ISBN 3 88022 792 6

Adriana Cavarero
Platon zum Trotz
Weibliche Gestalten der antiken Philosophie
Adriana Cavarero, die bedeutendste feministische Philosophin Italiens, liest Platons Stories gegen den Strich, um Penelope, der thrakischen Magd, Demeter und Diotima ein anderes Gesicht zu geben. Platon zum Trotz ist Einführung in die Philosophie und Deutung menschlicher Existenz. Mit der Entdeckung der Gebürtigkeit beider Geschlechter wird sichtbar, daß auch die Abstraktion ein Geschlecht hat.
Aus dem Italienischen von Gertraude Grassi
ISBN 3 88022 774 8

ROTBUCH RATIONEN

ERNEST GELLNER
NATIONALISMUS UND MODERNE
»Eine der brillantesten Analysen, die man zum Problem des Nationalismus finden kann: Ein Problem, das heute, nachdem es das gesamte 19. Jahrhundert beschäftigt hat, mit der Zersetzung der großen Imperien wieder auftaucht. Man muß Gellner folgen, wenn er seine Theorien und seinen Sinn für das Konkrete auf die Situation der Sowjetunion anwendet – mit analytischem Skalpell und besorgtem Humor.« *Le Nouvel Observateur* »Die beste Erklärung dafür, warum der Naionalismus heute ein derart zentrales Prinzip politischer Legitimität darstellt.« *Times Literary Supplement*
Aus dem Englischen von Meino Büning
ISBN 3 88022 760 8

BERNARD LEWIS
DIE POLITISCHE SPRACHE DES ISLAM
»In diesem Buch legt Bernard Lewis eine zusammenfassende Interpretation der Quellen über die gesamte Spannbreite der Geschichte des Islam vor – vom Koran bis hin zu Khomeini. Sein Stil, der Kennerschaft mit karger Eleganz und subtilem Humor verbindet, vermag den Leser zu inspirieren. In einer Zeit von Spezialisierung und akademischem Schubladendenken verdient allein Lewis ohne jede Einschränkung den Titel des Historikers des Islam.« *Middle East Review*
Aus dem Amerikanischen von Susanne Enderwitz
ISBN 3 88022 769 1